U0866637

中国传统文化与当下

忧乐圆融
中国的人文精神

庞朴 著
冯建国 编

上海教育出版社

图书在版编目(CIP)数据

忧乐圆融——中国的人文精神/庞朴著;冯建国编.
上海:上海教育出版社,2020.5
(中国传统文化与当下)
ISBN 978-7-5444-9919-4

Ⅰ.①忧… Ⅱ.①庞… ②冯… Ⅲ.①民族精神—研究—中国 Ⅳ.①C955.2

中国版本图书馆CIP数据核字(2020)第055277号

责任编辑 储德天
责任校对 丁志洋
封面设计 卢 卉

YOU LE YUAN RONG——ZHONGGUO DE RENWEN JINGSHEN

忧乐圆融——中国的人文精神

庞 朴 著

冯建国 编

出版发行 上海教育出版社有限公司
官　　网 www.seph.com.cn
地　　址 上海永福路123号
邮　　编 200031
印　　刷 上海展强印刷有限公司
开　　本 890×1240 1/32 印张 13.625 插页 4
字　　数 300千字
版　　次 2020年6月第1版
印　　次 2020年6月第1次印刷
书　　号 ISBN 978-7-5444-9919-4/B·0177
定　　价 68.00元

如发现质量问题,读者可向本社调换 电话:021-64377165

目录

三生万物：中华文化的密码

天人合一：中国人的生命智慧

继往开来：中华文明的传统

三生万物：中华文化的密码

“中庸”平议

一

提起中庸，人们通常总认为，它是一种伦理学说，一种形而上学的发展观。这样看是对的，但不够全面。

仔细研究一下还可发现，中庸不仅是儒家学派的伦理学说，更是他们对待整个世界的一种看法，是他们处理事物的基本原则或方法论。这样的中庸之道，固然有其整体上的形而上学痼疾，但它于探寻对立面的相互依存、相互联结方面，却留下了大量的、尚未得到足够注意的资料，在闪烁着辩证思想的光芒。它们以其特有的形式和智慧，诱导人们去深入研究对立同一的原理，去细致发掘祖国的文化宝藏。

如果这样看，或许就比较全面了。

凡涉猎过中国古代文化资料的人都知道，儒家学说偏重伦理和政治，这是千真万确的。可是谁若由此引出结论，说儒家不重视哲学，或认为儒家没有自己的哲学思想，那就未免轻率了。大家知道，儒家始祖孔子，跟同时代的希腊哲人苏格拉底一样，都由于忙着谈论伦理问题而很少用心于整个世界；但他们又都不以伦理本身为限，而企图从伦理入手去探求普遍真理，并得到了自己满意的收获。孔子首倡的中庸，就既是他所认为的道德真理，又是他由此获得的处理各种社会问题的准则。在继他而起的儒家后学中，这个中庸，便被顺理成章地进一步宣布为主宰自然与社会的根本法则，成了儒家学说的理论基石。

这种意义上的中庸之道(在往后的叙述中将逐步说到),其实是儒家学派关于矛盾的一种观点,是他们关于对立的同一性的一种看法。这样的观点和看法,曾被运用去处理包括道德问题在内的一切矛盾,并成了构造儒学体系的杠杆。因此,称中庸之道为儒家的矛盾观或发展观,比起称它为伦理学说来,更能抓住问题的实质。

矛盾或对立同一,是事物的本质,是事物发展的真实内容和根本动力,是支配着自然与社会的客观辩证法。一切认真的思想家,无不或多或少、这样那样地接触到它,而摆出自己的看法。即以中庸之道问世前后的中国先秦时期来说,至少便有三种影响甚大而又各不相同的矛盾观,在各自的学派里流传,在彼此的学派间訾应。因此,在深入剖析中庸之道以前,大略地比较一下它们的异同得失,以了解当时人们的认识在这方面所达到的高度,对于我们的课题,不会是无益的。

当时的各种矛盾观中,最能吸引人们注意力的,首推道家学派的矛盾观,它以侈谈转化为特色。翻开道家的代表著作《老子》五千言,触目皆是对立范畴及其无尽转化的描述。这些转化,被说成是无条件的,循环往复的,并且是莫名其妙而无可奈何的。其最为人们熟知的一段话是这样说的:

> 祸兮福之所倚,福兮祸之所伏,孰知其极!其(岂)无正?正复为奇,善复为妖。(《老子》第五十八章)

极,准则也;正,纯正也。求"极"而无所知,欲"正"而不可得,这便是莫名其妙和无可奈何。道家人物对于矛盾和发展的这种观点,看来是他们所代表的阶级的状况在理论上的映现。道家是没落奴隶主阶级的思想家。政治权力的易手，经济利益的沦丧，道德价值的改变，处处使他们对转化准则有切肤之痛。而这一切的袭来，又统统是他们所无法理解的。所以，转化的“极”，即转化的准则、原因和条件，在他们眼里，便成了不可猜度的谜。

虽说如此，他们却又不甘于由强而弱的转化，不安于无法理解的命运，他们不无侥幸地想：目前的秩序可以算得“正”么？也许明天就会变成“奇”。自己的现状的确很弱了，安知这个“弱”不是好事？于是他们自我安慰道：

> 反者道之动，弱者道之用。（《老子》第四十章）

如果抛开一切条件，确乎可以相信：既然向对立转化（“反”）是不可抗拒的规律，那么处在弱的地位上，岂非立于不败之地？所以他们进而宣布，这个不败的“弱”，就是他们终于找到了的“极”：

> 古之善为士者不武也，善战者不怒，善胜敌者不争，善用人者为之下。是谓不争之德，是谓用人之力，是谓配天，古之极也。（《老子》第六十八章）

其实，弱之转化为强，正像强之转化为弱一样，是需要条件的，尤其需要合乎总的发展规律，而不能只凭愿望。他们既已被社会发展淘汰出来，又筹集不到足够的条件，只能是在社会风云面前愈形衰落，这倒真是他们所应该知道而不曾知道的“道之用”。在这样的规律作用之下，由弱向强转化过去的前景，在道家人物那里，从开始的充满诗意的希望，就慢慢褪色为只供自嘲的绝望。这便是老子到庄子之思想演变的实质所在。所以在庄子那里，唱的是整整低了八度的调子：

> 是亦彼也，彼亦是也。彼亦一是非，此亦一是非。果且有彼是乎哉？果且无彼是乎哉？彼是莫得其偶，谓之道枢。枢始得其环中，以应无穷：是亦一无穷，非亦一无穷也。（《庄子·齐物论》）

彼此、是非，诸如此类的对立，在老子那里，虽说都被规定在转化的洪流里，却并不否认其差别；而且唯其强调转化，更见其承认转化前后的对立。在这一点上，老子是正确的。可是迤迤以至庄子，转化上去的幻梦破灭了，竟然迁怒于对立。客观存在着的对立差别，干脆被通过绝对的相对化的办法，使之归于泯灭。说起来，这倒不失为一个釜底抽薪的好办法。因为一旦泯灭对立，使“彼是莫得其偶”，转化的问题便不复存在；转化的问题既不存在，转化的难题自不解而决。所以，泯灭对立，便被庄子规定为应付转化之环的枢机。这种办法，好则好矣，无奈是空中楼阁，它只能起到自我解嘲的效用，只能使运用者在精神世界里获得麻醉性的胜利。在实际生活中，客观存在着的对立，并不因为某个哲学家的不予承认，便自动消灭。相反，它将以自己的坚硬性，迫使哲学家由背向自己转为面对自己，去重新选择处境。庄子也未能逃脱这一驱使，他的选择是这样的：

> 处于材不材之间。（《庄子·山木》）
>
> 为善无（毋）近名，为恶无近刑，缘督（中脉也）以为经。可以保身，可以全生，可以养亲，可以尽年。（《庄子·养生主》）

这是一种既未能得势又不能出世而难免要活下去的混世之道，是未得泯灭对立只得泯灭自己的唯一可行的“悬解”办法。从矛盾观的角度来评价，它总算羞答答地在对立面前低下了头，虽然还想以屈尊于两者之中的手腕去神游于两者之外。

绝不怀疑对立的实在性且以夸大其绝对性为能事的思想家是法家。发明“矛盾”这一概念的光荣就是属于他们的。只是他们赋予矛盾的含义，同我们今天所理解的对立同一并不相同。他们所谓的矛盾，是非此即彼，是对立面的绝对排斥或极不同一。在自己的著作中，法家从不错过指出社会上各种对立的机会，尤善于在人们通常认为一致的地方将它指出，并使之归结为利害上的冲突，以确证对立的“势不两立”(《韩非子·人主》)，其思想和语言，往往是相当犀利的。有一段名言最足以代表他们的这种观点：

> 夫冰炭不同器而久，寒暑不兼时而至，杂反之学不两立而治。(《韩非子·显学》)

这样的夸大对立绝对性的矛盾观，同当时新兴地主阶级不妥协地夺取和巩固各项权力的无情斗争之间，存在着密切关系，是不待言的。

法家也谈对立的转化，尤善于详细分析转化的条件和步骤。例如，他们说：

> 立民之所乐，则民伤其所恶；立民之所恶，则民安其所乐。何以知其然也？夫民忧则思，思则出度；乐则淫，淫则生佚。故以刑治则民威(畏)，民威则无奸，无奸则民安其所乐。以义教则民纵，民纵则乱，乱则民伤其所恶。……夫正民者，以其所恶，必终其所好；以其所好，必败其所恶。(《商君书·开塞》)

这段议论，旨在论证“刑治”优于“义教”，论证二者的不两立，但却接触到了对立转化这样一个更普遍的真理。在另外地方，他们还专门解释过老子的祸福转化论题：

> 人有祸则心畏恐，心畏恐则行端直，行端直则思虑熟。思虑熟则得事理，行端直则无祸害，无祸害则尽天年，得事理则必成功。尽天年则全而寿，必成功则富与贵。全寿富贵之谓福。而福本于有祸，故曰“祸兮福之所倚”。
>
> 人有福则富贵至，富贵至则衣食美，衣食美则骄心生。骄心生则行邪僻而动弃理；行邪僻则身死夭，动弃理则无成功。夫内有死夭之难，而外无成功之名者，大祸也。而祸本生于有福，故曰“福兮祸之所伏”。（《韩非子·解老》）

这样来谈转化，比之前谈转化而不谈条件性的老子高明得多，是一望而知的。二者的差别，除了时间先后的因素以外，根本的当是源于他们的不同阶级属性。老子不知或不谈转化的条件性，正因为他没有，从而也说不出自己所向往的那种转化所需的条件；商韩大谈其转化的条件，则是他们充满活力的象征。没有条件，于是鼓吹用弱；充满活力，自然趋于尚强。这又是两家的一大差别。

法家描绘的好恶、祸福的这种逐步转化，用思辨的语言来说，叫作“两者的每一方当自己实现时也就创造对方，把自己当作对方创造出来”①。这种情况，在黑格尔辩证法里和马克思主义辩证法里，都谓之对立的同一。可是，在法家这儿，我们有充分根据可以推断，他们

① 《马克思恩格斯全集》第12卷，人民出版社1962年版，第743页。

绝未意识到所谈的转化着的对立之间有什么同一性。因为，通观法家的整个著作，我们所能看到的是，当他们谈论对立的时候，他们强调矛之于盾，强调二者的“不同器”“不兼时”和“不两立”，到他们谈论同一的时候，他们又把墨家的“上同而下不比”发挥到极致，严禁“二心私学”(《韩非子·诡使》)，反对“兼礼”“兼听”(《韩非子·显学》)，要求“独断”(《韩非子·外储说右上》)独行。这种二是二、一是一的思想方法，同对立的同一性大相径庭。而且，就在他们为提倡“刑治”反对“义教”而说及好恶之互相转化时，他们显然陶醉于以此证明了刑义之绝不相容，而未尝自觉到他们所用的论据原是对立同一。他们大概不曾想过，好恶既然能够互相转化，刑义为什么永远绝不相容？

因此，当他们著作中出现了对立转化的妙语时，我们只有这样来判断才能符合他们原意：这些转化的出现，在他们看来，不是别的，正是对立“不兼时而至”的表现。好恶不兼时，刑义不两立，一切对立绝无同一，这就是法家矛盾观的至理名言。

表现为中庸之道的儒家矛盾观，同侈谈转化或夸大对立的道法二家又复不同，它反对转化，为此而细密地研究了对立双方的依存和联结。

在好几种儒书中，都记有如下一则故事：

> 成汤之时，有谷生于庭，昏而生，比旦而大拱。其吏请卜其故。汤退，卜者曰(按《韩诗外传·二》作“伊尹曰”)：“吾闻祥者，福之先者也；见祥而为不善，则福不至。妖者，祸之先者也；见祸而为善，则祸不至。”于是早朝晏退，问疾吊丧，务镇抚百姓，三日而谷亡。
>
> 故祸兮福之所倚，福兮祸之所伏，圣人所独见，众人焉知其极。(《吕氏春秋·季夏纪·制乐》)

这则故事曾被《论衡》斥为虚妄。其为虚妄，自毋庸议，我们感兴趣的是它对祸福倚伏的解释。这个解释，既不同于被贬其为“众人”的老子，也有别于后来强作解人的韩非。照故事所说，对付祸福转化的基本原则应该是，保福免祸，早为之谋。这个被夸为他们“所独见”的解释转化的“极”，恰恰是反对转化的。非常明显，它是一种既得利益者的哲学，同前面说到的失利者或夺利者的哲学都不同。

反对转化首先要承认转化，对转化的原因做出自己的解释，然后才能提出对付的办法。儒家从他们熟知的许多安而转危、得而复失的历史事实中，片面地总结出一个结论：安之所以转化为危，纯系出于安者安于其所安这样一个主观上的原因，所谓：

> 危者，安其位者也；亡者，保其存者也；乱者，有其治者也。（《易·系辞下》）

这种现象，在荀子叫作“偏伤”：

> 凡人之患，偏伤之也。见其可欲也，则不虑其可恶也者；见其可利也，则不顾其可害也者。是以动则必陷，为则必辱：是偏伤之患也。（《荀子·不苟》）

所谓“偏伤”，也就是片面性，也就是只见其一，不见其他，只知执一端，不知执两端。他们认为，偏执一端，没有他端作牵制，必走向极端，而导致转化，是谓“偏伤之患”。

针对“偏伤”，儒家设计的办法是：

居安思危，思则有备，有备无患。（《左传·襄公十一年》引《书》曰）

是故君子安而不忘危，有而不忘亡，治而不忘乱，是以身安而国家可保也。（《易·系辞下》）

见其可欲也，则必前后虑其可恶也者；见其可利也，则必前后虑其可害也者。而兼权之，熟计之，然后定其欲恶取舍，如是则常不失陷矣。（《荀子·不苟》）

诸如此类的办法，无非是两个字："兼权"。"兼权"和"偏伤"相反，它要求因一而见二，要求使他端与此端常在。据说如此则常不失陷，则无患，则可以避免向对立转化过去。

儒家的这种矛盾观，有很大的唯心主义和形而上学色彩，是十分显然的。但它所说的"兼权"，即注意到一中有二这一点，无疑是正确的。而知二以保一，即处理好对立双方的互相联结，以防止转化这一点，在一些问题上和一些阶段内，也会是有效的。

这种矛盾观，较之前两家的矛盾观，有着显而易见的短处，也有它难以否认的长处。

这种矛盾观，就是中庸之道的理论实质，它隐藏在儒家赋予"中庸"一词的种种含义中，并表现为种种不同的思维形式。

二

在儒家典籍中，"中庸"一词，始见《论语》。而中庸的"中"字，作为一种道德范畴和哲学思想，则由来久矣。《尚书》有：

汝分猷念以相从，各设中于乃心！乃有不吉不迪，颠越不

恭，暂遇奸宄，我乃劓殄灭之，无遗育，无俾易种于兹新邑！（《尚书·盘庚中》）

这段话，顾颉刚先生将它译为：

你们应当各各把自己的心放得中正，跟了我一同打算！倘有不道德的人乱作胡为，不肯恭奉上帝，以及作歹为非，劫夺行路的，我就要把他们杀戮了，绝灭了，不使得他们恶劣的种子遗留一个在这个新邑之内！（《古史辨》第二册）

这是盘庚决定迁都时的一段训词。在这里，"中"被当作一种美德，要求于奴隶。到了周公，复明确提出"中德"的观念，要求于统治者自己：

丕惟曰：尔克永观省，作稽中德；尔尚克羞馈祀，尔乃自介用逸。（《尚书·酒诰》）

这是周公告诫康叔的一段话。大意是说：你如能经常反省，力行中正之德，那么你将能保住权位，得到饮食醉饱。这个要求于奴隶主的"中"，与上述要求于奴隶的"中"，具体内容当然很不一样，但其为不偏不倚的意义，却并无二致。

"中"的要求，除行之于德，更行之于刑。《尚书·立政》记周公曰："兹式(法)有慎，以列用中罚。"《尚书·吕刑》在谈到执法时，也反复强调一个"中"字，有"惟良折狱，罔非在中"等。这个思想，在金器铭文中也一再出现，《叔夷钟》有"慎中其罚"，《牧殷》有"不中不刑"之类，都是说用刑要恰如其罪，执法如果“不中”，刑罚必将“不刑”。至于如何才能做到执法的“中”，《吕刑》说：

> 民之乱（治）也，罔不中听狱之两辞，无或私家于狱之两辞。

公正地而不是徇私地听取对立的申诉，便能做到“中”。那么，这样的“中”，已经不是道德范畴，而属于认识论领域了。

这就是说，“中”不仅是善，而且也是真。

尚中观念作为一种哲学思想，在《易经》里表现得更为明晰。易有八卦，两两相重而得六十四卦，卦各六爻。第二、五两爻，是原八卦的中爻。中爻的爻辞，在一般情况下，多是吉利的，除非有其他因素的破坏。这便是尚中观念。

六十四卦的顺序，呈现为所谓“二二相偶，非覆即变”（《序卦·正义》）的状态，其含有矛盾对立思想，是一望而知的。许多说《易》者早已言及这一点。我们需要指出的是，卦序不仅含有对立，更重要的还在于它突出了对立的统一。这在六十四卦首尾两组四卦的关系中，有着精心安排。

开头一组两卦是乾䷀和坤䷁。它表明，过程从简单的阴阳对立、奇偶对立开始。中间经过六十卦的反复变化，或者说，经历了所有可能形式的矛盾，最后以既济䷾未济䷿结束了整个行程。这结尾的两卦，从图像上看，正好是开头两卦的交互错综、参和统一；或者说，是乾坤两卦各以己之所有，济对方之无；各以己之所过，济对方之不及。故取名曰济。济也是成，是整个过程的终了和完成；济还是通过，由此岸到达彼岸。故用以命名最后一组卦象。《易经》编纂者在卦序上的这一伎俩，看来是明白而又自觉的。他显然是想用卦象和卦名来表明，由对立开始的过程，必以对立的参和调济而结束。[1] 这种参和，也正是“中”，是动态的“中”，简言之曰“和”。

《易经》中这种纯思辨的尚中哲理，在《诗经》中采取了另外不同的表现形式。它不再是玄之又玄，而变得情趣盎然：

> 马之刚矣，辔之柔矣！马亦不刚，辔亦不柔，志气麃麃，取予不疑。（逸诗，见《逸周书·太子晋》）

马本刚，辔本柔，有如乾之与坤。御夫的精湛技艺，表现在能使刚者不刚，柔者不柔，使刚柔结合起来，调济起来。一个贤明的统治者也应如此，方能“志气麃麃，取予不疑”，此所谓：

> 不竞不絿，不刚不柔，敷政优优，百禄是遒。（《诗经·商颂·长发》）

这一首诗是赞美商汤的。孟子也说过：“汤执中，立贤无方。”（《孟子·离娄下》）“无方”就是不拘一格，不带框框，就是“中”。

“中”或“和”还是音乐的极致：

> 鞉鼓渊渊，嘒嘒管声，既和且平，依我磬声。（《诗经·商颂·那》）

音乐之外，五味可口谓之和羹，五色协和乃成文采。《左传》有曰：

---

① 说《易》之书，可以汗九牛，不知前人已有此说否，待查。又，或谓传世本卦序为汉博士编定，马王堆帛书的出土，似乎证成了此说。按：汲冢所见之《周易》上下经，“与今正同”（《左传后序》），则今本卦序应不晚于魏襄王。至于帛书卦序，有待进一步研究。

和如羹焉，水火、醯醢、盐梅，以烹鱼肉，燀之以薪。宰夫和之，齐之以味，济其不及，以泄其过。君子食之，以平其心。……声亦如味……清浊、大小、短长、疾徐、哀乐、刚柔、迟速、高下、出入、周疏，以相济也。君子听之，以平其心，心平德和。(《左传·昭公二十年》)

水火、盐梅的统一而有和羹，大小、清浊之相济而得和声。因此，“和”或“中”，不仅是善，不仅是真，而且也是美。这个美，不仅悦耳娱目，且可以“平心”，因而又能促进善和真。真可谓：中和之用大矣哉！

《论语》所载孔子的中庸，正是这一切中和观念的逻辑发展。其最重大的发展之处，是提出了一个“庸”字，从而使中和观念哲理化了。所谓“庸”，也有三个含义，最简明的一个为“用”。《礼记·中庸》所说“执其两端，用其中于民”便是。郑玄注《礼记》，于《中庸》篇解题说：“名曰中庸者，以其记中和之为用也。庸，用也。”(据《释文》及《正义》引)已把这个意思说得很明白。因此，中庸就是用“中”，它大大不同于老子的用弱和商韩的用强。这是中庸的要点之一。

不仅如此，中庸的“庸”，还有“常”义。郑玄注《礼记·中庸》“君子中庸”章说：“庸，常也。用中为常道也。”二程说：“不易之谓庸”“庸者天下之定理”(《河南程氏遗书》卷七)。这些解释，是符合中庸原意的。因为“庸”字固是“用”，但它是大写的“用”字，是用其所当用，不是任意而用或刚愎自用。庄子在一篇文中说：

凡物无成与毁，复通为一。唯达者知通为一，为是不用，而寓诸庸。庸也者用也，用也者通也，通也者得也。……是故滑疑之耀，圣人之所图也，为是不用，而寓诸庸。(《庄子·齐物论》)

这里把“庸”字释为不用之用。按《庄子》的思想路数，不用之用正是大用，伟大的用，绝对的用。足见在庄子这里，“庸”字也有“用”和“常”的两层意思。

“常”是对变而言的不变，不变的也就是绝对的。儒家将用中的要求表述为中庸，想来是要以此表明，他们提倡的用中，不是他们主观设定的，而是本之于常的；因而是否用中，也就不容径情任性，而应作为常道来遵守。这是中庸的更深一层含义。

中庸的“庸”，还有平常的意思。朱熹注《中庸》，曾三次指出这一点，并且说，中庸之为德，“亦人所同得，初无难事”。朱熹的这一说法，遭到了王夫之的极力反对，王夫之说：

> 若夫“庸”之为义，在《说文》则云：“庸，用也。”《尚书》之言“庸”者，无不与“用”义同。自朱子以前，无有将此字作“平常”解者。……道之见于事物者，日用而不穷，在常而常，在变而变，总此吾性所得之“中”以为之体，而见乎用，非但以平常无奇而言，审矣。(《读四书大全说》卷二)

王夫之自己将中庸之道悬得甚高，所以很反对当时通行的朱熹说法。其实将“庸”字作平常讲，并非自朱熹始。何晏注《论语》“中庸之为德也”章已有：“庸，常也。中和可常行之德也。”所谓可常行，自有通常、平常的意思。《荀子·王制》里，更有“元恶不待教而诛，中庸不待教而化”(亦见于《韩诗外传·五》)句，不仅释“庸”字为平常，而且连同“中”字一起，都作平常无奇言。当然荀子这里所说的中庸，不是我们现在所讨论的中庸。在我们所讨论的范围内，专讲中庸的《礼记·中庸》篇里，有“极高明而道中庸”一句，谓由中庸以达高明，这个中庸，正是平常、普通的意思。我们甚至不妨认为,孔子提出中庸时所说的“中庸之为德也,其至矣乎?民鲜久矣”(《论语·雍也》)一节,“其(岂)至矣乎”应该是反问,不是赞叹。就是说,他也是将中庸作寻常讲的,何晏后来的注释是对的。尽管人们常常据此把中庸说成是高不可攀的至德,而孔子的原意,倒是以为民也可以常行中庸的。可证朱熹的说法,还是有根据的。

因为,从根本上说,绝对的(“常”)也就是无处不在无时不有的,因而也就是平常的。中庸既以中和为常道,将自己高捧入云,必然要承认中和为寻常,使自己落进尘泥。这就是儒家时而赞中庸为“不能期月守”的至德,时而又说它“造端乎夫妇”(《中庸》)的奥秘所在。

这样,执两用中、用中为常道、中和可常行,这三层互相关联的意思,就是儒家典籍赋予“中庸”的全部含义。

三

“中庸”的这些含义,又表现为四种常见的思维形式。最基本的形式,是把对立两端直接结合起来,以此之过,济彼不及,以此之长,补彼所短,以追求最佳的“中”的状态。《尚书·皋陶谟》列举的“九德”,最为典型:

> 皋陶曰:宽而栗,柔而立,愿而恭,乱而敬,扰而毅,直而温,简而廉,刚而塞,强而义。彰厥有常,吉哉!

单纯宽宏的品格,不足于庄严;必得严栗以相济,使他端与此端常在,二者对立而统一,始成一德。其他八德,亦复如此。清儒焦循谈“九德”说：“变易其行，则宽而栗、强而义，不执于一矣。”（《尚书补疏》）不执于一，即不偏伤，焦循的解释是对的。宽而栗，就是为防止偏伤于宽，而以它的对立面栗来加以牵制，以求得宽栗相参，栗宽相移易。《中庸》上有一段据说是孔子、子路论强的问对，很有助于理解这里宽而栗的含义：

> 子路问强。子曰：南方之强与？北方之强与？抑而（尔）强与？宽柔以教，不报无道，南方之强也，君子居之。衽金革，死而不厌，北方之强也，而强者居之。故君子和而不流，强哉矫！中立而不倚，强哉矫！国有道，不变塞焉，强哉矫！国无道，至死不变，强哉矫！

儒家以为，南人以含忍为强，相当于“宽”，北人以果敢为强，相当于“栗”，都是执一之偏，都有偏伤之患。《中庸》提倡的强，介乎二者之中，成于二者之和，是一种宽而栗的矫矫之强，它不因国之有道无道而变节。只有这种强，方为常强。

这样的不满足于一端，而引他端与此端结合，使对立方面互相联结、中和的工夫，可以概括为 A 而 B 的公式，它是中庸的最基本形式。[①] 中庸观念认为，任一独立的德目，总是不完善的，总有它的不足之处和过激之处。A 而 B 的形式，主要在于以对立方面 B 来济 A 的不足；与之相辅的，还有一个 A 而不 A′的形式，它强调的是泄 A 之

① 黑格尔说过：“假如一个存在物不能够在其肯定的规定中同时吸取其否定的规定，并把这一规定保持在另一规定之中，假如它不能够在自己本身中具有矛盾，那么，它就不是一个生动的统一体，不是根据，而会以矛盾而消灭。”见《逻辑学》下册，杨一之译，商务印书馆 1976 年版，第 67 页。

过，勿使A走向极端：

> 帝曰：夔！命汝典乐，教胄子直而温，宽而栗，刚而无虐，简而无傲。（《尚书·尧典》）

“直而温，宽而栗”，同于“九德”，是A而B的形式；“刚而无虐，简而无傲”，就是另一种形式A而不A′了。

儒者以为，人性刚断者，不足于实塞，易失之苛虐。“九德”的“刚而塞”，着眼于其不足，以塞济之；“命夔”的“刚而无虐”，着眼于其过，以无虐泄之。人性简大者，不足于廉隅，易失之傲慢。“九德”有“简而廉”，以廉济其不足；“命夔”则有“简而无傲”，以无傲禁其过。

这种以A而不A′形式提出的中庸观念，因其适于表达劝善规过的内容，而成为儒家道德诫条的典型形式，在儒书中普遍存在。其最足以表现中庸精神的，莫如《左传》记季札的一段话。据记载，吴公子季札聘于鲁，观周乐，颂曰：

> 至矣哉！直而不倨，曲而不屈；迩而不逼，远而不携；迁而不淫，复而不厌；哀而不愁，乐而不荒；用而不匮，广而不宣；施而不费，取而不贪；处而不底，行而不流。五声和，八风平，节有度，守有序，盛德之所同也。（《左传·襄公二十九年》）

从音乐的和平联想到盛德，一口气举出十四项盛德的表现。这十四事，分别来看，都从泄过立说。他不说“直而温”，而说“直而不据”，如此等等，当是为了追求训诫的效果。这十四事，合起来看，又复两两相对，一直一曲，一迩一远，构成七对互济不足的格局。就这样，既各自采取 A 而不 A′的形式，又互相形成 A 而 B 的形式，充分表示了《左传》编纂者的中庸思想。

道家也常采用 A 而不 A′的立论形式来表示绝对，并在 A 前冠以“大”字，将其论旨强调出来。如“大方无隅”“大音希声”“大器晚成”(《老子》)和“大道不称”“大辩不言”“大廉不嗛”(《庄子》)等都是。可是两家的相同，只是形式而已；从内容上看，彼此存在着很大差别。儒家的 A 而不 A′，是防止 A 的过激与走向极端；道家的大 A 不 A′，是说绝对(大 A)超然于相对之外。例如“辩”，儒家要求的是“辩而不争”(《荀子・不苟》)，即承认“辩”的必要，但不要激化到争的程度；道家追求的是“大辩不言”(《庄子・齐物论》)，即认为任何有言之辩只能是相对的、低级的论辩，无法摆脱顾此失彼之弊；唯有无言，方能无失，而达到辩的绝对意义。儒道二家的不同，在这里是很明显的。

法家也以 A 而不 A′的形式立论，也以此去追求“常”，其思想实质同儒道又互有不同。例如《韩非子》说：

> 故有智而不以虑，使万物知其处；有行而不以贤，观臣下之所因；有勇而不以怒，使群臣尽其武。……群臣守职，百官有常，因能而使之，是谓习常。(《韩非子・主道》)

这里的“智而不以虑”等，是驾驭臣下的一种权术，是为了使臣下捉摸不到君主的深浅，以收到“明君无为于上，群臣竦惧于下”“有功则君有其贤，有过则臣任其罪”(《韩非子・主道》)等治理效果的统治办法。它同儒家的“贤而勿伐”(《礼记・祭统》)、道家的“大知闲闲”(《庄子・齐物论》。闲闲，无是无非也)比起来，别是一番风味。

用 A 而 B 以济不足，A 而不 A′以泄过，这是一个问题的两个方面，同一中庸思想的两种表现。它们的进一步逻辑推演，就出来了不A不B和亦A亦B这样的形式。

不A不B，是A而B的否命题。在A而B的形式里，A是基本的，B的用处在于济A之不及；在A而不A′的形式里，A也是基本的，不A′的提出为了泄A之过；到了不A不B的形式里，则要求不立足于任何一边，且把毋过毋不及的主张，一次表现出来，因而最便利于显示用中的特点，而取得一种纯客观的姿态。《尚书·洪范》中有一段被称为“皇极经”的话，就是这种形式的典范：

> 无偏无颇，遵王之义（读如我）；无有作好，遵王之道；无有作恶，遵王之路。无偏无党，王道荡荡；无党无偏，王道平平；无反无侧，王道正直。会其有极，归其有极！

这一首诗，在先秦五家文献中被多少不等地引征过六次（《左传·襄公三年》《墨子·兼爱下》《荀子·修身》《荀子·天论》《韩非子·有度》《吕氏春秋·贵公》），仿佛已经成了绝对真理，至少也表明它是大家一致公认的。其原因，当在于它的纯客观姿态。从形式逻辑上说，既不偏又不颇，当然是正确的、全面的。所以荀子就曾以之作为获得真理的方法。他说：

> 圣人知心术之患，见蔽塞之祸，故无（毋）欲无（毋）恶，无始无终，无近无远，无博无浅，无古无今：兼陈万物而中县衡焉。（《荀子·解蔽》）

这就是说，不A不B的思维方法，是求真的最好方法。在德性的修养即求善上，儒家也很重视不A不B的方法，前引的《诗经》"不刚不柔"就是例子。还有一首说得更具体些：

> 人亦有言：柔则茹之，刚则吐之。维仲山甫，柔亦不茹，刚亦不吐；不侮矜寡，不畏强御。（《诗经·大雅·烝民》）

这是歌颂宣王上卿仲山甫的诗。诗中把不刚不柔具体化为对矜寡不刚，对强御不柔；或者说，对柔者不刚（不茹），对刚者不柔（不吐）。这个原则，抽象地说，也是正确的，善的。[①]

问题在于：在分析阶级社会里的认识问题和道德问题时，不能停留在抽象上，必须寻根究底，弄清楚何谓偏颇，何谓欲恶，何谓柔刚。仔细想来，这些两端，原来都是后于中而出现，并非先于中而存在。某种秩序被宣布为"王道"了，然后有所谓离开王道的"偏"与"颇"；某种心情被定为"正"，然后有所谓"欲"与"恶"；某种行为被认为"中"，然后有所谓"刚"与"柔"。偏颇等，本是相对的，相对于既定坐标而言的。在这个意义上，"中"实际上等于"度"，即事物既定的或理想的界限。而各种人物赋予"度"的社会内容不尽相同，所以，尽管五家都拥护"皇极经"，但由于他们对王道有不同的了解，他们都可以理直气壮地指斥别人为偏颇。因而，仿佛是很客观的不A不B的思维形式，其实是相当主观的。它的长处，并不在于它的具体所指，倒是在于，它以逻辑的形式，把一件事情的两种对立倾向以极端的形式

---

① 正是在这个意义上，希腊哲人亚里士多德也认为，美德应该是两个极端之间的中道，而每一个极端都只能是一种罪恶。他说，在鲁莽和怯懦之间有勇敢，在羞涩与无耻之间有谦逊，在贪婪和浪费之间有慷慨，在虚荣与卑贱之间是不卑不亢，在自夸与虚伪之间存在着真理性，等等。见亚里士多德：《尼各马可伦理学》，苗力田译，中国科学院出版社1990年版。

表示了出来，而这对于正确地认识和行动，是会有帮助的。

亦A亦B是不A不B的否命题，也是A而B的形式在时间和空间上的展开。如果说不A不B利于表示“中”，着重指明对立双方的互相节制；那么亦A亦B的形式，则重在指明对立双方的互相补充，最足以表示中庸的“和”的特色，并有别于以A为主的A而B的形式。

事物处在运动、变化和发展中，形成了不同阶段的所谓“时”。儒家认为“与时屈伸”，适应变化了的情况采取不同的对策，直至前后对立的对策，从而在时序上表现为亦A亦B，这也是中庸观念所允许所要求的形式。荀子说：

> 与时屈伸，柔从若蒲苇，非慑怯也；刚强猛毅，靡所不信(伸)，非骄暴也。义以应变，知当曲直故也。《诗》曰：“左之左之，君子宜之；右之右之，君子有之。”此言君子能以义屈信，变应故也。(《荀子·不苟》)

这一段话包含着一个很重要的原则，提出了一个与上述三种形式似乎相反的中庸形式。上述三种形式都追求随时随地的“中”，这里却允许此一时“柔从若蒲苇”，彼一时“刚强无不伸”。就是说，它允许在各个具体时段上，或柔或刚、或左或右，允许流于一偏。这样的“彼一时，此一时也”(《孟子·公孙丑下》)的做法，在儒家看来，并不是背离了中庸之道，而是更灵活的中庸之道。因为它预期着整个发展过程上的亦柔亦刚、亦左亦右状态。就是说，从时间和过程的全体看，这也是用中。孟子说：“执中无权，犹执一也。”(《孟子·尽心上》)孔子说：“可与共学，未可与适道；可与适道，未可与立；可与立，未可与权。‘唐棣之华，偏其反而。’”(《论语·子罕》)这种不拘泥于一时之执中、似乎“偏其反而”的中庸形式，正是达到了“权”的境界的中庸形式，它的适用范围相当广泛。

> 夫下有道则见，无道则隐。（《论语·泰伯》）
>
> 可以仕则仕，可以止则止；可以久则久，可以速则速。（《孟子·公孙丑上》）
>
> 国有道，其言足以兴；国无道，其默足以容。（《中庸》）

这是出处上的亦A亦B。在治国上，有所谓：

> 张而不弛，文武弗能也；弛而不张，文武弗为也。一张一弛，文武之道也。（《礼记·杂记下》）
>
> 政宽则民慢，慢则纠之以猛；猛则民残，残则施之以宽。宽以济猛，猛以济宽，政是以和。（《左传·昭公二十年》）

政之和，不一定表现在每一时间都是“布政优优”上，也可以表现为不同时间的一张一弛、一宽一猛上。在外交上，有如：

> 晋郤缺言于赵宣子曰：日卫不睦，故取其地；今已睦矣，可以归之。叛而不讨，何以示威？服而不柔，何以示怀？非威非怀，何以示德！无德，何以主盟！（《左传·文公七年》）

单有威，固不成其为德，单有怀，也不成其为德。必须当威则威，当怀则怀，从而形成亦威亦怀的局面，方足以示德和称雄。

由于客观情况的复杂多样性，不仅在不同时间对同一事物容许亦A亦B,以收用中的效果;即使在同一时间内,对于不同领域的事物,亦可采取不同的直至对立的即亦A亦B的办法,展现为空间上的用中。例如:

> 凡建国君民,内事文而和,外事武而义;其刑慎而杀,其政直而公。本之以礼,动之以时,正之以度,师之以法,成之以仁,此之谓也。(《逸周书·武纪》)

内事尚文,外事尚武,在同一时间内对待不同的事物,办法可以是不同的;它们的全局,则构成为用中。当然,内事也有猛以济宽的时候,外事也有柔以示怀的时候,不可执一而固。这在上面已经说到了。但是,一般说来,不同事物有其基本的不同办法,则是"礼"所要求于人的:

> 季孙欲以田赋,使冉有访诸仲尼。仲尼……私于冉有曰:君子之行也。度于礼,施取其厚,事举其中,敛从其薄。(《左传·哀公十一年》)

"施"和"敛",有予取之别,决定了它们从厚从薄的不同。施厚敛薄,事得其中,斯为仁致。

这些,便是中庸思想藉以表现的几种基本形式。

四

综合起来考虑一下中庸诸形式,应该承认,中庸之道,对于对立统一规律的一个方面,即对立面的互相依存互相联结方面,所做的分析和表述，是相当详尽而又充分的。它在人类认识史上，无疑是一项可贵的成就和有益的贡献。直至今天，我们仍在有效地利用这些形式，来进行思维活动，以捕捉事物的客观法则。这样的例子，是俯拾可得的。

可是有些人不愿承认这一点。他们惯于只见中庸的形而上学一面，而横加指责。最常见的说法有：中庸的“中”，是折衷主义；中庸的“和”，是调和主义；整个中庸，则是合二而一的典型，而合二而一便是形而上学的代名。

对于这一类的指责，通过前几节的介绍，本来足以做出裁决：它们是片面的、轻率的，经不起推敲的。但是，为慎重起见，不妨结合他们的指责，再做一些分析。

何谓折衷主义？按折衷，一曰折中，始见于《管子·小匡》：“决狱折中，不杀不辜，不诬无罪。”这个折中，是说判决应求准确，必使罚当其罪，同本文第二节所引《尚书·吕刑》等的说法是一致的。屈原《九章·惜诵》中有“令五帝以折中兮”，司马迁《史记·孔子世家赞》中有“言六艺者折中于夫子”，这些折中，是说以五帝、孔子为标准，也是求准取正的意思。这样意义的折衷，从前两节中可以看出，在中庸学说里是充满着的。至于折衷而成了主义，其含义便大不一样了。列宁在批评布哈林的时候说过：“‘又是这个，又是那个’，‘一方面，又一方面’——这就是布哈林在理论上的立场。这就是折衷主义。”①列宁在《哲学笔记》中还说过：将概念的灵活性（达到了对立面同一的灵活性）加以客观的应用，是辩证法；加以主观的应用，则是折衷主义。据此，简单说来，无原则地、主观任意地把对立的方面结合起来，才叫折衷主

① 《列宁选集》第4卷，人民出版社1972年版，第449页。

义，才是马克思主义所谓的折衷主义；不能把一切折中，都看作是错误，也并非任何谈论“中”的学说，都是折衷主义。

按这样的标准衡量，中庸的执两用中，它的亦A亦B，以及它那些达到对立面同一的灵活性，都还是折中，而不是折衷主义。因为它并非简单地平列对立双方，而是要依照某种原则来或济或泄；它所提倡的对立面的各种结合方式，并不是任意的，而是有着某种根据的。这种原则和根据，就是“中”。

我们已经说过，中庸学说所谓的过和不及、刚和柔、偏和颇等等的两端，并非先于“中”而自在，却是因于“中”而存在的。“中”是两端对立的坐标。两端的结合，原是取正于这个“中”的。

这个“中”，又非主观任意、朝三暮四的，而是有其客观内容的。《荀子》说：“曷谓中？曰：礼义是也。”（《荀子·儒效》）可见“中”就是礼义。《礼记》说：“先王之制礼也，过之者俯而就之，不至焉者跂而及之。”（《礼记·檀弓》）可见制礼便得制中。

礼的具体内容，它的社会意义，我们在这里可以不用追究。它可以是反动的、保守的，也可以是进步的、革命的；不管怎样，对于别的社会现象来说，它总归是一个既定的原则和客观的标准。有了这一条，中庸学说在哲学上，就避免了折衷主义的危险，尽管它有许多其他毛病。

指责中庸为折衷主义的人，多数是匆匆抓住了一个“中”字，以为中庸既反对过与不及，主张执两用中，必定是将对立两端毫无原则地混合起来以用其中，或将对立两面漫无标准地平列起来以见其中，其为折衷主义何疑。殊不知这个“中”，并不像他们所想的那样简单。他们所想象的那种“用中”者，倒也确有其人，其名曰“乡愿”：

孔子曰：过我门而不入我室，我不憾焉者，其惟乡愿乎！乡愿，德之贼也。(《孟子·尽心下》)

所谓乡愿，据说是这样一种人，他“同乎流俗，合乎污世”“阉然媚于世”“无所往而不为愿人”“一乡皆称愿人焉”。这种人，随遇而安，毫无原则，八面玲珑，四处讨好，“非之无非也，刺之无刺也”(《孟子·尽心下》)，仿佛最得中正之道。其实它的中正，不过是媚世取宠、随声附和的骗术而已。这种人的思想，才是真正的折衷主义。

孔子说过，乡愿是“似而非”的中道，是“乱苗之莠，乱朱之紫”(《孟子·尽心下》)。指责中庸为折衷主义，或许是受了紫莠之乱了吧！

中庸的“中”既不是折衷主义，中庸的“和”也不是调和主义。

何谓调和主义？“调和”一词，本义也不坏。《说文》：“调，和也。”调就是和。《荀子·臣道》：“恭敬，礼也；调和，乐也。”调和是曲调和谐。《吕氏春秋·去私》：“庖人调和而食之。”调和是烹调得法，五味可口。曲调和谐不能没有一个基调，五味可口也离不开一个主味，这叫作“调而不流”(《荀子·臣道》)，“和而不流”(《礼记·中庸》)。这样意义的调和，从前两节也可看出，在中庸学说里是充满着的。

从一定意义上说，调和就是对立的同一，就是承认对立本是同一个东西的两极。恩格斯在批评自然科学中的形而上学观点时说过：“大多数自然科学家还以为同一和差异是不可调和的对立，而不是同一个东西的两极”“(辩证法除了承认‘非此即彼’，)又在适当地方承认‘亦此亦彼！’并且使对立调和起来”。[①] 可见，调和不仅不是形而上学观

① 《马克思恩格斯全集》第20卷，人民出版社1971年版，第558、554页。这里的“调和起来”，是单行本时的译法，原文为Vermittelt，全集本译为“互为中介”。即使是“互为中介”，在辩证法的用语里，也等于“调和”，见黑格尔《逻辑学》上册，第105页。

点，而且与之正相反对。

至于调和而成了主义，其含义又大不一样了。调和主义的特征是无视矛盾双方差异和对立的绝对性，并力图泯灭这种对立，追求无差别的同一。在中国的思想史上，尚同学说可以叫作调和主义；中庸虽然主张“和”，却不是人们所谓的调和主义。

因为，中庸主张“和”，是以承认对立并保持对立为前提的，“和”是对立的结合，不是对立的泯灭。“和”之为和，正因为其中充满着对立，是对立按照一定秩序互相调谐的结果。“同”则不然。“同”是排斥差异，要求溶解差异的。

《左传·昭公二十年》记晏子论“和”“同”曰：“君所谓可，而有否焉；臣献其否，以成其可。君所谓否，而有可焉；臣献其可，以去其否。”这样可与否的结合，就叫作“和”。如果君谓可，臣亦曰可，无视其否；君谓否，臣亦曰否，无视其可，则叫作同。“同”以泯灭对立和差异为实现自己的手段，实无异于把对立和差异看成相同，迫使对立和差异成为相同。这样做，倒正是调和主义。

中庸思想反对这种同。孔子曰：“君子和而不同，小人同而不和。”(《论语·子路》)这句话的社会意义，或许是保守乃至反动的；但它的哲学意义，则表明了中庸之反对泯灭对立的调和主义，是不成问题的。

至于中庸思想之否认转化的必然性与必要性，而使对立的展开限制在度的范围内，那样一种根本的缺点，我们已经一再说明了。这种缺点，并不比调和主义的名声好听，但它并非调和主义这一点，还是应该承认的。

对待那些指责中庸为合二而一的议论，同对待上述两种指责的态度不同，应该欣然接受。

“合二而一”和“一分为二”，原是宋明哲学家表述对立统一规律的用语，它们概括了矛盾两个方面构成事物及其发展过程的大致情况。就其理论渊源说，“一分为二”在提出时，明确表示自己是对“太极生两仪”的通俗解说（见邵雍《皇极经世·观物外篇》及朱熹《朱子语类》卷六十七）；“合二而一”则标明是对子思（相传为《中庸》作者）学说的发明（见方以智《东西均·三征》），它们同中庸思想的关系，是十分清楚的。

“二”者对立也。所谓“合二而一”，无非是说对立的两个方面结合而成一个统一物。“一阴一阳之谓道”，“日月相推，而明生焉；寒暑相推，而岁成焉”（《易·系辞上》），“阴阳合和而万物生”（《淮南子·天文训》），以及诸如此类，都是“合二而一”的套子。本文前面谈到的中庸诸形式，尤其是表现为A而B和亦A亦B的形式，也是一望而知的“合二而一”式命题。它们从一个方面反映了事物发展的客观辩证法，是值得肯定的。

可是“合二而一”命题却遭到了多方责难。据说是由于它只强调了“合”，没有强调“分”；没有谈“对抗”，只是谈“平衡”；如此等等。这倒是确实的。每一科学命题有其所反映的某一客观方面，这正是人类思维的骄傲。如果要求每一认识成果包含一切认识对象或对象的一切方面，那无异于取消认识活动，回到混沌初开。“合二而一”作为一个哲学命题，主要用来表述对立面的依存和联结这样一个辩证法的方面。因为所谓矛盾或对立同一，是对立物（“二”）的统一（“一”），又是统一物中的对立。人们有时候着眼于从对立的统一中去把握对立，有时候又着眼于从统一中有对立去把握统一，这样做，都不违背客观辩证法的要求。中庸在谈论依存和联结的时候，不仅不曾排斥双方的对立或对抗，而且以之为前提和潜力。就是说，它是从统一中有对立去把握统一的，这是前面屡次见到过的了。所以说，A而B等合二而一的命题，并无抹杀矛盾的意思，也不影响“分”和“对抗”的进行；它之所以没有谈论这一些，只因它的任务不在这里。这种现象，本是认识中的常事，没有什么奇怪。

可奇怪的倒是，人们为什么喜欢指责“合二而一”没有强调分和对抗，而不去指责“一分为二”只是强调分和对抗，不曾谈论合和平衡？这里面的原因，就很多了。其一当是：人们对于发展的动力和形式，存在着某种偏见；对于合和平衡在发展中的作用，缺乏应有的认识。

应该看到，矛盾双方在一个统一体中的结合，以及双方处在某种平衡状态，这是客观世界中经常存在的现象。任何个别运动总是趋向平衡。正是这种平衡，为事物的变化准备着必不可少的条件，带来了事物的必不可免的发展；而发展或整体的运动，又打破了个别的平衡。因而，虽说“一切平衡都只是相对的和暂时的”，但“物体相对静止的可能性，暂时的平衡状态的可能性，是物质分化的根本条件，因而也是生命的根本条件”。① 这一点，却是我们不容忽视的。

闭着眼睛不承认平衡，或者蔽于平衡的相对性和暂时性，看不到它对发展的必要性，有见于动，无见于静，肯定要在事物的发展面前碰钉子。因为它忽视了发展的根本条件。同样的，夸大平衡的作用，把平衡绝对化，认为平衡是不容破坏的最佳状态，有见于静，无见于动，也肯定要在事物的发展面前被淹没。因为它阻碍了发展的飞跃行进。

中庸思想，在论证如何达到平衡、保持平衡方面，有不少精辟的见地，成为文化遗产中的珍品，值得我们细致汲取。它的根本缺点，

① 《马克思恩格斯全集》第 20 卷，人民出版社 1971 年版，第 589 页。

在于把平衡的地位和作用过分夸大了，以至达到否认转化、阻止转化的境地，并因此窒息了自己的合理内容，其流弊所及，就是一切生活领域中的因循保守、固步自封和阻碍变化、反对革命等现象的不时发生与普遍存在。这是它的糟粕，必须认真批判，坚决抛弃。

指责中庸为合二而一、指责合二而一为形而上学的人，并未真的抓住中庸的这个形而上学毛病。因为他们自己在对待合与分、平衡与对抗的问题上，持有某种形而上学的观点，他们陷入了无视相对的绝对主义泥坑。

我们需要的是用辩证唯物主义和历史唯物主义的观点和方法，来分析中庸思想，指明它的成就和缺陷，认清它的作用和影响，找出产生它的原因和补正它的方法来。

五

中庸不仅是儒家世界观的一个部分，或者说，正因为它是世界观的一个部分，它还是儒家学说的方法论的一种原则。整个儒家学说的体系，仁义礼乐那一套，正是按中庸原则架设起来的；许多重要的儒学范畴，如谦、和、参、极那一些，都是中庸观念的结晶品。研究一下这个问题，对于了解中庸思想和整个儒家学说，也很有意义。

《易·说卦》有云：

> 昔者圣人之作易也，将以顺性命之理。是以立天之道曰阴与阳，立地之道曰柔与刚，立人之道曰仁与义。兼三才而两之，故易六画而成卦；分阴分阳，迭用柔刚，故易六位而成章。

"作易""成卦"云云，同我们现在所讨论的问题无大关系，可以不管；单就它把仁义和阴阳、柔刚并列，也当成是对立方面这一点来看，《说卦》作者确实抓住了仁与义的关系的实质，并因此提出了一个很深刻的问题。

仁之与义，既有区别又有联系。这是儒家的人和研究儒家学说的人都很注意之点。《孟子》说："仁，人心也；义，人路也。"(《孟子·告子上》)《中庸》说："仁者，人也……义者，宜也。"这些定义已经着眼于仁义的相同与不同了，只是尚未达到对立统一的认识。《陆贾新语》说："阳气以仁生，阴气以义降。"(《道基》)《韩诗外传》说："子为亲隐，义不得正；君诛不义，仁不得爱。"(《韩诗外传》卷四)这些说法意识到了仁义的不能两全与正相对立，但仍未指明所以对立的内容。直至董仲舒提出"仁人义我"的说法，似乎才初步回答了《说卦》所提的问题：

> 仁之为言，人也；义之为言，我也。言名以别矣。……仁之法在爱人不在爱我，义之法在正我不在正人。我不自正，虽能正人，弗予为义；人不被其爱，虽厚自爱，不予为仁。……是义与仁殊：仁谓往，义谓来；仁大远，义大近；爱在人谓之仁，义在我谓之义；仁主人，义主我也。故曰仁者人也，义者我也，此之谓也。君子求仁义之别，以纪人我之间，然后辨乎内外之分，而著于顺逆之处也。(《春秋繁露·仁义法》)

董仲舒把仁义作如此解说，勉强回答了二者的对立统一关系问题。不过这种解说，明显带有汉儒那种望文生义的特色，而未能捉住仁义对立的真谛。按"义"字所从之"我"，并非人我之我，而是古"杀"字。

《孟子·滕文公下》引《泰誓》“杀伐用张”一句，在传世本《泰誓》中作“我伐用张”，便是一个例证。许慎《说文》也说“我”字左半为“古杀字”。因而从我之“义”，亦有“杀”义。《礼记·经解》云：“除去天地之害，谓之义。”《易·系辞下》云：“理财正辞禁民为非曰义。”《荀子·强国》云：“夫义者，所以限禁人之为恶与奸者也。”这几条“义”的定义里，都还隐约可以见到“杀”机。“义”字正是以这样的含义，与含义为爱的“仁”字对立统一，而成为统治者不可或缺的两手。其他各种道德性的定义，都是后起且加以各种伪装的了。不过，即使这样，只要留心读书，还是可以随处发现仁义之被看为相反相成的两手的痕迹。例如：

> 有大罪而大诛之，简；有小罪而赦之，匿也。……简，义之方也；匿，仁之方也。刚，义之方也；柔，仁之方也。《诗》曰：不竞不绒，不刚不柔。……言仁义之和也。（马王堆帛书《老子》甲本卷后《五行篇》第203、205、206行《经》文及302《说》文）
>
> 仁之与义，敬之与和，相反而皆相成也。（《汉书·艺文志》）

这种以当杀则杀为义、当爱则爱为仁的观点，比之董仲舒的仁人义我说，无疑更符合仁义的本义。而仁义之被认为是相反相成的，必须是和的，则又体现了中庸的方法论的作用。这一很有趣的发现，对于了解儒家思想，或许不无益处。

“仁近于乐，义近于礼”，作为儒家学说体系又一基本内容的礼和乐，也是按中庸原则组合起来的。上引《艺文志》所说的“敬之与和”，就是指的礼与乐。叙述礼乐之相反相成的篇章不计其数，而最为集中典型的，莫过于《礼记·乐记》。《乐记》本是谈论音乐的，由于乐须从其与礼的对立统一中去了解，所以连带谈到了礼。[①]《乐记》说："圣人作乐以应天，制礼以配地"；礼法"天地之别"，乐法"天地之和"；"乐统同""礼辨异"；"乐由中出，礼自外作"；乐为"情之不可变者"，礼为"理之不可易者"，如此等等。乐之与礼，彻里彻外地处在相反而又相成、对立而又统一的关系之中。"达于礼而不达于乐，谓之素；达于乐而不达于礼，谓之偏"(《礼记·仲尼燕居》)，唯"礼乐皆得"，方得"谓之有德"之人。所谓"皆得"，正是中庸的亦 A 亦 B 的形式。

中庸思想，也体现在儒学的许多重要范畴中。最直接的，当然要数"和"。"和"指的是对立方面的联结、平衡、调和、渗透等，是处于动态的"中"。正如"中"之被赋予神圣性一样，"和"也被尊为"太和"，即伟大的"和"。《易》云：

> 乾道变化，各正性命，保合太和，乃利贞。(《乾·彖》)

这是说，人从变化着的天道那里禀受了或刚或柔的性和或贵或贱的命，必须保持"和"的状态，即以柔克刚、以刚克柔，以及以贵下贱、以贱事贵等，始能顺利生存。可见"和"之必要，是与生俱来的。

"和"的更多用处，是用在处理对立人们之间的关系上，所谓"礼之用，和为贵"(《论语·学而》)的便是。前已提到，虽君之与臣，也不应要求绝对赞同的关系，而该是一种和的关系，因为"上下不和，虽危必安"(《管子·形势》)；治军也在于和，"师克在和，不在众"(《左传·桓公十一

---

① 黑格尔说："既然两个对立面每一个都在自身那里包含着另一个，没有这一方也不可能设想另一方，那么，其结果就是：这些规定，单独看来都没有真理，唯有它们的统一才有真理。这是对它们的真正的、辩证的看法，也是它们的真正的结果。"见《逻辑学》上册，第 208 页。

年》);治民也在于和,“众非和不聚”(《逸周书·度训》)。诸如此类,当是清醒地总结了大量政治生活经验的结果。

这种尚“和”弃“同”的经验,也来自生产实践的总结:

> 夫和实生物,同则不继。以他平他谓之和,故能丰长而物归之;若以同裨同,尽乃弃矣。(《国语·郑语》)

这里说的是动植物繁殖乃至人们的婚配问题,包含有可贵的优生学思想,它也被凝聚到“和”的范畴里了。

“和”的思想虽如此重要,但在儒家学说里,也不容许予以绝对化。所谓“知和而和,不以礼节之,亦不可行也”(《论语·学而》),便是这个意思。另外,“和”的必要,也只是对现实社会而言,大概因为现实中充满矛盾的缘故;据说对于理想的国君,臣子必须用“同”的办法:

> 恭敬而逊,听从而敏,不敢有以私抉择也,不敢有以私取与也;以上为志。是事圣君之义也。(《荀子·臣道》)

理想的国君对别人,也是用“同”的办法:

> 孟子曰:子路,人告之以有过则喜;禹,闻善言则拜;大舜有(又)大焉:善与人同,舍己从人,乐取于人以为善。(《孟子·公孙丑上》)

闻过则喜、闻善则拜,都还未能摆脱人我之别;大舜无我,所以与人同。

儒家的乌托邦叫作“大同”，也是比现实社会可能实现的“和”以至“太和”都还要高的境界。因为“和”以对立的存在为前提；对立意味着“不和”，所以提倡“和”。理想社会里没有了对立，所以也就没有“和”只有“同”了；不过它又不同于现实社会里的那种小人之同，所以叫“大同”。

“同”也叫作“一”或“壹”，就是不承认对立，不能容忍“二”或“贰”。中庸思想以承认对立或二为起点，但不停留在“贰”上，而要求过渡到对立的统一去。这种统一，又叫作“参”，它也是儒学的一个重要范畴。

“参”就是“三”，大写的“三”。仿“太和”的说法，“参”也可以说成是“太三”，伟大的“三”。“三”之为数，在中外古代哲学里，都被认为是第一个圆满者。“一”是数的开始，是单子、单元；“二”是殊异，是对立；而“三”是对立的统一，数的完成，是包含有对立于自身的总体，这就叫作“参”。

从动态说，“参”指的是对立双方的结合、交融或统一。《逸周书·常训》说“疑意以两，平两以参”，就是说的这一点。一个见解，一种办法，是否正确，是否可行，需要以与它正相对立的观点来怀疑，这叫“疑意以两”。有了这样正反两方面的推敲比较，然后便可生出更完满的意见和办法，把对立的见解统一起来，这叫“平两以参”。这个“参”，也就是“用中”。《逸周书·武顺解》说：“人有中曰参，无中曰两。”两与参之差别，就在于有无用中。

由“参”构成的许多词汇，都含有这种哲理的成分。参考、参验、参议、参观、参稽、参互、参伍等，都是说的考察对立的情况，以得出适当的意见或办法。例如，《荀子·解蔽》里说无蔽的办法，有曰：“疏观万物而知其情，参稽治乱而通其度。”万物众多，所以要疏观；治乱两端，所以须参稽，即“平两以参”之谓。

《易传》上有所谓“参伍以变，错综其数”的话，历来说《易》者都神乎其辞。“参伍”这两个字，可能有许多含义，而其基本含义，大概以《韩非子》讲得最准确：

> 参之以比物，伍之以合虚。（《韩非子·扬权》）
>
> 参伍之道：行参以谋多，揆伍以责失。（《韩非子·八经》）

物和虚，就是有和无，实和虚；多和失，就是过与不及；参之伍之，就是从这些对立中寻找正确。所以说“参”也就是“用中”。

不知道这个奥妙的人，常常把“参”理解为无关的第三者，从而将它所包含的辩证思想粗暴阉割。例如，屈原《天问》里有一问是这样问的：

> 阴阳三合，何本何化？

这个“三”，分明是“参”。因为此前的一问提出了“气”，此后的一问出现了“天”。这一问，显系指的气分阴阳、阴阳参合从而化生天和万物，即《老子》的一生二、二生三、三生万物之意。可是王逸注《天问》的时候，就把这个意思给歪曲了。他说“阴阳三合”是“天地人三合成德”。这个注同《天问》的原意几乎完全不相关，关键就在于他不懂得“参”字的含义。《谷梁传·庄公三年》有“独阴不生，独阳不生，独天不生，三合然后生”一说，如果与《天问》所提的问题有关，也是一样错误的答案。后来董仲舒把《谷梁传》的说法稍事变化，说是“独阴不生，独阳不生，阴阳与天地参，然后生”（《春秋繁露·顺命》），解“三”字为动词

“参”字，仍然回答不了问题。到了柳宗元对《天问》，作《天对》，说：

合焉者三，一以统同。吁炎吹冷，交错而功。（原注：《谷梁子传》：“独阴不生，独阳不生，独天不生，三合然后生。”王逸以为天地人，非也。）

柳宗元在阴阳天之外，又加了个元气（“一”），让元气统率阴阳天，也还是没有对得上《天问》的难题。

他们这些错误的原因，看来是共同的，即都把“三”仅仅当成一个普通的数目，而不曾看出它是一个哲学范畴，它结晶着中庸思想这一本质特征。

儒家学说中的许多道德范畴，如“温良恭俭让”之类，也同中庸思想有关，是既得利益者防止对立转化而采取的持满之道。据《左传·昭公七年》载，孔子高祖正考父有鼎铭一则，云：

一命而偻，再命而伛，三命而俯，循墙而走，亦莫余敢侮。饘于是，鬻于是，以糊余口。

由偻而伛而俯，爵位愈高，恭谦愈甚，以至“循墙而走”。鼎之用本以烹肉，却说要拿来熬煮稀粥以糊口。这样的事情，实际上当然不可能发生，只是在“铭”上说说而已。但这一个“铭”，颇能代表儒家的道德观念。因为儒家思想认为，极则反，盈必毁，得利而骄，必不保其位；只有谦卑，方可善终。所谓：

天道亏盈而益谦，地道变盈而流谦，鬼神害盈而福谦，人道恶盈而好谦。谦尊而光，卑而不可逾，君子之终也。（《易·谦·彖》）

满盈为人神所共愤，谦卑必能光照人间。战国末年一位因得其善终而出名的孙叔敖，据说就是执行的这种道德：

孙叔敖遇狐丘丈人。狐丘丈人曰："仆闻之，有三利必有三患。子知之乎？"孙叔敖蹴然易容曰："小子不敏，何足以知之。敢问何谓三利，何谓三患？"狐丘丈人曰："夫爵高者人妒之，官大者主恶之，禄厚者怨归之，此之谓也。"孙叔敖曰："不然。吾爵益高，吾志益下；吾官益大，吾心益小，吾禄益厚，吾施益博：可以免于患乎？"狐丘丈人曰："善哉言乎，尧舜其犹病诸！"《诗》曰：温温恭人，如集于木；惴惴小心，如临于谷。（《韩诗外传》卷七）

孙叔敖对"温良恭俭让"的解释，是符合A而B的原则的：爵高而志下，官大而心小，禄厚而施博。这正是对立统一，是中庸之道。

中庸思想，也贯穿于儒家学说的用人原则上。"亲亲"还是"尚贤"，是用人问题上的两种对立原则，由来已经很久了。据说有这样一个故事：

吕太公望封于齐，周公旦封于鲁。二君者，甚相善也，相谓曰：何以治国？太公望曰：尊贤上功。周公旦曰：亲亲上恩。太公望曰：鲁自此削矣。周公旦曰：鲁虽削，有齐者亦必非吕氏也。

其后齐日以大，至于霸，二十四世而田成子有齐国；鲁日以削，至于仅存，三十四世而亡。（《吕氏春秋·仲冬纪·长见》，又见于《韩诗外传》卷十）

这个故事当然是后人编出来的。编者所根据的，一是齐鲁两国的某些不同政治风尚，一是春秋战国时代的反映不同社会利益的两种用人原则。对这两种原则，编者显然都不满意，他编这个故事，正是要宣传一种思想，即在用人问题上，单纯尊贤或单纯亲亲，都有偏伤之患，都不是好办法；只有亦 A 亦 B，方可得其中庸之道。所以我们从孔孟书里，既常见到“故旧不遗”（《论语·泰伯》）、“仕者世禄”（《孟子·梁惠王下》）这样的亲亲上恩的话；也常读到“举贤才”（《论语·子路》）、“贤者在位、能者在职”（《孟子·公孙丑上》）那样的尊贤上功的话。而且，儒家所谓的“举贤才”，既有尧举舜于渔陶、商汤举伊尹于厨庖那样的不独亲其亲的美谈和范例，更有在亲亲里面贯彻尚贤这样的更为折中的事实和办法。例如《左传·襄公九年》载楚大夫子囊谈晋国诸卿让贤说：

> 韩厥老矣，知罃禀焉以为政；范匄少于中行偃而上之，使佐中军；韩起少于栾黡，而栾黡、士鲂上之，使佐上军；魏绛多功，以赵武为贤而为之佐。君明臣忠，上让下竞，当是时也，晋不可敌。

这里的贤者知罃、范匄等人，都是晋国的世卿，他们之躐等而进，大概最为符合儒家在用人问题上的中庸之道了。

六

中庸的主要之点，大概就是上述的这一些。它们在中国延续了好几千年，给中华民族的性格和文化，留下了深深的烙印。在一定意义上可以认为，中国封建社会的缓慢脚步，同中庸的消极方面，颇有点不解之缘。作为一种学术思想来考察，需要指出的是，随着儒学的变迁，中庸思想也不断变化，并被赋予了种种不同的解释。这些解释，大别之可分两种，一是偏重于以中庸为德行，一是由德行推广而至整个世界。前者可以魏人刘劭的《人物志》为代表。

刘劭认为，人才有“偏至”有“兼德”。偏至之人，有得有失；“兼德而至，谓之中庸”。“中庸之德，其质无名。故咸而不碱，淡而不䤈，质而不缦，文而不缋；能威能怀，能辩能讷，变化无方，以达为节。”这样的中庸之德，刘劭称之为“纯粹之德”，据说只有圣人才能具备，君主也应该勉力遵行。

其实，在实际生活中，远非一切矛盾在一切条件下都可采用依存和联结的办法所能解决，所以，无往而不允执其中，必然流于“执中无权”、无是无非的乡愿一途。东汉末年有个位居三公的胡广（伯始），其为人也，饰情恭貌，达练事体，在政局极度动乱的王朝末期，能以“在公台三十余年，历事六帝”，故京师有谚曰：“万事不理问伯始，天下中庸有胡公。”（《后汉书·胡广传》）这样的中庸之德，实在是造成后来的安于现状、弱于进取之庸人传统的一大原因。鲁迅先生所以着力抨击中庸，其要点恐怕也在于此。

同这种将中庸局限于德行范围的学说并行，另一些人则扩而大之为中庸之道。据《汉书·艺文志·六艺略》载，当时已有《中庸说》二篇，属礼经。这个《中庸说》说些什么，是否即《礼记》之《中庸》篇，后人已不得而知；我们可以明白知道的是，当时人如董仲舒，他所谈的中和思想，的确已不限于德行，而且将中庸之道大大形而上学化了。

董仲舒十分推崇中和，他曾说：“德莫大于和而道莫正于中”，“能以中和理天下者，其德大盛；能以中和养其身者，其寿极命”“天地之道，虽有不和者，必归之于和，而所为有功；虽有不中者，必止之于中，而所为不失”(《春秋繁露·循天之道》)。

可是，作为汉武帝大一统政策的理论家，董仲舒难以容忍对立并存的现象，他说：

> 天之常道，相反之物也不得两起，故谓之一。一而不二者，天之行也。(《春秋繁露·天道无二》)
>
> 天道大数，相反之物也不得俱出，阴阳是也。(《春秋繁露·阴阳出入上下》)

他认为，相反之物，只能一出一入，一起一伏，“阳之出常悬于前”“阴之出常悬于后”(《春秋繁露·天道无二》)，二者的地位和作用是悬殊的。从这里，可以明显看出董仲舒接受了法家的矛盾观。他设想，在阴阳二者之间，阴处于“阳之合”的位置，“阴道无所独行，其始也不得专起，其终必不得分功，有所兼之义”(《春秋繁露·基义》)，而无能兼之用，以及如此等等。看来，董仲舒的“三纲”思想的理论基础，正在这里。只是这样一来，以承认对立并存为前提的中庸原则，势必将难以成立了。

所以，在董仲舒那里，中庸便成了一幅极其庸俗的图画。他说：

> 春修仁而求善，秋修义而求恶，夏修刑而致清，冬修德而致宽：此所以顺天地体阴阳。然而方求善之时，见恶而不释；方求恶之时，见善亦立行；方致清之时，见大善亦立举之；方致宽之时，见大恶亦立去之：以效天地之方生之时有杀也，方杀之时有生也。

是故志意从天地，缓急仿阴阳，然后人事之宜行者，无所郁滞。且恕于人，顺于天，天人之道兼举：此谓执其中。（《春秋繁露·如天之为》）

董仲舒的执中，成了“天人之道兼举”，即于顺天地体阴阳之余，兼顾人事。这种宗教气息的中庸，在先秦是不多见的。再加上他那“一而不二”的硬性规定，可以认为，这位“醇儒”的教义，离开早年的儒家思想，已有相当差距了。

董仲舒以后，南朝刘宋有戴颙者，作《中庸传》二卷；梁武帝有《中庸讲疏》一卷，其臣张绾、朱异、贺琛敷衍其义而为《私记制旨中庸义》五卷。及至唐李翱据《中庸》作《复性书》、宋胡瑗作《中庸义》、周敦颐作《通书》、范仲淹以《中庸》授张载，更加上二程表彰《大学》《中庸》以与《论》《孟》并列，中庸作为世界观的研究，得到大大重视。

在宋明理学家中，一些人将中庸之道继续向形而上学方面发展，并吹捧为万古不变、诸圣相继的“道统”和“心传”。他们挑出了伪《尚书·大禹谟》里的“人心惟危，道心惟微，惟精惟一，允执厥中”和《中庸》里的“喜怒哀乐之未发谓之中，发而皆中节谓之和”这几段话，反复推演，得出“中”为“天命之性”（朱熹）为“天理”（王阳明）之类的结论，完全抽掉“中”的客观基础及其与对立的关系，使之成为“哑子吃苦瓜，与你说不得”（《阳明全书·传习录上》）的不可言状的意境。

对于客观存在的对立，他们则沿着董仲舒的“不得两起”的道路更跨进一步，干脆否认它的真实性，朱熹说：

阴阳只是一气，阴气流行即为阳，阳气凝聚即为阴，非直有二物相对也。此理甚明，周先生于太极图中已言之矣。（《朱文公

文集》卷五十《答杨元范》)

他们认为，对立只存在于道心、人心或天理、人欲之间，前者是神圣的，后者是罪恶的，因而必须以“革尽人欲，复尽天理”(朱熹)的办法来解决。至于那些不能革尽的被统治者同统治者的真实对立，他们便宣布那不过是一些不容更易的“分别”，按“理”来说，它们原是“和”的：

阴阳理而后和。君君、臣臣、父父、子子、兄兄、弟弟、夫夫、妇妇，万物各得其理，然后和。(《通书·礼乐》)

物物有个分别，如君君、臣臣、父父、子子。至君得其所以为君，臣得其所以为臣，父得其所以为父，子得其所以为子，各得其理，便是和。若臣处君位，君处臣位，安得和乎？(《朱子语类》卷六十八)

可见，他们所谓的“和”，也像他们所谓的“中”一样，只是天理，即神圣化了凝固化了的封建秩序；或者说，是事物各与自己在封建秩序中的地位及含义的和合。这个结论，距离“以他平他之谓和”，岂止十万八千里，几乎一百八十度了。

在这种沉闷而僵化的说法之外，人们也能看到，宋明理学家中，关于对立同一和中庸，另有一派说法，在把辩证思想向前推进，如张载的就是。

张载针对“贱二贵一”和“阴阳一气”的说法，提出了“一物两体”的主张：

一物两体，气也。一故神，两故化，此天之所以参也。两不立则一不可见，一不可见则两之用息。两体者，虚实也，动静也，聚散也，清浊也，其究一而已。(《正蒙·参两篇》《正蒙·太和篇》，并见于《易说》下)

“一物两体”也就是一分为二，它着重强调事物内部包含着矛盾。“两不立则一不可见”，也就是合二而一，它着重强调没有矛盾就没有事物。这本是一种思想的正反两种说法，总起来可以名之为关于对立同一的思想。

正因为事物是对立同一的，所以张载也如荀子一样，反对“偏滞”，要求“兼体”(《正蒙·乾称篇》)，即要求掌握矛盾的同一性。不过作为一名封建地主阶级的思想家，张载的对立同一思想，仍跳不出只谈依存、不见转化的窠臼。他认识到矛盾的客观性和普遍性，对立的必然性和尖锐性，但他并不认为对立会走向转化，而相信调和能使所有的矛盾都得到解决。他说：

有象斯有对，对必反其为；有反斯有仇，仇必和而解。(《正蒙·太和篇》)

这个“和”，就是中庸的和，也就是上引的“天之所以参”的参。张载还说过：

人之刚柔缓急，有才与不才，气之偏也。天本参和不偏。养其气，反之本，而不偏，则尽性而天矣。(《正蒙·诚明篇》)

这里把“参和不偏”的中庸状态尊之为本然，而把有对的现实看成不幸的过渡，未免使他的辩证思想打了好些折扣。而这正是他作为那样时代那样阶级那样学派的思想家，所无法超脱的厄运。

直接继承了张载学说的明清之际的王夫之，在对中庸的看法中，像他对许多传统观念的看法一样，真个是别开生面，独树一帜。他认为“盈天下只是个中，更无东西南北；盈目前只是个中，更无前后左右”(《读四书大全说》卷七)，中就是“皇极”，就是“至善”。而“中”既称至善，便不可有超乎“中”的“过”的状况存在，只会失之“不及”。“尽古今人，无有能过其行者”“成仁者，亦仅免于不及”而已。

因此，王夫之认为：

> “中庸”二字，必不可与过、不及相参立而言。……不得谓两者之外别有中庸，两者之间不前不后之为中庸也。(《读四书大全说》卷六)
>
> (所谓过与不及)乃自己用中后见得恰好如此，非天下事理本有此三条路，一过一中一不及，却撇下两头，拿住中间做之谓。(《读四书大全说》卷七)

王夫之强调中庸不与“过”“不及”同在，又非“柴立其中间”，实际上是对传统的以维持现状为目标的中庸之道的某种否定。他的这种“无过有不及”的中庸，虽然还披挂着古色古香的中庸外衣，其实已饱含着要求进取的精神。他自己就表明过，他之所以弗恤与先儒小异，主张“无有可过”，盖“不欲使人谓道有止境，而偷安于苟得之域”，这确是他作为新时代之启蒙者的可贵之处。可悲的是，他不能知道，中庸之道既以防止转化为己任，正是“谓道有止境”；中庸之道主张对立只有依存与联结，也无异于“偷安于苟得之域”。他在中庸的口号下鼓吹进取，这一理论上的不谐和与软弱状态，正好反映了当时觉醒者之微弱与革新要求的不彻底性。

随着社会转化之成为当务之急，关于中庸的学说便不再能有什么新的思想出现，中庸之道的保守方面便越发显露，而成为变革的大敌。在那些急风暴雨的年代里，它被批判得一无是处，被宣布为十恶不赦，是十分自然而可以理解的。只有经过几番冲刺之后，人们才有可能冷静下来，对它做一点全面的研究，发表一点公平的议论，还它以本来面目。这就是我们所面临的任务。

（原载《中国社会科学》1980 年创刊号）

说 “参”

世界上的许多古老民族，仿佛都对“三”“五”两数发生过特殊兴趣，并在自己的思想文化中刻下有这样那样痕迹。

据现有材料推断，我们的祖先商族，大概对“五”的兴趣更大一些；而周族似较喜爱“三”。这或许便是五行和八卦最早作为两种体系而分立的缘由。后来周朝代商并大力吸收殷人文化，“五”和“三”才结了缘，共同构成中华文化的数字骨架。

“三”“五”两数中，“五”之得到青睐，显然是手指、足趾的功劳，可谓毫无疑问；而“三”的神奇地位之获得，却应是思辨的结果。因而，如果说“五”常以其在文化中的广阔地盘(如在中华文化中)惹人注目；那么，“三”在思想上的逻辑奥秘，就更值得人们去费力探寻。故试作《说“参”》，以求教于同好。

参 和 三

“参”字和“三”数，起初并无关系。“参”始见于金文，作，“象参宿三星在人头上，光芒下射之形”(朱芳圃《金文释丛》)；或省人，作(鱼鼎匕)；或省光芒，作(莆参父乙盉)。今音读 shēn，星宿名，现代学名叫猎户座。“参”之和“三”挂钩，读成 sān，是后来的事；可是，又比会计体(用如大写的“三”)出现的时间要早得多。一般认为，会计体数字开始流行于西汉；而“参”用如“三”，在《左传》《国语》中已非罕见。因而，以“参”作“三”，便不是由于会计技术上的缘故，而应有着更深刻的

原因。

首先，“参”字之可以作“三”，一个显见的原因在于它的造型。参宿凡七星，两颗零等亮星分列头尾对角，为参宿四和参宿七。其一、二、三星（现代所谓猎户的腰带）虽然只有二等的亮度，却因连列宿中而特别显眼，以至名列前茅，成为本宿的代表。金文“参”字头上的三颗星，和“参”之为“三”，皆由此来，所以在一些时候，“参”字简单地就等于数词“三”，如：

> 参食，食参升小半。（《墨子·杂守》）
>
> 参日而后能外天下。（《庄子·大宗师》）
>
> 君子博学而参省乎己。（《荀子·劝学》）

只是这种并非由于会计需要而写数目“三”作“参”的例子，终究是少数，因为它除了增加笔画外，别无其他实际意义。所以，更多的场合，“参”字都用在“三”的引申意义上。

一种情况是，以“参”字同时表示“三”数和某种量，成为一个既是数词又是量词的数量词。如：

> 恤民为德，正直为正，正曲为直，参和为仁。（《左传·襄公七年》）
>
> 垄若参耕之亩。（《墨子·节葬下》）

这里，“参和”是说德、正、直三者之和，“参耕”指三耦耕。这些“参”，已不单单是数词，而且带有量的规定，有点像今天北方口语中的“仨”，而且要更为宽泛得多，能够包括一切量词于其中。因此，这样的“参”，比之上一种“参”，在对客观实际的反映上，又丰富一些。由此出发，这个数量词连同它所修饰的词儿一起，慢慢固定为词组，为专门术语，如：

主明、相知、将能，之谓参具。（《管子·地图》）

舆人为车，轮崇、车广、衡长，参如一，谓之参称。（《考工记》）

商鞅造参夷之诛。（《汉书·刑法志》）

诸如此类的“参”字头的词，最初可能是略语，慢慢便成了专门术语，在相应的范围内通行。这样的“参”，又不仅仅是数和量，而且有其特指的具体物事，越发充实了。

尤有进者，除去上述这样那样表示整数三的用法以外，“参”字还常用如三分、三倍和序数第三等意思，如：

先王之制，大都不过参国之一。（《左传·隐公元年》）

乏（报靶人的隐蔽屏）参侯道（靶道）。（《仪礼·乡射礼》）

太白出西方，六十日，法当参天。（《汉书·谷永传》）

这些“参”，都是“三分”的意思。如果仔细推敲，会看出“参”后似皆省却了介词“于”字：“参侯道”即三分之一于侯道，“参天”即三分之一于天空，等等。“参”字所以从整数三贬值为三分之一，主要是“于”在作祟。不过，既然“于”字常常省去，“参”字也难免径有“三分”的用法了。例如：

昔者圣王之治天下也，参其国而五其鄙。（《国语·齐语》《管子·小匡》）

这个“参”字即不能再带介词“于”，而直接作动词“三分”用。由此，我们可以说，“参”也有“除以三”的意思。

可是，在另一些句子里，我们看到的却又正好相反：

> 吾参围之，安能围(御)我？(《管子·大匡》)
>
> 太极……始动于子，参之，于丑得三。又参之，于寅得九……(刘歆《三统历》)

这个“参围之”，是说以三倍兵力包围之；“参之”，指的重复三次，也可说乘以三。“参”在这些地方，似乎又从整数三增值了。其所以如此，关键仍在介词上，具体说，在“之”字上。但是，人们用“参”而不是用“三”来表示这种关系，说“参之”而不说“三之”，可证“参”确被赋予更多的内容，包括有“三”及其派生关系(三分、三倍等)在内。

这种派生关系，还可举出第三和并列第三，即时间和空间上的关系来。如“参乘”，就是车主和御夫以外的第三者；“名参天地”“与日月参光”，则是与天地或日月鼎立的意思。

总之，大凡与三数有关的意思，无论是数量还是次第，乃至三分和三倍，都可用“参”字来表示。因此，这个“参”，真正成了大写的“三”，它能包容下“三”的一切关系。

如果有人把这种现象理解成语言、文字和思想的贫乏，那将是轻率的；这种现象，只能正当解释成人们对“三”的偏爱；而之所以会发生这种偏爱，又由于人们看到了宇宙中“三”的秘密，产生了关于“三”的奇妙思想。

譬如说，人们发现，三和它的派生关系，有时是三个实数，如上述各例所示。也有的时候，“三”却不在“二”外独立自在，而是依存于“二”

中；当人们说到三件物事时，第三者未必真实出场，那“二”便充当了“三”的代表。例如，有一种天文仪器叫“参表”，有个地方以它为例说：

上惠其道，下敦其业，上下相希（睎），若望参表，则邪者可知也。（《管子·君臣上》）

这种“参表”，不是三根表，而是两根表，外加所望的太阳在内，三点成线，故而有了“参”。《淮南子·天文训》记测定东西方位之法有“先树一表。东方操一表却去前表十步，以参望”，等等。向第三者望去叫“参望”，用以参望的两根表，虽是两根，由于其功能中暗含着第三者在内，虽两犹参，所以叫“参表”。《管子》将“上下相希”比如“望参表”，也因为“上”“下”两者相望，却能望出一个第三者——“邪者”来。

与此类似的，还可举两个有趣例子。一个叫“尧舜参牟子”（《荀子·非相》），一个叫“禹耳参漏”（《淮南子·修务训》）。

古有“尧眉八彩，舜目重瞳”之说（参看《尚书大传·略说》《淮南子·修务训》），此等形象，已经够人望而生畏的了，但很少有人注意《荀子》中尧舜两人竟都是参眸子的更吓人的记载。一些注《荀子》的人说，“参牟子”就是三瞳人。日本人久保爱甚至说：“今世间有三瞳子者，爱得见之。”（据梁启雄《荀子简释》引）世间是否真有三瞳畸人，我们不妨相信久保的证言；只是尧舜二圣正好都是三瞳者，则大概未必。看来“参牟子”应该像上述“参表”一样，实际上还是两眸子，第三者是虚的。杨倞的注解说：“参牟子，谓有二瞳之相参也。《史记》曰：‘舜目重瞳。’重瞳，盖尧亦然。”杨倞把“参牟子”和“重瞳”统一起来，读“参”为cān，也许是对的。但还有另一种理解的办法，即“参牟子”指有一颗存在于两眼之中而并非实在的第三只慧眼，正如“重瞳”可以意味着洞察一切而不必真是复眼一样①，将两者都作现实主义的解释。这样的“参”，是否更符合原意一些呢？

“禹耳参漏”出于《淮南子》，又见于《潜夫论》，说者以为“参漏”即“三孔穴”。一耳三孔，用来说明圣人必有异相，自然有趣，但如果说它也和“参表”一样，实际上只是两个漏，第三漏是虚的，存在于这两个漏的存在之中，也许更为现实得多。后来说的“兼听则明”，由“兼”而得“明”，同这个由两漏而得第三漏的说法，正是一致的，只是一个抽象，一个形象罢了。②

参和二

上一节说明“参”就是“三”。在最后一组虚三——“参表”“参牟子”“参漏”的例子中，已经接触到了由二见三的用法。本节中，就来进一步说说这个“参”和“二”。

从《荀子·大略》篇，可以读到这样一段文字：

> 是非疑，则度之以远事，验之以近物，参(cān)之以平心。

这是说的决疑法。“度之”“验之”“参之”，仿佛是三个同等的动作；“远事”“近物”“平心”，仿佛是三个同位的要素。其实不然。这里的

---

① 《尸子》：“舜两眸子，是谓重明（双倍明晰），作事成法，出言成章。”

② 古有异兽名夔，“状如牛，苍身而无角，一足”（《山海经·大荒东经》）。相传孔子释曰：“夔者忿戾恶心，人多不说喜也；虽然，其所以得免于人害者，以其信也。人皆曰独此一足矣。夔非一足也，一而足也。”（《韩非子·外储说左下》）又曰：“舜以（夔）为乐正。重黎又欲益求人，舜曰：若夔者一而足矣。故曰夔一足，非一足也。”（《吕氏春秋·察传》）孔子强作解释，在“夔一足”上闹了笑话。但愿本文这里没有重犯类似的错误。

“参之”，固然不是上一节所见的乘以三的意思，也不是第三的意思，① 因为这里的“平心”，系指对待“远事”“近物”乃至一切对立应该持平，并非以“心”与之鼎立。证据就在同书《解蔽》篇，那里谈到消除心术之患与蔽塞之祸的办法有“毋远毋近，兼陈万物而中悬衡焉”，正就是这里的解决“是非疑”的办法。所谓“参之以平心”，亦即“兼陈万物而中悬衡”；或者简单点说，所谓“参”，亦即“兼而中”。

这样的“参”，显然不是独立自在的第三者，而是前已出现事物的“兼而中之”。就是说，既度之以远事，又验之以近物；度以远事而不以远为贵，验以近物又不因近而偷，能兼远近而中之，这就叫“参之以平心”。

因此，准确地说，这个“参”，实系一种动作，如“度”和“验”一样，应该读作 cān。动作而叫作“参”，当然与“三”有关，由“三”演化而来，究其特点，大体包括：(1) 动作的对象有两个。(2) 就这两个对象互相比较訾应，取长补短，就是动作的本身。(3) 动作的结果为一个，这一个结果，就其不同于两个对象而言，可以说是第三者；但就其不离于两个对象而言，又不是独立的第三者。

因此，简略地说，这个“参”，就是“二生三”。在通常情况下，它总是突出“二生”这一点，动作本身仿佛就是一切，那结果第三者，倒往往不在计议之中。因为必先有“二”，始得相互比照而生“三”；有了“二”，“三”便在不言之中，没有“二”，“三”只好比虚无缥缈的蓬莱三岛。所以，这一类的“参”，慢慢变得与“三”没有什么形式上的联系，而只与“二”往还了。如：

---

① 《周礼·天官·疾医》有“以五气、五声、五色眡其死生，两之以九窍之变，参之以九脏之动”句。其“两之”“参之”则是序数第二、第三的意思。

(何武)疾朋党。问文吏必于儒者，问儒者必于文吏，以相参验。(《汉书·何武传》)

所谓“以相参验”，就是以儒者之见和文吏之见来互相校核。这个动作当然预期着一个非此非彼、亦此亦彼的第三种见解，这是它所以谓之“参”验而不谓之别的什么验的原因。但是，第三者的痕迹在这里是十分暗淡的；“以相参验”所强调的，分明只是二者的互验，是这互验的动作，而不问结果。所以，有的地方干脆称这种“参”为“参贰”，如：

鸿知所言，参贰经传。(王充《论衡·案书》)

予参贰国政。(范仲淹《邠州建学记》)

“参贰”的完整意思，是说对第一者提供一个二，以期得出三。但也可理解如今语之“我来进一句逆耳之言吧”“我来提一点反面的考虑吧”，等等，其着力点在“二”，不在“三”。

需要强调指出的是，这个所谓“二”，不是任意一个别物，而是与“一”正相对立的他物，这一点至为关键。仅仅存在差异而并非正相对立的两物，不能暴露此类事物的全部矛盾，不能概括此类事物的全部本质，因而也得不出一个更为完整的“参”来，收不到“参”的效果，解决不了前进一步的要求。古训有所谓“顽贪以疑，疑意以两，平两以参”(《逸周书·常训》)者，说的就是这个意思。而大凡明哲之士的明智之举，多能自觉地去发现对立乃至树立对立，以使自己由“一”通过“二”而进至“三”，收到“参”的效果，达到更高境界。如：

西门豹为邺令，而辞乎魏文侯。文侯曰："子往矣，必就子之功，而成子之名。"西门豹曰："敢问就功成名亦有术乎?"文侯曰："有之。夫乡邑老者而先受坐之；士子入，而问其贤良之士而师事之；求其好掩人之美而扬人之丑者而参验之。"(《战国策·魏策一》)

"乡邑老者"和"贤良之士"大体上是值得信任的，但终难免于一偏。为能做到有可参验，不惜寻求"好掩人之美而扬人之丑"的人，即寻找对立面。没有这个"二"，是生不出"三"来的。再如：

卫嗣君重如耳(人名)，爱世姬，而恐其皆因爱重以壅己也，乃贵薄疑(人名)以敌如耳，尊魏姬以耦世姬。曰：以是相参也。(《韩非子·内储说上》)

故事里用了"敌"字"耦"字，都是正相对立的意思。给宠爱的人设立对立面，使一成了二，结论不是"以是相贰也"，不是为二而二，不是自陷于二，而是"以是相参"，以二求参。

一切带"参"字的动词，本来都是这个意思，如"参考""参校""参议""参稽""参观""参验""参互""参预""参加"……之流，都是要求就原先的"一"，加入一个正相对立的"二"，以使矛盾更为突出，本质更为显露，从而得到一个更好的"三"。所谓"君所谓可，而有否焉；臣献其否，以成其可。君所谓否，而有可焉；臣献其可，以去其否"(《左传·昭公二十年》晏子曰)，并非察言观色，随声附和，便得谓之参议、参与的。谓予不信，且以最通用的"参考"一词为例解剖一下。《汉书·息夫躬传》记丞相王嘉谏哀帝说：

昔秦穆公不从百里奚、蹇叔之言，以败其师；悔过自责，疾诖误之臣，思黄发之言，名垂于后世。唯陛下观览古戒，反复参考，无以先入之语为主。

这里所谓的“参考”，是要汉哀帝从秦穆公的正、反两面经验中引出结论，并从王嘉的谏语和先入之语的对立中，做出自己的判断。这种“二生三”的动作，才能叫作“参”；其他诸参，无不如此。倘或排斥对立，听不得不同意见，势必连同寓于对立中的“参”，也一并排斥开去，那就叫作“不参”。韩非说过：“明王不举不参之事。”（《韩非子·备内》）他把“参”和“不参”的利害得失，说得最为直率不过了，值得后人记取。

总之，这一类读 cān 的动词“参”，都是暗含着三、明说着二的辩证动作。在这个意义上，我们可以说，参考、参议等，都是“参贰”。但是，由于客观事物的复杂多样性，“参贰”一词，不足以表现世界的丰富多姿，于是，有时候，还得借重于“参伍”这个词。

“伍”源于五，正如“参”代表三一样。“参伍”连用，有时是实指，如前引《齐语》“参其国而伍其鄙”句，是指三分国都、五分鄙野的办法和一套相关的三三制和五五制；但更多的场合，二者连用，只是交叉验证的意思：

参伍明谨施赏罚。（《荀子·成相》）

窥敌观变，欲潜以深，欲伍以参。（《荀子·议兵》）

不以参伍审罪过，而听左右近习之言。（《韩非子·孤愤》）

偶参伍之验以责陈言之实。（《韩非子·备内》）

提名责实，考之参伍。（《淮南子·要略》）

故《周书》曰：必参而伍之。……察于参伍，上圣之法也。（《史记·蒙恬列传》）

（赵广汉）尤善为钩距，以得事情。钩距者，设欲知马价，则先问狗，已问羊，又问牛，然后及马。参伍其价，以类相准，则知马之贵贱，不失实矣。（《汉书·赵广汉传》）

参伍因革，通变之数也。（《文心雕龙·通变》）

这许多条“参伍”，都可拿先于它们的名句“参伍以变，错综其数”（《易·系辞上》）来解释。“参伍”即是错综，即是从诸种不同情况的对照、比较中，求得一个存乎其中、出乎其上的新结论。其所参伍的对象，固不止一个，但却不必正是三个或五个。而这些对象，实际上又都仍可归结为相对立的两方。如赵广汉条，所参伍的价格凡马、狗、羊、牛四者，实际上可能还有驴、骡等，但无论多少，最后“以类相准”，不外贵、贱两面。因而，这个“参伍其价”实际上还是参贰其价。参伍的实质只是参贰。其所以不用“参贰”而用“参伍”，当是为的适应事物在现象上的多样性，为的不仅指出两大极端，而且容纳广阔中间成分。大概正因为“参伍”具有这种世俗的特色，而又避免了“参贰”那种与人作对的外观吧，所以它能广泛流行；而朴质的“参贰”，竟久已被人忘怀，连一般辞书中也难以见面了。

前人注书有不辨义理但泥于数目者，见到“参伍”，往往生拉硬扯出三个和五个具体对象来凑数，令人读来啼笑不得，把“参伍”中原有的辩证思想反而淹没了。清儒惠栋就曾指出过：“汉人解参伍，皆谓三才（按，指日、辰、星）五行。”（《周易述·易微言下》）其实岂止于汉人，也不尽是三才五行，如唐人司马贞注《史记·蒙恬列传》“周书曰”一句，即以参伍为“三卿、五大夫”，把一个好端端的哲学思想，变成了枯燥无味的职官图表，其迂阔之态，令人发噱。他们不能知道，“参”的基本意思的确是“三”，但当人们说“参”是“三”时，只不过是说出了一个简单的事实；唯能指出“参”源于“贰”，“贰”中有着“参”的人，才接触到了数字的秘密，说出了一个客观真理。如果由此再进一步，找到了三与一的关系，那时候，会是何等情景呢？请看——

参 和 一

《墨经·经上》有一条说：

直，参也。

这是在给“直”下定义，意思是说，所谓“直”，如三点成一线（说见“参望”）。与此同时，人们当然也已经知道三径成一圆。这些数学上的奥秘，是否给人一个启示：三与一之间，存在着某种神奇的关系？

启示肯定出现过，而且时间相当早；八卦的三画，或许是我们可以确指的较早证据。八卦恰好三画，不是两画或四五画，大概不是巧合，而是古人脑袋中三、一关系的显现。[①] 卦辞中引起后人许多猜测的“先甲三日，后甲三日”（《易·蛊》），“先庚三日，后庚三日”（《易·巽》），以及其他许多礼仪上“三日”为期的规定，或许也是古人视三为一个单元的结果。此外我们还可以举出许多别的古例来，把“三元”思想推向更前。

---

① 扬雄创制四画玄卦，终于不见流行。

遗憾的是，我们所能找到的以三为全的理论性论述，时间却晚得出奇。最先明确无误说到这一点的，大概是《史记》：

数始于一，终于十，成于三。（《史记·律书》）

后来有《太玄经》：

诸一则始，诸三则终，二者得其中乎！（《太玄经》）

中间经历了宋明象数派的神秘主义夸张。及至近代，可举龚自珍：

万物之数括于三：初异中，中异终，终不异初。（《壬癸之际胎观第五》）

这些思想，和古希腊毕达哥拉斯学派的说法几乎一样：

一切的一切都是由三元决定的。
因为全体的数有终点、中点和起点，这个数就是三元。
我们称二为“双”不为“全”；说到三我们才说全。①

为什么数“成于三”？为什么三是“全”是“元”？难道“一”不是更完整更具有“元”的资格么？人们当然曾经想到过，一切都是从一开始的。但是这个开始的“一”，为能开始下去，创生出或变化出“多”来，就必

① 据黑格尔：《哲学史讲演录》第一卷，贺麟、王太庆译，商务印书馆1959年版，第233页。

须具备一种动力。如果这个动力是从外面获得的，那么“一”便不成其为开始的一，因为另有一个外力先它而在或与它同在。如果这个动力是从内部获得的，那么“一”便不是一个单纯的一，它的内部应是复杂的；在这种情况下，它又不会因其复杂而是“二”，因为二不可能谓之开始，开始者只能是一。这样，纯一不可能开其始，“二”不可能是开始，那么只有具备有二于其自身之中的一，才有可能实现其开始并且真正成为开始，而这就是“三”。只是这是作为一的三，成为三的一；不是作为三的三。这就是三元。

《庄子》说：

> 古之人在混茫之中，与一世而得澹漠焉。当是时也，阴阳和静……此之谓至一。(《庄子·缮性》)

这是对人生开始前的状态的假设。那时候总的情况是混茫，这是“一”；这个混茫内含阴阳，它们是“二”；这个阴阳又处于和而静的状况之中，即是说，它们合而为一混茫；因而，这便成了一种一而三、三而一的东西或境界，这就叫“三元”，或曰“至一”。

《老子》说：

> 道生一，一生二，二生三，三生万物。
> 万物负阴而抱阳，冲气以为和。(《老子》第四十二章)

万物都是阴阳之和，所以万物都是一个“三”；道生一生二生三，所以道也是一个“三”。道这个三，又能生万物，这叫“三生万物”。就这样，无论是道还是万物，都可说既是一也是三。

可以看出，这种三一的思想或三元的思想，是关于对立统一规律的一种表述。尽管它有许多模糊不清之处，但的确是说出了世界由矛盾组成的大致情景。这种思想，早期各派思想家都从各自不同的角度多少接触到了，唯以道家为最精。这是道家的骄傲。没料想，到后来的道教中，三一思想却变质为神秘的三位一体，如一切宗教一样；有所谓“气包神，神包精”，精气神“三一混合”以及“夫道为三一者，谓虚、无、空”（《老君太上虚无自然本起经》）等莫名其妙的呓语。这时候，三一思想的合理成分，倒被儒家学者发挥起来，成了他们宇宙观的根本。

刘歆在《三统历》中曾朦胧说道：“太极元气，函三为一。”可惜他未能正确发挥。一直迁延到宋儒，才有人作了许多解释，其中除了若干近乎宗教式的咒语外，最优秀的代表，当推张载学说。如：

> 极needs是谓天参。教虽三，其实一也，象成而未形也。（《易·系辞上》）
>
> 有两则有一，是太极也。若一，则有两亦在，无两亦一在。然无两则安用一？不以太极空虚而已，非天参也。（《易·说卦》）

所谓太极，或伟大的起始，自应是个一。但它不是空虚的一，它内含着两，即对立的阴阳。有一有两，因此，太极又可以叫作“天参”，天然的三。不过虽说是三，却并不体现为三个部分或由三个部分组成；虽然内含着两，那两却和解而统一，因而它在形体上，仍然是一。这种“数虽三，其实一”的三位一体，又叫作“参一”：

> 地所以两分，刚柔、男女而效之法也。天所以参一，太极、两仪而象之性也。（《易·说卦》，又见于《正蒙·参两篇》）

这种说法，可以看成是前引老、庄思想的复归，当然在说明上丰富多了，也明确多了，不仅仅是用“极”去替换了“道”而已。

除去这个哲学的途径外，常常令人惊讶的是，三元的思想，还突出地表现在音乐理论中。文献表明，我国古乐的五音、十二律，都被和“三”紧紧拴在一起。最早记载五音间数之关系的《管子》说：“凡将起五音，先主一而三之，四开以合九九，以是生黄钟小素之首以成宫。”这是说，五音从一开始，但是单纯的一永远是一，无法实行其开始，于是要“三之”，重复三次或乘以三；或者说，这是一个涵三之一。从数学意义上说，这实际是以三为基数。然后四次自乘，得八十一，是为宫之数。更后依次增减三分之一，所谓三分损益，则分别得徵(81＋81/3＝108)、商(108－108/3＝72)、羽(72＋72/3＝96)、角(96－96/3＝64)之数(见《管子·地员》)，是为五音。

最早记载十二律律管长度及其数之关系的书是《吕氏春秋》，其《古乐》篇说：

> 昔黄帝令伶伦作为律。伶伦自大夏之西，乃之阮隃之阴，取竹于嶰谿之谷，以生空窍厚钧者，断两截间，其长三寸九分，而吹之，以为黄钟之宫。

这个“三寸九分”，与后来习用的“九寸”之说不同，曾使得乐律家们大伤脑筋。从我们现在所讨论的观点来看，三寸九分抑或九寸，都是一样，因为它们都不过是“三”的演化数目而已。由这个黄钟律(且以9寸为准)出发，依旧用三分损益的办法，便能得林钟(6寸)、太簇(8寸)、南吕(5.33寸)、姑洗(7.11寸)、应钟(4.74寸)、蕤宾(6.32寸)、大吕(8.43寸)、夷则(5.62寸)、夹钟(7.49寸)、无射(4.99寸)、仲吕(6.66寸)(见《吕氏春秋·音律》)诸律,并于最后在高一层上回到出发点,得半律黄钟(4.5 寸)。

就这样,五音和十二律便被说成是建基于"三"的一个奇妙数字体系。这个体系,大致符合音律的自然频率,有实际使用的价值,并且在事实上支配了全部古乐时代。16 世纪末叶,明宗室王子朱载堉创十二平均律,以$\sqrt[12]{2}$这样一个数目扫荡了三分损益成就,使乐理更为科学和精确,但是,它在实践中并未得以推行,而且时隔不久,便遭到了康熙帝的复辟三分损益法的打击,而湮没无闻。这也说明,建基于"三"的音乐体系,有它广泛的基础和顽强的活力。这个体系,当然非一二数学家或哲学家凭空拼凑出来的,它应该是无数乐工在演奏和制作实践中首先摸索出来的。乐工依靠灵敏的审美耳朵,逐步排列出五音和十二律的自然顺序,其音与音、律与律之间的差别,不论是表现于弦或管,不外于长度、直径和紧张度的不同,而这些值,是可以用数来表示的。这时,对"三"有着特殊感情的数学家和哲学家,在音和律里面,以及在两大系列之间,竟然得到了一个计算上的统一原则,找出了一个"三"的秘密,这不能不说是一大奇迹!学者们为此所走的艰苦路程,后人已难尽晓;我们现在能以见到的,大概只有记录在《国语》中的这样一个简单痕迹了:

古之神瞽,考中声而量之以制,度律均钟,百官轨仪,纪之以三,平之以六,成于十二,天之道也。(《国语·周语下》)

这几个数字各代表什么,注家有过种种解释,我们至少可以断定,它们是从乐律中悟出来的(所谓"天之道也"),而这个关系,是以"三"为基数的。

乐律中近似存在着“三”的秘密的事实，希腊哲学家毕达哥拉斯也发现了。这种重复发现的情况，在科学史中，尤其是在古代，不止一见；但近代的惯于以欧洲为中心进行思考的某些学者们，竟由此设想中国乐学来自希腊，并抓住前引《吕览·古乐》篇“大夏之西”一句，以为根据。其实，在那个时代，这种理论在万里异域间传递上所面临的困难，比之它们从东西民族各自实践和思辨中独立产生出来，正不知要大到多少倍哩！

东西民族都形成了三元思想，又都拿它到音乐中去验证和运用，这当然也不是巧合，而是人类对客观辩证法的一个认识历程。至于这个三元思想同今天西方科学思想中的三个世界理论有无源流关系，以及由于这种运用而在多大程度上影响着以三为圆满、为和谐的哲理，以至视对立的和解为宇宙的绝对真理，特别是这种真理的价值如何，已非这篇小文所能尽述，只好留作余兴，以俟来日了。

黑格尔说过：“数目的排列是容易的；但是深刻地说出其意义则是很难的，而且勉强去说出意义又始终是任意武断的。”[①]我立意说三，却扯到三倍、三分，以至二和一，并且总名曰“参”；如果仅仅是很难，倒也无伤大雅，惟愿文中没有过多的任意武断之处，则可安心了。

（原载《中国社会科学》1981 年第 5 期）

---

① 黑格尔：《哲学史讲演录》第一卷，贺麟、王太庆译，第 244 页。

相马之相

世有伯乐，然后有千里马；

千里马常有，而伯乐不常有。

大文豪韩愈因被褐怀玉而咏叹出来的这一千古名句，曾成为一些人安插亲信传宗接权却又自封为伯乐的典雅借口，那是政权究应如何建设的大事。本文由此话题开篇，与此等大政全不相干，只不过想借相马故事，探讨一个认识论史上的细节——中国古代认识论中的辩证思想问题。

不少人还能知道，与伯乐有关，据说被伯乐誉为高出自己千万倍的九方皋，不识牝牡骊黄，独观“天机”，居然相得天下级的千里马（见《列子·说符》《淮南子·道应训》），其所涉及的认识问题便更大。

到底是先有伯乐的认识呢，还是先有千里马的存在？或者是，伯乐与千里马相互促成，同时出现？还有，识得千里马而不识牝牡骊黄，得其精而忘其粗，果否便是最高认识？这就是上述议论和故事提出的认识论诸问题。

认识世界并非易事，认识此一认识，或者说认识之自觉和反思，尤难。机械论者以为人的认识有如对镜和摄像，观念论者相信认识就是主观拥抱客观，或心灵的遥远回忆；辩证论者，特别是中国古代辩证论者，则把天人合一的原则引进认识论，熔认识论伦理学于一炉，因而大大深化了认识哲学。

相得然后成

马而誉曰千里，意味着它不再是一匹天然的马，而是经过品题的马；也就是说，它不再简单是独立于人的认识之外的存在物，而是与人处于某种关系之中，成了人的一种认识成果。

谁都知道，茫茫荒原中的野马，虽或不乏奔逸绝尘者，绝无所谓千里不千里，因为没有人去赏识它。济济槽枥间的家马，虽或杂有骐骥骅骝，如果不被有识者发现，不免伴随驽骀骈死厩下，没世而不见称。可见，是否与人结成认识上的关系，对于马的存在，并非无关紧要的身外之事。

韩愈说“世有伯乐，然后有千里马”正是有感于此。其哲学意味是：必先有认识者，而后有认识成果。可是话说到这里，只说了一半，因为，认识对象也是绝不可少的；没有被认识者，同样不能有认识成果。所以韩愈又说：“千里马常有，而伯乐不常有。”意思是说，待认识的对象常常存在，而有识者却很难出现。韩愈两用千里马，第一个是认识成果，见在的千里马；第二个是待认识的对象，潜在的千里马。

再加上韩愈所一唱三叹的不可多得的伯乐，于是我们就有了认识的三要素：认识主体(伯乐)、认识客体(马)、认识成果(千里马)。对于前二者的关系，人们比较熟悉，也容易理解；至于三者间的复杂网络，则较少有人注意，谈论也不多，故显得生疏。

原因之一是，传统的认识论受传统的二分法支配，大多局限在认识的客体与主体、物质世界与精神世界上做文章，或曰认识乃客体映象于主体，或曰认识为精神体现于物质。争来吵去，无有宁时。近年波普(Karl R. Popper)提出了“三个世界”的理论，主张在传统所谓的客观物理世界、主观精神世界之旁或之间，有一个同样实在而且自主的客观知识世界，三者相互作用等等，在科学界和哲学界引起不小反响，

三分打破了二分的非此即彼的僵硬框架，使苍白的理论向七彩的现实靠拢，当然可喜；只是波普的三个世界仍然逃不出机械主义的阴影，他所描绘的三者的自主以及三者之间的作用、反馈等，时时流露出非辩证的形而上学痕迹和纯逻辑的忽视认识者有社会性的倾向，因而难以准确回答古老而又复杂的认识论的许多难题。

在中国，三分方法源远流长，仅以相马为例便可发现，三分的思想，在认识论领域里早已流行了。譬如《吕氏春秋》上就有：

> 今有千里马于此，非得良工，犹若弗取。良工之与马也，相得则然后成，譬之若桴与鼓。(《吕氏春秋·知士》)

"相得则然后成"一句是文眼，最要注意。其"相得"之得是双向的：马得良工，良工得马。"然后成"之成则是双方的：良工以此成其良，马以此成其千里。马不得良工，固无缘以千里名；良工不得马，亦无从现其能。因为，认识者和被认识者，只是当它们结成或处于认识关系时，方才从对方发现自己，因对方实现自己，成其为认识的主体和被认识的客体；此前或此外，它们既然漠不相关，也就各成其天，没有什么主客之别，充其量也顶多叫作潜在的认识者和潜在的被认识者而已，如果后来发生了认识活动的话。

这也就是说，在认识活动中，不只是由认识者和被认识者发生关系而形成认识成果，也因认识成果之形成而实现了认识者和被认识者自身。任一认识活动，都活动着这样三个要素：主体、客体、成果。

三者的关系，不是像观念论者所说的主体→客体→成果那样神秘，也不像反映论者所说的客体→主体→成果那样简单；三者处在相互之网中，“相得则然后成”，不相得，“犹若弗取”，既无所谓主体客体，当然更无所谓成果。这个道理其实很简单，但是，鼓不打不响，话不说不明，用桴与鼓来譬喻良工与马，在此倒有了双重意义。

庄子《齐物论》里也有两句话说得很好：“道行之而成，物谓之而然。”第一句已为人们熟知：路是人走出来的，地上本来没有路。可惜这句话所要比喻的那第二句，即庄子真正想说的认识论方面的道理，“物谓之而然”一句，却似乎尚未得到应有注意。原来在第二句话中，庄子提到的正是认识活动三要素：物(客体)谓之(主体的活动)而然(成果)。三者之中，倘若没有物，当然不会有谓之者和谓之活动，也不会有它是什么的“然”；倘若没有谓之者，固然没有谓之活动和然否，其所谓之物，虽或已自在，亦“犹若弗取”，即只能算作潜在；再从结果看回来，倘若没有“然”否，即没有认识成果，没有形成某种称谓，那如果不是没有主体和客体的存在和出现，便是虽有二者的潜在却未结成认识关系即未形成“谓之”活动。

认识活动的如此三分法，较之波普的三个世界的理论，更能表示认识活动的辩证属性和过程。波普的得意之笔在于强调“第三世界”的客观性和自主性，他曾说道：

> 为了看得更清楚些，我们可以想象人类灭亡之后，某些书籍或图书馆也许会被我们文明的后继人发现，这些书籍也许就会被解读。[①]

---

① 波普：《客观知识——一个进化论的研究》，舒炜光译，上海译文出版社 1987 年版，第124 页。

我们没有理由不同意波普的这一想象，因为它已部分地成为现实。仅以中国作例，我们就曾解读了金文、甲骨文和陶文，还有西夏文、女书等，它们都是使用者灭亡之后才被我们这些后继人发现的；世界文化史上也不乏类似例证（我以沧海一粟的资格虔诚祈祷，愿波普的主要想象永勿实现，阿门）。不仅此也，我们还能部分地解读蜜蜂的舞蹈语言、猴子的表情语言以及诸如此类。只是必须指出，金文等，在它们产生和通行的当时，不妨援用波普的称谓法，谓之见诸客观物质的精神，或者叫作客观精神世界即第三世界；可是对于发现它们的后继人来说，它却成了单纯的认识对象，一如其他物理世界即第一世界一样了。后人解读它，一如后人“解读”宇宙太空那样。胡适说的“发现一个字，就好比发现一颗恒星”名言，在我们这里也有了双重意义。因为不仅被发现的一个字的认识价值有如被发现的一颗恒星，而且，这一个字的存在，对于后人已不再是第三世界成员，而像任何恒星那样，是第一世界的物质了。

这是因为，认识成果好比孩子，只有当它相对于认识之父（主体）和认识之母（客体）时，才是孩子，才是认识成果或者叫客观精神世界；一旦离开父母，它便不好再叫孩子而径直叫作人了。波普发现了孩子有自己的客观性和自主性，是一大贡献；但他也像许多发现者常常难以避免的那样，将烙上自己标记的真理向前多推了一步，夸大了孩子的孩子性，认定客观精神具有永恒性和独立性，于是成了谬误。

中国思想多不如此僵直，而以发掘相互关系见长，相信世界原是一团网络，其基本元素为阴、阳、和，或者约曰一、二、三。三者各自为体，又相互为体；互相为用，又分立为用。在这样的关系中，良工与马与千里马，既有各自的客观自主性，又相依为命，相得然后成。在某些情况下，人们需要强调某一元素，会说“得十良马，不若得一伯乐”

(《吕氏春秋·赞能》),“得百走马,不若得伯乐之数”(《淮南子·齐俗训》)便是利用了元素的客观性和自主性。其实反过来说也一样,若无一良马,纵有十伯乐,亦将因无所显其技而不成其为伯乐,此所以“沧海横流,方显出英雄本色”者也。《庄子》上说某人学屠龙,惜千金之家,三年技成,结果却因无龙可屠而无所用其技,显不出他的英雄相来。这又表明了诸元素的彼此相依性,或者干脆叫相成性。

有无—无无—无有

世人都知伯乐善相马,但据古书记载,善相马者远不止伯乐一人。《吕氏春秋·观表》写道:

> 古之善相马者:寒风是相口齿,麻朝相颊,子女历相目,卫忌相髭,许鄙相尻,投伐褐相胸胁,管青相唇吻,陈悲相蹄脚,秦牙相前,赞君相后。凡此十人者,皆天下之良工也,其所以相者不同,见马之一征也,而知节之高卑,足之滑易,材之坚脆,能之长短。

《淮南子·齐俗训》亦有:

> 伯乐、韩风、秦牙、管青,所相各异,其知马一也。

此外,还有九方皋,据说伯乐举荐他时说过:

> 良马可以形容筋骨相也。相天下之马者,若灭若没,若亡其

一。若此马者，绝尘弭辙。臣之子皆下材也，可告以良马，而不可告以天下之马。……若九方皋之所观者，天机也，得其精而忘其粗，在其内而忘其外，见其所见，而不见其所不见，视其所视，而遗其所不视。若彼之所相者，乃有贵乎马者也。（《淮南子·道应训》《列子·说符》）

看来，善相马者固不止一人，其相法亦不止一种。寒（韩）风等人，各"见马之一征"；九方皋则观天机而忘其粗。至于伯乐，从种种迹象看来，似乎比他们都高出一筹，他介乎二者之间因而超乎二者之上，既观马的天机素质，又不放过形容筋骨乃至其他，所以成为相马者的代表，尊为星宿的命号（伯乐、危宿，即仙王座δ、ξ）。

于是，这里就有了三种相法：根据形象以发掘本质，超越形象而直面本质，以及探得本质更返回形象。这三种相法，各有千秋，并多少代表了一般认识过程的各个阶段，很值得仔细分析。

通常容易以为，韩风等人的第一种相法，即根据局部特征便认知本质的方法，不可能成功。其实不然。按照《吕氏春秋》的说法，能以根据一个局部特征发现事物的本质，正是"圣人之所以过人"，所以"上知千岁，下知千岁"的秘密所在。《汉书·艺文志》则将这一类学问归为数术类的形法家，说他们"形人及六畜骨法之度数，器物之形容，以求其声气贵贱吉凶，犹律有长短而各征其声；非有鬼神，数自然也"。由此看来，这一种以形为法由象求数的认识方法，不仅能成功，而且能成家，是某种可以拟神为圣的法术。《庄子·天下》篇中有"古之人……明于本数，系于末度……其运无乎不在。其明而在数度者，旧法世传之史尚多有之"的说法，说的大概便是诸如此类的人和事。

一粒砂中见世界，在古代，本是一句妙语，一种玄机；而当今科学似乎已能证明，大自然中存在着被称作 Fractal（分形）的关系，或者叫作“以大套小”的结构，它有点像中国过去家具中的套凳、茶具中的套杯、文具中的套印，也像地球之在太阳系、太阳之在银河系、银河之在银河团。若果然如此，则马之一征中，或许真能看到一匹具体而微的全马。用形法家的话来说，这叫作以形求气；用庄子的话则叫作由末度见本数。此事虽极精微，却“非有鬼神”，大概是不成问题的。

当代科学中还有一种叫作全息理论的，认为局部中包含着全体的信息。中医耳诊便是它的实践形式；生物学界也在研究它的机制，证实它的价值。这一理论之于证明韩风等人相马方法的意义，更是不待言喻的了。

九方皋的得精忘粗独观天机的认识方法，传抄在道家倾向的古籍中，被推为高出伯乐千万而无数。放下学派的偏爱不说，此法倒确实合乎道家精神。老子就曾说过，不出户即可知天下，不窥牖能够见天道；其出弥远，其知弥少。庄子主张得意而忘言，甚至编出过如下一段故事：

> 黄帝游乎赤水之北，登乎昆仑之丘，而南望还归，遗其玄珠。使知索之而不得，使离朱索之而不得，使吃诟索之而不得也。乃使象罔，象罔得之。黄帝曰：异哉！象罔乃可以得之乎。（《庄子·天地》）

离朱是传说中视力最强的人；吃诟为谁虽已无考，要之当亦感官敏锐之辈；知则是一般认知方法的拟人化。他们纵有搜索任何微珠细玑的足够能力，却无力索得玄珠。原因无他，只因“玄珠”非珠，乃道家之道，它唯恍唯惚，视之不见，听之不闻，搏之不得，似有象却罔如，虽罔如却有象,所以唯有象罔乃可以得之;正如不能以人养鸟、只能以鸟养鸟一样,得道也只能用合道的方法。

道是物之所以。千里马之所以日行千里,正在于它有某种千里之道,或者叫千里之天机。道是整全,充乎马之全体;其散见于具体者,则谓之数。见之于口齿者,韩风可以得之;见之于蹄脚者,陈悲可以得之,如此等等。所以他们的这类学问或本领也叫作"数术"。"数"之为数,既非物质,亦非精神,用柏拉图的话来说,它存在于感性事物与理念之外,存在于二者之间,[①]在中国古代思想文化中,也许可以说,数是感性的道,理念的物。

九方皋的本领就在于他能直面天机,径达道全,而不必通过数和依赖数。所以伯乐说他是"无数者也"[②]。《庄子》里有一则故事,可以帮助我们切近地理解数与无数或九方皋与韩风等人的差别,故事说:

> 光曜问乎无有曰:夫子有乎,其无有乎?光曜不得问,而孰视其状貌,窅然空然,终日视之而不见,听之而不闻,搏之而不得也。光曜曰:至矣,其孰能至此乎!予能有无矣,而未能无无也,及为无有矣,何从至此哉!(《庄子·知北游》)

故事里的光曜好比数,它是"有无",即实存的无,可感的无,虽无形却有在,是可见到的光芒;而夫子则是"无有",即非实存的有,不可感的有,虽有在却无形,是只可悟知的道。从"有无"修炼到"无有",中间

---

① 据黑格尔《哲学史讲演录》第一卷《毕泰戈拉与毕泰戈拉派》,第218—219页。黑格尔补充道:"数不是感性的,但是也还不是思想。"

② 伯乐对秦穆公赞九方皋之"是乃其所以千万臣而无数者也"一句,注者皆以"无数"为"不可量"。非也。

需经过“无无”境界，其行程为：有无→无无→无有。

这里有三个递进的境界。在我们所讨论的问题里，姑且将“无”当作“数”。第一境界是韩风等人所达到的，有“无”的境界。正像《汉书·艺文志》上说的，他们根据骨法形容以掌握气数，而识得良马，“非有鬼神，数自然也”，所以被称作形法家，归于数术类。比起只能有“有”即只识皮毛的外行来说，他们堪称是里手，是专家。

“然形与气相首尾，亦有有其形而无其气，有其气而无其形”的“精微之独异”的情况，此时此刻，“有无”者便无可施其技，而需要高一境界的无“无”功夫了。九方皋的“无数”，便相当这第二境界。他并非不知有数，亦非不能有数，而是不囿于数，当然更不囿于“数而下”的牝牡骊黄。就是说，他既不像常人之有马之“有”，亦不像韩风等之有马之“无”——盖凡“有”某物者，必受制于该物，此所以财主必为守财奴、资本家必为资本所枷者也。他能够无马之“无”，即知无却不受制于无，因而对于无其形无其气的独异之精微，亦能充分掌握，而相得“天下之马”。

假如说，认识事物必先由具体走向抽象，那么，有无已是抽象，而无无则可谓是抽其抽象，抽到一点具象全无了。一些道家末流曾就此止步，以为这便是得道了，所以赞扬九方皋已高出伯乐千万倍。其实认识到此只算完成了全过程的一半，尽管是很必要也很重要的一半；另一半，还得由抽象再上升到具体，用马克思的话来说，这是“思维用来掌握具体并把它当作一个精神上的具体再现出来的方式”[①]，在庄子的体系里，这就是比无无还高的“无有”境界。

无有是一种“有”，一个无形的有，它才是道家所谓的道。当然，

---

① 马克思：《政治经济学批判导言》，见《马克思恩格斯选集》第2卷，人民出版社1972年版，第103页。

这样的有只能是精神的，只在思维中存在。用庄子的说法，叫作窅然空然之有；用马克思的说法，叫作精神上的具体。若就相马而论，从有有即一马当前开始，经过韩风等人的有无、九方皋的无无，而到达无有，所面对的便已不再是认识开头的那个混沌整体，也不是不分牝牡骊黄的空洞抽象，而是经过了抽象认清了本质再重新综合还以血肉的整体，一匹晶莹清晰通体透明的马了。伯乐的相马法，大概正是如此。

《韩非子·说林下》记有两则关于伯乐的故事，曰：

伯乐教二人相踶马，相与之简子厩观马。一人举踶马，其一人从后而循之，三抚其尻而马不踶，此自以为失相。其一人曰：子非失相也，此其为马也，踒肩而肿膝。夫踶马也者，举后而任前，肿膝不可任也，故后不举。子巧于相踶马而拙于任肿膝。

伯乐教其所憎者相千里之马，教其所爱者相驽马。千里之马时一，其利缓；驽马日售，其利急。

伯乐名下的一些故事，也许只是假伯乐之名以行的一种认识论思想。像许多名人传说一样，我们不能轻信之而据以编写名人行状，但不妨将它当作某种思想来对待。这里的第一个故事强调对象的整体性，从而规定了认识的全面性和具体性；第二个故事强调认识的效果，已越过一般所谓认识论的范围，但显然仍是认识领域里的事。也是在《韩非子》里，还有一处提到：

夫视锻锡而察青黄，区冶不能以必剑；水击鹄雁，陆断驹马，则臧获不疑钝利。

发齿吻〔相〕形容，伯乐不能以必马；授车就驾而观其末涂，则臧获不疑驽良。

观容服，听辞言，仲尼不能以必士；试之官职，课其功伐，则庸人不疑于愚智。

这里强调的实践乃检验真理标准一节，虽未确指为伯乐言行，显然包含有伯乐之所以为伯乐、正是如此这般的意思。

由此可以想象，伯乐的相马法，当是一种极其全面十分完备的认识方法。它不以把握形容筋骨即局部特征为满足，虽然局部中便包含着全体的信息；而要注意考察对象的全体，因为任何事物都是一个整全。它也不以独观天机无论牝牡为能事，而从天机的抽象再落实到马的具体，因为认识的深度莫过于到达一般的个别或个别的一般。更为可贵的是，它还不停留在单纯的主客认知之间，而是辐射到行为效果，因为认识本来就不是可以局限在书斋和实验室里的个人玄思，而是一种社会性的实践。

体　会

九方皋之被捧得高过伯乐，出现在《淮南子》和《列子》中。我说那是道家末流，因为至少这一捧，便非道家真谛。尽管九方皋的认识，可谓神乎其技，可以称得上是纯粹理性认识，但仍不可尊为真道家所追求的真认识。这一论断，除了上节所已说过的无无、无有之别外，还可从庄子谈认识方法的“心斋论”中得到证实。

庄子曾借仲尼之口谈心斋云：

一若志，无听之以耳，而听之以心，无听之以心，而听之以气。耳止于听，心止于符；气也者，虚而待物者也，唯道集虚。虚者心斋也。(《庄子·人间世》)

这里所谓的听之以耳和耳止于听，是感性认识，听之以心和心止于符，是理性认识。而听之以气的意思，则是以全体身心、整个肉体与灵魂去感应对象的整体，即悟性认识；用庄子的话来说，这是“徇耳目内通而外于心知”的认识方法。具体地说，它已使止于听的耳向内通达，止于符的心向外延伸，既克服了二者的局限，又综合了二者的能力；形象一点说，它是予耳以心、予心以耳的方法。一旦练得这种方法，人便处于空灵(虚)状态，那时，道便栖止于人，人便得道于身了。

查九方皋的认识方法，属于这里所说的“无听之以耳而听之以心”的方法。它较之俗人的听之以耳，固然高出许多，但距离心斋，还有十分艰难的一半路程要走，因为它既没有使耳目内通，又未能外于心知，而是一种独运心思的办法。用庄子的话来说，这叫作“犹师心者也”，是某种绝迹而不行地的办法。要知道，绝迹不行易，行地而不着迹难；弃置毛色筋骨于不顾易，注意毛色筋骨而不囿于毛色筋骨难。“随其成心而师之”或以心观物易，虚其心于不师而以道观物难。所以，九方皋的认识，只能达到且停在“止于符”的理性阶段；也可以说，他所得到的，仅仅是“理”而已，用黑格尔的术语，甚而至于叫作“坏的理智”。

而道家追求的是得道。就认识来说，是要到达悟性认识。悟之为物，难于言状，姑借“心斋”以明之：庄子提出心斋，其灵感当得自祭祀之斋。按“斋之为言齐也。齐不齐，以致齐者也”(《礼记·祭统》)。所谓齐，是指齐一其志，也就是齐一其心之所至。所以庄子谈心斋，首先也提出了个“一若志”。齐到哪儿？祭祀之斋要求在“斋之日，思其居处，思其笑语，思其志意，思其所乐，思其所嗜”，近乎一种今日心理学家已能解释清楚的自我催眠术；据说如此“斋三日，乃见其所为斋者”，以至到了祭之时，能够“见乎其位”，“闻乎其叹息之声”，祭祀者遂能“以其恍惚，以与神明交”(《礼记·祭义》)了。这种祭祀之斋用以致齐的是先祖，心斋借此方法又与之有别，以之致齐的是道。大概若能真的一心于道，耳目内通而不外骛，心灵开放而不壅塞，最终或许真能达到天地与我并生、万物与我为一的空灵境界；用道家的话来说，那便是道集于身了。我们从认识论的角度着眼，也可以说，这便是悟了。

悟，得道于身，道与身一体，也叫体道。韩非说：

> 夫能有其国保其身者必且体道，体道则其智深，其智深则其会远，其会远(则)众人莫能见其所极。(《韩非子·解老》)

注疏家多释体为履，也就是实行。其实不尽然。体有时指行，有时则否，譬如《荀子·修身》篇有云：“好法而行，士也；笃志而体，君子也。”此中的体和行，便截然不同：行是实行，照着法则去做；体却是因笃志而得与法则浑然一体，天即人，人即天。所以，体较之行，既深且广，呈不可同日而语之势。

照韩非所说，体的表现是智深和会远。智深系区别于智浅的心知和更浅的耳知而言，当然不仅是量的区别。会远的“会”，注疏家读作 Kuài，释为计算，亦恐非原旨。按“会”字原义为器皿之盖，盖子常与器皿密合，故有合义；开会之会，会议之会，皆由此衍出。人而能与天合，此人能与彼人思想相合，亦曰会，所谓心领神会、会心者是也。就通常的意义说，会远即高瞻远瞩，洞察一切，所以众人莫能见得其所极。但这不是法家所鼓吹的那种故意使人莫测高深的南面之术，而是一种境界，有如《中庸》上说的“诚则明矣”的自诚而明的境界。智深会远，正就是明；这样的明，不能得自自察之知，而只能来自体道，用思孟学派的术语，就叫来自诚；用道家的说法，则叫来自德即体道。其在荀子，更将这两种说法结合起来，有曰：

> 君子养心莫善于诚，至诚则无它事矣，唯仁之为守，唯义之为行。诚心守仁则形，形则神，神则能化矣；诚心行义则理，理则明，明则能变矣。变化代兴，谓之天德。（《荀子》）

思孟学派的《中庸》有“自诚明，谓之性”之说。是说有些人生来便诚，因诚而明；这种生而知之者的特殊禀赋，自非一般人所得想象和向往。荀子是儒家中的务实派，他相信诚可以致，可以通过养心的办法来达到。养心无他，守仁行义而已。而行义的结果，则能由诚而理，由理而明，智深会远起来。

可以看得出，荀子的“养心”，正也就是庄子的“心斋”。养心的养料“莫善于诚”，心斋的斋食唯在于道。养心为的致诚，心斋志在集道。从认识论的意义上，难说二者有多少不同；其不同之处大概只在于，“养”者培本固元，“斋”者凌虚蹈空而已。

致诚于心而明，韩非谓之体道而智深会远，简称体会。我们现在常说的体会，已经经过佛学的感染，而只是简单的体达会通的意思，离开起点的哲学含义，颇有一段差距了。在原本的中国哲学中，体会、体道、体认、体知等，实指高于理性认识的悟性认识，或者叫作直觉。从先秦到宋明，它曾一直是哲学家们的研究对象。此种认识不像感性认识那样，凭借感官，耳聪目明便可，也不像理性认识那样，凭借心官，条分缕析便佳；它已融感性、理性为一，是感性的理性认识或理性的感性认识。从而，它所凭借的，是感官的心官，心官的感官，或者叫作全身心，叫作气。说得平实一点，它要求有一种具体的抽象或抽象的具体功夫，因为它所要得到的，是一种个体的一般或一般的个体，而不是简单的外在形象和空洞的内在本质。说得简单一点，它要求具有德，要想得到道。

《管子》中有一篇文章名叫《内业》。内者内心，业者作业，对心进行作业，所以还是心斋和养心。看来如何提高人的认识能力，获得悟性，曾是战国时代各家各派都在关心的一个热门话题。《内业》说：

> 正心在中，万物得度。……一言之解，上察于天，下极于地，蟠满九州。何谓解之？在于心安。我心治官，乃治我心，安官乃安。治之者心也，安之者心也。心以藏心，心之中又有心焉。彼心之心，意以先言。意然后形，形然后言，言然后使，使然后治。不治必乱，乱乃死。

这里讲正心和心安，有似于儒家讲正心和诚意，不同的是，它对如何正心、如何心安有着更进一步的解释。它说，感物之官需要心去治理（我心治官）；而治人者必先受治（乃治我心），方能正确地发挥作用（安官乃安）。治理感官的是心（治之者心也），治理心的也是“心”（安之者心也）。这叫作心以藏心，心之中又有心焉。这个心中之心与常心的关系，正如意与言的关系一样（彼心之心，意以先言），有形而上下之不同（意然后形，形然后言）。

这段话提出治官之心亦需受治，当是也已注意到了心官与感官一样，有着自己的局限性而然。心有局限是为不正、不安，不足以“上察于天，下极于地，蟠满九州”，所以也要治。《内业》篇的可爱之处在于，它认为治心的还是心，是心之中藏着的又一颗心，形而上的心。因此，并不需要乞灵于斋来之道，也不必仰仗于养得之诚，“心病还得心来医”，自心之中便有治心之物，但待对之作业即可。黑格尔说：“当思维对于依靠自身的能力以解除它自身所引起的矛盾表示失望时，每退而借助于精神的别的方式或形态（如情感、信仰、想象等），以求得解决或满足。”[①]看来庄子、荀子都有程度不等的失望，而《内业》作者比起二子来，对于人的能动性，更加依赖和重视多了。

心斋、养心、内业之术，无有、体会、悟性之功，正是九方皋所未能掌握因而略逊一筹的奥秘所在，也是道家末流之所以为末的疏失地方。到现在，这些中国古代思想家们已着力考虑了的难题，仍然不时困惑着我们。

知者自知

心之所以需要斋需要养，道之所以难以体难以得，悟之所以说不清道不明，大概还有一大重要原因，即：认识不仅是认识领域里的活动，也还是道德领域中的修养。因为进行认识活动的人，无一例外地处于种种伦理关系之中；认识和规律，不能不这样那样地受制于伦理规律。而伦理规律，正是要斋要养难体难得不清不明的。一些马克思主义学者注意到了认识活动与阶级活动的关系，给认识论的研究带来过活力，也许还应该再致力于探讨一下更早更深更远的认识活动与伦理道德的关系，方能臻于至善之境。

---

① 黑格尔：《小逻辑·导言》，贺麟译，商务印书馆1980年版，第51页。

在古人，对于这一点，倒是特别注意的。苏格拉底有一句名言叫作：美德即知识。亚里士多德也说：明智是一种德性。古代中国儒家以知和仁并举，更是一种常识；道家绝圣弃智，抨击仁义，其实它所弃绝和抨击的，只是某种特定的知识和道德，而他们自己所标榜的德，也还是知识和道德。

《荀子·子道》篇中，记有如下一席对话，颇有助于一窥知识与道德的关系：

> 子路入。子曰："由，知者若何？仁者若何？"子路对曰："知者使人知己，仁者使人爱己。"子曰："可谓士矣。"
>
> 子贡入。子曰："赐，知者若何？仁者若何？"子贡对曰："知者知人，仁者爱人。"子曰："可谓士君子矣。"
>
> 颜渊入。子曰："回，知者若何？仁者若何？"颜渊对曰："知者自知，仁者自爱。"子曰："可谓明君子矣！"

儒家惯用三分法。儒书中三分七十二弟子的惯例是，子路常属初等，颜渊例居高第。以上的问对，因而也只宜作哲学思想看，绝非历史档案。且看这三位弟子的三份不同答卷，正巧构成了一个完整的左右中格局：子路认为知者应该使人知道自己有知；子贡则相反，认为应该知道他人；颜渊超乎二人之上，认为知者应该自知。

使人知己只需表现自己便足，知人便难得多，而自知则最难。这里不仅有认识上的阶梯，更重要的，还有道德上的高下。而认识和道德，在此又是浑然一体的。《老子》上也说："圣人自知不自见(现)，自爱不自贵。"与上述的颜渊、子路的差别完全一样。又说："知人者智，自知者明。"(帛书甲本作"知人者知也，自知者明也")智或知与明的区别，也就是我们现在通常所说的知识与智慧的区别。苏格拉底与亚里士多德所说的属于德性的知识或明智，也正是这种自知的智慧。

常言道：人贵有自知之明。这不仅是说，一个人不要眼高于顶，不知道自己吃几碗干饭；最主要的，是在说，自知是一种德，一种明德，或者叫做智慧；它对于人之为人，是可贵的。

当然，知人亦非易事，《吕氏春秋·九观九征》曾设孔子曰：人心险于山川，难于知天。而且，知人也很重要，因为知人方可善任。《逸周书》上为此专门立有《官（观）人》之篇，分观诚、观色、观隐等六观，竟不惜用现代特务机关所谓“考验”的手法，“设之以谋以观其志，示之以难以观其勇，烦之以事以观其治，临之以利以观其不贪，滥之以乐以观其不荒，喜之以观其轻，怒之以观其重，醉之酒以观其恭，纵之色以观其常，远之以观其不二，昵之以观其不狎”，如此等等，可见知人之不易，以及知人之重要。后来《越绝书》《荀子》《吕氏春秋》《淮南子》《说苑》诸书，争相沿袭，至魏晋人刘劭作《人物志》，更进一步予以系统化，提出所谓九征、八观、七缪等理论和方法，目为知人的诀窍，可想知人之对于为人尤其是为官的意义。

“知者知人”和“知人者知”中的“知人”，指的是知别人；广义地说来，也许包括整个人类，乃至包含自己以外的一切外物，譬如孔子说过的“多识于鸟兽草木之名”等。只是必须指出，不管此类知者“多识于”了多少，其所知的成果，都只好谓之“知”即知识，而算不得是“明”或智慧。

智慧与知识有质的不同。《吕氏春秋·别类》说得好：“小马，大马之类也；小智，非大智之类也。”其中根据，当在于，小智只是认识论意义上的知，而大智已是一种德——明德，它既是认识论的，又是伦理学的，更准确地说，它是理智的德性，德性的理智，属于认识论中的伦理学或伦理学中的认识论范围。亚里士多德曾经明确强调：德性分为两类，一类是理智的，一类是伦理的。“智慧、理解以及明智都是理智的德性。而大度与节制则是伦理德性。”[①]可是用近代西洋刀叉吃中国哲学面条的人，常常抱怨甚至讥笑中国古人爱把认识和伦理混在一起，以致他们无法下叉取食。殊不知，这正是中国哲学的一大特点，也许还是一个优点。因为，认识是由活生生的人来进行的，而且是为了人而进行的，其所认识的对象，如果不是人自身及其关系，便是人所生存的环境。因而，认识的理论如果与人的价值观念无关，认识本身如果没有德性在主宰，如果不相信理智也是一种德性，不承认有理智德性，那么，不仅认识活动将失去意义，更严重的是，认识成果很有可能变成灾难。这样的事例，可惜并非是不存在的，现代化的战争武器，非人性的生态环境，在在都为我们作证。

明德之明，明在自知；智慧之智，也智在自知。自知之贵，可以想知。此外，自知之可贵，也许还包括自知甚难的成分在内，所谓难能可贵者是也。而这种难，不难在自知其有所知，偏难在自知其有所不知。《大学》引谚曰：“人莫知其子之恶，莫知其苗之硕。”说明人之有所不知，常以蔽于私欲；欲知其所不知，需待克服和战胜私欲，所以甚难，有能胜其难者，自是一德。苏格拉底说：“我自知我无知。”孔子说：“吾有知乎哉？无知也。”又说：“知之为知之，不知为不知，是知也。”老子说：“知不知，上；不知知，病。”都是一种知道自己有所不知的自知，都是有自知之明的典范。

“生也有涯，而知也无涯。”除去上帝以外，任何人都有其所不知。能以明知有所不知，自应是一种德。但是，反过来看，缩小其所不知，也一直是人类所追求的目标，甚至可以说是人类的使命，自也属于德

① 亚里士多德：《尼各马科伦理学》，苗力田译，第24页。

性范围。二者于是构成了矛盾。认识领域的开拓,认识成果的演绎,认识手段的发明,认识理论的探寻,都曾是且仍是缩小人类所不知的办法;不过这些都是就认识谈认识,属于纯粹认识本身的事。在德性方面,如何既能安于有所不知,又能敢于缩小所有不知,显然是一大难题。睿智的古代中国思想家们,居然不假外求,以矛盾本身来化解矛盾,以安于不知来缩小不知,提出了一个办法——严格说来是一种认识态度和人生态度——叫作"知止"。无论儒家还是道家,都有这一说法。在儒家中,以荀子谈得最多,他说:

> 夫骥一日而千里,驽马十驾则亦及之矣。将以穷无穷逐无极欤?其折骨绝筋终身不可以相及也。将有所止之,则千里虽远,亦或迟或速或先或后,胡为乎其不可以相及也?……夫坚白同异有厚无厚之察,非不察也,然而君不辨,止之也;倚魁之行,非不难也,然而君子不行,止之也。(《荀子·修身》)
>
> 君子之所谓贤者,非能遍能人之所能之谓也;君子之所谓知者,非能遍知人之所知之谓也;君子之所谓辩者,非能遍辩人之所辩之谓也;君子之所谓察者,非能遍察人之所察之谓也。有所止矣。(《荀子·儒效》)
>
> 凡以知,人之性也;可以知,物之理也。以所以知人之性,求可以知物之理,而无所疑(凝)止之,则没世穷年不能遍也。……故学也者,固学止之也。恶乎止之?曰止乎至足。曷谓至足,曰圣也。(《荀子·解蔽》)

儒家是一帮知其不可而为之的济世主义者,他们提出要"止",自不是甩手不干的停止,而是一种道德要求,一种理智德性,即自觉地规定出一个合理范围或限度。据荀子所说，定出这样的范围，驽马也能赶上骐骥；没有这样的限度，根本不可能出现什么知者。而所谓学，在一定意义上，正是去学会掌握这个度。

道家淡泊宁静，当然更反对逐物无已，而强调“知止”。老子说：“知止所以不殆。”殆者危殆，不殆就是不至于闹到折骨绝筋的地步。庄子说：

> 六合之外，圣人存而不论；六合之内，圣人论而不议；春秋经世先王之志，圣人议而不辩。故分也者有不分也，辩也者有不辩也。曰何也？圣人怀之；众人辩之，以相示也。……故知止其所不知，至矣！（《庄子·齐物论》）
>
> 学者，学其所不能学也；行者，行其所不能行也；辩者，辩其所不能辩也。知止乎其所不能知，至矣；若有不即是者，天钧败之。（《庄子·庚桑楚》）

庄子之主张知止，不仅因为有其所不知，且更因为有其所不能知的物事。为什么不能知，是由于事物本身的性质，抑或由于人的认识能力，还是二者兼而有之，他在这里未曾明说。不管怎样，既然有了，就会成为一个界限，不可或越的界限。他认为，圣人或明智的人，应该采取存而不论、论而不议、议而不辩的态度也就是“止”的态度以处之；而世间的为学者、为知者、为行者，尤其是当时的那些为辩者，殚精劳神去妄图辩其所不能辩，是彼之所非而非彼之所是，结果只能“以坚白之昧终”（《庄子·齐物论》），为天钧所败。倒是采取安于其所能知而知，知乎其所当止而止的态度和办法，反而便是到达了知识的极限，完成了为人的极限。所以他赞叹道：至矣！

可以看得出，儒道两家的知止主张，虽有积极与消极之别，却都属于认识伦理之列，都是一种理智德性，而不是纯粹认识的必然理论。从认识论本身来说，毋宁要否定这类界限，因为它是认识的否定。只有从伦理学的角度来看，方能看出知止的意义，承认它是认识者的一种态度，是由于认识依人而起所必然出现的人对认识的一种选择性的态度。在古代中国，主要是战国时代，也有人选择了相反的态度，即辩其所不能辩的态度，庄子形容他们为“知士无思虑之变则不乐，辩士无谈说之序则不乐，察士无凌谇之事则不乐”(《庄子·徐无鬼》)。他们以不知止为乐，当然是一种价值选择，一种人生态度；只是这种态度在中国不占优势，不成气候，与整个中华文化的既成定势不合，所以不久便退下舞台，烟消云散了。

人们也许担心，“止”既然是限度，必然会成为局限，限住认识的手脚，阻碍认识的发展，确然如此。但限度像任何事物一样，亦自有其积极的一面。中国哲学家们所以选定了“止”，更多的正是看中了它的积极一面。《大学》上说：

> 大学之道，在明明德，在亲民，在止于至善。
>
> 知止而后有定，定而后能静，静而后能安，安而后能虑，虑而后能得。

明德之明，就是自知者明的明，也就是智慧。明是一种德，正如仁即亲民是一种德一样。既智且仁，便可止于至善，成为圣人了。这里说“止”于至善，而不是“至”于至善，这一字之差大有文章。止于至善，意味着至善以上还有境界，但那不是人人可得而至的，譬如孟子说的“圣而不可知之之谓神”的境界；大学之道，以至善为范围便足，所以说止于至善。

更紧要的一层意思是认识论方面的。止于至善者，是给大学之道划出一个限度。只有划出这个限度或止处来，使为学者知其所将止，而后方能定心静心安心地学下去，而后方能慎思明辨，学有所得。这就是引文第二段所要说的意思。其言外之意显然还包括，如果没有这个限度，学者不知其所将止，便不能定静安虑得，便会出现“穷无穷、逐无极”“折骨绝筋终身不可以相及”的危殆，那当然失去了认识或为学的本意。这便是限度的积极意义。从这个意义上说，可以认为，限度已经越过自身，而成为无限了；用庄子的话来说，叫作止其所当止，至矣！因“知止”而“至矣”，证明了黑格尔的慧识，限度即是限有的否定，在有限中即是在无限中，这又是认识论的辩证法了。

分析上述《大学》引文，还值得特别一提最后一句“虑而后能得”的“得”字。这个“得”，也有两层意思：一层指得知，也就是得到真理；另一层则意味着得道，天道得之于人心，也就是德，在这时则特指明德。这两层意思是统一的互促的，得到真理便是有了明德，有了一种德性；有了明德方能得到真理，知性知命知天。于是，认识论的也是伦理学的，天道的也是人心的。

这些道理，在古人本来是很通行的，东方西方皆然。只是近代以还，西方哲学家们高扬了认识论，使工具理性和价值理性脱了钩，今人于是茫然起来。也许人类认识史的发展只能如此，一切现实的都是合理的。但是，一切合理的都应该是现实的，我们不能不重温并珍惜古人有关理智德性的论说，同时来一点自知之明，老实承认我们对之有所不知或知之不多，方合乎为人的道理。

（原载《中国哲学史》1993 年第 4 期）

解牛之解

前不久写过一篇《相马之相》，谈古代中国认识领域里的三个境界；眼前的这篇《解牛之解》，则谈实践问题。一般都相信，中国哲学尚体悟，重直觉；中国文化崇践履，尊实行；而这知行二者，又是合一的。既然如此，实践是否也会像认识那样，有自己的三个境界呢，便成了一项应该研究的课题。而这个课题，无疑也是饶有趣味的。

且说庄子有一则著名寓言，叫庖丁解牛，于极状庖丁的动作如舞蹈、解牛的声音似音乐、神乎其技之后，有云：

> 文惠君曰："嘻！善哉，技盖至此乎！"庖丁释刀对曰："臣之所好者，道也，进乎技矣。始臣之解牛之时，所见无非牛者。三年之后，未尝见全牛也。方今之时，臣以神遇，而不以目视，官知止而神欲行，依乎天理，批大郤，导大窾，因其固然，技经肯綮之未尝，而况大軱乎！良庖岁更刀，割也；族庖月更刀，折也。今臣之刀十九年矣，所解数千牛矣，而刀刃若新发于硎。彼节者有间，而刀刃无厚；以无厚入有间，恢恢乎其于游刃必有余地矣，是以十九年而刀刃若新发于硎。虽然，每至于族，吾见其难为，怵然为戒，视为止，行为迟，动刀甚微，謋然已解，如土委地。提刀而立，为之四顾，为之踌躇满志，善刀而藏之。"文惠君曰："善哉，吾闻庖丁之言，得养生焉。"（《庄子·养生主》）

看来，这位庖丁解牛若干年，已历经了三个阶段：前三年为第一阶段，第四年至某年为第二阶段，某年至“方今之时”为第三阶段。另外，据他介绍，牛庖可分为三类：族庖、良庖，以及他自己所达到的那一类，我们不妨名之曰道庖者。这些，莫非便在暗示着实践的三种境界？此外还有可注意的一点是，宰牛无疑是一种行为，一种技术，但庖丁说，这是道；而文惠君竟由之得养生焉，养生当然也是一种行为。可见，“道”在这里被定义为、至少是被描述为“实践”，其中必定大有文章！正是：庖丁一席话，学士十年书。

道行之而成

庖丁说：“臣之所好者，道也，进乎技矣！”道高于技，这是毫无疑问的，虽极端重视实践者如墨家学派，亦作如是观。《墨子·大取》上便有“今人非道无所行；虽有强股肱，而不明于道，其困也，可立而待也”之说，足见道的高高在上。但是庖丁拿技和道相比，仿佛技道之间具有某种次第关系，并非不可逾越，则显然构成了他的潜台词，或者叫他的发言的预设前提。

何谓“道”？各家各派都有自己的界说，各时各代更有不同的理解。追本溯源，“道”的原始意义只有一个，那就是路。

“道”字甲骨文未见，金文从行从首，像人在行进中，取人之所行义，是一个具体名词。《诗经》上的“道阻且长”、《论语》上的“道听而涂说”、《月令》上的“道路不通”等，都是用的这种原始而具体的意义。我们今天仍在这样沿用着，如铁道、人行道、小道消息，等等。

这样的道，将一个个地方连接起来，成为自此达彼的必由之路，所以，“道”字也引申为介绍处所宾语的介词，有“由”义。如“师旷援琴而鼓，有玄鹤六道南来”（《韩非子·十过》）的“道南来”，就是由南边而来的意思。

人生在世，除了行走以外，更多的活动是在行各种事。行事正是生命的行走。所以，行走之路的“道”字，很自然地便引申为行事之路，以及所行之事之路，成为一个抽象名词“道”，指称各种活动以及事物的法术、规范、法则等。仍在日本保存着的茶道、棋道、书道、剑道之类用法，便是最为典型的例子。我们的文献中和口语中，实例也不胜枚举。

这样的抽象名词“道”字，也可以用作介绍抽象宾语的介词，像上述情况一样，如：“天有常道矣，地有常数矣，君子有常体矣。君子道其常，而小人计其功。”(《荀子·天论》)“常道”之“道”是抽象名词，而“道其常”之“道”就是引进抽象宾语的介词，它的完整说法是：“道其常道，道其常数，道其常体。”

于是，一个原始的名词“道”字，至此已发展成两类四种用法——具体名词和介词、抽象名词和介词，虽然并未超出“所由”和“由”的范围。

更进一步看，“由”，一般表示自动状态，如果要表示使动，使别人由，也叫道。为了区别，这种情况下读作上声 dǎo，常加“手”写作“导”。《论语》有“道之以德”“道之斯行”，都是这种引导之“道”。

如果把各种行事之道再概括一下，便成了更具抽象意义的处世之道或为人之道。在政书里边，常叫作“王道”，如“王道荡荡，王道平平，王道正直”(《尚书·洪范》)，或者稍微具体一点的某时某代之道，如“周(朝之)道如砥，其直如矢，君子所履，小人所视”(《诗经·大东》)。思想家们曾设计出了种种做人的人道和为政的政道，庄子甚至道：“盗亦有道”，虽属调侃，实在也是一种职业之道。倘若更进一步，将为人之道同万物之道和认识万物之道再加以概括，便是宇宙观意义上的道，“形而上者之谓道”的道。一个极其普通的具体名词，至此乃羽化为极其神圣的抽象范畴了。

但是，虽说抽象，终有象在。荡荡平平而且正直的“王道”，不是取象于路么？孟子更不讳言：“夫道若大路然，岂难知哉？人病不求耳。”（《孟子·告子下》）他拿大路来比形而上的道，应该不止于一般的比喻意义，显然更有语源上的考虑，从而，也似乎包括我们上述的一切意义在内。

众所周知，在汉语中，“道”字除了上述的一切意义外，还有一个常用的意思，就是谈说。例如《孟子》上的“陈相见孟子道许行之言曰”“孟子道性善，言必称尧舜”“仲尼之徒无道桓文之事者”，以及《老子》开篇“道可道”的第二个“道”字等。这一层意思，乍一看，与上述的实践意思正好相对，真可谓“道不同不相为谋”；其实追本穷源，它也还是从本原的字义中引申出来的。请看《周礼·大司乐》：

> 大司乐以乐德教国子：中、和、祗、庸、孝、友。以乐语教国子：兴、道、讽、诵、言、语。以乐舞教国子：舞云门……

“以乐语教国子”的内容，都应与“语”有关。其中的“道”字，自不例外；但又绝非一般意义上的说说道道，也可推定。对此，郑玄有注曰：“道读曰导，导者言古以剀今也。”言古以剀今，略同于讽；其区别当在于，讽者旁敲侧击，剀者单刀直入也。如果郑氏所说有据无误，那么，作谈说用的“道”，已经是第三层引申义，即道路—引导—谈说（shuì，以言语引导），离开源头颇有一段时间和路程了。至于如何丢却引导的大义，更下凡为通常的说说道道，则恐怕更晚了。

以上不惮其烦地谈了一大通“道”字的字源与字义，为的是想证成一个论点：中国哲学的最高范畴“道”，是和“行”或“实践”相关的，它与希腊哲学的最高范畴“逻各斯”(λόγοζ)之基本含义为言谈，形成了鲜明对比。

逻各斯是由赫拉克利特首先引入哲学的。从他的著作残篇和别人引述中可以看到，他时而说逻各斯是创生世界的种子，时而说它是万物变化的尺度，有时则简单地等于讲演，有时又似乎用如声望，充分表现出一个新范畴常有的那种性格的不确定性。后来在亚里士多德手里，逻各斯多被用来表示事物的定义或公式，以致铸成了西方各门学科的名字都以 logy 缀后的习惯。所有这些，以及由此更引申开去的哲学的、神学的种种解释，什么万物的本元、宇宙的灵魂、人神的媒介以及理性、判断、根据、关系等等，万变不离其宗，都并未跳出言谈及展示言谈让人来看这个原始樊篱。[①]

《希英大词典》对 λόγοζ 有十种解释：(1) 计算、尺度；(2) 对应关系、比例；(3) 说明、解释、论证、公式；(4) 灵魂内在的考虑，如思想、理性；(5) 陈述、演说；(6) 口头的表述、言词；(7) 特殊的说法，如神谕、格言、命令；(8) 所想的、说的东西，如对象、主题；(9) 表述的方式，如理智的、文学艺术的表述；(10) 神的智慧或言词。[②] 这诸多用法中，第一、第二两条似乎是后来受了“理性”(rationality)的感染而成，因为 rationality 一词是从拉丁文 ratio(计算)演化来的。其他各条，则显然都源于言谈那个老根。

古希腊人从言谈演化出哲学和神学的最高范畴，或者干脆说他们挑中“言谈”这个语词作为最高范畴，多半源自通常对“人”的看法。当时通常认为“人是ζώον λογοζ εχον(会说话的动物)”，哲学家们则说

① 参见海德格尔：《存在与时间》第七节，陈嘉映译，三联书店 1987 年版，第 40—43 页。
② 据汪子嵩等：《希腊哲学史》引第 1 卷，人民出版社 1988 年版，第 456 页。

"人是理性的动物",或者典雅而严谨一点的"人是能对理性问题给予理性回答的存在物"。其实哲学家们此举并未多加些什么,他们只不过是赋予同一个 λόγοζ 以玄奥的含义,认为它是人的本性,命曰"理性",乃至一直捧进神圣殿堂而已。

平心而论,说话或言谈,倒确实是理性的表现,乃至是理性的源泉,并因之可以看成人的本性之一。因为人和动物的不同,不在其感受系统和反应系统,而在于独具一套符号系统:以语言为基本的符号系统。借助于符号系统,人对所感受的刺激不止于做出生理的反应,而是要做出、并能做出理性的对应。在某些学派看来,譬如在道家和禅宗看来,正是这种符号系统或人的符号能力,造成人同自然的疏离,使人不再面对面地直观实在,造成人类的堕落。但不管他们的奚落,人类的文明与进步毕竟是依赖于其符号活动能力而实现着。古希腊人奉言谈为最高范畴,倒也确有见地。

现在我们再回过头来看看我们的朋友庖丁。他说:"臣之所好者道也,进乎技矣。"他这个道,这个逻各斯,显然不属于言谈一类,而只能是行动的准则,属于实践一类。因为空谈解牛之理,是解不了牛、也进不乎技的。文惠君闻庖丁之言而得养生焉,也显然是得了如何行动的启示,不是得了养生之理,而是得了养生之"道"。

进而言之,中国哲学家们的道,不仅不是源于言谈,而且是不可言谈的。"夫子之文章可得而闻也,夫子之言性与天道,不可得而闻也"(《论语·公冶长》),是孔子有所隐瞒么?不是。孔子明明说过:"二三子以我为隐乎?吾无隐乎尔。"(《论语·述而》)他只不过"予欲无言"(《论语·阳货》)罢了。为什么?或许也因为"道可道,非常道",说出来的道,已不是原本的道。所以圣人行不言之教。庄子说得好:"道行之而成,物谓之而然。"(《庄子·齐物论》)具体的"物",可以用言谈去表述，也需要名号来称谓，而“道”则不然，它建基于实践，唯行之而后成。有道是“大道之行也”，地上的大道是人走出来的，竹帛上的大道为实行而存在。“道不行，乘桴浮于海。”（《论语·公冶长》）孔老夫子这一番豪言壮语，正是牢固建筑在道和行的牢不可破关系之上的。就连淡泊宁静的老子，也欣赏“上士闻道勤而行之”，更遑论其他了。

为无为

老子固然欣赏闻道而勤行，但道家的代表性特征却是“无为”。勤行与无为，看起来迥然相非，究其实竟然相同。因为所谓“为”，意味着造作，无为就是无所造作，也就是率道而行；而率道而行，就是由闻道而勤行修炼得来。

老子说：“为无为，事无事，味无味。”认为只有毋造作，毋加工，以恬淡为味，“辅万物之自然而不敢为”，才是闻道勤行，也方能得道于身。庄子也是以“无为”为天的自然，以“为”为人的妄作，强调“天而不人”；相信只有如此，才是做人的本分，方能实现人之为人，成为“真人”即真正的人。上节所谈的道的实践性，都只能在这样的范围内理解，而并非战胜自然、改造社会、革新人伦那种以斗争为事的实践。

在中国哲学中，不仅道家的回归自然的道是如此，儒家的悬设一个目标孜孜以求的道，也不例外。孟子就说过：

> 所恶于智者，为其凿也。如智者若禹之行水也，则无恶于智矣。禹之行水也，行其所无事也；如智者亦行其所无事，则智亦大矣。（《孟子·离娄下》）

凿就是穿凿，打穿后壁，它不同于行。行是顺着、沿着，不仅不是凿，甚至都不是牵，“道(导)而弗牵则和”(《礼记·学记》)，率(遵循，非率领)道而行，导着别人自己走，不去牵着别人鼻子走，方能达到最圆满的结果。禹之行水之所以成功而名扬千古，鲧之湮水之所以失败而身首分离，界限无他，“无事”有为、合乎与不合乎水之本性本道而已。智者之所以可恶，也就可恶在凿而非行、有为而不是无事这样的不谙大道的瞎积极上。

哲学史家们喜欢强调荀子的“制天命而用之”，并将“制”字解说为“制裁”，看来完全属于误会。其实荀子常说的“制”，正是他也常说的“分”，以及因分而生的“礼”即制度，例如：

> 分均则不偏，势齐则不壹，众齐则不使。有天有地而上下有差，明王始立而处国有制。夫两贵之不能相事，两贱之不能相使，是天数也。势位齐，而欲恶同，物不能澹则必争，争则必乱，乱则穷矣。先王恶其乱也，故制礼义以分之，使有贫富贵贱之等，足以相兼临者，是养天下之本也。(《荀子·王制》)

可见，因为天地有上下，众齐则乱穷，于是有了制，有了遵循天道与人性而行的礼义之制，这便是所谓的“制天命而用之”。这样的制，已非通常意义上的制裁之为，倒相反成了无为。所以荀子在《解蔽》里，为了提醒人们不要蔽于人而不知天，才又说：“故仁者之行道也，无为也；圣人之行道也，无强也”，有为有强，便不是行道之明，而成了贼道之蔽了。

据此，我们可以说，无论道家还是儒家，都主张无为；如果他们说到“为”，像为政、为学、为仁、为道等，其真正要求的，却是“无为”或者叫“为无为”。例如，“子曰：为政以德，譬如北辰，居其所而众星拱之”(《论语·为政》)。这里的以德为政，也就是“道(导)之以德”“其身正，不令而行”的无为之为。又如老子说的“为学日益，为道日损”，并非像一般批评者所认为的那样，有贬低学和益的意思，他只不过说了对不同对象有不同的“为”法，这些法，源于对象本身，人们对之无能为力，只通顺其自然，以无为为为，才是最好的为而已。

更进一步看，即使以变革为务的法家所标榜的行和为，仍然是上述的无为。如韩非说：

> 故镜执清而无事，美恶从而比焉；衡执正而无事，轻重从而载焉。夫摇镜则不得为明，摇衡则不得为正，法之谓也。故先王以道为常，以法为本，本治者名尊，本乱者名绝。
>
> 凡智能明通，有以则行，无以则止。故智能单道，不可传于人。而道法万全，智能多失。
>
> 夫悬衡而知平，设规而知圆，万全之道也；明主使民饰于道之故，故佚而则功。释规而任巧，释法而任智，惑乱之道也；乱主使民饰于智，不知道之故，故劳而无功。(《韩非子·饰邪》)

这一番话，同他斥之为五蠹之首的儒者的话，譬如说上引的孟子的话，在哲学意义上全无二致。两个人都以任智能之有为为可恶，以循道法之无事为圣明。可见，这种与道相应的无为之为，由最高范畴规定了的行为方式，已经不是哪一家哪一派的专利或秘宝，而久已成为中华文化的通识、中国哲学的学标了。

这样的无为之为，既是道之行，也是率道之行。“天何言哉？四时行焉，百物生焉”(孔子)，“天行健”(《易传》)，“天其运乎”(庄子)，

“天行有常”（荀子），等等，都是说的天道之行。他们相信，道之为道，本性便是“行”，它不是僵死的顽石，而是活动的轨迹。它无所为而为，没有目的；无以为而为，没有动因；循环往复，周行不已，为而无为。

作为广义的天道的一个方面，社会进展之道，古人谓之王道、大道者，本性也是“行”的。只不过它要通过人来行，体现为人之行；从人的角度来说，那就是率道而行。“大道之行也，天下为公”，家天下来自公天下，还必将回复到公天下，儒家道家都是这样说，只不过未来的公天下不会自动到来，而必须靠人、主要是靠体道者来体现。儒家因此说“君子以自强不息”；道家则说，如能“无欲以静，天下将自定”。这两种截然相反的态度，不息和静，所表达的竟是一个全然相同的意思：率道而行。不同的是，儒家强调为，道家强调无为；但儒家所谓为正是无为，道家所谓无为便是为，儒家并不因此蔽于人而不知天，道家也非真的弄到蔽于天而不知人。也就是说，儒家的为不是为所欲为，自居于天之骄子；道家的无为也不是无所作为，视人如天之玩偶。他们所奉行的都是天人合一论，都相信天道的人世部分须待人来体现，人道的神圣标准唯在以天为依归。

人之率道之行，也叫作“术”。事之成败，常在于术。未有功成而术不正者，也很少术正而功不成者。术不止于技，也不等于道，而介乎两者之间，是率道之行之技。《庄子·天下》篇谈学术流派时，多以“古之道术有在于是者，××闻其风而悦之”起首，足见道术一体，术固不能离道，道亦待术而行；或者说，道之本性便要求术、并含有术，道是动态的。这才是中国哲学之道，也是中国文化之魂，是“行为”“技术”“德行”“道行”等话语的真精神。

安而行之

作为世界的有机成员和群体的一分子，人类和个人本应该率道而行，即按照宇宙的法则和人群的规矩行动。而就其本性来说，他们既然是全体的部分，也本来能够率道而行。可是自从离开伊甸园以后，再谈率道而行，那真是谈何容易。为此，他先得尽心知性知天，还得不怀赏罚毁誉，再辅以必要的能力和条件，然后庶几乎，方可谈谈率道而行。条件如此之苛，所以世上无数熙往攘来者，真在那里率道而行的并没有几个。绝大多数人的绝大多数行动，或者主观上以为率道而行，实际上却是背道而驰；或者主观上并不知道有道，客观上却在替天行道。幸好由于社会之道、历史之道总是通过人的行动或者说借助于人来体现的，所以勿论人的自我感觉如何和预期后果为何，他总是作为工具，被大道牵着鼻子蹒跚前行。于是，在行为范围里，一如在认识领域中，色彩也是缤纷的。哲人说得好：

> 或生而知之，或学而知之，或困而知之，及其知之，一也。或安而行之，或利而行之，或勉强而行之，及其成功，一也。(《论语·中庸》)
>
> 不仁者不可以久处约，不可以长处乐；仁者安仁；知者利仁。(《论语·里仁》)
>
> 上德不德，是以有德；下德不失德，是以无德。上德无为而无以为也，上仁为之而无以为也。上义为之而有以为也。上礼为之而莫之应，则攘臂而扔之。(帛书本《老子》)
>
> 无为者帝，为而无以为者王。为而不贵者霸。不自以为所

贵，则君道也；贵而不过度，则臣道也。（《管子·乘马》）

类似说法所在多有，好在各家观点基本一致，而且多用三分方法，所以无须详引。其中居于行为三分最高层的，当然是得道者的率道之行。在儒家，叫安而行之；在道家，叫无以为。这无以为又可细分为二：上德的无为而无以为和上仁的为之而无以为。上德当然是道家的自诩，上仁指大儒，二者的不同在退守或进取，共同之处在不德（不自居于得德）是以有德，即无以为。

安而行之的“安”，和无以为的“无以”，作为行和为的状词，并非状其行为本身之态，而是行为者的心态，是行之时为之际的精神状态，即心的无所系的自得之态。它既无求，也无依，更无惭，复无畏。这种心态下的所行所为，因之遂成了无所为也无所因的行为，成了如行之行，无为之为，即符合行为之本性的行为。《庄子·达生》篇里有一则吕梁丈夫游水的寓言，生动地描绘了“安”和“无以”的这种所是和所以，不妨引来一读：

孔子观于吕梁，悬水三千仞，流沫四十里，鼋鼍鱼鳖之所不能游也。见一丈夫游之，以为有苦而欲死也，使弟子并流而拯之。数百步而出，被发行歌，而游于塘下。孔子从而问焉曰：“吾以子为鬼，察子则人也。请问蹈水有道乎？”曰：“亡！吾无道。吾始乎故，长乎性，成乎命，与齐（旋涡）俱入，与汩偕出，从水之道，而不为私焉。此吾所以蹈之也。”孔子曰：“何谓始乎故，长乎性，成乎命？”曰：“吾生于陵而安于陵，故也；长于水而安于水，性也；不知吾所以然而然，命也。”

故、性、命，都是本然的意思。“故”偏重客观条件，“性”偏重主观禀赋，“命”偏重生平遭际。所谓的安于陵安于水，就是保持本然、勿事造作的意思。达观一点说，叫作“不知吾所以然而然”；悲观一点说，则叫“知其不可奈何而安之”(《庄子·人间世》)。有了这种安，心中无所以，方能够从水之道而不为私，方能够畅游三千仞的瀑布而不为难。这就叫安而行之，就叫无以为而为。

其实严格说来，任何人都会有心安理得和不能心安理得的时候，都会对某些行为感到安心而对另些行为不安于心。这是因为各人心里都有一杆秤，都有一己的“安”的标准，不可能整天处在惴惴不安、终年陷于无有宁时的心理失衡或精神分裂状态之中。孔子说过：“视其所以，观其所由，察其所安；人焉廋哉，人焉廋哉！”(《论语·为政》)这就说明每个人都有其所安，且唯其如此，一旦伺察到了某个人的所安，这个人的内心秘密便无可隐藏了。因为“安”是心之自得，是自我坦露，是毫不设防。因此可以说，人世间有种种的安而行之，甚至有一个人便会有一种安而行之，当然，更有大家公认共遵的合于道的安而行之。前者姑且名曰小安，后者自当谓之大安。

对于小安，儒道两家都是容许的，请看实例：

(宰予提议缩三年之丧为一年)子曰：“食夫稻，衣夫锦，于汝安乎？”曰：“安。”“汝安则为之。夫君子之居丧，食旨不甘，闻乐不乐，居处不安，故不为也。今汝安，则为之！”宰我出，子曰：“予之不仁也……”(《论语·阳货》)

中山公子牟谓瞻子曰：“身在江海之上，心居魏阙之下。奈何？”瞻子曰：“重生。重生则利轻。”中山公子牟曰：“虽知之，未能自胜也。”瞻子曰：“不能自胜则从，神无恶乎。不能自胜而强不从者，此之谓重伤；重伤之人，无寿类矣。”魏牟，万乘之公子也。其隐岩穴也，难为于布衣之士。虽未盈乎道，可谓有其意矣！（《庄子·让王》）

孔子虽认宰予的想法为不仁，但仍尊重他的选择，原因就在一“安”。庄子更进一步指出，即使已知心之所安与道不合而又不能自胜，仍应安其所安而不可强不从，以免双重失误。他们之所以如此雍容大度，既非出于礼貌上的考虑，亦非作了原则上的让步，而恰恰是出于对原则的坚持和哲理上的考虑。

因为所谓安而行之或无以为而为，着意的仅是行以安为上、为宜无所以，并不涉及行什么和安于什么、为什么和所无之以；也就是说，这些命题所讨论的仅限于行为本性，无关乎行为对象。说穿了，仁者安仁固是一安，智者安智也不失为安；上德无为固属无以为，上仁虽为之也无妨无以为。此中关键，不在行为的载体，而在行为的灵魂；不在行为的社会效应，而在行为的心理状态。为人能够达到大安最好，否则暂居小安而不失其真，哪怕陷于不仁，也是堂堂正正的真小人！

在结束“无以为”的讨论以前，还须辨明一点的是：无以为不是无所为，此二者有着根本不同。无所为是啥事不干，所说的是行为的客体方面；无以为是就行为的主体而言，指的是不为了什么而为，不由于什么而为，用亚里士多德的话来说，叫作既无目的因，又无动力因，因之是无法用逻辑来范围的非理性或超理性的行为。

天下攘攘，皆为利往

合乎理性的可以用逻辑来解释的行为，被各家列为第二等，即利而行之、智者利仁、上义为之而有以为之类。

这一类行为有明白的目标，有明显的动力，所以叫有以为之为。它是行为者合乎逻辑的理性选择，所以也叫智者之行；又是人类与环境交往的基本方式，所以也是世间绝大多数人的绝大多数行为方式。司马迁在《史记·货殖列传》里引过一则古句叫“天下熙熙，皆为利来；天下攘攘，皆为利往”，如果对这个“利”字作最广义的了解，将它看成不仅仅指物质的、一己的利益，而且也包括精神的、公众的便利，乃至一切实际效果那样的功利，那么，我们便可借它来形容这里所谓的利而行之的行为了。

利而行之的利，和有以为的有以，首先也是一种心态。但同上述的安而行之的安、无以为的无以有一重大差别在于，这种心态背后，站着一些相应的客观存在：所利之利和所以之以。由于这些客体的存在，方才诱发起主体的因之而行、为之而为的跃跃欲试不由自主的心态和行为。于是这里便有了两重世界，客观世界决定着主观世界，主观世界服从于客观世界。这种主客并存天人二分的情景，正是理性与逻辑最适宜的用武之地。安而行之时的情况则不然。在那里，安而行之者的所行所为，不管是堂皇的大安抑或委琐的小安，都是自我满足的，不假外求的，依自而非依他的。纵使他们也不能不食人间烟火，大安者未免系心于道，小安者难以忘情于物，但是，此道和此物，在那里已经和他们合而为一，不存主客内外之分了。大安者固怡然自得于道，小安者亦坦然自得于物。所以，就行为状态论行为属性，安而行之的行和无以为的为，是纯粹的、自主的、自足的；利而行之的行和有以为的为则反是，无论其所利所以者是公是私是物质还是精神，其行为时的心态是迫不得已还是正中下怀，这种行为都已是尝了“禁果”受了污染后的行为，不复纯洁清白了。

韩非有一段话说得干脆：

> 夫买庸(佣)而播耕者，主人费家而美食、调布而求易钱者，非爱庸客也，曰：如是，耕者且深耨熟耘也。庸客致力至疾耘耕、尽巧而正畦陌者，非爱主人也，曰：如是，羹且美钱布且易云也。(《韩非子·外储说左上》)

韩非举这个例子是想证明人皆自为而不能相为。话或许说得过头了一些，主佣之间，未必尽是赤裸裸的金钱利害关系，应该承认，有时有人也有“爱”意存焉。可是，向深处看，也可以说，韩非的话还嫌说得不足，因为设若即使完全出于爱心，主人之费家而美食，佣客之致力而疾耕，也未必便是毫不利己专门利人的壮举。因为心存爱意而施爱，不仅在使受者受惠(物质的、精神的)，施者也正以此得到某种满足(至少是精神的)，甚至期待着相应的回报(所谓“爱人者人恒爱之”)，就是说，这种相为正所以自为，至少是包含自为或无法排除自为。扣到本文所讨论的主题上来说，这种爱而行之，其实仍是一种利而行之，一种有以为之为，只不过多少蒙上一层柔情的薄纱而已。

为能更清楚地看穿这一点，不妨抄录一段惯于入木三分的《庄子》上的话来帮忙：

> 富贵显严名利，六者勃志也；容动色理气意，六者缪心也；恶欲喜怒哀乐，六者累德也；去就取与知能，六者塞道也。此四六者，不荡胸中则正，正则静，静则明，明则虚，虚则无为无不为也。(《庄子·庚桑楚》)

一共是四六二十四项孽障。勃志的六者，为身外的名和利；缪心的六者，为身体的形和意；累德的六者属于情绪；塞道的六者斯谓行为。前三个六有待通过、也总是落实到后一个六，变化为行为而发挥作用，使人陷入有以为的困境。可以看得出，韩非所揭发的美食换疾耕、疾耕换美食的利害交易固然列在勃志者之中，他所认为不可能有的爱，即使存在，即使是毫无利己之心的纯爱，也未能逃出四六之外，而属于累德者的行列，与其他"粗俗的"因素一道，荡胸乱正，无有宁时。

读罢上面两段引文，不禁哑然！先秦学界竟能活泼如此，性恶论者韩非用尖刻的利己主义嘲笑了敦厚的利他主义，自然论者庄子又用无为哲学扫荡着一切有为哲学，真个痛快淋漓。其实被他们一同当作主要靶子来打的儒家，从一定意义上说，本是他们同一战壕的战友，原也未曾奉利他和有为为最高境界。例如孟子就说过："舜明于庶物，察于人伦，由仁义行，非行仁义也。"(《孟子·离娄下》)行仁义，是心存爱人之意的利他之有为，所谓"上义为之而有以为"之类，如庄韩所讥刺的那些；此乃一般小儒或士子的作为，利而行之之行。大舜或圣人并不如此。他们由仁义行，非行仁义也；也就是说，他们从心所欲，安而行之，上德不德，心不存仁义之思而民胞物与，行不着仁义之迹而春风化雨。若问何以能够如此，据说由于他们"明于庶物，察于人伦"，洞悉自然和社会的一切所致。

所谓的"明于庶物，察于人伦"，从我们现在所讨论的问题角度来看，其所明察的，实际上是人的自然性和社会性。由于这两大禀性的作用不同，遂生发出行仁义和由仁义行的行为差异来。孟子另有名言一段，与此相为表里：

口之于味也，目之于色也，耳之于声也，鼻之于臭也，四肢之于安佚也：性也；有命焉，君子不谓性也。

仁之于父子也，义之于君臣也，礼之于宾主也，智之于贤者也，圣之于天道也：命也；有性焉，君子不谓命也。(《孟子·尽心下》)

人有饮食求美、居处求安的利己本能，斯谓“性也”(准确地说，是自然属性)。韩非买佣论便立论于此。一切利而行者行此，有以为者为此。但因另有天命在上，使命在肩，也就是说“有命焉”(准确地说，是对社会属性之自觉)，所以君子不去强调利己的本然的性。

人伦及其准则，仁义礼智那一套，本是天降之命，是为“命也”(准确地说，是社会秩序)；但以人之异于禽兽者在此，或者说“有性焉”(准确地说，是对社会秩序之自觉)，所以君子不推诿于天命；循此以往，极于高明，便能安而行之或由仁义行。

简单说来，率性而行，必是利而行之之有以为；率道而行，方能安而行之和无以为。率性之行，合理合智合逻辑；率道之行，超越理性而上之。可是率道难而率性易，孔子便曾深有感触地说：“已矣乎！吾未见好德如好色者也。”(《论语·卫灵公》《论语·子罕》)食色性也；好色是率性而行的爱(利)而行之，它人大多于好德的安而行之。《论语》中两复斯言，亦足见率道率性难易寡众之悬殊，以及率道者对率性者的鄙夷、艳羡和嫉妒之深了。

因此，各家各派多在虚张声势、宣称自己之道为天道外，更常偷梁换柱，宣布它们与人性一致，或者干脆就是人性，以求人们乐于奉行。入世的儒家如此，似尚情有可原；出世的道家如此，岂非未能免俗？法家铁面无私，墨家质朴无华，也作此等勾当，不知何以自圆其说！而其中最为传神的，莫过于《中庸》开篇的那三句偈：

> 天命之谓性，率性之谓道，修道之谓教。

人性来自天命，天命就是人性；天人本是合一的。性不离道，道不离性，率性而行，便成大道。既然如此，听任人人任性而行，岂不万事大吉？但是不行，还得根据我的道来修养，这是不可或缺的教化。

本来各家各派的学说都不失为一种道，正像庄子所说的，“道恶乎往而不存？言恶乎存而不可？”(《庄子·齐物论》)勿论其道高卑，只要信奉者率之而行，都将有所安，都能无以为，即是说，都可臻于其行其为的最高境界。一旦不以此为足，进而宣布它为人性，要求大家都来遵行，不仅势必闹得“相刃相靡”，而且把好端端的一个“背负青天”的率道之行，降格为“途之人皆可为”的率性之行，无异于自我贬值，真不知是何苦来！

勉之强之，其福必长

更下一类的行为方式是“勉强而行之”和“攘臂而扔之”。这既不是率道之行，又不是率性之行，似乎可以称之为逆情之行。

勉强也是一种心态。它不同于安而行之时的心安理得，也有别于利而行之时的理智计较，而是迫不得已、行不由衷。这种迫力之来，或来自内心的某种观念，或来自身外的某种现实。由于它们的作用，迫使行为自愿地或被动地改向，行其所不安，为其所非常，去做本不愿做的事；而那些事之所以本不愿做，或以其非道之所可，或以其违性之所禀，或以其非情之所钟，或者由于种种利害上的缘故。这些不同条件的不同组合，遂形成了不同形态的勉强；大别之，可分为积极的与消极的两种。

郑玄注《中庸》“或勉强而行之”句曰：“勉强，耻不若人。”这就是积极的勉强，是一种典型儒家式的行为方式。盖耻不若人而知耻以行，虽曰勉强，却必为向善之趋，至少也自以为是向善之趋。为人能够知耻为耻起而洗雪之，勉力自强以改变行为方向，是战胜自我的果敢行为，所以《中庸》又说：“知耻近乎勇。”知耻、向善、近勇，这样的勉强，虽尚远非率道之行，倒也可谓是向道的行为了。

也有与耻无关的勉强，即缺乏耻的意识作为内在支柱的勉强，消极的勉强。孔颖达注“或勉强而行之”句为“畏惧罪恶，勉力自强而行之”，便属于此类。这是一种基于畏惧情绪而生的勉强；而畏惧情绪之起，又往往起于某种现实的或虚幻的力量的震慑，以及对于这种力量的屈服。因之这样的勉强同上述的知耻而勉强正好相反，它不是趋吉而是避凶，近乎怯懦而非近勇，不是出于“不若人”的心理不安，而是基于苟且偷生的本能冲动。孔子所说的“道之以政，齐之以刑，民免(勉)而无耻”(《论语·为政》)指的便是这种情景。老百姓只是勉强在表面上屈从统治，内心里却缺乏耻不若人、耻不及法、耻不达道的意识，这样的靠政刑管制出来的局面，是靠不住的；而这样的勉强，也便不是向道行为，不是知耻而是羞耻了。

应该指出，这两种勉强的界限不是不变的，而是可变的；不是客观的，而是主观的。一些耻不若人的勉强，起先或许曾是畏惧罪恶的勉强，只是由于认识上的变化，或习非成是，或觉非向是，而从消极的变为积极的。相反的情况当然也时有发生，其原因也正好相反。

对于这样两种不同形态的勉强，儒家的去就态度十分明确，即主张前者，反对或同情后者。其主张的言论有如：

孟子曰：万物皆备于我矣。反身而诚，乐莫大焉。强恕而行，求仁莫近焉。(《孟子·尽心上》)

传曰：知贤之谓明，辅贤之谓能。勉之强之，其福必长。(《荀子·解蔽》)

孟子的三句话，指的是三种境界：万物皆备是天人合一界，反身而诚是尽心知性界，强恕而行，则是勉力向道界。联系本文所论，也可以说，万物皆备是安而行之，反身而诚是利而行之，强恕而行，则是勉强而行之。在这里，孟子以强恕作为求仁的最切近手段，明白突出了儒家学说的实践精神和不厌不倦的为善勇气，甚至于还有一丝宗教气息。我们这样说，不仅是鉴于恕道的推己及人的教义，更由于“强”字所包含的勇敢精神。因此，如果说“仁者安仁，智者利仁”的安和利，标出了仁者和智者以及仁和智的特色的话，那么，强恕而求仁，则是勇和勇者的基本特征，以至可以说：勇者强仁。

荀子引述的“传曰”说，在上者应该知贤，在下者应该辅贤；只要勉力去做，必定幸福无穷。这是在强调勉强的好处，劝人向善，并含有做来不易之意，正好与孟子所谈的勉强的用处相互补充。只不过这个勉强必福的提法，极易使人联想起后世的乡愿式的处世格言“吃亏是福”之类。幸亏这里有个前提叫知贤和辅贤，标明它属于求仁的强恕而行之列，否则真会说不清了。

与儒家相反，道家倡自然，尚天真，以勉强为违情逆性、不精不诚，所以极力反对。《庄子》里有一段这样说：

孔子愀然曰：请问何谓真？客曰：真者，精诚之至也。不精不诚，不能动人。故强哭者虽悲不哀，强怒者虽严不威，强亲者

虽笑不和；真悲无声而哀，真怒未发而威，真亲未笑而和。真在内者，神动于外，是所以贵真也。(《渔父》)

情以真为贵。真悲不在哭泣，而在心哀；强哭者或能得其悲状，却无从得哀情。喜怒等等，无不如此。庄子攻击感情上的勉强矫揉，是有道理的。但是必须指出，此处还有理智上自强而非感情上矫揉的勉强，自觉而非自欺的勉强，即基于某种意识而起的改变原先方向的自我强制行为。这种强行似乎与庄子所批评的强情还不尽相同。它固然也是违情之举，所以也说不上是情之真；但它是意识的产物，理性的行为，如果锲而不舍，志在必成，也可以说是精诚的。荀子说过："孟子恶败而出妻，可谓能自强矣！"(《荀子·解蔽》)以耗精劳神而出妻，当然是违情之举，但是如果孟老夫子基于"苦其心志"以接受天之大任的意识而作此壮士断臂，似尚不好说他不精不诚。可是庄子对此仍然不能原谅，说道：

尧不慈，舜不孝，禹偏枯，汤放其主，武王伐纣，文王拘羑里：此六子者，世之所高也。孰(熟)论之，皆以利惑其真，而强反其性情，其行乃甚可羞也。(《庄子·盗跖》)

这就不只是批评情绪上或感情上的勉强，而是将一切"圣功"都当作强反其性情之行，大张挞伐起来了。这里表面上的借口是反对不忠不孝(庄子指责儒家教义不遗余力，独于"不可解于心"的子之事亲和"无所逃于天地之间"的臣之事君两端表示宽容，视为不可或违的大戒——见《人间世》)，骨子里头显系反对任何勉强，提倡绝对放任主义。因为他认为，无论是盗跖还是夷齐，无论是强反性情去殉于财货还是殉于仁义，其作为伤生残性是无别的，都是丧失自我、违背自然、破坏天真，是一种违反性情的利而行之，比之一般率性而动的利而行之还要等而下之。前引的中山公子牟之陷于“重伤”的故事，最为明证：他既已不能自胜于魏阙的诱惑，不如率性而从之，那只是一伤；如果偏要“强不从”于自己的不能自胜之情，即勉强行事，则成了重伤，而更无足取了。

平心而论，道家之反对一切勉强，也不无道理。因为即使是积极的勉强，也是一种紧张的行为，并非安详之道。只有从功利主义的角度，才能说“或安而行之，或利而行之，或勉强而行之，及其成功，一也”。如果从理想主义角度来看，从纯行为的意义上说，三者的差别还是显然的。所以儒家也不认为他们所标榜的圣人之行是出于勉强，而认为勉强只是求仁的手段，属于“吾十有五而志于学”之类的阶段，还未登堂入室，离开圣人很远。他们也强调圣人之行是从心所欲，由仁义行，正如荀子所说的那样，“圣人纵其欲，兼其情，而制焉者理矣；夫何强何忍何危！故仁者之行道也，无为也；圣人之行道也，无强也”(《荀子·解蔽》)。众所周知，荀子以强调人为闻名，连他也认为勉强只是为得道而付出的自强、自忍、自危，只是得道的手段；一旦得道之后，便无强无为了。所以他又说得道前的有为是“危”，得道后的无为是“微”(这也许意味着不能无为也便不能得道，得道与无为互为前提，其关系是微妙的)，“人心惟危，道心惟微”的原始意义，大概只是如此。

勉强而行，主要是说自己勉强自己；如果再进而去勉强别人，在别人还无改变行为方向的意愿时，强制别人改向，那就成了老子所说的“上礼为之而莫之应，则攘臂而扔之”了。扔者牵引，褪下袖子露出胳臂拉着别人跟着自己做，强人之所难，逞己之所欲，仅仅由于自己“为之而莫之应”，需要别人对自己的行为做出响应，那就更加等而下之了。当然,老子的哲学诗只是一种夸张的说法,但却倒也绘声绘色,凸显了儒家那种知其不可而为之的汲汲用世神态,以及一切按照自己面貌改造世界的人等(包括道家自己在内)的苦心与孤行。

因别人攘臂扔之而成的行,当然是一种更加勉强的行,更为消极的勉强之行,也是更为违背性情的行为。这叫作被人牵着鼻子走。其离开知行的自觉程度,就更远了。即使从功利主义来说,其成功的概率,也更小了。

庖丁禅师

在浏览了哲学家们的种种议论之后,再回到我们的朋友庖丁那里,将会发现,这些哲学大道,在我们的朋友口中,已以最简洁的方式表达出来了。

庖丁说:"始臣之解牛之时,所见无非牛者。"这时候,他只是一名族庖:"族庖月更刀,折也。"每月换一把刀,真是无可奈何、迫不得已、违反性情的事,可以想见他解牛时的勉强之态。如此月复一月,不胜其苦,"三年之后,未尝见全牛也",成了良庖:"良庖岁更刀,割也。"未尝见全牛者,只因为他掌握了分析的本领,解牛成了一种理智行为,因势利导,率性而行,但仍不免运刀中的磨损,所以还得一年换一把刀。这样年复一年,延续了十几年,方得再完成一次飞跃,达到"以神遇,而不以目视""以无厚入有间"的游刃有余阶段、出神入化阶段。这时候,刀与牛,牛与人,不再是对象、工具、主体三者鼎立对立的关系,而是浑然一体,无分内外彼此,不知手之运刀、刀之解牛而牛竟解,或者说,已经是由解牛行而不是行解牛了。我们的朋友于是飞升为一名道庖大师了。

这正是一个完整的正、反、合的辩证发展过程。其第一阶段和第三阶段，对象牛都是以整体面貌出现，主体人都是全身心地投入。不同的是，第一阶段的牛是一个混沌，人是一个莽汉，以物观物，所以不得其门而入；第三阶段的牛是“天理”，人是“神欲”，以天合天，故而“技经肯綮之未尝”。唯有第二阶段“未尝见全牛也”，牛是已被分析开来的合成物，人是只知分解世界的理智者，客主以此凑成了所谓的理性主义；理性主义的长处在于它不满足于感性的了解，相信感觉的背后藏有本质的世界，在唯一的理性主体即人类面前，一切都是被动的消极的等待理性前去解剖的客体；于是，世界被合乎逻辑地二元化为不再统一的对立，人类自己也常闹得理智与情感分离，这又是理性主义的无法推诿的短处。而通常所谓的知识，所谓的理智，正就是这样的理性主义和理性主义者。

青原唯信禅师说得分明：

> 老僧三十年前未参禅时，见山是山，见水是水。及至后来，亲见知识，有个入处，见山不是山，见水不是水。而今得个休息处，依前见山只是山，见水只是水。(《五灯会元》卷十七)

“见山是山，见水是水”者，山水对于见者只是一个混沌(庖丁所见无非牛者)，见者对于山水也只是一个莽汉(牛之所见无非庖丁者)；彼此互相外在，也互相不可分别地内在于一个自然中。“亲见知识，有个入处”非常重要，入不去则仍然留在外边，一无所得；入去了将亲见知识，这个知识指佛学所谓的善知识，即令我得入真实道、如来地的趋向。只是此时所见的山水不复再是山水，而是虚妄(未尝见全牛也)。世界被二元化为现象与本质，人则陷进了利害是非的纠缠，自然与人处于直接对立之中。因此还得要跳出来，“得个休息处”，为其无为，从心所欲（官知止而神欲行），安而行之（因其固然）。那时将“依前见山只是山，见水只是水”，重新回到大自然的本然，人在天地怀里，天地在人心中。

知如此，行亦如此，知行本是合一的。

（原载《学术月刊》1994 年 3 月号）

对立与三分

西欧哲学家长于分析。即以“对立”范畴而论，毕泰戈拉学派便已区别出三种对立的方式：殊异、相反、相关；[①]亚里士多德进一步将对立分成四种：相关、相反、有和缺失、肯定和否定，[②]有时候他还加上一个第五种：两端[③]；到了黑格尔，对立的分别更带上他惯常的深奥玄思和逻辑必然：从差异起，经过对反，到达矛盾。[④]

中国哲学家也是很早便注意到了对立，被用来象征对立的词汇不知凡几，谈及对立关系的宏论更是辩证圆通；只是在分析对立的状态从而将对立进行分类方面，似乎很少去花什么工夫。以致我们不甚知道阴阳、反复、矛盾以及诸如此类的范畴，是否反映着不同种类的对立；甚至我们并不介意对立本身究竟有无种类上的不同。古文献中，本来也曾有过区分不同对立种类的提法，但迄未受到重视，亦未得到明白阐述。大概一直到现代，才有所谓对抗性矛盾与非对抗性矛盾这样的划分，可惜多半只适用于政治生活，哲学品味相当不足。

这大概与中国哲学家长于综合有关。我们用一个“阴阳”，不仅包容了天、地、人各界的对立，也概括了相反、相关等各类的对立；经之纬之，笼之统之，万物于是皆备于我了。作为不甚注意分析对立双

---

① 据黑格尔：《哲学史讲演录》第一卷，贺麟、王太庆译。
② 亚里士多德：《范畴篇·解释篇》，方春书译，商务印书馆1962年版，第38页。
③ 亚里士多德：《形而上学》第五卷，吴寿彭译，商务印书馆1959年版，第96页。
④ 黑格尔：《逻辑学》下册，杨一之译，第27页。

方如何对立的补充和结果，中国哲学家花过很大力气研究对立如何谐和结合；而这一方面，恰好是西欧哲学家所很少注意的。

对立确实存在着是否谐和与如何结合之不同，这种不同，或疏或密地关联于对立种类上的差别。中国哲学家们的兴趣偏重于结合，从考究结合方式的不同也触及了对立种类上的差异，梳理一下这方面的资料，看看古人是如何看待对立及其同一的，将有助于更细致地了解我们的文化，更深刻地了解我们自己。

有两有陪贰

古希腊人曾经认为最普遍的对立是冷和热、干和湿；构成世界的四大元素恰好各自分别具备其中的两种（水：冷和湿；火：热和干，气：热和湿；土：冷和干），而两两对立。这种直观式的描述虽不免过分粗糙，但却闪烁着多彩的机智。

毕泰戈拉学派进了一步，宣称世界本原便是对立的，而且不多不少正巧十对；后来在区分事物的存在方式时，他们于殊异之外，着重强调了“相反”和“相关”这样两种对立。前者如善与恶、静与动，后者如左与右、倍与半。他们认为：在相反中，此生彼灭，非此即彼，没有中介；在相关中，共生共灭，互相依存，有一个中介。细读有关材料便能发现，毕泰戈拉学派是用绝对的观点来看相反，而且相信这是由于事物的本性；至于相关，则是相对的，由于事物的存在。当时显然还不知道绝对和相对的关系原是相对的。

亚里士多德更进一步，将对立（opposition）细分为四种：相关（relative）、相反（contrary）、有和缺失（having，privation）、肯定和否定（affirmation，negation）。从他的论述中可以看出：第三种只出现于主体和属性之间，第四种系专就命题而言、后来发展成形式逻辑的矛盾律；二者似难看成普遍意义上的对立。真正哲学意味上的对立，仿佛只有前两种（他有时提到的两端式的对立，应可包括在“相反”中），它们也正就是毕泰戈拉学派所说的那两种。

在古代中国，形容对立的语词有许多，譬如《左传·桓公十八年》，周室大夫辛伯谈到对立致乱时，很轻松地一口气就出来四种：

> 并后、匹嫡、两政、耦国，乱之本也。

并、匹、两、耦，都是对立，是“乱之本也”的对立；也可以说，是一种不好的对立。辛伯的心目中，当然另有一种对立，“治之本也”的对立，好的对立，这是毋庸置疑的。因为他不会主张民主共和。从这里，我们很可以抽绎出对立的分类和分类标准来，不过可能比较麻烦；因为这些话的政治学味道太浓，哲学味道不足。够得上从哲学意义上对对立进行分类的提法，可举此后约二百年的如下一段对话为例：

> 赵简子问于史墨曰：“季氏出其君而民服焉，诸侯与之；君死于外而莫之或罪也？”对曰：“物生有两、有三、有五、有陪贰。故天有三辰，地有五行，体有左右，各有妃耦；王有公，诸侯有卿，皆有贰也。天生季氏，以贰鲁侯，为日久矣，民之服焉，不亦宜乎！鲁君世从其失，季氏世修其勤，民忘君矣。虽死于外，其谁矜之？社稷无常奉，君臣无常位，自古以然……”（《左传·昭公三十二年》）

“物生有两、有三、有五、有陪贰”，在当时，是一句哲学语言，一种对世界的看法。物生果否有三、有五，又如何个有法，我们暂时不去管它。

眼下我们感兴趣的，是有两、有陪贰的说法。

许多谈中国辩证法的书都少不了引用史墨的这段话，但多不甚注意两和陪贰有无区别，而是笼统认为它们都有相异相反的意思，指的都是对立和矛盾，如此而已，未能由此悟得对立的种类问题。

中国古代文献中，独立使用的两或贰，有时确系泛指一般的对立或对立的一般；但现在史墨将两和贰对举，说的是“物生有×”，较前引的辛伯说“乱之本也”之罗列原因不同，显然是要表明世界生成的本然，认为两和贰有着重大差异。照注书人杜预的理解，体有左右证有两，各有妃耦证陪贰；加上文中明说了的王有公、诸侯有卿，都叫有陪贰。

按“两”字原为车舆上的某种对称结构，故得借用为车的计量单位，如“戎车三百两”(《书·牧誓序》)。后来引申为重量的两，所谓二十四株为一两者，本是两个十二株的意思(十二株在汉代是一级重量单位)，与一般通称成双成对者为两，取义完全一样，都指二者的相等相称。“贰”字则不然，它源于次第数词第二，后于第一而起，次于第一而在，有从属和副手的意思，引申为离异、独立、背叛等。

所以，史墨说物生有两，举“体有左右”为例；说物生有陪贰，举“王有公，诸侯有卿”为例。体之左右和国之王公，有对等和不对等之别、并列和主从之殊，其关系是不一样的；也就是说，虽同为对立，其性质和状况是不一样的。

两和陪贰之如此划分法，在亚里士多德那里将难以通过。在亚氏看来，左右和君臣都是“相关”(亦称“相对”)式的对立，因为它们都以某种方式与对方有关，不能离开对方而得到说明，双方同时获得存在，也同时互相消失，等等。古希腊的哲学家，大概也都这样看。

古代中国却不然。我们的祖先当然也看出了左右和君臣都是一种依存关系，无法离开彼方来说明此方；但他们似乎总是挣不脱伦理脐带的缠绕，更愿将依存分成对等的依存和主从的依存，前者谓之两，后者名为陪贰，并且相信这种分别带有根本的性质。这一点，在在可以得到补充证明，如：

易有太极，是生两仪。（《易·系辞上传》）

吾有知乎哉？无知也。有鄙夫问于我，空空如也，我叩其两端而竭焉。（《论语·子罕》）

心生而有知，知而有异：异也者，同时兼知之。同时兼知之，两也。（《荀子·解蔽》）

邓析……操两可之说。（《列子·力命》）（按，两可指“可、不可无辨”“可与不可日变”，据《吕氏春秋·离谓》。）

这些“两”的两方，其内容可以是相反的，其地位则相等，无主从高下之分。“贰”的情景便不同：

（晋献公）十六年，公作二军。公将上军，太子申生将下军，以伐霍……士蔿言于公曰：“夫太子，君之贰也，而帅下军，无乃不可乎？”公曰：“下军，上军之贰也。寡人在上，申生在下，不亦可乎？”士蔿对曰：“下不可以贰上。”公曰：“何故？”对曰：“贰若体焉，上下左右，以相心目，用而不倦，身之利也。上贰代举，下贰代履，周旋变动，以役心目，故能治事以制百物。若下摄上与上摄下，周旋不动，以违心目，其反为物用也，何事能治！故古之为军也，军有左右，阙从补之，成而不知，是以寡败。若以下贰上，阙而不变，败弗能补也……”（《国语·晋语一》）

晋国大夫士蒍这一席论“贰”的话，由于读者不甚介意贰和两有差别，常被误解。其实它对我们理解当时的对立分类原则至关紧要。它的要领在：太子，是君之贰；下军，不是上军之贰(下不可以贰上)。下军和上军，彼此是两的关系，同时又都是国君之贰，正如手(上贰)足(下贰)都是心目之贰一样(以相心目，以役心目)。所以古设左军右军，一起向国君负责；不去叠床架屋，分设上下军，让下军只对上军负责(以违心目)。在士蒍的心目中，“贰”和“两”的不同是分得清清楚楚的：左、右，上、下(包括古之左军右军，今之上军下军)，都是两，不应成贰；君和太子，天生是贰，不能作两(分帅上下军)。

晋国大乐师师旷对晋侯论“卫人出其君”时也发表了一通有关“贰”的议论：

> 天生民而立之君，使司牧之，勿使失性。有君而为之贰，使师保之，勿使过度。是故天子有公，诸侯有卿，卿置侧室，大夫有贰宗，士有朋友，庶人工商皂隶牧圉，皆有亲昵，以相辅佐也。善则赏之，过则匡之，患则救之，失则革之……天之爱民甚矣，岂其使一人肆于民上，以从其淫，而弃天地之性？必不然矣！(《左传·襄公十四年》)

贰的从属地位及其辅佐作用，在这里说得再清楚也不过了。“天生民而立之君”，这种先有民而后有君的民本思想，眼下和我们关系不大；“有君而为之贰”，很值得注意。它表明，君是第一，臣是第二，无论在发生次序上还是社会地位上，都是如此，二者有一个先后主从的关系。将这个第二的次第名词化，就是“贰”。不过，话还得说回来，贰虽是从生的，却绝非消极因素，它的发生和存在，正是为着辅佐“壹”，使那个“壹”更好地成其为壹，所以要师保之、赏之、匡之、救之，如果仍然无效，直至起而革之，都是应该的。

正因为贰处于从属地位起着辅佐作用，所以史墨更准确地称之为“陪贰”。如果陪贰无故想着挣脱自己的从属地位，去掉“陪”的身份，离君独立，贰自为贰，那就叫有贰志，叫携贰，或者就叫贰；秩序维护者可以“讨贰”，直至“执之”“杀之”(《左传·僖公二十八年》《左传·僖公十五年》《左传·昭公五年》)。如果为君的肆虐于上，其德不明，“无陪无卿”(《诗经·荡》)，即不把公卿放在眼里，无视陪贰的存在，那就叫“君不君”，这个君的存在因其否认贰的存在而丧失了依存条件，于是也就不应存在；季氏出其君、卫人出其君之所以合理，其理在此。

简单说来，“两”是并列关系，“贰”是主从关系，这是中国先哲所注意到的两种主要对立。它们虽然都可归入亚里士多德的“相关”或“相对”式的对立里面去，但其社会差别之大，是不能不予注意的。周室大夫辛伯所谓的“乱之本也”的对立，大都属于两，他心目中的“治之本也”的对立，则是贰。二者之不同，可见一斑。

匹与偶

上面我们说辛伯所举的四项对立，“大都”属于两，那是鉴于其中“匹嫡”之“匹”，同“并后、两政、耦国”的“并、两、耦”不尽相同，还不完全属于两，也不简单等于贰，而另有着自己特别含义之故，下面分出来特别谈谈。

辛伯所说的“匹嫡”，是说庶子的地位、声望、尊宠之类和嫡子相等相当了，匹于嫡了，匹敌了。本不相当或本不相关的单枪匹马，变到与个别相并相配而成为匹偶，就叫作匹。在帝后、储君、邦国之类方面，出现"匹"情，自然是"乱之本也"，是动乱的一大根源；它同淑女、君子之为匹为偶，其效应是正好相反的。

"匹"字，《说文》说："四丈也……八揲一匹，八亦声。"按一匹等于四丈，乃汉代的一种布帛规格，并非匹字本义；"八揲一匹"云云，是想用来说明字形何以从八，其实周彝铭文表明，匹字并非从八；而且，"八揲一匹"默设了每揲五尺的制度，而这种制度并不存在。《说文》的此类纰漏，前人已多所指出了。

查匹字成为布帛量度，是汉代的事。《小尔雅·广度》说："倍丈谓之端，倍端谓之两，两谓之匹，匹五谓之束。"度量单位由丈而端、由端而两的变换，反映着纺织技术的进步；至于四丈长(所谓"倍端")的布帛取名为"两"则起于当时收卷整匹布帛的习惯是从两端分别往中间卷动，对叠成如意纹，如折叠棉被状，两卷相并，故云。现在我们感兴趣的问题是，"两"就叫两好了，为何又"谓之匹"？

郑玄注《礼记·杂记下》"纳币一束"条曰："两两合其卷……则每卷二丈也，合之则四十尺，今谓之匹，犹匹偶之云欤？"这是郑玄的答案。他倾向于认为，四十尺长的布帛所以谓之匹，是由于"两两合其卷"，犹如匹偶。但是郑玄并不曾把话说死，用了一个"欤"字。

段玉裁注《说文》，另有说法：

> 按二丈为一端，二端为两，每两为一匹……五匹为一束。凡古言束帛者，皆此制。
>
> 凡言"匹敌""匹耦"者，皆于二端成两取意。
>
> 凡言"匹夫""匹妇"者，于一两成匹取意；两而成匹，判合之理也，虽其半亦得云匹也。马称匹者，亦以一牝一牡离之而云匹，犹人言匹夫也。

匹有双和单两个含义。郑玄只涉及了一个，段玉裁全都回答了。两人的差别不仅在量上，尤其在质上：郑以为帛制取意于匹偶，段以为匹偶取意于帛制。

看来郑玄的解释是对的，尽管他只说了匹字的一个含义。盖布帛称匹，发生较晚；匹之本意，为马的计量单位，见于毛公鼎、兮甲盘、史颂敦等金文。马在上古是宝贵的财富、重要的生产手段、交通工具和战斗武器，人们不能不关心它的繁衍生殖乃至品种的纯正；于是有了为马寻找配偶的"匹配"，找一个相当的配偶。"匹敌"等词汇和词意出现。由于此，匹字遂从本来匹马只轮的单和一的意思，跃进而为匹偶的双和二的意思了。所以朱骏声《说文通训定声》云："匹者先分而后合，故双曰匹，只亦曰匹；犹独曰特，配亦曰特也。"

朱骏声说的"配亦曰特"较为罕见。《诗·鄘风·柏舟》"实维我特"，郑氏笺曰"特，匹也"，大概是其主要例证。如果真是这样，则"匹者先分而后合"之说就多了一个伙伴；即使不是这样，也没有什么损失。

不管怎样，至少匹字有单和双两个含义。而且，当其用作单一意思时，隐含有指向、呼唤和要求成双作对的意思；当其用作偶双意思时，保存着它所自来的单凤孤凰的余响。这也就是说，匹字的两个含义之间，有着某种动态关系；或者说，匹字描绘着一种动态，一种由无关到有关、由差异到对立的动态。这是值得我们认真注意的。黑格尔说差异与对立的进展，花了好些篇幅和几个范畴，没想到我们在匹字上竟一蹴而就。

匹字先分而后合，分指向着合，合记忆着分。其所表示的对立情景，既不同于两之并生式的对立，也有别于贰之从生式的对立，而是一种可以名之为发生式的对立。

所谓发生式，是说这种对立不是天生地成的，相互为体的，像一枚银元的两面；也不是此唱彼随的，相互为用的，如竿立而影见；它是分别从两个独立无对的匹马特牛各自开始，相互吸引，走向一起，组成为一对旗鼓相当的对立。这种对立，当然不止于“关关雎鸠”，即动物之求偶觅配而已，举凡自然界和社会中出现的个体存在于前、偶体生成于后的棋逢对手般的现象，都属于发生式的对立。旧式小说里写到打仗，喜欢说“将对将，兵对兵，捉对儿厮杀起来”，所谓捉对儿，说的就是这种发生式。本来单个的将士们互找对手，找到势均力敌的了，就是所谓匹敌；碰到力量悬殊的，就叫不是对手，讲义气的人这时会避免厮杀，因为彼此不相匹配，胜了也无光。

由匹而偶的对立，固以其发生的方式，将并生的两、从生的贰区别了开来；但既生之后，匹偶如何存在，则决定于种种别的条件，而向两或贰靠拢。无知无识的禽兽，其匹偶是以“两”的方式存在的，就是说，双方是对等的、相依的；而万物之灵的人类，在很大一片地方里与很长一段时间内，匹偶存在的方式偏偏采用了“贰”，这倒是很具有讽刺意义的事。前引史墨所说的“各有妃耦”，师旷所说的“庶人工商皂隶牧圉，皆有亲昵”，都是指丈夫有妻子，也都是不假思索地将妻子置于赔贰的地位，更不用说后来的“夫为妻纲”那句名言了。

当然，就其本性来说，匹偶对立的存在方式应该是两，否则它们起初便会由于不是对手而不成其为匹配，对立状态遂不致发生。虽然也有“不是冤家不聚头”的说法和例子，其“冤”的一面总是次要的；偶或匹的本意，还是意味着“二人同心，其利断金”，并且要求着齐心协力的。如果一味冤到底而“反其为”，那么，这种对立便不再成其为匹偶，而要分解为路人了。

呈主从关系的陪贰式的对立，也可以说是发生的，因为这种关系的出现也是后于关系者的存在。史墨说:“王有公,诸侯有卿。”士蔿说:“夫太子,君之贰也。”师旷说:“有君而为之贰。”这些个贰,不仅在关系中居于从属的方面,即使在出现的次序方面,也因先有了壹的存在,而后才有贰并发生出对立关系。但正由于是先有壹后有贰和关系,所以我们说这种发生是从生,它和匹配式的发生者双双先在而后结成关系是不同的。

这样,我们就整理出来了中国古文献中谈论到的三种不同形成方式的对立:并生的两,从生的贰,发生的匹。而在存在方式上,匹往往分化入前二者,事物于是只表现为“有两、有陪贰”的实存状态。

矛与盾

到现在为止,我们还没有提到过一次“矛盾”范畴,这样来研究中国的对立思想,难免被识者讥为疏忽。但本文让“矛盾”迟迟登场,却并非由于疏忽。

我们知道,在划分对立时,亚里士多德曾将肯定和否定列为一种,以表示两类命题“A 是 B”和“A 非 B”之间的关系,认为二者必为一真一假,后来演变而为形式逻辑的矛盾律。这种对立被译成中文“矛盾”,当然是采自《韩非子》中那个鬻矛与盾的寓言:

> 楚人有鬻盾与矛者,誉之曰:“吾盾之坚,莫能陷也。”又誉其矛曰:“吾矛之利,于物无不陷也。”或曰:“以子之矛陷子之盾,何如?”其人弗能应也。
>
> 夫不可陷之盾与无不陷之矛,不可同世而立。(《韩非子·难一》)

人有鬻矛与盾者，誉其盾之坚，物莫能陷也；俄而又誉其矛曰："吾矛之利，物无不陷也。"人应之曰："以子之矛陷子之盾，何如？"其人弗能应也。

以为不可陷之盾，与无不陷之矛，为名不可两立也。（《韩非子·难势》）

将韩非的话用亚里士多德的方式来表述，便是："吾盾莫能陷"和"吾盾能陷"，或"吾矛无不陷"和"吾矛无陷"这样一对肯定和否定的判断或命题，二者不能同真。在人世间，一个地区内也许可能先后出现"不可陷之盾"和"无不陷之矛"，但"同世而立"则万无可能；一个时期中也许异地可能存在"不可陷之盾"和"无不陷之矛"，但同地而立也万无可能。这叫作势不两立或不可两立。

势不两立或不可两立的严格意义是说，此二事物或二命题，不能以"两"的关系并立；这个"两"，应该也只能在我们前面提到的意义上来理解，大概不至有什么争议。现在需要深入开辟的思路是，所谓不能以两的关系并立，是否隐含着或至少不排斥这样一个意思，即：它们不妨以别的关系存在，譬如说，以"贰"的关系存在？因为前面说过，对立的存在，无非这样两种。这是一个人们不甚追究、却很有哲学意义的问题，且稍加分析如下：

一山二虎，一泉二蛟，一群两雄，一国两君，其势不可两立，已被自然和社会所一再证明了且不断证明着。格斗的结果，不是一胜一逃，便是一死一伤；也或者成了一主一从、一正一副。逃了死了，两立之势不复存在，自不用说；一主一从或一正一副，岂不便是前述的贰的关系？可见，不可两立意味着可以贰立，它不排斥贰立且指向贰立。

再看矛和盾。不可陷之盾与无不陷之矛，不可同世两立，这是天经地义的，或者说是命题本身所规定好了的。但这个规定有其固有的时空限制，即所谓的“同世”，它并未排斥此矛此盾的先后出现或异地存在。兵器史上也常有着如此记录。只是先后出现或异地存在，便不合“两”的涵义，不得谓之为两立了。至于在同一战场上同时出现的矛和盾，包括同一位战士两手分持的矛和盾，都一定有“能力”大小之差，那个更利或更坚的家伙自将占据主导或主动地位，而成为“主”；另外，我方所有的矛和盾，或者立足于攻者所持之矛，或者立足于守者所执之盾，将不免受主观价值偏好的影响，而被认为是“主”；其对立的他方，自不免屈居“陪贰”的地位，忍气吞声去了。这里的情况，比一山二虎要复杂一些，有点绕脖子，但其不可两立只能主从的情景，还是一样的。

需要补充说明的是，所谓一山二虎，习惯上指的是两只雄虎；如果二虎一雌一雄，按通常的理解，也可以说是处于矛盾关系之中，因为据说差异就是矛盾，等等，但这已和二雄对峙的性质大异其趣，这是一种相得益彰的关系。只有在这种关系中，双方才能完全实现自己，而且不是靠排斥对方，相反需帮助对方实现，同时才能实现自己。很明显，这样的矛盾关系，不正就是我们前面所说的“匹”吗？因此，如果是这样的矛盾，它也不能单独存在，而应归入到匹，并进一步由匹再转为两(或者贰，理由如前所述)，成为可以两立并且势宜两立、势需两立的关系。

从严格意义上说，矛盾(亚里士多德的肯定和否定，韩非的无陷无不陷)只发生于两个命题或两个判断之间，是主观方面的事，而且源于主观的失误。客观上，当然有矛和盾这样的武器，却并没有无陷无不陷的关系。客观存在的，只有贰和两；如果从发生说，还可加上一个匹。如此而已。

当然，如果赋予“矛盾”一词以一般对立或对立一般的涵义，使之包括一切对立形式，那将又另当别论了。

明乎此，我们也许对人们常说的“矛盾主要方面、次要方面”及“矛盾主要方面决定事物的性质”之类提法，更容易理解多了。因为，物之矛盾与体之左右不同，它是贰式的对立，不是两式的对立。两式的对立是对称的，贰式的对立是对抗的；两式的对立是互补的，贰式的对立是反差的；两式的对立是平等的，贰式的对立是主从的；以及诸如此类。于是，矛和盾天生有一方面是主要的，支配着或说决定着此一矛盾总体的趋势与性质。在复杂事物中，在某个发展阶段上，会出现矛盾双方势均力敌的相持状态，有点像是“两”的样子。那只不过像是而已，而且时间是短暂的。在更多的时间里，在正常的情况下，矛盾总是呈现为“贰”的关系，哪怕主从的地位发生了根本变化。

反复与极端

当我们说两是并生的，贰是从生的，匹是发生的时候，已包含有对立不是固有的而是生成的意思在内；其生成的情景，常因种类的不同而互异。这些对立既生之后，彼此相对着的双方和对立整体，也一刻不曾或停其运动变化。中国古代哲学家们十分留心于此，大唱其——

> 反者道之动。（《老子》第四十章）
>
> 物极则反，命曰环流。（《鹖冠子·环流》）
>
> 无平不陂，无往不复。（《易·泰·九三》）

这些“反”和“复”所表示的，便是对立的动态或动态的对立，其动幅之大，可以一直大到由起点到极点，然后再由极点经反面返回起点，形成一个否定之否定。这就叫“物极则反”，叫“无往不复”，叫“道之动”；或者叫作返，也就是旋，在道家谓之玄，一般谓之圆，鹖冠子命之曰环流。

鉴于对立运动的反和复，儒家提出了“圆而神”之德，道家提出了守雌抱柔和“得其环中，以应无穷”之类的人生态度，兵家、法家得出了许多权谋之术。其中以《易传》作者由此提出的“相推”“相感”范畴，最足以见出动态的生动性和动力的内在性：

> 日往则月来，月往则日来，日月相推而明生焉。寒往则暑来，暑往则寒来，寒暑相推而岁成焉。
>
> 往者屈也，来者信(伸)也，屈信相感而利生焉。尺蠖之屈，以求信也；龙蛇之蛰，以存身也。精义入神，以致用也；利用安身，以崇德也。
>
> 过此以往，未之或知也。穷神知化，德之盛也。(《易·系辞下》)

日月、寒暑，各各处在对立之中，它们之由对立而动而极而反而复，《易传》名之为“相推”：日推动着月，月也推动着日；寒驱赶着暑，暑又驱赶着寒。换一个角度看，这种相推，也可看成是同一事物自身内部对立动作的“相感”，如尺蠖，如龙蛇，屈带来了伸，蛰意味着飞。相推言其互斥，相感言其互引，二者也是并生着的对立。正因为一物有两体，所以相推相斥；正因为两体成一物，所以相感相吸。懂得了这个真理，是为“穷神知化”；比这个还高的真理(“过此以往”)，大概没有了（"未之或知也"）！

《易传》作者显然很得意于自己的发现，的确也很值得他们志得意满。亚里士多德那时也曾涉及反复和相推这样的现象。他有一个"生成和消解所从发生和所向演进的两端"①的说法，和他那四种有名的对立并提。他解释说：两极端间的距离为差异的最大距离，而这种距离的差异为完全的差异，不能有比极端再极端的事物，一个系列只能有两个极端②，等等。仿佛因此遂使极端与其他对立有别。其实，如果属意于差异的最大和完全，极端也还只能属于他所说的"相反"那一种，不能因其大而全的数量优势便自成一类，并立于四种对立之外；倒是他在这里涉及的"生成""消解""发生""演进"诸词，具有不同于静态对立的新意，虽然偶一提之，也很难能可贵。③

亚里士多德这里说，两端是生成和消解"所从发生"和"所向演进"之处。这似乎是以所从发生的地方为起始的一端，所向演进的地方为终结的一端，像画一条线段那样，由 A 到 B（A→B），A、B 于是构成距离最大、差异最全的两端。

"端"的美称叫"极"。古代中国哲学所谓的"极"，也是来自对立的生成、消解、发生、演进，但和亚里士多德的直线式的图像大异其趣。

《尚书·洪范》有所谓天赐的大法九畴，包容了殷周之际的大部哲学思想和政治思想。其正中一畴，也就是第五畴，叫"皇极"。皇极就是伟大的极，其内容为"无偏无陂""无反无侧""无党无偏""无有作

① 亚里士多德：《形而上学》，吴寿彭译，商务印书馆 1962 年版，第 96 页。
② 同上书，第 197 页。
③ 在伦理学说中，亚里士多德的辩证思想更常见一些。他曾说："中间在某种意义上也是极端""三者（指两极和中间）之间相互对立""两个极端，每一个都想把中间推向另一极端"。见亚里士多德：《尼各马科伦理学》，苗力田译，第 34、37 页。

好，无有作恶”等。简单一句话，就是要求取中或居中。后来颂圣文章中常用的“建中立极”一词，就是取自这里。“极”字原意是屋顶，它既在最高处，也在正中处。哲学上的以中为极，也许取象于屋顶；但其得意的由来，却需要从对立相推的反复中去寻求。

且以《易传》所举的寒暑为例。寒来暑往，暑来寒往。寒之来，始于夏至，所谓夏至一阴生；暑之来，始于冬至，所谓冬至一阳生。如果我们以冬至为一年之始，为起点，日子一天一天往前进，气候一天一天暖起来，进到夏至，便是一年的正中；过此以往，气候又一天一天冷起来，到冬至为止，为一年之终，为终点，同时也是下一轮的起点。这是一个妇孺皆知的典型的由进而反、由反而复的过程。如果也用画线段来比拟的话，那么这个进程就不能画成直线，而要画成圆圈：起点和终点是重合的。而极点，物极则反的那个极点，在对面，正好也是中点。至于起点和终点，也可以看成是极点，在进程上是两个却又重合为一了的极点（我们今天当然都已知道，这个圆圈不是封闭的，而是螺旋的，因而终点并不和起点重叠）。

汉人扬雄有所谓九段法，将这个进程描绘得更为细致。其谈人事的进程道：

> 故思心乎一，反复乎二，成意乎三；条畅乎四，著明乎五，极大乎六；败损乎七，剥落乎八，殄绝乎九。生神莫先乎一，中和莫盛乎五，倨剧莫困乎九。
>
> 夫一也者，思之微者也；四也者，福之资者也；七也者，祸之阶者也。三也者，思之崇者也；六也者，福之隆者也；九也者，祸之穷者也。二五八，三者之中也，福则往而祸则承也。（《太玄·玄图》）

自一至三者，贫贱而心劳；四至六者，富贵而尊高；七至九者，离咎而犯灾。五以下作息，五以上作消。数多者见贵而实索，数少者见贱而实饶。息与消纠，贵与贱交。福至而祸逝，祸至而福逃。幽潜道卑，亢极道高。(《太玄·玄图》)

人事的祸福消息，当然不会比照这个图式行进；即使真的如此了，也不会像寒暑往来那样明晰，这是不言而喻的。但扬雄的这个圆圈和中极，在中国哲学的动态对立思想中，很具有代表性，它将物极则反的提法，予以形象化了。

两端，一始一终，是极；中间处于鼎盛状态，也是极。两端的极，固然是相对而立、相较而存的，它们更是与中间的极相对而生、相较而在。一般总是说，中间是与两端相比较而存在的，其实反过来说也一样有理：两极是与中间相背离而生成的。孔子的叩其两端，便是为了叩出其固有的中道来。《中庸》说“执其两端，用其中于民”，更显出两端为了中间而存在。如果也用画线段来比拟的话，这应该是从中点 0 开始，背道而向＋A 端和－A 端驰去。

于是，“极”的对立，按中国人的理解，也就是上面谈过的“两”的对立，如左右、上下。它们不仅有中介，而且这中介也是一极，甚至是更重要的一极，皇极。于是，谈“极”而只见两极，将不免于浅显；客观存在着的极，看来像是三个。

三极之道

《易传》上就提出了三极的说法。其《系辞上》说：“六爻之动，三极之道也。”注经的人说，这个三极，指的是天、地、人。在差不多同时代的《逸周书·成开》篇中，果然有一个三极明确指着天、地、人。

三极：一、天有九列，别时阴阳；二、地有九洲，别处五行，三、人有四佐，佐官维明。

后来陆象山也说过“人与天地并立而为三极”(《与朱济道》)。他还曾阐述道：

有一物必有上下、有左右、有前后、有首尾、有背向、有内外、有表里，故有一必有二，故曰一生二。有上下、左右、首尾、前后、表里，则必有中，中与两端则为三矣，故曰二生三。

故太极不得不判为两仪，两仪之分，天地既位，则人在其中矣。三极之道，岂作《易》者所能自为之哉！(《三五以变错综其数》)

陆象山用《老子》说《易》，其实说的也是普遍道理：有一物必有两端，有两端必有中，中与两端则为三。他的长处在明白说出天、地、人为三极；而这是许多人到了嘴边又不能说出来的。

天、地、人这三极，按中国传统的说法，处于一种叫参赞化育的关系之中。具体地说，天的作用在“化”，地的作用在“育”，人的作用在“赞”，三者互相为用，是为“参”。《中庸》说，至诚的人能尽己之性、尽人之性、尽物之性，然后“则可以赞天地之化育；可以赞天地之化育，则可以与天地参矣”。所谓人与天地参，是指人在帮助(赞)天地化育万物，而帮助天地化育万物也就是参加了天地的工作，作为第三者加入与天地共长久的圈子里去；其结果，人不仅超出一己之私，而且超出了人类之限，浑然与天地万物同体，掺和到一起去了。从天地那方面说，它看人和万物，无论飞潜动植，妍媸黠憨，都是自得而自如的，所以它“无不持载，无不覆帱”，以使“万物并育而不相害，道并行而不相悖”(《中庸》)，这是天地的敦化之德，也是它参与万物的方式。

很显然，在天、地、人这三极之中，人的作用是变量，它可小可大，可正可反，所以成为历来思想家关注的对象。一切学说，一切主义，说到底，无非着眼于此。儒家舌弊唇焦，告诫人们应该如何积极有为，方能赞天地之化育；道家心闲意散，讽喻世人只有学会消极无为，才能和大自然相得相安；释家婆心苦口，普渡众生出业海劫波，为的也是让人类契合造化。就是说，大家都是在劝人去适应天地的本性，实现自己的本性，以搞好三极关系。这样的三极关系，可以说是一种互补的关系。

也有一种互克的三极关系。

孩提中有一种游戏，叫“剪刀、石头、布”，以三种手势代表三种器物，三者循环制胜，没有绝对的强者或弱者。在日本，它叫じゃん拳，猜拳时呼じゃんけんぽん为号，其音为“将进宝”。在美国，但呼“一二三”。这种游戏，不妨名曰形象的三极之道，其思想始见于《关尹子》。

传世《关尹子》非先秦旧著，已为识者所共睹。其文分《一宇》《二柱》《三极》《四符》《五鉴》《六匕》《七釜》《八筹》《九药》诸篇，篇名多不可强解。《三极》篇，旧说以为“极者尊圣人也”，有云：

> 蝍蛆食蛇，蛇食蛙，蛙食蝍蛆，互相食也。圣人之言亦然：言有无之弊，又言非有非无之弊，又言去非有非无之弊，言之如引锯然。唯善圣(言?)者不留一言。

蝍蛆食蛇说，亦见于《庄子》和《淮南子》。《庄子·齐物论》有“蝍蛆甘带”。陆德明《释文》据《广雅》谓蝍蛆为蜈公，带指蛇。《淮南子·说林训》有“腾蛇游雾而殆于蝍蛆”条，高诱注曰：“蝍蛆，蟋蟀，上蛇，蛇不敢动。”查《本草》蜈蚣条注云：“一名蝍蛆，其性能制蛇，见大蛇便缘而啖其脑。”是蝍蛆当为蜈蚣。蟋蟀之说他处未见。日本之じゃん拳，即蛇拳，只是蜈蚣换成蛞蝓（俗称蜒蚰）了。

《关尹子》著者以蝍蛆、蛇、蛙循环啖食事，喻“圣人”在有无之辨上的随说随扫，似乎不伦不类；倒是这个循环制约的套子在名曰“三极”的篇中出现，值得我们特别注意，因为它确实表达了三极的一种关系——相克的关系。

与这种循环制克的关系相反，三极也能呈现为循环滋生的关系。其例可参阅公元前 546 年，晋楚第二次弭兵之会上，楚令尹子木放弃信用时，楚大宰伯州犁的一席预言：

> 令尹将死矣，不及三年。求逞志而弃信，志将逞乎？志以发言，言以出信，信以立志：参以定之。信亡，何以及三！（《左传·襄公二十七年》）

意有所之，在心未发为志，出口已发为言，志为言之本，所以说“志以发言”。一言既出，驷马难追，信乃随之，不言便无所谓信，所以说“言以出信”。有信于人，为人所信，志方得立，所以说“信以立志”。志、言、信三者，以此构成循环生发的三极关系，故曰“参以定之”。现在令尹子木“求逞志而弃信”，破坏了参的网络或三者的连环套，所以大宰伯州犁预言他“不及三年”将死。当然三极和三年并无必然联系，充其量只是数的比附，这是无需驳辩的；但子木破坏了三极滋生之环，即破坏了“参以定之”的关系，虽不死也不足为令尹了，那倒是真实的。

现在，我们便列出了三种三极状态：相赞、相克和相生。这三种状态，竟然也是三极的：生克分列两端，它们的中和便是赞。其实，一切对立，都有各自的这样那样的中间者，从而无不或隐或显地形成为三极，只是不像这三种状态如此典型罢了。

在中国古代哲学里，三极间的关系，三极之道，用一个范畴来概括，那就是“参”。正如用“贰”来表示对立之二的一般情景一样，“参”被用来表示对立所成之三的一般关系。

两生而参视

《逸周书》上说：

> 人有中曰参，无中曰两。两争曰弱，参和曰强。（《逸周书·武顺》）
>
> 疑意以两，平两以参。（《逸周书·常训》）

世界是充满对立的。对立纠缠在“参”网中。在整个中国文化里，除法家思想及其所波及的狭小领域外，“对立”的现象并不被认为是最后的图画或最高的启示，并非神圣不可侵犯的图腾。以《逸周书》为例，它就相信对立之上之后，更有高于对立者在，那就是参和中。它认为：如果只是看到对立，定会疑窦丛生；一味追求对立，必然国弱民穷；此之谓“疑意以两”（本文涉及的“两”，原意多用作对立一般），“两争曰弱”。对治之策莫如参，故曰“平两以参”“参和曰强”。如何方能超“两”而入“参”？关键在于能否有“中”，所以开头先说“人有中曰参，无中曰两”。本文前面引过史墨的“物生有三”之说，大概也是诸如此类的意思。

《逸周书》作者也许有点过于扬参抑两了，在《管子》书中，参和两的地位较之稍有升沉：

> 凡万物阴阳，两生而参视，先王因其参而慎所入所出。(《管子·枢言》)

何谓“两生而参视”?《管子》有例云：

> 以卑为卑，卑不可得；以尊为尊，尊不可得。(《管子·枢言》)
>
> 贱固事贵，不肖固事贤。贵之所以能成其贵者，以其贵而事贱也；贤之所以能成其贤者，以其贤而事不肖也。恶者，美之充也；卑者，尊之充也；贱者，贵之充也。故先王贵之。(《管子·枢言》)

尊和卑“两生”，为人事一阴阳。如果当事者以卑为卑，或以尊为尊，这都叫两生而两视，其结果是卑也不可得，尊也不可得。必须进一步认识到：卑固事尊，这是固然的“两生”；但也正以此，卑遂成了尊的填料，尊有待于卑来充实方成，这叫作“卑者，尊之充也”；于是，尊之所以能成其尊，就得反转过来，以其尊而事卑，这是应然的“参视”。

两生而参视，就字面看，仿佛“两生”是客观的存在，“参视”是主观的态度。上述的例证，也似乎给人这种印象。其实不尽然。《管子》说“先王因其参而慎所入所出”，一个“其”字，仿佛已表明此“参”是外在于人的主观的。

当然，虽说外在于人的主观，参和两终究不一样，两是可感的实体，生成之物；参在许多场合里，则是两之间的关系，最佳的关系，不可感的状态。正因为不可感，看不见，所以才特别指明要“参视”，用慧眼去看到它的存在。

后来张载说："得天地最灵为人，故人亦参为性，两为体。"(《易·系辞上》)所谓人以两为体，是指"人之刚柔缓急，有才与不才，气之偏也"；所谓参为性，是说"天本参和不偏"，人的"天"亦即人的本性，也本参和不偏；人若"养其气，反之本，而不偏，则尽性而天矣"(《正蒙·诚明》)。这些话也是两生而参视的意思，只是更明晰了。

《逸周书》"有中曰参"那句话里所谓的有中，可以理解成有中介，也可以理解成有心。而从"人有中曰参，无中曰两"的原话来看，似乎后一种理解更准确一些。它的完整意思是：人如用心，则能看出参来；如不用心，所见的只是两。参是靠心看出来的，不去看或不会看，它便不存在了。

据此我们不妨说，两是形而下的器，参是形而上的道。人能弘道，所以这个参，既是客观存在着的，又有待于主观来发扬。参视的一般意义，大概如此。

而人之所以能弘道，在我们现在所讨论的这个问题上，古人认为：那是由于"人亦参为性"，于是有"参之能"，或者叫"能参"。对此，荀子有云：

> 天有其时，地有其财，人有其治，夫是之谓能参。舍其所以参，而愿其所参，则惑矣！(《荀子·天论》)

看上去似乎简单的一个参，经荀子一分析，竟有"能参""所参"与"所以参"诸部件。"能"与"所"，后人常用于认识论领域，而"所以"一词，更遍地皆是；但能集三者于一炉的，则如凤毛麟角，不可多见。荀子大概是中国哲学史上最先明确提出"能所"范畴的人。难能可贵的是，他不仅未把这对范畴限于认识论领域，而且在"能""所"之外，更并提了一个“所以”，显示出他已经捉住了范畴的三极关系。

在荀子看来，天之时、地之财、人之治，是天、地、人的“所以参”，即三者用以参合的资本；而“天有其时，地有其财，人有其治”，要点在“有”字上，是说三者各有一种能，即天有时之能，地有财之能，人有治之能，这是它们据以进行参合的能量或能力，所以叫作“能参”。具有能参之能，运用所以参之资，方可完成“所参”之愿。如果舍其所以参，而愿其所参，虽夙具能参之质，也是不能实现的。

荀子的兴趣，在人(君子)之所以参和所参，有所谓“天地生君子，君子理天地”之说。后来张载发挥《易经》“参天两地”的奥义，特别着意于天之参，曾有云：

> 一物两体，气也。一故神，两故化；此天之所以参也。
>
> 两不立则一不可见，一不可见则两之用息。两体者，虚实也，动静也，聚散也，清浊也；其究一而已。
>
> 有两则有一，是太极也。若一，则有两亦在，无两亦一在。然无两则安用一？不以太极空虚而已，非天参也。(《易·说卦》)

一物，泛指任何事物；两体，即通常所谓的对立方面。一物具两体，两体成一物，乃天生地成，所以说“气也”。有体必有用，两体之用或两之用，表现为两体的统一，表现为化。体之两加物之一，是为三，斯谓天参：用荀子的说法，就是天之“所参”。两之化和一之神，则是天之“所以参”。至于天之“能参”，那是不待言的，因为“天本参和不偏”，此义已在不言中了。

(原载《中国社会科学》1993年第2期)

中庸与三分

二十年前，1978年，思想界学术界也拨乱反正。我曾写过一篇《中庸平议》，提出中庸的四种形态——A而B，A而不A′，亦A亦B，不A不B，以抗争于非A即B的僵化的二分法。二分法或一分为二，在当时是个很敏感的理论问题。我本意是主张用一分为三来修正一分为二，从思维模式高度碰碰"左"倾顽症，可惜那个念头只能在专业会议上冒险谈谈而已。能以写成文章找到地方发表而不给自己和别人带来麻烦的办法，唯有写《中庸平议》，因为这在形式上是讨论哲学史，而不是去碰理论基石。即使这样，好心的朋友还是为我捏了一把冷汗，直到《毛泽东选集》五卷出版，其中有一处说了中庸几句好话，才算天赐了一道石头不会砸在自己脚上的护符。

其实所谓的中，就是第三者；承认二分又承认中庸，也就在事实上承认了一分为三。这是最简单不过的道理。当然要把这一事实挑明，还得分析和解说。

一

天网恢恢，宇宙本是一面硕大无朋的网。任一事物都是这面网上的一个点，这个点，是由上下左右前后古今粗细软硬等相互牵连着的绳络结织而成。就是说，事事物物，都与他事他物处于千丝万缕的联系之中。孤立的事物是不存在的，正如无牵连的结点是不可能的一样。

“有象斯有对。”事物的诸多联系中，最主要最本质的联系，便是此一事物与正相对立的彼一事物间的联系，那是一种既相反又相成的联系。白天不是黑夜且必赶走黑夜；但是没有黑夜，也就无所谓白天。“天下皆知美之为美，斯恶矣”；恶固非美，但天下皆必藉恶而知美，无恶亦无所谓美。如此等等。

对于事物之对立的联系，或对立事物间的联系，人类在很早时候便已注意到了。古希腊的毕泰戈拉学派就曾罗列过十大对立，后来有人将它归纳成三种形态：殊异、相反、相关；①亚里士多德进一步分对立为四种：相关、相反、有和缺失、肯定和否定，有时更加上一个第五种——两端。② 和他们大体同时的中国哲人所倡之“物生有两、有三、有五、有陪贰”之说（《左传·昭公三十二年》）、矛盾之说（《韩非子·难一》及同书《难势》）、环流之说（《鹖冠子·环流》：“物极则反，命曰环流。”）等，也都是对对立的种种认识。认识到了对立，混沌世界的内在本质方始逐步向人敞开。

有对斯有中。所谓事物的对立，通常指的是质的对立。即使像一与多、冷与热这样的对立，也不是说这个比那个少几个、多几度的意思，而是说二者存在着质上的反对。但是，话还得说回来，这种质上的不同，以及一切正相对立事物的质上的不同，都是由量的积散程度促成；量的增减到达一定界限，便能引起质的变化，构成事物的质的对立。因此，正相对立的事物之间，当其显现为质的对立的同时，也还存在着量的可比性，存在着一条由此达彼的逐步递增或递减的某种量的连线。譬如，鲁莽和怯懦，是行为举止方面的一对对立，二者有着质上的不同。但二者也可归结为自信的不同程度：自信程度

① 据黑格尔：《哲学史讲演录》第一卷，三联书店1956年版，第227页。
② 见亚里士多德《范畴篇》第十章、《形而上学》第五卷第十章。

低迷，不敢说不敢动，到了自馁，则成为怯懦；自信程度超高，天不怕地不怕，到了自负，便流于鲁莽。于是，鲁莽与怯懦之间，便有着一条由此及彼的自信程度的连线。既然是量的连线，很自然，便有一个可测量的中点或中间阶段，便有一个相对于两端而言的中。

这个相对于两端而言的中，从上述的推知过程看，仿佛首先表现为一定的量。但是，这个量，由于它相对于两端而为中，也就是说，由于它脱出了两端的范围，不属于两端的任一端，它便由之自成一种质，一种新的质，一种相对于两端而存在的质。这种质，一般谓之曰中。拿上述例证说，那处于鲁莽和怯懦之间的由适度自信所形成的新的质，便是鲁莽和怯懦的中，自负和自馁的中。如果需要给它一个名字，可以叫作勇敢。

从上述的推知过程还可看到，仿佛是先有了两端，然后定出一个中来的。就好像先有了卖主与买主，卖主索价两元，买主还价一元，然后逼出一个中间价来而成交的那样。必须声明，上述推论过程只是一种叙述方式。其实反过来说也可以：是市场行情一元五在先，卖主比照行情试图多要一点，买主也了解行情而故意少还一点，于是有了三分的架势。孔子和亚里士多德在谈德性时，正就是这样看的。他们都认为只有中道才是德性，而将两端分别称为过度和不及；那无异于说，是首先有了中间，然后方有两端之相对于中间而起而得名。

事实是，世界本来便是三分的。中间和两端，本是相比较而存在，经指认而得名的。人们在认识上，会有一个先后的次序，事物的存在，也常有隐显的不同，但一分为三的事实，则是客观的无处不在的。

但是，由于二分法的先入为主，人们习惯于称“中”为“中介”，仅仅视之为两极之间起联系作用的居间环节，或者是事物变化过程的中间阶段；喜欢强调一切差异都在居间环节融合，一切对立都经中间阶段而互相过渡，等等。就是说，“中”的存在，仿佛只是为了两极，“中”的地位和作用，全在于它的能“介”，而无视其所以能介的根据，无视其存在的自性。因而，他们否认三分的真实性。殊不知，中之为中，与左右之为左右完全一样：自其关系视之，固是相对的；自其存在视之，则具绝对性。中之能介，中之能融，便正是它独立于左右之处、独立发挥作用的表现，而绝非其附属于左右之下、仰赖左右鼻息的结果。

也是由于二分法的先入为主，人们还习惯于相信中介环节是暂时的，必将向两极分化而最终归结为二元的天下。熟知的说法如小资产阶级大量地、不断地、每日每时地向资产阶级和无产阶级分化之论，便最为经典。这一见解很宝贵，因为它能从运动变化来观察世界，指出三分的界限不是僵死的，而是变动的，无疑十分正确；只是它忘记了，中间、两端之间的流动，决不可能只是单向的。既然能有中介向两极的分化，也就必然会有两极向中间的聚拢。小资产阶级固然在每日每时分化为资产阶级和无产阶级，资产阶级和无产阶级未尝不每日每时分化出小资产阶级来，其动因完全是共同的。要知道，由于运动变化，中间状态作为中间状态，必与两端处于此长彼消、此消彼长的相对关系中，共同组成一个三段的整体；如果某一段不见了，那便意味着整体已彻底发生变化而不复存在，任何一段单独先自退出的情况，是不可能发生的。

更有一种从二分出发的观点，指中间为恶，务必除之而后快者。那就是政治学说中的中间派最危险论，和文学上的反中间人物论。这是标准的“左”派幼稚病。我们知道，幼儿能够分辨简单的好和坏，是他的认识从混沌向有序的可喜进步，但幼儿还无力识别好坏之间的居间环节；尽管在多数情况下，中间常是多数的。从幼儿到成人，需要经历艰苦的成长过程。肯于承认两派之间的中间派之存在的合理性，也是需要过程的。

二

相比较而存在的中间和两端，以其所在系统为存在之限；越出此一系统进入另一系统，原来的中间也许会变成了一端，原来的一端也许却变成了中间。当然不管具体事物怎样变，中间总是两端的中间，总是与两端同时对立着，这样的逻辑关系，是不变的。因而，中间总是要凭借两端而说明，而且是同时凭借两端方得说明，这样的认识方法，也是不变的。

凭借两端认识中间，在逻辑上，可得四种形式，那就是开头提到的A而B，A而不A′，亦A亦B，不A不B。这里的A和B代表对立的两端。第一式A而B，如“温而厉”“绵里藏针”，是立足于A兼及于B，以B来补A的不足。第二式A而不A′，如“威而不猛”“乐而不淫”，明里是就A防A的过度，暗中却是以B为参照来扯住A，是A而B式的反面说法。第三式亦A亦B，如“能文能武”“亦庄亦谐”，平等包有AB，是A而B式的扩展。第四式不A不B，如“不卑不亢”“无偏无颇”，超出AB而上之，是第三式的否定说法。

凭借两端认识中间，进而组合两端表述中间，以“A而B”“不A不B”等来表示中间，不求为中间另立名目，此中饱含着深刻的辩证思想。这是认识到中间与两端互不可分、三者共成一体的积极表现，而非愚蠢到不知另用一个符号来表示第三者的地步。相反，如果平铺直叙地用ABC来分别表示三者，那倒也许反而是未曾深思的结果，因为它未能将三者的关系表达出来。而关系，在这里是比实体更为重要的。

亚里士多德在他的伦理学著作中，以中道为德性，以过度与不及为恶，曾试图为情感和行为的种种德性、过度、不及都找出相应的名字。譬如，鲁莽与怯懦之间是勇敢，挥霍与吝啬之间是慷慨，奉承与慢待之间是好客，等等，反映出了他对人情事理的高度关怀和深度洞察。但是，他也常常因此而陷入困境，屡屡为某种中道之没有名称而尴尬。譬如，他说：

> 在人群的共同生活中，在言谈和行为中，一些人是随和的，他们赞同一切，从不反对什么；他们认为不应该给同伴们带来痛苦。另一些人则恰恰相反，他们反对一切，对所带来的任何痛苦都不在乎，被称为难以相处的人……他们的中间品质才受欢迎……然而，却难以给它一个名称，也许称为友谊最为合适。……由于中间品质没有名称，对立就表现为两极端自身的对立。①

我们看得出，称这里的中间品质为友谊，并不合适，因为它太过宽泛，所以最终还得承认这种中间品质没有名称。这就是亚氏的尴尬，是执意要为中间独立命名的苦涩。而他之所以要为中间独立命名，源于他要强调中间与两端的对立；而他之所以要强调中间与两端的对立，又只是由于他只看到了中间与两端的对立！他曾说：过度、不及与中道，“每一种都以某种方式和另外两种相反对。两个极端与中间

① 亚里士多德：《尼各马科伦理学》，苗力田译，第81—82页。

相反对，而它们之间又相互反对，中间也和两极端相反对”[①]。可见，他虽注意到了中间和两端为三，但他所注意的只是三者的互相对立的一面，所以他必须给这些对立者安上各自独立的名字，方可显现其对立。一旦“中间品质没有名称”，无法表示一善对两恶的对立，对立只剩下“表现为两极端自身的对立”，在亚氏看来，实在是一大憾事。

在这方面，中国人另有自己的思维方法。中国人也谈过度与不及，但是并不认为过度与不及之间只是对立而已，过度、不及与中道之间只是对立而已；因而也就并不简单认为，只有独立于过度、不及两端，始得中道。因为在这些对立之中，与这些对立同时，还有同一的关系存在；而且正是同一使对立得以成立，也正是对立为同一提供了条件。拿上述的亚氏例证来说，在赞同一切与反对一切的两种待人态度之间，当然有一种中道。亚氏只从对立来考虑，想着一举远离两者，故而找不到一个既与赞同一切对立又与反对一切对立的名目。其实只要换个思路，也从同一角度想想，相信赞同一切者之“赞同”本来无过、过在“一切”，便能得出 A 而不 A′式的中道“和而不流”(《中庸》)或“曲而不屈”(《左传・襄公二十九年》)来矫枉之；反对一切者之“反对”本亦无错、错在“一切”，也便能得出 A 而不 A′式(或曰 B 而不 B′式)的中道“刚而无虐”(《尚书・尧典》)或“直而不倨”(《左传・襄公二十九年》)来纠正之。而这两者，和而不流与刚而无虐或曲而不屈与直而不倨之间，又以互补的亦 A 亦 B 式的关系，组合为赞同一切与反对一切之间的完整的中道——既和而不流又刚而无虐，或既曲而不屈又直而不倨。于是，中道不仅有了名称(当然是与两端相依的名称)，而且它同过度、不及间的对立，也充分表现出来了。

---

① 亚里士多德：《尼各马科伦理学》，苗力田译，第 37 页。

三

不过这样一来，从过度经中道到不及，仿佛出现了四分的局面：赞同一切、和而不流、刚而无虐、反对一切！许多否认一分为三的想法，正是从诸如此类的例证中导出的。最通俗最常见的例证莫过于年分四季，材生五行，天张六合，色呈七彩，卦成八象，学裂九流，人有十等。因此，他们主张一分为多，如果有谁打算对一分为二作任何改善的话。

其实三就是多，多必归于三。如果你是在哲学地思索宇宙奥秘的话。请以四季为例。

按照北半球人的习惯，年以冬至始。冬至是白昼最短的一天，也是白昼渐长的开始，所谓的“冬至一阳生”。此后白昼渐长，黑夜渐短，阳生阴消，暑来寒往，至春分而昼夜平、阴阳等、寒暑均；如此再进，至于夏至，白昼渐长，黑夜渐短，阳气渐盛，阴气渐衰，于是物极必反，出现所谓的“夏至一阴生”，一切皆与此前相反而行；经秋分，返冬至，是为一年。

这里的一年之平分为四个季度，只是一种现象。现象的背后，主宰着的是地球和太阳的关系。这种关系，分别为太阳直射南半地球、直射北半地球两端，以及处于两端之间的状态——太阳直射赤道（虽然射了两次）。这是一个很典型的一分为四、四归于三的例子。其所以必归于三，乃因为，一切事物，都以与其对立者相联系的方式存在（在这里是南射与北射的对立与联系；如果只是一味南射或一直北射，也就无所谓南射、北射了）；而既有对立，便有中间（这里是直射）。中间可以因对立两端的不同深度而延伸为一长系列，呈现为七彩八象，九流十等，但终究仍是中间；就其与两端的关系来说，终究仍是中间。有两端，有中间，于是便归于三。

中国古有“数始于一，终于十，成于三”(《史记·律书》)之说。说始于一而不说始于零，因为对零作为一个数的认识，是很晚的事；而终于十，当然是十进制决定了的。最有意思也最值得注意的是成于三。为什么会成于三？又怎么样成于三？

所谓“数成于三”，是说无论客观世界的事物本身还是主观世界对事物的认识，起先都是从一开始，或者叫从混沌开始。然后显露出对立两端，或者是认识上的首先注意到两端，斯为二。进而因两端而有中间而知中间，事物演化完成或被完全认知，此之谓成于三。抽象为数，便是由一而二而三，到了三，告一段落。老子曰“道生一，一生二，二生三，三生万物”，也是这个意思。三生万物者，“三”体现为“万物”，“万物”皆是一个“三”也。

四

说到万物皆是三，不由得使我们想起了黑格尔的“某物是否定之否定”，或者弗洛伊德的人是自我(ego)、本我(id)、超我(superego)的统一之类的命题，以及人人都能随手举出来的一些别的事实。可是若要对种种三分的事实进行形态上的归类和划分，却并不是随手便能办到的事。譬如我们上面说到的中庸四式，只要再加上两端的A和B，便成了似乎是四种不同的三分。可是仔细推敲几下则可看出，它们都只不过还是发生在一条直线上的四种形式，都宜归类于一维状态。

如果某个第三者不和两端处在一条线上，而是高于两端之上，形成三角形的顶端，此时的三分，便属于二维状态。《易传》曰“太极生两仪”，曰“一阴一阳之谓道”者便是。这里的太极与两仪，或道与阴阳，构成了三角形的三个角：太极或道高踞顶端，它非阴非阳，但能生阴生阳，综两仪而统之；两仪则平列于底边的两端，并生并存；其中，阴与阳或两仪是相对的，道或太极独立而无对，是绝对的。

中国古代哲学家喜欢用“一”作为道或太极的代数，用“两”或“二”来代表阴阳。他们相信，绝对者既曾存在于相对者之前，又正存在于相对者之中。这叫作“一物两体”或“一在二中”，叫作“两不立则一不可见，一不可见则两之用息”（《正蒙·参两篇》《正蒙·太和篇》，并见《易说·说卦》）。张载曾把这种看法缩写成以“极”字为顶、以“两”“两”二字为底端的三角形，是很有意趣也很有见地的。

顺便说一句，在分别开或对比着运用时，“极”和“端”的语义是各不相同的。端是终点，是末；极的原义则是房屋中间最高处，引申为准则、绝对。在上述的三角形中，顶角（极）的地位和价值，和底角（端）是大不一样的。当然，其为三分，不受影响。

让我们引个实例来看看。庄子曾说过：“莛与楹，厉与西施，恢诡谲怪，道通为一。”（《庄子·齐物论》）莛与楹，是细粗不同的木棒，厉与西施，是媸妍有别的女人；她（它）们各自互相对立着。两既立了，一则可见。这个一，粗看是木棒或是女人，极而言之，则是道；它正统摄于莛与楹或厉与西施之上，也可看作是潜存于二者之中。不见这个一，则不知二者的本质，二者的出现也就了无意义，此所谓一不可见则两之用息。这里的一是绝对的，二是相对的。这样的一个绝对君临两个相对的关系，刚好组成一个三角形，成为二维式三分法的典型形态。

要能看出这类三角形的存在，并非易事。庄子说“道通为一”，是说“道”把二者通为一的；也可说需得具备“道”的眼光，方可看出二者通一[所谓"唯达者知通为一"(《庄子·齐物论》)],进而看出三角存在。所以,当人们仅仅看出莛与楹细粗不等、厉与西施是两个女人,而盛赞矛盾无处不在,却又否认一分为三的时候,他不曾料到,他所看到的矛和盾中,正寓有一个他不曾看到也看不到的"绝对"在焉,这个绝对和相对构成一个三角形态。事物本是一分为三的,不管你认识与否承认与否。

在另外一些情况下,三角形也有三足鼎立、无分绝对相对者。儒家哲学谓天、地、人为三才,亦称三极(见《逸周书·成开》《易·系辞上》),便是如此。其所谓的天,并不比它二者高超,所谓的人,也不比它二者卑微;天、地、人三极,分别表现了宇宙的气、形、德。[①] 从功能上说,天之用为化,地之用为育;人之用,叫作赞,即发挥其主观能动作用,赞助天地的化育,以此遂得与天地参,即与天地鼎立而三(见《中庸》)。三者的地位,于是遂成平等。当然,三者有主观客观、能动与否之别,在儒家,似乎更钟情于三者中的"人"之一极,那多半属于严于律己的意思,绝无拔高的企图。即使像宋儒们所标榜的圣人能为天地立心那样的高调,也还没有超出天地人三足鼎立的范围。

三足鼎立的另一说法叫三位一体,无论是基督教的圣父圣子圣灵,佛教的佛法僧,道教的精神气,还是伊斯兰教的阿里安那穆罕默德,都属于二维三极、三角平等式的三分形态,是一分为三、合三为一的特殊例证。尽管它们都是虚幻不真的,但作为一种思维方式,它们却是很认真的,而且有其无处不在的客观依据。

三角的三极还有一种互克的形态。石头、剪刀、布的循环相克便是。这种形态很早便被人们发现了,其见诸文字者,有《关尹子·三

① 《易·说卦》:"立天之道,曰阴与阳;立地之道,曰刚与柔;立人之道,曰仁与义。"

极》篇所记的“蝍蛆食蛇，蛇食蛙，蛙食蝍蛆，互相食也”之说。蝍蛆(蟋蟀？蜈蚣？)能否食蛇，我们不得而知。但是我们知道，任何事物都是宇宙之网上的一个结点，都有自己的强项与弱项，并以之而与它物结成动态的平衡关系。于是自然界便无绝对强者，一切都在互相联系中互相制约着，而最本质的联系和制约，则是对立；对立的否定再否定，遂形成循环的三极。

循环也有由“彼是莫得其偶”即对立自身之变动不居而形成的时候，如庄子在《齐物论》中所云。他说，彼是(是即此。“彼是”在此代表一切对立)本是“方生”的，即相并相依而生的；有此才有所谓彼，有彼才有所谓此，本无孤立的绝对的此与彼。于是，曾经谓之此的，亦可谓之彼；正在谓之彼的，将可谓之此。有鉴于此，人们不禁要问：“果且有彼是乎哉？”意思是说，如此说来便没有彼此之别了。可是，如说没有彼此之别，又与人们的感觉不符，所以庄子又问：“果且无彼是乎哉？”意思是还得肯定彼此的存在。这样反复诘难，遂构成了彼此之首尾相逐、莫得其偶的循环圈。庄子主张，人们不必去追逐那些无穷的相对的变化，不妨站到循环圈的中间来，这里叫作“道枢”，这里始可“得其环中”，这里方能“以应无穷”。这个枢和这个圈，也是一种二维的三分。

老子也有“反者道之动”和“万物并作，吾以观复”之说。反者向对立转化之谓，复者回复到原来的出发点。老子所谓的动和作，只是这种两端间的反复运动。他所谓的反复者和观复者，也就是庄子的环圈和道枢，也是一种二维的三分。在他们看来，整个世界无非如此，无非是环流着的客观事物和静观着的主观人类。老庄的这一说法，从局部的短暂的过程来说，或不无道理。只不过，现实中的循环往复，除去简单的机械运动外，绝对重复原来轨迹的事，是不多的。

一般说来，由于内外条件的作用，循环常呈螺旋式的变化向前进展。于是，便有了一种三维的三分形态。

五

三维三分的典型形态是螺旋，而其简单样式则是每一个立体的“一”，即任一个体。

中国古有“太极元气，函三为一”(《汉书·律历志上》)之说。其实岂止太极元气而已矣，任何事物都是函三为一的。例如我们的朋友张三，当我们向别人介绍说“此人是张三”或“这位叫张三时”，事实上是在说：个别性(此)＋普遍性(人)＝特殊性(张三)。张三于是就函三为一了。当然，你不介绍他，他也函三为一，因为他本来便是函三的一，他是一位有个性的人。“一切事物都是将普遍与个别结合起来的特殊”，[①]是一个立体的三分形。

李白有诗曰：

花间一壶酒，
独酌无相亲。
举杯邀明月，
对影成三人。

独酌无亲的李白，是一；举杯邀了明月，便有了对饮者，或者叫有了对立面，成为二；明月反照回来，李白多出一个随身的影子，不再是原来的一了，成了函三的一。

① 黑格尔：《小逻辑·附释二》，贺麟译，商务印书馆1981年版，第84页。

这里的李白与上面张三的不同之处在于，这里显示出了发展，上面没有。黑格尔说的某物是否定之否定，也是从发展立意的。肯定、否定、否定之否定，对事物的认识以及事物本身的发展，都是如此，都是历经了三个阶段的一。

（原载《文史哲》2000年第4期）

天人合一：中国人的生命智慧

火历钩沉

——一个遗失已久的古历之发现

地球在太空中自转，并且带着卫星月球一起环绕太阳公转，于是有了日、月、年和节气的区分。确定这些时间区分标准的办法，叫作历法。在人类相互分隔生活的古代，历法各有不同。一般认为，自有文字记载以来，我国通行的历法都是阴阳历，只有个别少数民族使用纯阴历或纯阳历。纯阳历以地球对太阳的运动为主要依据，如彝族的十月历；纯阴历以月亮对地球的运动为主要依据，如回族的回回历，阴阳历则兼顾地球和月亮的运动数据，使月份和寒暖季节大致相应。相传的黄帝、颛顼、夏、殷、周、鲁古六历，《春秋》纪事的诸历，以及后来施行的和未能施行的近一百种历法，都是阴阳历。

太阳和月亮，无疑是地球居民划分时间的重要依据。但是许多古老的民族，基于原始简单生产的需要，最初并不完全仰赖日月，而另有其更简便的计时方法。如古埃及人以天狼星在早晨与太阳同升于东方为一年之始，因为尼罗河水每年夏至前后上涨，斯时正值天狼晨见东方；古印度的一种历法以月望在角宿为岁首，另一历法以月望在昴宿为岁首；墨西哥的阿斯特克人则以氐宿昏见定新年。虽然这些星宿的晨见昏见都和太阳相关，月望所在更无法离开月亮，但他们据以授时的星象，却主要不在日、月，而在能够直接提示生产季节的遥远恒星。因为，对于从事简单农业生产而又尚未摸清日、月、地关系的先民来说，每天见面的太阳和每月相同的月亮，其时间意义，显然不如播种时节刚好出现的其他星座来得明白而又直接。[1] 据此,如果我们猜想,在阴阳历或阳历、阴历以前,一些古老民族奉行过某些疏阔的其他恒星历,或非完全无据。

这一点,当我们凝视古老中华文明的有关现象时,便显得更为清晰。

"火纪时焉"

公元前525年,春秋鲁昭公十七年,预测六月甲戌朔将发生日食,祝史请备"救日"仪式。执政季平子否决道:"止也!唯正月朔,慝未作,日有食之,于是乎有伐鼓用币,礼也。其余则否。"大史解释说:礼所谓的"正月",正"在此月也,日过分(春分)而未至(夏至),三辰有灾……此月朔之谓也,当夏(正)四月,是谓孟夏"(《左传·昭公十七年》,参见《左传·庄公二十五年》)。

这段对话提出了一个有关中国历法的重大问题,即:周正六月,或夏正四月,也叫正月。熟谙文献的人很容易会由此想到《诗经·小雅·正月》里的"正月繁霜,我心忧伤",那个繁霜而催人忧伤的"正月",自然也不是常霜的周正正月(夏正十一月)或夏正正月,而是这个不该下霜的"日过分而未至"的正月,否则何忧之有?

对于这个正月,历来经师都用占星家的说法,宣称四月乃"纯阳用事"或"以乾用事",是所谓的"正阳之月",因而可以简称"正月"。为了证成此一说法,他们又无端地将"慝未作"的"慝"字解释为"阴

---

① 据陈遵妫《中国天文学史》(上海人民出版社)第1514页载:西双版纳的基诺人过去以物候定播种季节,一位老人说:后来发现,每年撒种季节,太阳落山不久,"大拐子星"(指参星)就在西边天上亮了,离地三人高,过不大一会,它们就跟着太阳落了下去,在这时撒早谷,就会收成好。后来,我们撒种时就看星星了。

气”，说慝未作是“阴气未动”。因为据术士们说，五月阴气始生，四月纯阳无阴，是慝未作之象。

这种阴阳消长、卦象配月的套子，发端于西汉的董仲舒和孟氏易学，当非《左传》和《诗经》的原意，似不待言。至于慝未作的“慝”字，乃指“侧慝”；天文术语以“晦而月见西方谓之朓，朔而月见东方谓之侧慝”（《尚书·大传》）。所谓“慝未作”即朔而不见月，表明日月正处交食点上，是“日有食之”的条件，所以文中才说“正月朔，慝未作，日有食之”。慝未作是对此次朔日天象的进一步说明，也为下句日有食之作引线，承上启下，整段文字以此顺理成章。如果“慝”是阴气，则这段话应是“正月，慝未作；朔，日有食之”的次序，因为整个正月都是“正阳之月”，都属阴气未动之时，不止朔日一天“慝未作”也。所以，这个慝不是什么阴气，这个正月不是什么正阳之月，不能用占星家的说法来解说这段对话，而应另外寻找它的历法意义。

经籍纪事多有透露，周正六月或夏正四月即建巳之月，是一个很特殊的月份。《礼记·曲礼》“天子祭天地”条疏曰：天子于冬至、立春、立夏、立秋、立冬诸日分祭昊天上帝及东南西北各天帝，于夏正之月祭感生之帝，唯独“四月（夏正）龙见而雩，总祭五帝于南郊”；《礼记·明堂位》说鲁以周公封地故，得以天子礼乐于周正正月即冬至月“祀帝于郊”，于周正六月“以禘礼祀周公于太庙”，也对建巳之月分外尊崇；《吕氏春秋》十二纪和《礼记·月令》，皆于“孟夏之月”“封侯庆赐”“行爵出禄”，超孟春之月而上。

孟夏之月异于他月的天象标志是龙星昏见东方，所谓“见龙在田”（《易·乾·九二》）。作为星宿，龙指天蝎座第一星（Sco α, Antares），中名大火或心宿二。大火系远离地球的一颗恒星，它和人类的关系不像太阳那样简单明了，不是天天不变，抬头便见，它在一年里只有半年时间出现于夜晚晴空，其他半年则隐在白天的天上。但也正因如此，在原始农事时代，大火对于生产的指示作用，却较太阳更见直接。因为大火黄昏见于东方的时候，曾是春分前后，万物复苏，农事开始之际；而大火西没，又曾是秋分左右，收获完毕，准备冬眠的时节。所以，龙见而雩，“用盛乐”“以祈谷实”（《礼记·月令·仲夏之月》）总祭五帝于南郊，禘祀周公于太庙，封侯行爵，都不是偶然的了。所以，传说在亘古时代，便据大火纪时了：

> 遂（燧）人以火纪。（《尚书大传》，据《风俗通义·皇霸》、《艺文类聚》一一、《初学记》九引）
>
> 炎帝氏以火纪，故为火师而火名。（《左传·昭公十七年》）
>
> 陶唐氏之火正阏伯，居商丘，祀大火，而火纪时焉。（《左传·襄公九年》）

“以火纪”或“火纪时焉”，就是以大火的视运行来纪叙时节，规定人事。

大火始见东方无疑会被定为第一个时节，人们的相应行事是“出火”。《尸子》上有“遂（燧）人察辰心而出火”句（《路史·前纪五》注引，亦见《中论》），辰心就是大火星，出火就是烧荒种地。《礼记·郊特牲》说：“季春出火[①]，为焚也”；《左传·昭公二十九年》有“烈山氏”，经师或以为炎帝之号，或以为神农之号，其实都是烧荒种地的意思。

出火是一项神圣的盛典。《周礼·夏官·司爟》条说：

---

① 季春出火，四月龙见；仲夏之月大雩帝，用盛乐。所记时间先后不一，其实皆指大火昏见之际；盖以岁差之故，秋分点逐渐西移也。

司爟掌行火之法令。……季春出火，民咸从之。

“民咸从之”，说明它是全民性的活动，是全民出动进行春祭的景象。先民生产活动常以祭仪开始，出发打猎前模仿野兽举止作兽舞，以求媚于兽神；农业生产则表演“驱爵(驱雀)簸扬”(《风俗通义·灵星》)之类舞蹈，以祀丰收，那便是舞雩。“浴乎沂，风乎舞雩，咏而归”(《论语·先进》)，孔老夫子也曾因之神往，可想更早时候其神圣、盛大、狂放到何种程度了。许多民族的狂欢节都在春天，亦是出火、舞雩之例。

大火昏见被定为第一个时节，也就是后来意义上的正月。一旦这个月的朔日竟然“慝未作，日有食之”，那将不仅是月有灾(慝未作)、日有灾(日有食之)而已，连大火也算出师不利，这就叫“三辰有灾”。这就是鲁昭公十七年周六月甲戌朔那一段纪事的秘密所在①。

“火纪时焉”下一可考的时序是“大火中”。由大火昏见至大火昏中相隔两个多月，此一历法的疏阔可知。

大火中，种黍菽糜，煮梅，蓄兰，菽糜，颁马。(《夏小正·五月》)

火中寒暑乃退。(《左传·昭公三年》)

“种黍菽”又见于《尚书·大传》《尚书·帝命期》《淮南·主术》《说苑·辩物》等。至于煮梅子为醋，蓄山兰供沐浴，牧马牝牡别群，似属稍后的农事知识，后人当已对火中行事有所损益。

火中寒暑乃退包括大火的昏晨两时南中于天。服虔曰：“季冬十

① 查此次日食预报有误。是年五月丁丑朔、九月癸酉朔有食(据吴守一《春秋日食质疑》等)，当公元前五二五年二月二十七日及八月二十一日。当然，这个误报不致影响本文的结论。

二月平旦正中在南方，大寒退；季夏六月黄昏火星中，大暑退：是火为寒暑之候事也。”(《诗・豳风・七月》孔疏引)服虔的解释是对的。大火晨昏中天曾是冬至和夏至的星象。看来远在知道日长至、日短至即以日影来判分四时之前，古人曾以大火中天来表示寒暑。

大火黄昏中天以后的二三个节气，逐日西斜，整个心宿的形状也变得扁长，是谓“流火”。“七月流火”的诗句是脍炙人口的。诗人从七月开始来描述农夫全年的辛劳，显然为了移入自己的感情，凸显生活的苦难性。因为大火西流，寒来暑往，生活便一天天更加不易了。

“流火”以后将是太阳走入心宿，大火在晨昏都不再可见，这叫作“火伏”。“火伏而后蛰者毕”(《左传・哀公十二年》)，一切昆虫随着大火西伏也都蛰伏完了。火伏和虫蛰这一天象与物候偕隐的自然联系，或许曾给古人以某种神奇的启示，使他们做出了“昆虫未蛰，不以火田”(《礼记・王制》)的规定。大自然充满了造物主的智慧，昆虫们有着各自微妙的天敌和天友关系，倘或蛰者未毕便去干扰，势将破坏它们已有的制衡。需待蛰者既毕，始可放火驱兽，张网田猎，而这一切的天意，便由火伏来示知。

火伏之际有一种“内(纳)火”的礼仪，与春天的“出火”遥相呼应：

> 季春出火，民咸从之；季秋内火，民亦如之。(《周礼・司爟》)

《礼经会元・火禁》条说：“季秋内火，非令民内火也。火星昏伏，司爟乃以礼而内之，犹和叔寅饯纳日也。”和叔寅饯纳日，见于《尚书・尧典》，是秋季飨日之礼。司爟以礼纳火，大概有如后世的禘尝诸礼，是一种庆祝收获的祭祀。

待到大火离开太阳，再现于早晨东方，那便是严寒将至的信号，所谓“火见而清风戒寒”(《国语·周语》)。斯时应该“亟其乘屋”,抓紧做好御寒冬眠的准备。《左传·庄公二十九年》说:“凡土功,火见而致用。”这个“见”,即指晨见,亦称“朝觌”;“致用”是说要准备好筑作的用具。《国语·周语》里说:“火之初见,期于司里”,老百姓要在大火晨见之际,自带用具到里宰那儿报到集合,听候调遣,为老爷们“修城郭宫室”,这也就是《七月》中哀叹的“上入执宫功”。至于百姓自己的“屋”何时得“乘(治)”,那就只有天晓得了。

寒天既至,农事轮空,“潜龙勿用”(《易·乾·初九》),直至来年开春以前,都是嫁娶婚配的最好时机。《诗经》《小星》所咏的“三五在东”,《绸缪》对“三星”的一唱三叹①,便是恋人辗转反侧、想象大火而感时之作。万一错过这个佳期,一旦大火再见东方,又是新的正月开始,又得重新投入劳作旋涡,而无力他顾矣。

这种以火纪时、周而复始的粗疏历法,我们不妨仿阴历、阳历的命名法,名之曰火历。

“火正黎司地以属民”

火历以火纪时,自有专人注意观察大火,履行“钦若昊天,敬授民时”的钦天职司。经籍中屡见的“火正”一职,便是因火历而设的官员。

《国语》中说:颛顼“命南正重司天以属神,命火正黎司地以属民”(《楚语》,参见《尚书·吕刑》)“黎为高辛氏火正”“能昭显天地之光明,以生柔嘉材”“其功大矣”(《郑语》)。这位与“重”并称的“黎”,是我们可

① “绸缪束薪,三星在天”“绸缪束刍,三星在隅”“绸缪束楚,三星在户”。

知的第一任火正。但也有说重黎乃一人者（见《史记·楚世家》），或说少暤氏有叔曰重，颛顼氏有子曰犁的（见《左传·昭公二十九年》）；其人其名不甚一律的情况，说明故事流传的年代已非一世了。

火正的职称，标明其职务是观察大火[①]。“司地”即“司土”，也就是后世的“司徒”，同农事民事有关，故“属民”。“以生柔嘉材”，保证了生民衣食之需，故“其功大矣”。而所以生柔嘉材之道，则在于他“能昭显天地之光明”。所谓天的光明，无疑是大火[②]，而非太阳，因为他是火正。地的光明，乃火耕之火，它被想象成与天上大火有某种神秘联系，连自己的名字也因之被分赠给大火[③]，却反而被误认为是受了大火启示。

南正一职较难理解。顾名思义，南正应是以观察某种天象南中为务的官员。《尚书·尧典》完整记录着的四仲中星，《左传》两次提及的“日南至”，乃至《吕览》《月令》等之专以诸星昏中纪月，应该都是南正的业绩。只是这些纪事，都是确知太阳运行规律以后的事，在年代上，只能远远晚于以火纪时时期。这也就是说，南正之职不会与火正同时出现，尤其不应列在火正之前，颛顼的两项任命，其为后人追加、而非真实记录无疑。

我们知道，历法史上常有所谓“大历”“小历”即“官历”“民历”共存的现象。大历是朝廷正朔，小历是民间农书；大历还有政治色彩，小历饱含泥土气息，二者各自为用，并行不悖。南正与火正并提尤其是后来居上一事，只能由此得到说明。它表明，当人们的天文知识发

① 今有“明若观火”成句，语出《尚书·盘庚上》之“惟汝含德，不惕予一人，予若观火”。注者多以水火之火释之。惟此“观火”似指日日观察，了然于胸之意，非仅一望而知。果如此，则“观火”当指观察大火。

② 丁山《中国古代宗教与神话考》（上海文艺出版社 1988 年版）谓大火即天火。

③ 有人推测心宿二之取名大火，以其色红似火故。不如由“出火”推测更妥。

展到了不再仅据大火，而是“历象日月星辰”(《尚书·尧典》)以纪时的时代，到了能够划分四季、知道冬至日短并以之为岁首的时代，民间习用已久、不待天子颁朔便能耕获劳息的以火纪时的火历，仍在同时施行。前者能够准确确定天象，利于证明君权神授，所以说“司天以属神”；后者利于农事，在民间有其生命史和习惯力，所以说“司地以属民”。前者是正朔，是大历，司其事者为南正；后者是火时，是小历，司其事者为火正。这就是南正后出而得高踞前席的原因。

可是尽管如此，大历并不总能轻易赢得人心。有一位绛县老人说：“臣小人也，不知纪年”(《左传·襄公三十年》)，这个故事说明，黎民真是火正“黎”的民，他们对于南正“重”的官历，原是不甚恭敬的。甚至一般通晓文墨的骚客，当其抒发私人情感时，也仍然沿用民间的火历，所以有“正月繁霜，我心忧伤。民之讹言，亦孔之将”(《诗·小雅·正月》)的哀怨。这里的正月是火历正月。只是待到谈及国家忧愁时，他们才想起遵用国历，如：

> 十月之交，朔日辛卯。
> 日有食之，亦孔之丑。
> ……
> 日月告凶，不用其行；
> 四国无政，不用其良(《诗·小雅·十月之交》)。

这个十月是周正，此次日食发生在周幽王六年十月辛卯朔辰时，当公元前776年9月6日[①]。如果换成火历，那就会是5月了。

---

① 据陈遵妫：《中国天文学史》。

南正、火正的关系，大略如此。

火正黎后来死于非命。《史记·楚世家》上说：黎因平共工氏之乱不尽，被诛于帝喾高辛氏；其弟吴回为之后，复居火正为祝融（祝融乃火正别称），吴回生陆终。按，共工乃水神，《淮南·兵略》云“共工为水害，故颛顼诛之”，《史记·律书》亦云“颛顼有共工之阵，以平水害”，《荀子·成相》云：“禹有功，抑下鸿，辟除民害逐共工”，《山海经》《大荒西经》有禹攻共工国山，《海外北经》有禹杀共工之臣。《史记》所述黎平共工，当是误以黎为火（水火之火）神，而衍生出来的一桩水火之争神话。

陆终有子六人，称侯伯于各地，未见有袭世职者（见《史记·楚世家》），其时或当三苗乱德、南正火正咸废所职之际欤（《国语·楚语》，参见《史记·历书》）？其后，“尧复育重、黎之后不忘旧者，使复典之”（《国语·楚语》，参见《史记·历书》），于是擢高辛氏之子阏伯为火正，相土（商祖）因之[①]，“世序天地。其在周，程伯休甫其后也；当周宣王时，失其守而为司马氏”（《史记·太史公自序》）。

这就是文献所载的历届火正概况。

火正于周宣王时失其守，降低到水火之火的神位，与木正、金正、水正、土正并列，成为“五行之官”之一（《左传·昭公二十九年》）。虽说这是五行思想时髦之后的新安排，倒也不乏其历史依据。盖火正原以能昭显天地之光明见称，既职司观察天上大火，也率民出火内火，与人间之火关系密切。因此，五行之官之中，火正的身份遂较其他四正为高，享有配祭大火的殊荣，所谓“民赖其德，以为火祖，配祭火星”（《汉书·五行志》）。可怜后来生凑起来的木、金、水、土四正，不过充数

① 见《左传·襄公九年》《左传·昭公元年》。又《后汉书·天文志》有一位“授规，（正）日月星辰之象”的阏苞，《文选》《石正容与孙皓书》注又作阍苞，疑均为阏伯之字讹音讹。

而已，他们在天上并无后台。孔颖达疏《左传·襄公九年》火正食于心云："火正配火星而食，有此传文；其余金木水土之正，不知配何神而食，经典散亡，不可知也。"其实不是什么经典散亡，只因彼四位尊神原来便无历史根据，仅是五行观念的创造物而已。

火正一职的黜陟沉浮史，后人多已不甚了了。博雅如司马迁者，在《史记》中三次谈到自己始祖重黎时，竟有三种不同说法：《历书》据《国语·楚语》称黎为火正；《自序》也据《楚语》，却称黎为北正，以与南正重对称，而不知火正所司何职；《楚世家》竟又以重黎为一人。至于郑玄的《郑志·答赵商》(据《尚书·尧典》及《诗·桧谱》孔颖达疏引)、司马彪的《后汉书·天文志》、韦昭的《国语解》，以及近人丁山的《中国古代宗教与神话考》，则均以黎为北正，证明他们均不甚知火纪时焉的史实。清人翟灏《通俗编·神鬼》"火祖"条云："今恒言犹独于火神称祖"，他神无称祖之例；顾炎武《日知录》录"邵氏学史曰"："古有火正之官。今治水之官犹夫古也，而火独缺焉。饮知择水而烹不择火，以祭以养，谓之备物可乎？"一位因有火祖而喜，一位以无火官而忧，而二位之不辨火正为何物，则无异也。

孟子曰："君子之泽，五世而斩"，其斯之谓乎？其斯之谓乎！

"昔高辛氏有二子"

大火既曾作为授时星象，火历既曾作为历法流行，它们在中国天文史上，必定留下种种痕迹，渗入进天学之中，可供探寻。或者反过来说，中国天学上有几道难题，历来聚讼不已，解答不一，其原因就在于人们囿于阴阳历的框框，不知它们原系火历遗迹。一旦试着用火历予以说明，难题即可冰释于涣然。

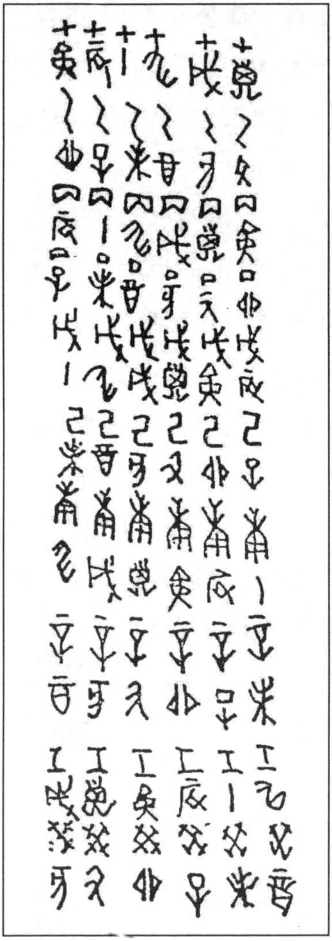

甲骨干支表

难题之一是十二辰名（子丑寅卯辰……）中何以会有两个“子”？

子丑寅卯的“子”，是一个子。其在金文，作、，在《说文》则曰：“，籀文子，囟有发，臂，胫，在几上也。”辰巳午未的“巳”，是又一个子，早先写作、等形。于是，在金器铭文中，除有甲子、庚子等历日外，还可碰到癸子（格伯敦）、丁子（史颂鼎、鮽尊、庚嫱鼎）、己子（史伯硕父鼎）、乙子（穵鼎、叔娟匜）之类不在六十数内的干支①。前人于此不知所以，“异说甚多，殆无一当”（罗振玉《殷墟书契前编》）。迨甲骨文干支表出，始知字为“巳”。甲骨文中虽有（巳）字，用于汜、妃、祀、改等字偏旁，却从不用于十二辰名中。而子丑寅卯的“子”字，在甲骨文作、、，又专用为十二辰的第一辰，他处未见使用。真是无奇不有，于此为甚。

十二辰名中的奇怪现象，令人想象它们当是专用符号，而二子共存的事实，又催人浮想“昔高辛氏有二子”的故事，乃至巴比伦十二宫的双子座（Gem）。巴比伦文化东传中国之说，20世纪初曾盛行一时，终以疑点过多，渐次销声，后遂无

① 据新城新藏《中国上古金文中之历日》所录。

问津者。而高辛氏二子故事，有《左传》《史记》记录在册，显属中国古代文化遗存：

(子产对叔向曰：)昔高辛氏有二子，伯曰阏伯，季曰实沈。居于旷林，不相能也，日寻干戈，以相征讨。后帝(杜预以为帝尧)，不臧，迁阏伯于商丘，主辰(按即大火)，商人是因，故辰为商星。迁实沈于大夏，主参，唐人是因，以服事夏商，其季世曰唐叔虞……故参为晋星(《左传·昭公元年》)。

这个参商二星不得相见的故事，经过骚人墨客的渲染，成为怨艾别离的熟典，已是家喻户晓了。其实在此之前，很多人对它亦不陌生。民间如何流传，惜已无可查考，仅据文献记述为凭，子产讲故事前二十三年，晋国大夫士弱已曾向悼公说过：

陶唐氏之火正阏伯居商丘，祀大火，而火纪时焉。相土因之，故商主大火(《左传·襄公九年》)。

再往上溯七十三年，即公元前637年，晋国大夫董因对文公说过：

实沈之墟，晋人是居，所以兴也；今君当之，无不济矣。君之行也，岁在大火，阏伯之星也，是谓大辰……(参与辰)，天之大纪也(《国语·晋语四》)。

这三段话都是在晋国讲的，那是因为晋与实沈有关，并非他国从无此种传说，当无疑义。

几千年来，人们为这故事作过无数吟咏，惜乎从未一探它的天文学史意义。郭沫若于六十年前第一个看出了二子故事的学术价值，推定长子阏伯的代号应是十二辰的老大，其相应星宿为大火；弟弟实沈是第二个子即巳()，相应星宿为参。其法系以十二辰名字形与西方星符比勘、十二辰名字义与西方十二宫名字义对照，以及以十二岁名发音与十二宫名发音附丽，并参稽中西天文传说等，结论是："是则十二辰之输入或制定，即当在殷商一代""意者其商民族本自西北远来，来时即挟有由巴比伦所传授之星历知识，入中土后而沿用之耶？抑或商室本发源于东方，其星历知识乃由西来之商贾或牧民所输入耶"？①

郭氏论断可备一说。唯其所据之中国文化西来论，已为尔后之考古发掘所一再打破。且十二岁名始见于战国后期，若谓其与十二辰名一齐输入或制定于殷商一代，亦属于史无征。至于以大火为子、参为巳，则整个十二辰顺序恰与天体运行顺序相反，呈子、亥、戌、酉序列，乃中国文化所未有。加以未曾注意此二"子"仅用于十二辰名的事实，即未能回答它们与"辰"的专有关系，都不能不令人遗憾。

按，"辰"在古天文学上用意十分广泛。辰之本义为农具，即蜃，

---

①《释干支》。郭氏之辰、岁、宫、宿相配表约为：

辰	寅	卯	辰	巳	午	未	申	酉	戌	亥	子	丑
岁名	摄提格	单阏	执徐	大荒落	敦牂	协洽	涒滩	作噩	阉茂	大渊献	困敦	赤奋若
宫	室女	狮子	巨蟹	双子	金牛	白羊	双鱼	宝瓶	摩羯	人马	天蝎	天秤
列宿	角	轩辕	舆鬼	东井(参)	毕昴	胃娄	奎	危虚女	牛	斗箕	尾心房	氐亢

“古者剡耜而耕，摩蜃而耨”(《淮南子·汜论》)，蓐、耨、农字并从辰。由于农事和天象相关，辰也被移用于苍天：大火、参、北极都叫辰；水星以近日，利于指示季节，亦名辰；日月星常称三辰；此外，房宿作为“农祥”，亦可称辰；二十八宿、一天的食时，后来都称辰。至于数分十二而又称辰的术语亦复不少：赤道周天被分为十二等分，岁星和太岁年行一分，也叫一辰，共十二辰；地平经度被按正方形割成十二等分，北斗月指一分，也叫一辰，又是十二辰；此外更有十二月、十二时、十二生肖，有时也叫十二辰。

所有这些十二之辰都以子丑寅卯命名，追根究底，实乃源于一个最基本的天象，即源于被称作“五纪”(《尚书·洪范》)或“六物”之一的辰，所谓“日月之会是谓辰”。

> 晋侯谓伯瑕曰：何谓六物？对曰：岁时日月星辰是谓也。公曰：多语寡人辰而莫同，何谓辰？对曰：日月之会是谓辰，故以配日(《左传·昭公七年》)。

“日月之会是谓辰”，说明辰的根本天文学意义并非实指某物，亦非固定某区，而是特指日月的一种关系，即相会或合朔。它是纪时的一种方法，所以《洪范》里命为五纪之一。《国语·周语》述武王伐纣日程，即有“岁在鹑火，月在天驷，日在析木之津，辰在斗柄，星在天黿”之说。《周礼·冯相氏》也有“冯相氏掌十有二岁、十有二月、十有二辰、十日、二十有八星之位，辨其叙事，以会天位”的规定。

辰是日月之会或合朔，但不限于相会的那一点，而是包括合朔前后的一段区域。《左传》记卜偃释童谣“丙子晨，龙尾伏辰”时候说：“丙子旦，日在尾，月在策。”(《左传·僖公五年》，又《国语·晋语二》)策又名传说，在尾后，离尾之距星（尾宿一，Sco μ_1）约十五度。日在尾，月在策，不能成朔，但它们却在此时“伏辰”。准此，一天多以前，月在尾前十五度，在房，也是“伏辰”了。这样，辰的区域便有三十度；周天于是被分成十二个辰区，是谓十二辰。

十二辰凡十二，为使辰辰相别，必得给各辰以私名，于是有十二辰名或“十有二辰之号”（《周礼·誓簇氏》）之出，它们就是子丑寅卯等。

子丑寅卯……各是什么意思？猜测十二辰名的命名由来，古往今来者不知凡几。但是能满足十二辰中有二子，而这二子又恰合传说中的大火与参之条件，且勿使辰名顺序倒转者，似乎至今尚无。其中原委，或因人们不知火历影响，以及误认十二辰名乃一次完成之故。

未能见过甲骨干支表、不知“巳”也作“子”、只是望文生义而不知从二子故事探寻辰名由来的近代以往人物，可以不去苛求了。郭沫若注意到了二子和心参，惜以轻信文化西来而步入歧途，功亏一篑。

现在我们可以根据火历曾经存在于远古的事实，根据辰乃日月之会的定义和参商二字的传说，这样来考虑：

火历以大火昏见为一岁之首。待到人们有了日月交会的知识及对辰名予以确定之需要时，很自然会想到应该以日月交会于大火为诸辰之首。日月交会于大火，也就是后来所谓的内火季节，正是千禾归仓、一“年”（《说文》：年，从禾，千声）结束、喜庆丰收的时光，无论从观念上还是从生活上，此时对初民来说，都是一个神圣而盛大的节日。七十年代，山东莒县陵阳河遗址与诸城前寨遗址出土了一批属于大汶口文化的陶尊，在这些灰陶缸口的固定部位，刻有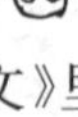或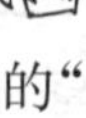的花纹。唐兰说它们是夏代文字，由“日火山”叠成，即《说文》里的“炅”字，亦即今

“热”字①。我则猜想这些符号由“日月火”组成，月牙微凸中部，示与日交会，乃日月会于大火的象征。它镌在缸口部，因为缸内满盛着日月会于火时所获谷物。这一点，从另一枚同时出土的陶尊花纹亦可证明。这另一符号由“禾火”合成，亦即“秋”字，它着力强调了谷物与大火的关系②，就其时间意义看，当然也是日月会于大火之辰③。

穐　山西临汾市襄汾县陶寺出土彩陶盘

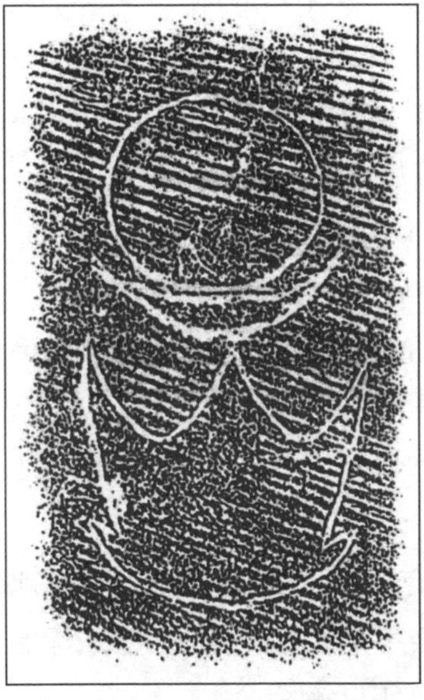

日月火　山东莒县大朱村出土陶文

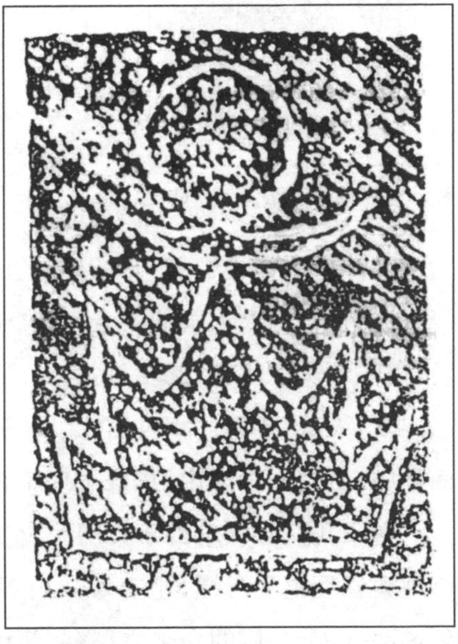

日月火　山东莒县陵阳河出土陶文

---

① 《中国奴隶制社会的开始时期》，载《考古学报》1976 年第 2 期。

② 另一龙山文化彩陶盘绘龙口含禾，龙即大火，于字似为秋之籀文，穐原型。

③ 远古时代一年只分春秋，大火昏见为春，伏辰为秋，所谓“盖闻古者黄帝察发敛”（《汉书·律历志》），发即春，敛即秋。

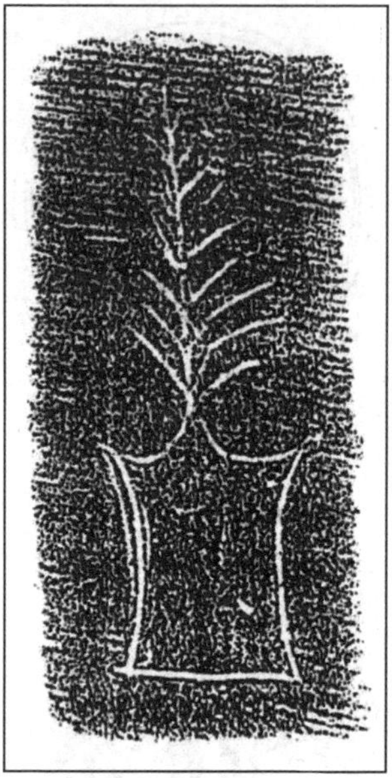

秋　山东莒县陵阳河出土陶文

日月会于大火既为第一辰，大火又是阏伯是长子，则大火似乎应该为“子”，人们很容易这样想。只是这样一来，当日月运行下去，交会于参(季子实沈)时，已是第八次交会，按已然的辰序，第八辰为“未”，“未”不是实沈。

如果换一种设计，以日月会于参时为第一辰，为“子”。按顺序排去，到日月会于大火时，应该是第六辰，第六辰名正好是“巳”(子)。这个方案可以满足二子的条件，但却使长幼颠倒了，因为参不是老大，不能高居首位。看来这一推理也是行不通的。

郭沫若大概也曾碰到过这样的困惑。于是他兼采两个方案而予以变通，在肯定大火阏伯为老大为“子”的前提下，将十二辰的顺序倒转，由子而亥而戌，如此转到第八，既是日月会于参时，又逢“巳”(子)名出现，天象、传说、命名密合无间，近乎一绝。只是十二辰名何以逆而不顺，虽经一再申说，总嫌于理难合。

看来我们必须求助于火历。火历有以大火昏见东方为岁首的翘首观察昏见星的习惯，也有尊崇日月会于大火为辰首的心态。考虑到这两点，十二辰的命名之秘密，便可迎刃以解了。

这就是说，当我们的先民认定日月会于大火之辰为第一辰的时候，虽然他们在理念上能够设想斯时日月火重叠一起，而造出符号来，但在感觉上，他们却看不见这种天象。为了寻找一个足以标志如此佳辰的星象，他们习惯地翘首东方，东方的参星此刻正在冉冉升起。参星之于他们并不陌生，二子的故事或许已经形成了，或许由于参星替代大火见于天空的事实正在促使故事的灵感滋生。无论如何，抓住参星作为这个时辰的客观标志，正如春天抓住大火作为岁首的标志一样，是最为可靠而又方便不过的了。于是，他们便描绘参星的形象，作为第一辰的代号。

参星在天的几个月间，正是初民的秋后春前，年与年之间的空当。尽管日月仍在定时交会，但对“潜龙勿用”中的人们来说，几乎全无意义。人们企足以待的，是参星初见以后的第六个辰期，即日月合朔于昴、大火昏见东方之时。这是又一轮新生活的开始，是阏伯替换实沈，重现太空指示一切的节日。为了表示这个辰期，人们不便直接沿用“火”字（因为它已用于全部纪时），乃从它是高辛氏长子得到启示，采用了的符号，作为第六个辰名①。（至于符后来何以隶定为全不相干的“巳”字，出于后人之何种遐想，需另作研究。）

由之代表第六辰期，回想到所代表的第一辰期昏见星参，也是高辛氏之子，慢慢地，遂繁化为小儿形，成（甲骨文四期）（甲骨文五期）。今字“崽”字，殆由此出。

如此安排，便解决了参为季子而居辰首作“子”、火为长子却居辰六作“巳”的难点。

至于其余十个辰名，想来当非一次完成②，其名号的选定和演变，或许竟成不解之谜矣。

“二十有八星之位”

“辰”之作为日月之会及其在纪月上的作用，后来被“朔”取代了，

① 大火为商星，商人姓子，或由此来，前人多以玄鸟遗卵为说，似嫌迂回。

② 二十八宿非一次选定，已为天文史界公认。

因为朔比辰更加精确。朔的出现，表明人们已经有了作为月站的二十八宿观念。

二十八宿问题在近人天文学史研究上引来的争议之多，如果不是第一位，至少也是第一等。除了其形成年代、创制地点之争执不休外，对于角七宿曰东宫属春、斗七宿曰北宫属冬、奎七宿曰西宫属秋、井七宿曰南宫属夏之配置原委，尤为众说纷纭。大有纵使冯相氏再世，亦难叙此"二十有八星之位"之势。因为根据日躔或太阳所在来定，冬在斗夏在井，这是事实；而秋季日躔奎、春季日躔角，在二十八宿图中却作了相反规定。如果说图像乃根据月望而定，则冬夏二宫又彼此相左。于是某些相信文化西来说者臆想，西东二宫互易，盖误译了方位称号便贸然引进而致①。此说颇险，亦足证人们的困惑之深。近来有人主张四宫方位乃春季黄昏星象的投影，此说稍惬人意，唯缺乏深入说明。

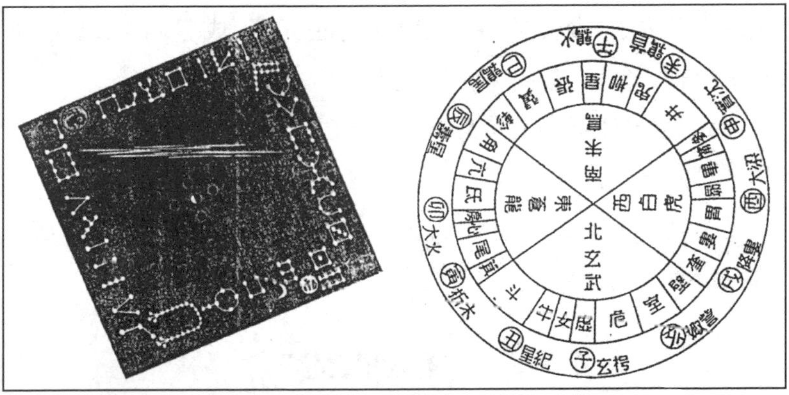

二十八宿方位

左：新疆吐鲁番阿斯拉唐墓壁顶星图，角七宿在东，斗七宿在北
右：四象：二十八宿示意图

① 见岑仲勉：《尧典的四仲中星和史记天官书的东宫苍龙是怎样错排的》。

我们知道,二十八宿周天环接,日月五星以之为背景运转,本无四宫之分,更无四方之别。东西南北本是地平方位。二十八宿判为四宫,出于后来年分四季之需;而其列为四方,则是欲以天空星象与地平方位对应,使时间与空间调谐,让皇天与后土结合,满足天人合一的观念所生。当着人们着手完成此一壮举之际,首先需要设想时间是从什么时候起始的,这样方能使运动的时间流程凝固下来,便于安放在不动的空间方位上,从而时间从什么时候开始的问题,也就意味着时间是从什么地方起步的。

时间从什么时候开始?又从什么地方起步?这个困扰着哲学家和科学家的迄今仍然悬而未决的宇宙课题,在知识浅薄的远古人那里,并不像在当代天体物理学家头脑中那样难以解答。他们天真地相信,日出东方乃是一天的开始,日落西方便是一天的结束;而大地春回则是一年的开始,秋实累累又宣告一年结束。至于这样的开始和结束并未涵盖时间的全部,以及整个时间(不止于一天和一年)究竟从何开始这样的大问题,对于初民来说,几乎并不存在。因为那一半未能涵盖进去的"时间",对于他们并无多少实际意义,因而仿佛就是不存在;而"整个时间"的大问题,更是他们所不可也不曾思议及之的。

这样,时间的开始是春天,其方位是东方。这一浅显的时空对应关系,不必等到五行体系出现便可确定,甚至正是后来五行观念的灵感源泉。

比较麻烦的是,如果再加上一个天象,要春季、东方、天象三者对应;也就是说,如果要以某种天象,来标志来代表春季和东方的时空对应,这时,便将有不止一种方案等待选择。

一种是以偕日出的星宿来记春季和东方的关联,印度二十八宿正是这么办的:它以"剃刀"(Krittika)等七宿(约当于中国的昴至柳)为春

唐二十八宿镜

箭头起处为角宿，其内圈为白虎。昴宿呈W形在东南。铭文自底向左为："长庚之英，白虎之精。阴阳相资，山川效灵。宪天之明，法地之宁。分列八卦，顺考五行。百灵无以逃其状，万物不能遁其形。得而宝之，福禄来成。"

唐二十八宿镜

清人摹本，见于乾隆十四年撰《西清古鉴》卷四十。除中心兽纽略偏外，其他与左图同。

唐二十八宿镜

清人摹本，见于道光三年冯云鹏道辑《金石索·金索六》。除二十八宿方位外，其他与右镜同。箭头起处为角宿。

季为东方，这些星宿的确于春晨先于日出次第见于东方。依此原则贯彻下去，"房子"(Magha)等七宿(约当于星至氐)为夏季为南方，"祭品"(Anuradha)等七宿(约当于房至女)为秋季为西方，"小鼓"(Dhanishtha)等七宿(约当于虚至胃)为冬季为北方，都与星象相合。虽然印度历法常将一年分成六季或三季，但它的四宫划分及其与四方的对应，显然借助于四季观念而来，这也是印度二十八宿秉受中国影响之一证。[①] 至于这种分法之齐整无瑕，乃由于

① 中国似亦有反受印度影响，置昴星于晨见方位，绘二十八宿图者。见于唐代铜镜纹饰。此镜传世凡二面，一藏美国自然史博物馆，一由湖南省博物馆于1977年收得。镜纹二十八宿之昴星图，呈W形，异于中国传统画法，且被置于东南隅，作晨出状。（转下页）

它完全采用晨见星法或日躔法。观晨星是印度的习惯，而日躔法，以中国为例，已是羲和时代产物，上距火正黎之昭显天地光明，盖有年矣。

在中国，常见的是采用另一种方案，即观察昏见星法或所谓月望法。角七宿为春为东，是由于它们在春季黄昏依次见于东方之故。这是火历时代便已熟知的天象。因此，包括大火在内的角七宿被视为时间开始的时候和方位的标记，并赋予它们以龙的形象，已是中国最古老的传统之一。与此相应，西天此时的星象，含有参星在内的那一群已落和将落的列宿，则被认定为西方和时间结束的季节即秋季的代表，并赋以虎的形象。① 这些观念，我们从近年出土的一座墓葬中或可得到证实。

1987 年，河南濮阳西水坡出土了一群仰韶文化时期的墓葬，M45 号墓主骨架左右两侧，有以蚌壳精心摆塑而成的如人体长短的龙虎各一具。骨架头南脚北。龙居右，位东方，头北向；虎居左，位西方，头北向，俱以背朝墓主作行走状。同墓有十二至十六岁的少年殉人三具，说明墓主身份非同一般。我们无法肯定或否定这一对龙虎与天象与季节的关系，但它们的方位，应该不是偶然的。联系到后来的二十八宿体系，我们似乎可以设想，东西二宫的配置，先于南北早就完成了。

后来阴阳历问世，另有一套时间观念。例如“周正”它以夜半为一日之始，以冬至为一岁之始。它的授时星象，已不再是大火而成了太阳，太阳夜半在哪儿？根据日半在正南的事实推想，夜半的太阳被

（接上页）列宿按顺时针方向排列，亦与习见之圆图反背。角七宿以此屈居西北，与西白虎对应，更大异其趣于中国传说矣。又《金石索·金索六》摹唐镜一，其神、卦、铭与上图全同，独二十八宿采中国标准画法，且以角七宿为东宫，当系画师以意为之者。

① 德莎素（L. de Saussure）认为，参宿和心宿之所以混入二十八宿，是由于它们很古老，并且在成体系的天文学开始时分据二分点。据李约瑟《中国科学技术发展史》第二十章。

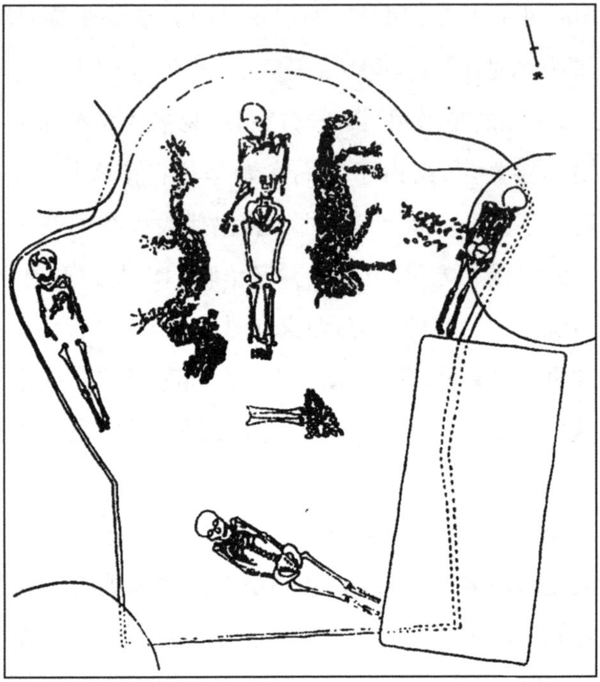

河南濮阳龙虎图案墓葬

安在正北方。于是北方便成了时开始的地方。而冬至的太阳在斗七宿，于是斗七宿便成了冬季、北方的象征，并出于某种现在尚难确言的观念，赋予斗七宿以龟蛇的形象，谓之玄武。

剩下的一个南方、夏季和井七宿，不言而喻也会在某个时候黏合到一起去了。

所以，中国的二十八宿体系中，包含有两种不同的时间观念，两套不同的时空配分方案。而它们之能以并行不悖，和平共处，则基于二者以同一个星空作为自己参照系。

所以，中国的二十八宿体系之形成，非一朝一夕之功，而是经历了漫长的过程。那种主张四宫——四季——四方为春季黄昏星象投影的说法①之所以不妥，就因为它未曾顾及这种配分历史，设想成一次订了终身。

所以，中国的二十八宿体系绝非舶来之品，而是地地道道的中土产物，火历在其中所留下的痕迹，尤其值得充分重视。

1978 年，湖北出土的一只衣箱，便将二十八宿与火历的关系，进一步展现出来。

这只属于曾侯乙的衣箱，出土于湖北随县擂鼓墩一号墓，入葬时间为公元前 433 年。箱盖上的图像正中为一篆文“斗”字，代表北斗；列宿以角为始，自顶部中间顺时针环斗字首尾衔接；苍龙白虎两侧分踞，龙头蜿蜒而西，虎首高昂向南，似是显示二十八宿的前进顺序。“斗”字故意长伸四足，分别指入四宫的中心星宿左近，其斗柄竟直指东南隅的心宿，与天象的“杓携龙角”(《史记·天官书》，谓斗柄指向角宿)不合。这种布局，显然是要强调大火昏见，表示斯时正当火历正月、乃“出火”及舞雩之期。

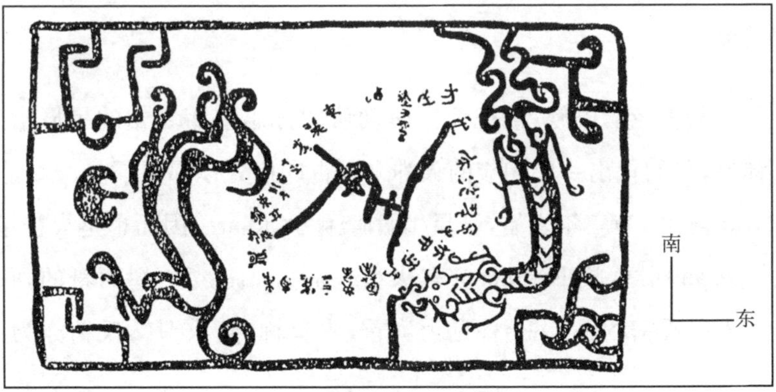

随县擂鼓墩二十八宿图

---

① 见《中国大百科全书》天文学卷。

图像正西，白虎腹下，画一圜状的“火”字或火形，①火头指向参宿。它应该不是画师补白之笔，而是“季秋内火”(火纳虎腹下)、火伏(日月交会于火之辰)则参见的象征。出火内火，一春一秋，一年之时毕矣。

十年来，研究这幅珍贵的、最早的二十八宿图像的鸿文不知凡几，但对西侧圜火及斗柄指心的天文史现象，似无一语道及，轻轻放过了火历踪迹以及循火历解开二十八宿之秘密的金钥，不能不说是一大憾事。

凡珠有龙珠，龙所吐者

火历痕迹，不仅见于中国天文史，更深深印烙在中华民俗中。在民俗中，不同于在历法中，不致由于科学进步和王朝改朔而担心衰败；相反，火历那种既是生活的真实节奏又是天象的神圣昭示的奇妙性格，正好是半是历史半是神话的风俗内容的绝好素材。

火神

一些古老的民族，常把他们所确认的标志一年之始的星辰指为火神星，并幻化出一位相应的火神来。古印度人以昴星晨见(太阳在娄宿，月望在角宿)为一年之始，昴星(印度叫“剃刀”，Krittika)因而也是火神星，火神 Agni 居之，故 Krittika 亦名火宿(Agni-nakshatra)。② 墨西哥的阿斯特克人以氐宿(Xiuhtecutli)昏见为岁首，岁首称“新火节”，氐宿亦为火

① 前揭之图十蚌壳龙虎墓，虎腹下亦有蚌壳若干，散乱无状，或原作火形后遭扰乱欤？又，龙头西北方七十厘米处之蚌壳群呈三角形，承以胫骨二根，或像火炬者欤？

②《宿曜经》：昴六星形如剃刀，火神也。《摩登伽经》谓昴宿“火神主之”。《舍头谏太子二十八宿经》谓昴宿“有六要星，……主乎火天”。

神星。

我们的祖先称天蝎 α 为大火，同他们不谋而合。只是中华文化有个古老的天人合一传统，我们的神，不是与人世隔绝的非人。神是神，也是有功有德的人；神是上了天去的有功德的人，有功德的人是下得地来的神。《礼记·祭法》说："夫圣王之制祭祀也，法施于民则祀之，以死勤事则祀之，以劳定国则祀之，能御大灾则祀之，能捍大患则祀之。"所以，诸如此类的圣人、英雄、功臣，慢慢都成了神。这又难免使人倒过来设想：他们本是神灵下凡以造福于民的人。火神的经历，也不例外。

最常见的火神叫祝融。祝融一词，有时作为官号，有时代表一个氏姓，有时又特指一个人。大体上，最早的那一任火正，名黎的，由于以火纪时行火政而"其功大矣"，帝喾命之曰祝融。这时候，祝融也就是黎，是一个人。祝融有弟曰吴回，"复居火正为祝融"(《史记·楚世家》)，这里的祝融便成了官号。正是如此累代世袭官职的结果，祝融家族便以官为氏，首任祝融也便被祀为贵神，所谓"有五行之官，是谓五官，实列受氏姓，封为上公，祀为贵神，社稷五祀，是尊是奉。……木正曰勾芒。火正曰祝融……"(《左传·昭公二十九年》)。祝融氏作为火正，"或食于心，或食于咮"，是一位真神，不同于其他四正之无处配祭，已见前述；另一方面，祝融氏也不同于其他四正之无血无肉，而是真正的人，《史记·楚世家》说祝融氏是楚的远祖。由于是楚的远祖，祝融也成了南天的神；或许事实本是反过来的。祝融由于行火政而被尊为南天神，因而也被南方楚人攀为远祖。

祝融一名朱明(《淮南子·天文》)、朱冥(《楚辞·九歌》)、鬻熊(顾颉刚说)、陆终(郭沫若说)，乃至东明、东蒙(杨宽说)，大概这些未必都是同一个人，而是祝融氏姓的一些人。[①]

另有一位火神叫回禄。《国语·周语》说："昔夏之兴也，融降于崇山；其亡也，回禄信于聆隧(韦昭注：回禄、火神。再宿为信)。"这里有两个火神。殆因火之于民，可以为利也可以为害，反映于神话，便出来两个火神；祝融出现以布福，回禄出现以降灾。鲁昭公十八年夏五月壬午，宋卫陈郑四国同日大火，郑子产使人"禳火于玄冥(水神)、回禄"，而不禳于祝融，看来祝融与回禄也曾互有分工。这位回禄火神的身世不详，从人民的愿望和造神的惯例推测，大概应是祝融家族的不肖子孙是一位滥用火权暴施淫虐的高干子弟。今人仍称火灾为"回禄之灾"，人民是爱憎分明的。

火神在后世有庙，神号"火德星君"。据《禅林象器笺》载："火德星君为炎帝神农氏之灵，祀以为火神，以禳火灾也。"所谓"火德星君"，以《吕览·十二纪》及《礼记·月令》所言，应该是荧惑即行星火星(Mars)，不是恒星大火，而"炎帝神农氏"与火正祝融氏亦判然有别；"以禳火灾"的对象应是回禄，不该是民赖其德的炎帝和祝融。当然从民俗的眼光看来，这一切又都可以不予深究，而任其浑然交融，自成风趣，但求寄托人民的种种情感便足。儿时曾见乡邑有火星庙，祀赤脸虬髯之火德星君，俗呼火星老爷，以农历六月二十三日诞辰日祭之，[②]由木业公会主持。想来其意亦在祈免火灾，而非缅怀火历。大概随着火耕之日渐减少，取火之日趋容易，人们对普罗米修斯式的功德不免淡忘，独于回禄之虐惴惴于怀，敬爱的感情让位于敬畏的感

① 《广雅·释天》谓"火神谓之游光"，似为祝融之别号。

② 彝族人民以六月二十四日为火把节，遍燃火把，歌舞达旦，不知与汉人的火星老爷生日有无瓜葛。至于二十三、二十四的一日之差，灶神日已有先例。又，《河南志·商丘县》载："正月七日，俗传阏伯火正生日，男女车马香火集于阏伯台，并郡之火神庙。"按正月七日为人日，或商丘以阏伯为人祖欤？

情，祝融的神位便由回禄篡代了。

灶神

火在每家每户的住所，是灶；火神在每家每户的具体化，便是灶神。[①]《礼记·祭法》云："王为群姓立七祀，曰司命，曰中霤，曰国门，曰国行，曰泰厉，曰户，曰灶。……庶士庶人立一祀，或立户，或立灶。"灶神是寻常百姓家的唯一的神。

灶神之始不知始于何时。《战国策·赵策》记复涂侦以梦灶君说卫灵公（亦见于《韩非子·内储说上》），是文献所载的灶君之始，其在人民习俗和观念中的存在，当然要早得多。

灶神起先与火神合一。《周礼说》云"颛顼氏有子曰黎，为祝融，祀以为灶神"（据《礼记·礼器》疏引），高诱注《淮南子·时则》也说"祝融、吴回为高辛氏火正，死为火神，托祀于灶"。这是祝融—火神—灶神体系。但亦有以灶神为炎帝，如《淮南子·氾论》之"炎帝作火，死而为灶"（《艺文类聚》卷八十引为"死而为灶神"），则是炎帝—火神—灶神体系。二者有祝融、炎帝之差，其于灶神火神合一，则全同。

如此合二而一的想法，是十分自然的，因为灶神原是火神在每家的化身。火神离开了灶，领地将大大缩小，且有架空之虞。据说鲁大夫臧文仲便曾以祭火神的礼仪祭灶神，搞什么"燔柴于灶"（《礼记·礼器》），而遭到孔子的指责。"孔子曰：臧文仲安知礼？燔柴于灶。夫灶者，老妇之祭也，盛于盆，尊于瓶。"（《礼记·礼器》，今本《礼记》二灶字俱作奥，此据《风俗通义》及《礼记》郑注改）照孔子的意思，灶神既不能

---

① 《说文》说"主"曰："镫中火主也。"所谓火主，指"主"字顶上之"丶"，像灯顶火焰。称此火焰为主，似以其有神格然；盖灯亦为火在每家住所，灯神或亦火神之具体化。

享火神祭仪，也不该由男子主祭。是否孔子心目中的灶神，已经变成了女性？

至少后来有一段时间，灶神被描绘成女性。《庄子·达生》说："灶有髻。"司马彪注："髻、灶神，著赤衣，状如美女。"后来段成式也说："灶神名隗，状如美女。"（《酉阳杂俎·诺皋记上》）老妇、髻、美女，想来都是从妇人主中馈事幻化出来的，说明离开祝融的时代已经相当遥远了。但也有考证"髻"读为"蛣"，"就是现今灶上所常见的红壳虫。古语或谓'灶蛣蟟'，今安徽方言谓之'灶马'（意谓灶神上天所驾的马）"[①]。按灶马学名蟑螂，以厨具为居，长翅覆背若衣绢，光泽照人，此殆"赤衣""美女"遐思所自来？

通行的灶神仍为男性，以许慎的《五经通义》说得最具体："灶神姓苏，名吉利。或云姓张，名单，字子郭。其妇姓王，名搏颊，字卿忌。"具体虽具体，仍嫌犹疑不定。后起的《杂五行书》和《酉阳杂俎》，遂取其"或云"而予以演义：

> 灶神名禅，字子郭。衣黄衣，夜披发从灶中出，知其名呼之，可除凶恶。宜买市猪肝泥灶，令妇孝。（《后汉书·阴兴传》注引《杂五行书》）
>
> 灶神又姓张，名单字子郭。夫人字卿忌，有六女皆名察洽。常以月晦日上天白人罪状，大者夺纪，纪三百日，小者夺算，算一百日。故为天帝督使下为地精。己丑日，日出卯时上天，禺中下行署，此日祭得福。[②] 其属神有天帝娇孙、天帝大夫、天帝都尉、

① 丁山：《中国古代宗教与神话考》。
② 据说汉南阳人阴子方喜祀灶，腊日晨炊而灶神见，因得福，子孙封侯者四人，牧守数十（见《风俗通义·灶神》，又《后汉书·阴识传》）。

天帝长兄、硎上童子、突上紫宫君、太和君、玉池夫人等。(《酉阳杂俎·诺皋记上》)

从此以后,灶神便确定地姓张了,与火神的关系,似已不再为人注意。人们关心的,是既要这位天帝督使上天言好事,又担心他直言不讳而以饴糖封嘴,真是难为死了。这里值得我们稍事说明的是《杂五行书》所述买猪肝泥灶一节。

泥灶何以需用猪肝?据洪迈《容斋四笔》集众说称:砌灶时,纳猪肝一具于土中,俟其积久,与土为一,如赤色石,中黄,形貌八棱,曰伏龙肝。可入药,见于《本草》。"所谓伏龙者,灶之神也。"

这样,又多了一位名伏龙的灶神。无怪《道藏·太清部·感应篇》注引《传》云:"灶有三十六神。"但这样越走越远的结果,我们倒又仿佛回到了出发点。洪迈谈泥灶时已经注意到,灶神名伏龙,乃"以透隐为名尔"。隐去什么,谜底何在,洪迈猜不出来。我们却很幸运,既然我们从大火、龙星、火神一路追踪而来,因而倒不难猜出,这位伏龙,恐怕正是伏着的大火吧。因而这位灶神,恰是火正祝融。

龙珠

龙之作为中华文化象征,举世皆知。谈龙说鳞的巨制鸿文,车载斗量。唯谈龙而兼及龙珠者,几难得一见。苍龙戏珠,丹凤朝阳,玉兔(或蟾蜍)在月,为有目者所共睹,对"日中有踆乌,月中有蟾蜍"(《淮南子·精神》)的来龙去脉,人们言之凿凿,独于龙之与珠,竟不赞一词,岂非咄咄怪事?

《述异记》上说:"凡珠有龙珠,龙所吐者。"龙何缘而吐珠?民间舞龙，以珠为先导；绘画、雕塑、编织、印染中的飞龙、行龙、盘龙、降龙，亦无不逐珠而奔腾。龙为什么把珠看成自己的命根？

这些问题的答案，仍然要靠火历来完成。

我们大概多已注意到，丹凤所朝之阳，踆乌所居之日，虽说是世上光明的主要来源，但在图像中，常常仅以圆圈示意而已，或略附彩云便足，从未见有喷火腾焰、光芒四射而真像太阳的太阳。至于玉兔所在之阴，蟾蜍藏身之月，自然更是如此，因为它本来便是广寒之宫，冷光一片。可是苍龙所戏之珠则不然，它总是烈焰熠熠，有的甚至涂成红色；或者虽不见珠，也是大火遍天。

丹凤朝阳

上左：东汉画像砖，四川崇庆县出土伏羲女娲手托日月，中有鸟及蟾蜍
上右：唐·李寿棺器画
下左：明·少林寺看门石雕
下右：绍兴 306 号战国墓出土铜盾

苍龙戏珠

上：天安门城楼彩绘　下：清故宫彩绘

这些现象，如果我们早已注意到过，那是怎样解释来的？如果现在才开始真正注意，那么应该怎样想？

李约瑟博士认为，龙角前边的珠子，是月亮。因为汉代岁首时，圆月从苍龙七宿之角宿的两星之间升起，其形象，于文创为“胧”字，于图则为戏珠。[①] 这一说法，显然忽视了龙珠有火，而只抓住其圆圆如珠。其实，不仅月亮可以画成圆珠，火也有时画作圆珠。

《考工记》里说：画缋之事，“火以圜”。画火作圜形，由来尚矣。

---

① 李约瑟：《中国科学技术发展史》第二十章。

龙胜于火

东汉，陕西绥德画像石

前揭陵阳河“日月火”图形中的，虽重在象形不在装饰，便已圆圆欲圜了。后来铜器中所谓的云雷纹、涡云纹、旋涡纹、炯纹，或许都是“火以圜”，都是火纹，不过由于追求装饰效果，离开火的原型稍远罢了。

研究者们多半将火纹之火当成生活之火的艺术化，事实或许如此。但是与龙联系在一起的火，便绝非生活之火，而只能是某种天象的形象化了。况且，在古人观念中，生活之火和天象之火，又那样难解难分！

最能证实这一设想的，要数随县的那幅龙虎二十八宿图。且看东边那条游动的巨龙，瞪目凝视西边虎腹下的圜火，这不正是后来苍龙戏珠的雏形？它是我们迄今所见的最早一幅龙珠图。

现在通常所见的苍龙戏珠图，一龙变成二龙了，那当是为了追求对称的装饰性效果。“火”字变成真正的圜珠了，但绝不会忘了在珠旁画上火焰。这火焰，不是珠子的珠光宝气，而是大火的留影，这才是事情的本质所在。

将图画中的苍龙戏珠形象动态化，就成了龙舞。古人“龙见而雩”的具体仪式已不可详知。传世的龙舞，以珠象征大火的出现，引出东方苍龙奔腾而舞，或许正是雩祭的最热烈场面吧。

龙舞

山东鲁南出土汉画像砖

于是，我们可以说，丹凤朝阳，蟾蜍在月，苍龙戏珠，这些中华文化所独具的艺术形象，这些中华人民所喜爱的吉祥画图，正是五六千年前大汶口文化那个“日月火”图形的传承和发扬，也是“帝喾能序三辰以固民”的不绝回声。

苍龙戏珠

宋,四川大足石刻

在结束龙珠考证以前,必须郑重补充一句,并非一切龙图都有珠。宋代以前,有珠的龙十分罕见;而宋代以后,无珠的龙又寥若晨星。这里面有一段微妙的历史原因,下一章再详加说明。现在且提供几件物证:从故宫博物院展出的龙图藏品来看,龙戏珠最早见于宋代的一面定窑印花龙纹瓷盘;在日本,东京国立博物馆展出的诸龙图案,亦是以宋代龙泉窑青瓷蟠龙壶壶口的一条深浮雕蟠龙来开始戏珠的。

世常修灵星之祀

比起自己在天文学史上的痕迹和国风民俗中的影响,火历作为历法的存在,早就结束了。

从"遂人察辰星而出火"的追忆,"教民稼穑"的神农氏亦被尊为炎帝和火神的传说。以及《庄子·胠箧》的上古“十二氏”列祝融氏于伏羲氏神农氏之前的顺序中，可以确信火历的孕育和诞生，当在旧石器时代。

到新石器时代的高辛氏时期，大火被同日月并列而称三辰，我们现已握有莒县陶文可以作证。三辰中，日月的光耀超过大火，但其授时作用起初却很暗淡。《楚帛书》上说：“未有日月，四神相代，乃步以为岁，是唯四时。”四神指苍龙、白虎、朱鸟、玄武，代表二十八宿，所谓四神相代于未有日月之初，是指一些恒星历早于阴阳历而授民以时的意思，火历则是恒星历中最大而又最早的一种。

火历至殷商时代进入鼎盛期。这不仅有“商主大火”“辰为商星”之类记述可据，最可靠的还有甲骨文提供的第一手资料。

据信为相土时期的一片卜骨上契有：

贞唯火五月。(《殷墟书契后编》下·三七·四)

这一条只剩下五个字的资料，相当重要。它使人想起《春秋》纪时法的“春，王正月”。王正月的“王”，指王历即周历，即一种以冬至为岁首的阴阳历。同样的，卜辞的“火五月”，只有解释成火历五月，才能通读。一个“王”，一个“火”，犹如我们今天加在月份前面的“公历”“农历”一样，带有定性的作用。这是商行火历的最好证明。此外，另一片常被用来说明商代已有新星记录的卜骨刻道：

七日己巳夕□有新大星并火，祟，其有来艰，不吉。(《殷墟书契后编》下·九·一)

新大星并火

这则卜辞，是迄今所知的世界上最古的新星记录，据李约瑟说，其实际年代应在公元前1339至前1281年间。我想，这条新星材料对于天文学来说，实在侥幸得很，因为这个现象恰巧发生在大火身上（新星是恒星爆发时产生的亮度突然增强现象），如果发生在别的恒星，也许便既无专人观察，更不至于记录在案了。大火是商人的族星，甲骨文字可证。新星并火，乃最大的不祥之兆，所以他们要三呼“祟”“有来艰”“不吉”，这同八百年后“冬，有星孛于大辰（大火）”时鲁国大夫的悠闲态度（《左传·昭公十七年》），真叫不可同日而语。其实新星现象不久便要消失的，恒星的亮度仍会恢复原状；本该无所用其惊惶。所以仅仅过了两天，另一片卜骨便载“辛未，有毁新星”（《殷墟书契前编》七·一四·一），一切终又回复正常了。

周人以农立国，始祖名稷。农业依赖大火和火，所以周人接触了东邻文化后，很快便将自己的氏族与大火联系起来。《逸周书·作雒》纪周公营造洛城，有曰：

> 乃设丘兆于南郊，以祀上帝，配以后稷，农星，先王皆与食。①

这里的“农星”即大火，“上帝”大概亦非泛称，而特指帝喾高辛氏。因为

① 据《艺文类聚·礼部上》、《太平御览·礼仪部》六十一、《玉海》九十九引。今本《逸周书》末句有误。

《周语·鲁语》及《礼记·祭法》都说“周人禘喾而郊稷”，禘礼的形式正是“于南郊以祀上帝”，其内容则是“禘其祖之所自出，以其祖配之”（《礼记·丧服小记·大传》）。《作雒》篇所记，表明周人于开国之初，不仅接受了殷人的国土，而且连殷人的族神帝喾与族星大火，也都照单全收了。

这一“周因于殷礼”的事实，无论出自占领策略上的计较，抑或是低文化向高文化靠拢的趋势，总之终于形成周人文化的一个部分，固定下来了。后来伶州鸠谈武王伐纣得天时之兆时，有“辰马农祥也，我大祖后稷之所经纬也”之句（《国语·周语》）；晋太史董因追溯晋公子重耳逃亡时也说“君之出也，岁在大火，阏伯之星也，……后稷是相，唐叔以封”（《国语·晋语四》），他们都将周人始祖与大火紧紧拴在一起，仿佛大火久已不再保佑殷人，转而照耀周室，真个是“皇天上帝改其元子”了（《尚书·召诰》）。

至于火历本身，在周代却逐步地被更科学的冬至岁首历所代替。因为秋分点离大火日渐疏远，加之一年两季的分法，都难以适应较发展的农事活动了。

秦人统一天下以后，出于纯粹政治上的动机，改用十月岁始的历法，但是对于大火，却仍予以祭奉。据《史记·封禅书》记：“及秦并天下，令祠官所常奉天地名山大川鬼神，可得而序也。……雍有日、月、参、辰、南北斗、荧惑、太白、岁星、填星、二十八宿、风伯、雨师、四海、九臣、十四臣、诸布诸严诸逑之属，百有余庙。”雍地一城之百有余庙中，大火庙位居第四，其特殊性可想而知。

汉兴，天下初定，高祖便令于“五年，修复周家旧祠，祀后稷于东南，为民祈农报厥功，夏则龙星见而始雩”（《史记·封禅书·正义》引《汉旧仪》）。这个后稷祠，亦名灵星祠，“高祖五年，初置灵星，祀后稷也。殴爵簸扬，田农之事也”（《汉书·郊祀志》）。所谓“殴爵簸扬”，指祭灵星之舞，“舞者用童男十六人。舞者象教田，初为芟除，次耕种、耘耨、驱爵(雀)及获刈、舂簸之形，象其功也”(《后汉书·祭祀志》)。这种舞，大概也是舞雩活动的内容，它和龙舞一结合，不正是季春出火大闹春耕的全民庆典吗！

显而易见，汉代的后稷祠、灵星祠都是祀大火之祠。只是汉人于大火所知渐少，大火与农事的关系，早已由太阳的二十四个节气取代。残存于汉人观念中的，只是一点依稀仿佛而又充分神化了的后稷、龙星和雩祭的故事，这就是他们笼而统之谓之为“灵”星的缘故。[①]

高祖八年，“令郡国县立灵星祠，常以岁时祠以牛”(《史记·封禅书》)。自那时起，灵星祠遍布全国，不可谓不盛，[②]可惜人们并不甚知灵星为何物。

> 俗说县令问主簿：灵星在城东南，何法？主簿仰答曰：“唯灵星所以在东南者，亦不知也。”(《风俗通义·灵星》)

我们不必讥笑区区一位县衙主簿。如前所揭，大儒司马迁对于火正、重黎，也有吃不准的时候，其他人士自可想见。

东汉人倒是搞清楚了灵星之源。王充说：“灵星之祭，祭水旱也，于礼旧名曰雩。……(今)春雩之礼废，秋雩之礼存，故世常修灵星之祀，到今不绝。……灵星者，神也。神者，谓龙星也。”(《论衡·祭意》)应劭说：“辰(大火)之神为灵星，故以壬辰日祀灵星于东南，金胜木为土相也。”(《风俗通义·灵星》)蔡邕也说：“灵星。火星也。”(《独断》)

灵星之祀后来终亦废止，只在文庙里保留一道门额，曰“灵星

---

① 《风俗通义·灵星》引东汉贾逵云：“灵者神也，故祀以报功”。
② 《北史·刘芳传》：“灵星本非礼事，兆自汉初，专为祈田，恒隶郡县。”

门”，甚至多误作“棂星门”者。大概灵星之灵又转成灵性之灵，乃托庇于孔子乎？

火历痕迹如此愈远愈淡的情况，一直延续到唐与五代。[①] 有宋一代，却来了一个回光返照。

赵匡胤起于宋城（今河南商丘南），国因号宋。这一偶然事实，竟引来一帮北门学士的幽思，他们首先把赵宋与两千年前的微子封于宋勾连起来；惜微子系亡国降君，无善可述，只得继续上溯，直至高辛氏长子阏伯。于是大做文章，定国运以火德王[②]，色尚赤，说什么“今上（赵匡胤）于前朝作镇睢阳（即宋城），洎开国，号大宋，又建都在大火之下，宋为火正。按天文，心星为帝王，实宋分野。天地人之冥契，自古罕有”（李石《续博物志》卷二）。于是恢复大火之祀于商丘，以阏伯配食，“建辰建戌出内之月，内降祝版留司，长吏奉祭行事”（见《宋史·礼志六》），一派尚火气象，远超唐汉，直攀周商。龙戏珠图像之得以复兴，其秘密便在于此。

史载宋仁宗皇祐六年，“三月乙亥，太史言日当食四月朔”（《宋史·仁宗本纪》）。这一普通的早已完全能预知其因果的天象，竟如上述的两千三百多年前的那次“新大星并火”一样，引起朝廷上下一片慌乱。因为四月龙见，为火历正月；元日日食，祸何以堪。于是皇帝亲

---

① 吐蕃在7世纪传入佛教前，流行一种拜物教——苯教（Ban），其中有一派叫 Ldevu ban。Ldevu（音译为德，或德俄）在藏语指心宿二即大火，Ldevu ban 的意思是“拜大火教”，或“大火派苯教”。

Ldevu 字后来被吐蕃的最高统治者赞普（Btsan Po）摄取，用为私名，出现了赤德祖赞、赤松德赞、赤德松赞、赤德等一连串包含有“德”的名字；于是大火就越发神圣了。看来，这当与吐蕃社会出现了农业生产有关，也可能是人们把大火跟经法、文化生活联在一起的反映。摘自王尧教授1978年9月19日复信。

② 时人自称“火宋”，并派定南朝刘宋为“水宋”。北宋书画家米芾有印章曰“火宋米芾”，边款云：“正人端士，名字皆正。至于所纪岁时，亦莫不正。前有水宋，故有火宋别之。”见俞樾：《茶香室丛钞》。

"下德音改元"，旨曰："皇天降谴，太史上言，豫陈薄蚀之灾，近在正阳之朔。经典所忌，阴慝是嫌！寻灾异之攸兴，缘政教之所起……俾更元历之名，冀召太和之气。……宜改皇祐六年为至和元年，以四月一日为始。"(《宋大诏令集》卷二)除改元外，还大赦天下"减死罪一等，流以下释之"，皇帝则于癸未日起"易服避正殿，减常膳""四月甲午朔，日有食之，用牲于社。辛丑，御正殿，复常膳"(罗大经《鹤林玉露》卷十)。一次平常的日食发生在不平常的月份，其震动之大，竟一至于此！

再说神宗年间，王安石行新政，鼓励百姓租赁祠庙作市场。时张安道知南京(宋州，今商丘)，上疏请免鬻阏伯、微子二祠，云："宋，王业所基也，而以火王。阏伯封于商丘，以主大火；微子为宋始封：此二祠者，独不可免于鬻乎？""神宗览之震怒，批曰：'慢神辱国，无其于斯。'于是天下神庙皆得免鬻"。[①] 辟祠庙为市场，不失为活跃经济之一法，不料被保守派钻了空子，抓住大火当稻草，那便不止于"慢神"，而且有损于大宋的象征，构成"辱国"之罪，新政不败，更待何时。而新政一败，北宋政权也就越发式微了。

随着赵宋的播迁和灭国，火德的时去和运转，大火、阏伯的地位也从此沦丧，剩下的，只有那大宋王朝复活起来的戏珠之龙，它作为中国文化的象征，或许将永世长存。

可是，随着岁月的流逝，时至今日，人们对于龙的认识，已难免发生模糊以及混乱；面对于龙的感情，也随之显出淡漠乃至对抗。1988年的龙年谈龙诸文中，表现得尤为突出。希望有朝一日，见首不见尾的神龙，会大显神威，让我们大家都能清清楚楚看清它的真相。

---

① 前已言及，古印度亦曾有两历共存。

余　论

火历也许不是中国古天文史中的唯一星历，当然在世界上更非唯一。从参与大火齐名及龙虎对峙的史实看，在火历发生的同时或稍后，曾有一种以参为纪时星辰的历法(《左传·昭公元年》)，按照我的命名法，应该叫“参历”。实际上没有人这样叫，而是以地为名，被后人叫作“夏历”。

传世的《夏小正》，是已经改善了的参历。它以“初昏参中”为岁首，其他“参则伏”“参则见”“参中则旦”各项，一一有所记述。参星在《夏小正》里出现的次数，多于大火和斗柄，这个现象值得注意。夏历正月初昏参中之时，味即柳星正好在东方出现，所以晋大夫士弱说“古之火正，或食于心，或食于味”。这里的“火正”，或系泛指授时官员；“食于味”，或谓“参正”(仿“火正”之意)配祀于味星之意。

以参纪时的详情有待进一步发掘。从《左传》记事、《竹书纪年》和《侯马盟书》可知，春秋时的晋国，是施行以参纪时的夏历国家。二子故事说：“迁实沈于大夏，主参，唐人是因，以服事夏商。其季世曰唐叔虞。”这位叔虞是晋之始祖，“故参为晋星”，晋人奉行肇于大夏的夏历，实有其渊源所自。

〔**后记**〕 1978 年至 1984 年，我曾先后在各杂志上发表有关火历论文三篇，今更加损益，附以图版，改定一篇。

(原载《中国文化》创刊号，1989 年)

思孟五行新考

关于思孟五行说的内容，历来聚讼纷纭。长沙马王堆三号汉墓帛书的出土，为问题的解决提供了坚实根据。1977 年，我曾对帛书《老子》甲本卷后所附思孟学派无题佚书做出诠释，证明思孟学派的五行说，系指“仁、义、礼、智、圣”五种德行，提请学术界讨论。[①] 余意未尽，兹再据有关文献资料，作思孟五行新考于次。

“五行”不必为“水、火、木、金、土”

“五行”，通常是指“水、火、木、金、土”，有时更推及由之引申构造起来的五色、五常等一大套“五”的体系，已为人们所共知。这个五行体系中的某些因素，如五方、五材等观念，发生的时间较早，可上溯到文明之始；它们被纳入一个哲学体系，大概是战国末年的事。直至西汉后期，庞大的包罗宇宙的五行系统，才最后构筑完成。因此，在一般情况下，尤其在汉以后的文献中，见到“五行”字样，大体上可以按通常的用法去理解，并不致有什么差错。但对先秦典籍中的“五行”一词，却不能一概而论。

例如，《尚书·甘誓》有“有扈氏威侮五行，怠弃三正”一段，这是迄今所知的文献中“五行”二字的最早出处。如果照通常的理解，说五行就是水、火、木、金、土，在这里显然说不通。因为对于这五种东

① 见《文物》1977 年第 10 期。

西，是谁也无法“威侮”的。所以郑玄在注经时推广了一下，采用五行体系的说法，曰：“五行，四时盛德所行之政也。”(据裴骃《史记·夏本纪集解》引)这个四时之政，就是《礼记·月令》《吕氏春秋·十二纪》及《淮南子·时则训》所说的那一套，它是与五行相配的一种明堂盛德说，是相当体系化了的五行思想。这种思想，流行于汉武帝以后。东汉人郑玄用它来说经，本是自然而又必然的；可是它却绝非《甘誓》的本意。因为《甘誓》虽非夏朝实录，却不至晚于《墨子》(《墨子·明鬼下》大量引征《甘誓》)。它所谓的五行，即使指的水、火、木、金、土及其系统，也不会有“四时五德”那样的内容，应该是可以肯定的。郑玄倡导这种解释，无助于了解古书，反而搞乱了思想的历史。

后来伪孔安国注也跟着说“五行之德，王者相承所取法”，孔颖达正义：“五行，水火金木土也，分行四时，各有其德……王者所取法。”这样众口一词，几成定论，其实是经不起深究的。所以孔颖达的正义，于疏不破注之外，特地多说了这样几句：“且五行在人，为仁、义、礼、智、信，威侮五行，亦为侮慢此五常而不行也。”孔颖达可能觉得把明堂盛德之说加到夏代，加在“腓无胈，胫无毛，沐甚风，栉疾雨”“衣衾三领，桐棺三寸”的夏禹儿子身上，显然太早了，所以另备一说，用“侮慢五常”来解释“威侮五行”。这个说法，比之郑玄的解释，似乎平实一些，但也未必就是《甘誓》的原意。因为，这个“侮慢五常”的说法，显系孔颖达轻信了伪古文《泰誓》的结果。伪《泰誓》有“今商王受(纣)狎侮五常，荒怠弗敬”句，同《甘誓》上指责有扈氏的说法略同。孔颖达释“五行”为“五常”，根据当在这里。

其实，伪《泰誓》的这两句话，本是很成问题的。我们试将其与今文《泰誓》《牧誓》《甘誓》对照来读——

今文《泰誓》(据孙星衍辑本)

今商王纣乃用其妇人之言,自绝于天,毁坏其三正,遏离其王父、母弟。

《牧誓》

今商王受惟妇言是用,昏弃厥肆祀弗答,昏弃厥遗王父、母弟不迪。

伪古文《泰誓》

今商王受狎侮五常,荒怠弗敬,自绝于天,结怨于民。

《甘誓》

有扈氏威侮五行,怠弃三正。

可以看出,伪《泰誓》中的"五常"二字,是相关的和类似的誓师辞中独有的。它是从今文《泰誓》和《牧誓》所列具体罪行中概括而来并参考了《甘誓》的"五行"字样拟定的。而今文《泰誓》和《甘誓》中都有的"三正"一词,却未被采用,那大概是误会为"建子、建丑、建寅"了;这样的三正,出自周武王之口,当然是悖理的,于是改用了"弗敬"二字。这样的一改一用,一增一减,作伪者以为天衣无缝,不料却正好暴露了伪《泰誓》的时代色彩,它的著作年代,应该就在"五常"(仁、义、礼、智、信)已经确立、“三正”专指子、丑、寅的时期。具体地说,大概就在宣布《泰誓》被发现的汉武帝或汉宣帝时期。[1] 孔颖达不能看出这些,惑于其他一些表面现象,相信伪古文《泰誓》为真(见《尚书》孔疏《序》),用“狎侮五常”来讲“威侮五行”,固然免去了使明堂盛德说早出的纰谬,却又把“仁、义、礼、智、信”的出现年代大大推前,其错误之处,同郑玄并无二致。

近代的梁启超看穿了这一切。他解释《甘誓》之文时说:“后世注家多指五行为金、木、水、火、土,三正为建子、建丑、建寅”“金、木、水、火、土之五行,何得云威侮,又何从而威侮者?窃疑此文应解为威侮五种应行之道,怠弃三种正义。其何者为五,何者为三,固无可考,然与后世五行说绝不相蒙,盖无疑”(《阴阳五行说之来历》)。梁启超的说法,堪称卓识,它把历代注家的困惑,一扫而空。《甘誓》所指的五行,的确与后世的五行学说无关,而应是简单地只指五种德行;或者竟是泛指一些德行而已。[2]

因为“行”本有“德行(核孟切,héng)”义。五种德行可以称为“五行”,九种德行可以称为“九行”,这在先秦文献中,是不乏其例的。

荀子谈乡饮酒礼的教化作用时说:

> 贵贱明,隆杀辨,和乐而不流,弟长而无遗,安燕而不乱:此五行者,足以正身安国矣。(《荀子·乐论》)

---

① 刘向《别录》:“武帝末,民有得《泰誓》书于壁内者。”王充《论衡》:“至孝宣帝时,河内女子发老屋,得逸《易》《礼》《尚书》各一篇。”

② 古文献中,五三对举,常为虚数,如三皇五帝、三老五更之类。注家力求坐实,反而弄成蛇足。《甘誓》的五行三正,看来也是虚数。

曾子谈孝说：

居处不庄，非孝也；事君不忠，非孝也；莅官不敬，非孝也；朋友不笃，非孝也；战阵无勇，非孝也。五行不遂，灾及乎亲，敢不敬乎？（《吕氏春秋·孝行览》）

这些“五行”，都与水、火、木、金、土全不相关，而仅仅指着五种德行，是十分明白的。

“五行”一词曾用为五种德行，就连后来大谈阴阳五行的董仲舒，也曾特别指出过。他甚至认为水、火、木、金、土之五行的得名，得自“孝子忠臣之行”的五行，说“五行之为言也，犹五行欤？是故以得辞也”（《春秋繁露·五行之义》）。这固然属于董仲舒惯有的唯心主义的呓语，但他看到作为德行讲的五行，不等于水、火、木、金、土的五行，则是对的。

总之，对于先秦文献中的五行，不能一概而论，不能一律指为水、火、木、金、土的五行及其体系，应该想到它常常也指五种德行，而这些德行同水、火、木、金、土之类，全无瓜葛。

荀子所说的子思、孟轲“案往旧”造出的五行说，正应作如此了解。

以前许多考证思孟五行说的学者，不曾注意五行的不同含义，囿于五行等于水、火、木、金、土这一西汉以后的陈说，付出了许多劳动，总未能使疑难圆满解决。

有些人从五行的传统观念出发，认为思孟书中既无“水、火、木、金、土”等字样，而荀子却批评有五行说，那一定是荀子传闻有误，错把邹衍当成孟轲了[1]。

---

① 见刘节《洪范疏证》、顾颉刚《五德终始说下的政治和历史》。

另一些人从五行的传统观念出发，认为思孟书中虽无“水、火、木、金、土”的字样，但颇有些气运终始的痕迹和历法、星占的本领，而这正是阴阳五行家的标记。①

更多的人则从五行的传统观念出发，认为思孟书中固无“水、火、木、金、土”的字样，却有仁、义、礼、智、信的五常观念，它正属于五行思想体系。②

这三种说法，结论不同，出发点则一。而这个出发点，即认定“五行”必为水、火、木、金、土及其体系，如前所证，对于先秦文献来说，不一定是正确的。由此出发考定的思孟五行说，也就不一定正确了。马王堆帛书已足证明，思孟的五行说，恰好不是水、火、木、金、土之类，而不过是关于五种德行的学说罢了。

“五行(德行)”不必为“仁、义、礼、智、信”

思孟五行说虽是五种德行，却又不是后来称作“五常”的仁、义、礼、智、信。前引的曾、荀二例已可证明，在先秦，人们得以任指五种德行谓五行的。“仁、义、礼、智、信”这种格局的确立，始于汉儒。汉以前，人们虽也谈论到这五者，但将这五者连举的，大概只有一例，见于《庄子·庚桑楚》：

> 蹍市人之足，则辞以放骜，兄则以妪，大亲则已矣。故曰：至礼有不人，至义不物，至知不谋，至仁无亲，至信辟金。

① 见范文澜：《与颉刚论五行说的起源》。
② 见杨倞《荀子注》、章太炎《子思孟轲五行说》、郭沫若《儒家八派的批判》等。

《庄子》攻讦儒家道德信条的地方何止百处？所涉及的德目，也不下十余；而集中了礼、义、智、仁、信五者于一地予以奚落的，只此一条；何况，这五者的次第又如此杂乱！因此，我们如果设想，《庄子·庚桑楚》上把这五种儒家德行连举，仅仅出于某种偶然，那不致算是过分的。

先秦文献中提到"五常"的，除去伪古文《泰誓》外，大概也只有一例，[①]仍然出现在《庄子·天运》上：

> 巫咸祒曰："来！吾语女。天有六极五常，帝王顺之则治，逆之则凶。……"

这个"五常"，成玄英认为"谓五行，金、木、水、火、土，人伦之常性也"。所谓人伦之常性的金、木、水、火、土，当是《中庸注》所说的"木神则仁，金神则义……"等等，即仁、义、礼、智、信。天有五常，照成玄英的注解，就是天有仁、义、礼、智、信。这已是董仲舒的思想了，不是巫咸祒的思想。所以俞樾表示怀疑，他说这个六极五常当是《洪范》的"六极五福"，说"常"通"祥"即"福"(见《诸子平议》)。俞樾的说法，或许更接近原意一些吧。

总之，以仁、义、礼、智、信来相提并论，并且固定其顺序，尊之为五常，这些，都不是先秦的观念，在先秦，只见有连仁、义、礼、智四者于一起的，那就是《孟子》。《孟子·告子上》说：

> 仁、义、礼、智，非由外铄我也，我固有之也。
>
> 恻隐之心，仁也；羞恶之心，义也；恭敬之心，礼也；是非之

---

① 《礼记·乐记》有"道五常之行"句。《乐记》晚出，司马迁所不见，不在先秦文献之列。

心，智也。

至于“信”之为德，在思孟书中以至儒家思想中，当然也有一定的位置。《孟子》中谈到“信”的章节，约达十处；《中庸》(作为子思学说看)中也有五处谈及。只是“信”同仁、义、礼、智相比，还居于次要地位，不能并驾齐驱。孟子认为，仁、义、礼、智是“根于心”的“君子所性”(《孟子·尽心上》)，而“信”只是交友的行为准则，是属于第二位的德目。他曾明白宣布：“信”如果与“义”有了冲突，那是要舍信取义的，所谓“大人者，言不必信，行不必果，惟义所在”(《孟子·离娄下》)，就是这个意思。孟子的轻信重义的思想，比之《论语》上的“信近于义”(《论语·学而》)来，是大大变化了。这个变化，同孟子之时纵横捭阖的政治形势，恐怕有一定关系。

许多考辨思孟五行的学者，不甚注意思想有变化的历史，不去正视“信”在思孟学说中的地位，看到孟子常谈仁、义、礼、智，便拿仁、义、礼、智、信或五常，充当思孟的五行说，那是把汉人的观念提前了。其实在思孟那里，“信”的地位是并不崇高的。

有些学者注意到了这一点。如梁启超说：“杨倞注释《思孟五行》为仁、义、礼、智、信五常，或者近是；然子思说虽无可考，孟子则恒言仁、义、礼、智，未尝以信与之并列也。”(《阴阳五行说之来历》)他的结论是：“此五行不知作何解……但决非如后世之五行说，则可断言耳。”(《阴阳五行说之来历》)

郭沫若也注意到了“信”的困难，但他找到了一条摆脱困难的出路。他在 1944 年 9 月 8 日日记中说：“改写子思、孟轲一节，处理较得其当。四端(仁、义、礼、智)之外得一‘诚’字以当‘信’，诚为中道，适符土位，足证五行之说于思、孟书中仍有朕迹。”(《格物解·后记一》)

用“诚”来填补“信”的空缺，可以说是一个有根据的方案。因为《中庸》里大谈其“诚”，尊之为“天之道”，其主要思想，在《孟子》里也复述了。在这个意义上，诚同仁、义、礼、智确可并列而无愧。可是，如果进一步认为，鉴于“诚为中道，适符土位”，因而“诚”以当“信”为思孟五行之一，那却又当别论，因为这又陷入“五常”的套子了，而且更引入了“中道”“土位”的说法，这些，更非思孟思想所能有。

文献表明，配五常仁、义、礼、智、信于水、火、木、金、土五行的把戏，不仅在《管子》的《四时》与《五行》篇中(作为战国时代作品看)不曾见，在《吕氏春秋·十二纪》与《礼记·月令》中不曾见，连刘安的《淮南子·时则训》中也不曾见。就是说，在这之前，还不曾有这种思想。直到《春秋繁露》里，我们才看到董仲舒在前人的已经足够庞大的五行大系之上，更增加了这个新的项目，拿仁、智、信、义、礼配木、火、土、金、水。这是董仲舒的发明。董仲舒的这个配方，并未被大家公认，在《乾凿度》、郑玄《中庸注》中，除仁配木、义配金二条与董说相同外，其他三常配三行的办法，都与董说不同。这就说明，这套把戏，还正处在草创阶段，尚无一定之规。大概直到白虎观会议，才最后定下仁木、义金、礼火、水智、土信的公式，如后来沿用的样子。郭老以“诚”为“信”为中道为土位，以证成思孟五行说，无异于相信思孟五行说包含着五材、五方、五常等内容，并组成如后来的系统，而这是万万不可能的。

思孟五行为“仁、义、礼、智、圣”

思孟学派的五行说，既不是五行水、火、木、金、土，也不是五常仁、义、礼、智、信，而是仁、义、礼、智、圣这五种德行。这个结论的文物上的证据，我在诠释帛书的小文中已详细引证了。只是那里留下了一个未能解决而又必须解决的难题：既然思孟五行只是仁、义、礼、智、圣，何以荀子斥为“甚僻违而无类，幽隐而无说，闭约而无解”？荀子自己岂不也常说仁、道义、论礼、谈智圣，何避违、幽隐、闭约之有？

仁、义、礼、智、圣这五个范畴，的确也为荀子所乐道，而且在思孟以前很久，它们已经分别地先后地形成了。这都是毫无疑问的。荀子批评思孟，不在于这些范畴本身，也不在于一般地谈论它们，而在于“案往旧造说”。就是说，荀子批评思孟将这些范畴从“往旧”的道德、政治以至认识论的诸范畴中摘取出来，不顾“类”之不同，并列而谓之“五行”，赋予它们以“幽隐”的内容，构筑它们成“闭约”的体系，以致世俗之儒不知其非也，“遂受而传之，以为仲尼、子游为兹厚于世”。这是荀子所以痛心疾首，申斥思孟为儒家罪人的缘故所在。

谁都知道，“仁”是儒家的一个最主要的道德范畴，孔子是它的鼓吹者。孔子也谈“义”，只是谈得较少，且不曾把“仁义”并连着谈。孔子似乎是“仁内义外”论者。“义”在《论语》中，仅指言行的外在准则，同“仁”之发诸内心的性质大不相同。

“仁义”被联结在一起，由孟子始。孟子把“仁义”说成是维系宗法贵族统治的两个基本纽带，所谓“未有仁而遗其亲者也，未有义而后其君者也”(《孟子·梁惠王上》)。仁义通过智而被了解，依靠礼而具体化为行动细则，所谓“智之实，知斯二者(仁义)弗去者也；礼之实，节文斯二者是也”(《孟子·离娄上》)。仁、义、礼、智四者，都扎根于人心之中，努力发挥人心所固有的这些德行，便可显现出人的本性，便可了解得天命。所谓“尽其心者，知其性也，知其性则知天矣”(《孟子·尽心上》)。

本来，仁、义、礼、智这些范畴，无论其或属道德领域，或属政治领域，或属认识领域，无不为儒家人物的口头禅。因为儒家的宗法政治，不过是伦常关系的扩大；而知识的作用，也一直受到强调。可是，把这四个范畴从不同领域集中起来，按一定秩序编排起来，并将它们纳入人心，归于人性，委诸天命，像孟子所做的这样，却绝无仅有。荀子对之给以那样的批评，是有根据的。

仁、义、礼、智之外，孟子还强调了一个"圣"字。古人每以圣智对举，如《国语·楚语》有："其（巫和觋）智能上下比义，其圣能光远宣朗。"《老子》有："绝圣弃智，民利百倍。"圣也是一种智，是能够预见或前知的智，是"智之华（花）"（《大戴礼记·四代》）。《庄子》说，盗亦有"圣"，"妄意室中之藏"而中，便是盗的圣。可见圣之为德，并非神秘莫测，也非高不可攀。孟子以圣同仁、义、礼、智并举，大概正是从"智"连类而及。

《孟子·万章下》说：

> 集大成也者，金声而玉振之也。金声也者，始条理也；玉振之也者，终条理也。始条理者，智之事也；终条理者，圣之事也。智，譬则巧也；圣，譬则力也。由射于百步之外也，其至，尔力也；其中，非尔力也。

据说，金声始洪而终杀，必以玉声振扬之，方得善其终始（俞樾说），这叫集大成。凡智者，皆能有以善始；唯圣者有以善终。好比射箭百步之外，能否射中靶子，在于巧；能否射及距离，在于力。巧如智，可以练习而成；力如圣，受于禀赋。就这样，孟子也以圣智对举，但却与众不同，他把它们变得"幽隐"了。

类似的话，在帛书中有一段，它可以帮助我们更好地理解《孟子》，抄录如下：

经：君子集大成。能进之为君子，不能进，各止于其里。（帛书《老子》甲本206行。校补处未标出，请参前述《文物》第68页，下同）

说："君子集大成"者，犹造之也，犹具之也。大成也者，金声玉振之也。唯金声而玉振之，然后己仁而以人仁，己义而以人义。大成至矣！神耳矣！人以为弗可为□□由至焉耳而□然。"能进之为君子，弗能进，各止于其里"：能进端，能终端，则为君子耳矣！弗能进，各止于其里，不藏欲害人，仁之理也，有受吁嗟者，义之理也。弗能进也，则各止于其里耳矣。终其不藏欲害人之心，而仁覆四海；终其不受吁嗟之心，而义襄天下。仁覆四海，义襄天下，而诚由其中心行之，亦君子已！（帛书《老子》甲本303至309行）

可以看出，所谓集大成、金声而玉振之、始条理终条理，简明说来，就是"己仁而以人仁，己义而以人义"。知道心中具有仁义之理，这是智之事；终其仁义之心，使得仁覆四海，义襄天下，这是圣之事。

因此，在思孟五行中，仁与义是一组，智与圣是又一组；前者是根本，后者是对前者的理解与力行。礼在二者之中独立，合于"礼所以制中"（《礼记·仲尼燕居》）的原则。仁义二行之中，仁更根本；智圣二行之中，圣更高明。全部五行之中，圣又异于其他四行，独以天道为对象，所谓"仁之于父子也，义之于君臣也，礼之于宾主也，智之于贤者也，圣之于天道也"[①]（《孟子·尽心下》），便表明这种差别。仁、义、礼、智四行，以人道为对象，谓之善，比于金声；圣，比于玉振。帛书第187行至188行有云（已校补）：

① 原为"圣人之于天道也"。校说见《文物》1977年第10期，第68页。

金声而玉振之，有德者也。金声，善也；玉振，圣也。善，人道也；圣，天道也。惟有德者然后能金声而玉振之。

思孟五行说的“幽隐”“闭约”，大体如此。荀子给以那样的批评，是有根据的。

（原载《文史》第7辑，1979年12月）

阴阳五行探源

一

一般都承认,“五四”以前的中国固有文化,是以阴阳五行作为骨架的。阴阳消长、五行生克的思想,弥漫于意识的各个领域,深嵌到生活的一切方面。如果不明白阴阳五行图式,几乎就无法理解中国的文化体系。

而且,虽说在长达三千多年有文字可考的中国历史中,中华文化同外来文化有着长期的接触,并经历了几次规模较大的冲突与调和,但是,中国文化固有的特质和方向,基本的骨架和面目,在“五四”以前,却未发生过根本性的改变,更未出现过毁灭性的中断。这一点,说来像是一个奇迹。正是这一在世界文化发展史中的特异现象,永远蕴含着迷人的魅力,经常拨动着人们的探索心弦。

从文化发展史的角度来看,自东汉以还,直至南宋,是印度文化传入中国并同中华文化相融合的时期,中间经过了格义、冲突和调和诸阶段,而后有了宋明理学。自元代尤其是明清之际,西方文化逐步东来,直至清末和“五四”,中华文化又吸收了许多西洋文化,完成了又一次中外文化的融合。但是不管这些外来文化如何精巧博辩,如何新奇窈渺,在中国这方古老大地上的古老文化里,成为骨架的,仍然是固有的纯粹中国式的阴阳和五行。

阴阳五行之作为中国文化的骨架,是从战国后期到西汉中期陆续形成的。在此之前,阴阳自阴阳,五行自五行,各有分畛,这一点,前人早已明白指出过不止一次了。清人赵翼《陔余丛考》中说：

> 窃意伏羲画卦专推阴阳对待变化之理，言阴阳而五行自在其中。其五行之理，则另出于《图》《书》。唐虞以前，《图》《书》自《图》《书》，易卦自易卦，不相混也。后儒以阴阳五行理本相通，故牵连入于《易》中，而不知《易》初未尝论及此也。观此则余所谓画卦不本《图》《书》者，盖非好为创论矣。(《陔余丛考》卷一)

这里把阴阳归本于八卦或《易》，把五行归本于《河图》《洛书》，认为唐虞以前二者本不相混，只因后儒专注于理，始把它们牵连于一源。这个“后儒”，首先针对的当是《易·系辞》作者。因为那里说：

> 河出《图》，洛出《书》，圣人则之。

这位圣人正是画卦的伏羲，他画卦的根据，在这里被认为是《河图》《洛书》；而《图》与《书》，在赵翼看来，却为五行之理所自出。因而，他的结论必然是，早在《易·系辞》中，就把阴阳和五行混于一源了。其实《系辞》的这个说法，根本不曾涉及五行问题，它只不过提出了八卦或阴阳的起源。因为五行在《系辞》作者眼中的地位，远没有后来那样神圣，所以《系辞》的这个说法，也并未为尔后的儒者所完全接受。在学术史中流传较久影响较大的，倒是汉代经师刘歆的另一种说法：

> 刘歆以为虑羲氏继天而王，受《河图》，则而画之，八卦是也。禹治洪水，赐《洛书》，法而陈之，《洪范》是也。(《汉书·五行志》)

刘歆不依《系辞》为说，将《河图》《洛书》分别赠予伏羲、夏禹，以作为八卦、《洪范》的蓝本；而八卦即阴阳之象，《洪范》以五行为首。刘歆之所以敢于如此离经叛道，那实在是因为，五行的势力在当时确实太大了，必得要有某种天赐的祥瑞作为凭证，方能文饰政治上的现实利益，并餍足人们心理上的欲求。而这样做了的结果，实无异于说，阴阳与五行，不仅来源不同，而且出现的时间亦相隔若干百年。就是说，二者本来也是不相混的。

刘歆的分工法大体上一直被沿袭到宋。宋代象数之学兴起，把《河图》《洛书》、阴阳五行弄得个五光十色，说得来天花乱坠，令人目不暇接、耳不胜收。究其要，无非是有人反过来主张《河图》为《洪范》或五行之本，《洛书》为《易经》或阴阳之源（刘牧）而已，更多人则仍维持汉来成说（蔡元定、朱熹）。从阴阳、五行各自一源这一点来看，不妨认为双方并没有实质上的差别。更何况，他们还共认"《易》《范》之数诚相表里""《易》可通《范》，《范》可通《易》"，即在阴阳五行理本相通上，全无任何差异，而且和后来的赵翼亦无不同。

明乎此，则赵翼所标榜的"创论"，不过是将《图》《书》和阴阳八卦脱钩（这一点，欧阳修、黄宗羲等人已先此论及了），并全部拱手让与《洪范》五行而已。由此衍生的阴阳、五行本不相混的思想，从两个源头这一点来说，同刘歆、宋儒也可以说没有什么本质差别。

所以，阴阳五行各有分畛的说法，是由来已久而且讨论甚多了。但是，值得强调指出的是，所有这些以及后来一切研讨阴阳五行源头是一非一的说法里，在如下一点上是共同的，即：它们都将阴阳与八卦之是一非二当作立论的前提，从未提及过阴阳与八卦是一非一的问题。不仅在这种场合，而且在整个中国学术史中，阴阳与八卦，历来都被相信是二而一、一而二的关系，说阴阳就是说八卦之理，说八卦就是说阴阳之象，二者岂止是一源，干脆原是异名同谓之一体。这一点，已经成了一个传统信念。

考究一下这个传统信念，弄明白阴阳、八卦果否一源乃至一体，比之弄明白阴阳、五行是否同源和同理，将更为困难得多，也更为有趣得多；或许可以说，还会更有价值得多，因为它是一个从来被忽视的大问题。

这篇小文，便试图提出一个假说：五行、八卦、阴阳，本是三种不同的思想体系，它们分别起源于三种不同的占卜方法：钻龟、陈卦、枚占。正如马克思所指出的那样："哲学最初在意识的宗教形式中形成。"[①]从三种卜法生发出的三种不同文化，本有希望成长为三种不同的类型，即五行偏于宗教、八卦偏于人伦、阴阳偏于自然，有如世界三大古老文明之不同那样。只是由于三种文化区域在地理上距离密迩，以致在它们臻于成熟之前，便过早地接触、交流，及至战国后期，乃发生了一次萧墙之内的大融合，形成了一种以阴阳五行为骨架、以中庸思想为内容、以伦理道德为特色的文化，这就是人们常说的中国类型的文化。

下面，且对这个假说做一些简略的证明。

二

水、火、木、金、土的五行字样，最先见于《尚书·洪范》。《洪范》托始于禹，而由殷贵族箕子陈说，略谓："天乃锡禹洪范九畴"，"一、五行"："一曰水，二曰火，三曰木，四曰金，五曰土"。至于天是如何赐禹

① 《剩余价值理论》第1册，见《马克思恩格斯全集》第26卷Ⅰ，第26页。

的，又怎样传到了箕子手里，《洪范》上未曾交代，在当时似乎也不成其为问题，没有说清楚的必要。到了汉儒刘歆，始提出天是通过赐《洛书》的办法，授禹以《洪范》的，“降及于殷，箕子在父师位而典之”（《汉书·五行志》）。而天又是如何赐禹《洛书》的呢？刘歆也没有说。《尚书》伪孔氏传则补充道：“天与禹洛出书，神龟负文而出，列于背，有数至于九，禹遂因而第之，以成九类。”类似的说法，在纬书中也不少，由此遂成了定论。尔后的说法，多纠缠于神龟所负之文的数目和图像上，没有多大突破。

这一切当然都是神话，但也是我们不能绕开的关于五行起源的传统说法。细究这些传说，不外这样几个支点组成：天、禹、《洛书》、龟、殷。

天是神格，六合之外，我们可以不论。禹的史迹，文献不足，亦不妨阙疑。《洛书》乃“祥瑞”，汉、宋儒生所津津乐道者，对我们已毫无价值。只有龟和殷，多少现实一点。而自殷墟卜辞出土以后，对于龟文和殷人的情况，我们比前人有了更大的发言权。根据卜辞——这个神龟所负之文所提供的零碎材料来判断，把五行和神龟与殷人联系起来的传说，不是没有道理的。

“殷人尊神，率民以事神”（《礼记·表记》），他们是虔诚的万物有灵论者。在他们质朴的脑子里，一切自然物事和一切人间行为是互相交感着的，任何行动必先摸准有关神灵的旨意。因而他们几乎无事不卜，重大事件，更必须以龟甲作为卜具，通过卜兆，体察神灵的指示。据《洪范》记载，卜兆凡五种形象：“曰雨，曰霁，曰雺，曰圛，曰克。”这是五种何等形象，说者猜测不一，因原无图录，已难明究竟。唐人孔颖达疏《洪范》五兆说：“今之用龟，其兆横者为土，立者为木，斜向径者为金，背径者为火，因兆而细曲者为水。”贾公彦疏《周礼·

占人》却曰："其兆直上向背者为木兆，直下向足者为水兆，邪向背者为火兆，邪向下者为金兆，横者为土兆。"孔、贾同为唐人，其说竟不同如此。况以金木水火土名兆，当是五行思想大盛以后的事，殷人尚不致如此。经传上别有"兆如山陵"（《左传·襄公十年》卫卜御寇）、"黄帝战于阪泉之兆"（《左传·僖公二十五年》秦卜纳王）、"挟以御骨"（《国语·晋语一》献公卜伐）及"水适火"（《左传·哀公九年》赵鞅卜救郑）诸兆，与《洪范》五兆亦无从对应。因而对于殷卜五兆，我们已经无法弄得清楚了。

综观经传涉及卜兆各处，幸好有一点是清楚的，那就是：殷人卜兆凡五，而周人视兆，只分三种或四种：

> 大卜掌三兆之法：一曰玉兆，二曰瓦兆，三曰原兆。（《周礼·大卜》）
>
> 卜师掌开龟之四兆：一曰方兆，二曰功兆，三曰义兆，四曰弓兆。（《周礼·卜师》）

面对这些记载，可无须去考释周人的三兆、四兆各是何等形象，彼此有何异同；亦无须以之同殷人的五兆对勘。那不是我们这个课题的任务，甚至也许是永无水落石出之时的事。令我们感兴趣的是，同为龟卜，周人只有三兆、四兆，殷人却相信神祇常通过五种兆相昭示人们以吉凶。这种差别，绝不是偶然的不同，它表现了两种文化系统的歧异。"五"的观念，是殷人的一大神圣观念。假如允许我们的想象驰骋一下的话，那就可以说，所谓"神龟负文"，或许指的是龟卜五兆；而《洛书》九畴以五行为首，则是五行思想起于龟卜、突破龟卜而又不能不在龟卜领域内活动的反映。我们前引的马克思谈哲学最初在宗教中形成的全文为："哲学最初在意识的宗教形式中形成，从而一方面它消灭宗教本身，另一方面从它的积极内容说来，它自己还只在这个理想化的、化为思想的宗教领域内活动。”①

五行和龟卜的关系，正是如此。从殷墟出土的卜辞中，我们发现了许多尚五的说法，这些说法，便是早期的在宗教领域内活动的五行说。如：

> 己巳，王卜，贞今岁商受年。王占曰：吉。
> 东土受年
> 南土受年
> 西土受年
> 北土受年(《粹编》907)

这是五方观念。因为“商”有时亦称“中商”，如：“戊寅卜，王贞受中商年。十月。”(《前编》8、10、3)中商和东南西北并贞，说明殷人已经具有了确确实实的五方观念。稍嫌不足的是，迄今为止，我们尚未在卜辞中见到“五方”这个称谓而已：至于“四方”一词，则屡见不鲜：

> 辛卯卜，𢦏彡酒其又(侑)于四方。(《南明》681)
> 庚戌卜，宁于四方，其五犬。(《南明》487)

方位观念在一般情况下，是以我为中心的。既然说到“四方”，即使不提“中商”或“商”，实已隐含“中方”于其中了。当然，如能把这个隐含者表达出来，把“中”与“东南西北”并列而为五方，那便意味着达到了

---

①《剩余价值理论》第1册，见《马克思恩格斯全集》第26卷Ⅰ，第26页。

自我认识，意味着跳出自我而把我当作对象，与客观对象同等对待，而这是需要时间的。这大概是我们见不到“五方”字样的认识论上的原因。在其他没有这种麻烦的场合，五的名目便显而易见得多。如：

王又岁于帝五臣正，佳亡雨。(《粹编》13)

庚午贞，鼄大蓴于帝五丰臣，甹在祖乙宗，卜。(《粹编》12)

这个“帝五臣正”或“帝五丰臣”(丰，郭沫若释为“介”，今作“个”。见《粹编》考释)，据丁山说，应该就是周人所谓的“明堂月令的五方之神”，即句芒、祝融、后土、蓐收、玄冥。[①] 两者之间是否如此直接而简单地相等，虽然还值得进一步推究，但人们确实也无法直接而简单地否认两者之间有着联系。至少，对于我们现在所注目的殷人之尚五观念来说，我们可以相信，这里出现的是“五臣正”“五丰臣”，而不是“六”或“四”个臣，当非由于偶然。联系到前述的“五方”来考虑，我们如果设想，这五臣正，便是五方天帝的大臣，或不致十分悖理。

因为，根据甲骨文字所示，方位不是简单的空间概念，而是能吃全牛全羊，可以使风遣雨的神祇。五方中的四方，都各有自己的专名，各有自己的风，风亦各有名：

东方曰析，风曰劦。

南方曰夹，风曰凯。

西方曰韦，风曰彝。

北方曰勹，风曰陊。(《京》502)

---

① 丁山：《中国古代宗教与神话考》，第138页。

风为帝之使(参《乙编》2452、3094;《通》398),则"析""夹""韦""勹",便是四方之帝。至于中央之帝,自然是殷人自己的祖先了。帝既有使,亦应有臣,此之谓五臣正或五丰臣。

五方、五臣之外,别有所谓"五火":

> 丁丑卜,又于五火,在隹。二月,卜。(《邺中》3、下、40、10)
>
> ……卜,又于五火,在齐。(《粹编》72)

丁山认为这个"五火"就是后来《周礼》的"四时变国火",亦即邹子所谓的"春取榆柳之火,夏取枣杏之火,季夏取桑柘之火,秋取柞楢之火,冬取槐檀之火"①,也许操之过急了。钻燧改火的事,可能行之甚早;但五时用五木取五火的办法,至《淮南子·时则》尚未见采纳。更何况殷人绝对没有五时的观念哩!直至目前为止,我们尚难确指殷人于春、秋之外,已经有了夏、冬观念,更不用说"季夏"这样一个显系为了凑数而起的有名无实的季节了。

想来,五火或许也是同五方有关的一个名目,它只有空间上的分布,没有时间上的先后,所以才有可能在同一天里举行祭祀。至于五火的细节,请原谅我们目前尚无所知,只得付之阙如了。

从以上这些五方、五臣、五火的诸五中,我们不仅依次看到了殷人尚五的习惯,而且还能看到一个隐约的体系,那就是以五方为基础的五的体系:五臣是五方之臣,五火是五方之火;而五方本身,则不再属于其他,它是帝。这种以方位为基础的五的体系,正是五行说的原始。在后来的一些系统化了的五行学说里,如《管子》的《四时》《幼

---

① 丁山:《中国古代宗教与神话考》,第104页。

官》,《淮南子》的《天文》等,仍然以方位打头,便可想见它的影响和威力,也是原始五行说所留下来的蛛丝马迹。

卜辞中未曾发现"五材"字样或水火木金土并举的例子,[①]说来似乎令人失望,其实不如说,要想发现它,倒未免是一种奢望。因为不仅在万物有灵论的殷人脑袋里,不能有世界是由五大元素组成的思想,而且连"天生五材,民并用之"(《左传·襄公二十七年》子罕曰)的思想,在当时亦不可能出现。道理就在于,五材之一的金,尚未成为民生日用之物。物质生活中提不出重复的刺激,精神生活中便形不成相应的反映。因而,同后来那种以五材为纲统率一切的五行图式不同,殷人的五行,或早期的五行思想,是以五方为纲的。

这还因为,空间方位,对于一个畜牧业比较发达而屡屡迁徙的殷人来说,是最为实际而又最为空虚、最需切实掌握而又最难穷尽之"物",大概正是方位的这种特性,这种既在生活中十分重要又在观念上难以把握的特性,使它显得神秘、圣灵,令人产生敬畏心情。而自盘庚迁殷以后,经武丁、帝乙等王对从西北到东南各方国的连年征伐所形成的"商邑翼翼,四方之极"(《诗·殷武》)的政治形势,则使殷人产生了以我为中心的自豪。在这种敬畏和自豪的背景下,五方观念和它的重要地位,于是得以奠定。五臣、五火等,遂由此慢慢派生出来。

所以我们可以承认,把五行、神龟和殷人联系起来的传说,不是没有道理的,虽然殷人还没有五材——这个后来五行说的核心观念。用五材去硬套殷人的思想(如唐人之释卜兆),或以缺乏五材而否认殷人有五行思想,看来都是不足为训的。

周人继殷而王。在称王以前,他们已接受了殷人的许多文化,其

---

① "水""火""木""土"诸词分别运用的实例很多,但并不构成体系。

中包括龟卜在内。但周人更有自己的文化传统，他们也是一个古老的部族，在古公亶父开始臣商以前，已经有了十二世代可考的历史。前几年周原出土了周人的卜甲和卜辞，它是殷人文化波及西土之证。但从这些卜辞中，我们并未找到五行思想，倒是发现了周人固有的八卦(下详)。这说明，周人虽然接受了殷人文化，但他们自己文化的特质和方向并未改变，这大概也叫"周因于殷礼，所损益可知也"(《论语·为政》)吧！

春秋时代，八卦文化的中庸思想得到顺利发展，与之同时，龟卜文化的五行思想也不曾停步。首先，这时在中原各国，广泛流行着五材或水、火、金、木、土并举的说法，如晋大夫郤缺引《夏书》"水、火、金、木、土、谷谓之六府"(《左传·文公七年》)，宋大夫子罕言"天生五材"(《左传·襄公二十七年》)，晋大夫叔向对韩宣子譬"天有五材"(《左传·昭公十一年》)，郑大夫子大叔对赵简子谈礼有"因地之性，用其五行"(《左传·昭公二十五年》)，晋太史蔡墨对魏献子述五行之官"木正、火正、金正、水正、土正"(《左传·昭公二十九年》)，又对赵简子问季氏说"地有五行"(《左传·昭公三十二年》)，周太史伯对郑桓公称"先王以土与金木水火杂以成百物"(《国语·郑语》)，鲁大夫展禽论祀典曰"地之五行，所以生殖"(《国语·鲁语上》)，等等。这五者，或以为天生，或说为地有，其实质并无差别，它们应该都是《洪范》五行说的概括或发挥。《洪范》说：

> 水曰润下，火曰炎上，木曰曲直，金曰从革，土爰稼穑。润下作咸，炎上作苦，曲直作酸，从革作辛，稼穑作甘。

这些说法相当质朴，不过列举了五者的一些简单自然属性，而且是从民生日用角度着眼的。它也正是春秋人所谓的"天生五材，民并用之”“地之五行，所以生殖”的意思，只不过一为分析，一为归纳而已。

五材既已并举，便有一个内在关系问题。《洪范》的“一曰水，二曰火”等，虽有后人极力证明它规定了五材的根本关系，即所谓的“生数”关系，其实它并未说出五者之间有什么关系。按照《洪范》那种从民生日用角度看待五材的观点，它是不会留意于编排五者关系的。如果一定要找出关系的话，只能说，《洪范》所列，只是一种并无内在逻辑的并列关系。这是不成为关系的关系，也是五材之间的最早关系。

尔后出现了尚土思想，以一材为首，其他为次，如史伯所谓的“先王以土与金木水火杂”，就表白了对土的尊崇。在稍后一点的《乐记》佚文中，更明白标出“土比于五行最尊”的说法(《太平御览》卷十七时序部五行条)，把尚土说推到极致。

尚土之外，全面编排五者之间关系的，有相生说和相胜说：

> 庚午之日，日始有谪，火胜金，故弗克。(《左传·昭公三十一年》史墨占梦)
>
> 水胜火，伐姜则可。(《左传·襄公九年》史墨释救郑)

这是相胜说。至于相生关系，清人王引之《春秋名字解诂》举有“秦白丙字乙”“郑石癸字甲父”“楚公子壬夫字子辛”“卫夏戊字丁”四例，认为系木生火、水生木、金生水、火生土之义(《经议述闻》卷二十三)，看来是可信的。需要补充的是，春秋人除以十干为名字外，亦有以干与支为名与字者；名字除取相生义外，亦有取义于相胜者。如：楚公子午、字子庚(《左传·襄公十八年》)。王引之以为取“吉日庚午”之典。征诸前引史墨占梦词，庚午为火胜金；盖庚于天干属金，午于地支属火，名午字庚，火胜金也。

当然，这里所举的生胜各例，都以五材已与干支相配为前提条件。而五材与干支的关系，是一个十分复杂的问题，值得专门撰文讨论，本文只能略一涉及。

前人多以为，干支从五行出（隋·萧吉《五行大义》、清·赵翼《陔余丛考》），那是由于迷信五行为天赐，应能创生一切所致。其实干支为历法符号，比五行思想早出许久，后来五行囊括一切，始吞噬了干支，使之纳入自己体系。其大概程序是：以五方为基础，先完成了木、火、土、金、水分配于东南中西北的手续；然后将十个天干，两两分属于一方，出现了东方甲乙木、南方丙丁火、中央戊己土、西方庚辛金、北方壬癸水的配置。春秋时的《鄦侯𣪘》，其铭文“丙”字作，正是丙属南方火的一证。[①]《国语》记重耳过五鹿乞食，“野人举块以与之。子犯曰：天赐也。民以土服，又何求焉！……有此，其以戊申乎？所以申土也”（《国语·晋语四》），则是戊属中央土的文献材料。

至于十二支与五材的配搭，情况要复杂一些。因为在十二地支纳入五行体系以前，已被作为十二个月的代号，并依照斗柄所指固定于自北而东而南而西的方位上。冬至月即十一月作为岁首，被命名为子，斯时斗柄于初昏直指正北，因而子居北方；十二月为丑，居北东；正月为寅，居东北；如此向左旋转，十二支分居于地周的十二等分点。这一既定的情况，使得十二支在纳入五行体系时，不仅与十干之自东开始的常规不一，而且更糟糕的是，它无法给“中央土”留下什么余物。在《左传》中，我们读到：

---

① 郭沫若：《两周金文辞大系考释》，东京文求堂书店 1935 年版。

庚午之日，火胜金。(《左传·昭公三十一年》)

子，水位也。(《左传·哀公九年》)

水，火之牡也，其以丙子若壬午作乎？水火所以合也。(《左传·昭公十七年》)

子为水，午为火，其他依此类推。这便是一个未曾给土留下地盘的公式。后来汉儒出来圆场，设计了另外一些方案(见《淮南子·天文》《汉书·翼奉传》)，但是并未打破有天象作根据的传统公式。直至五行思想退出文化舞台的现代，土这一行，也始终未能在十二支中占得地盘。玄学碰到了科学，难免有这么一点小小的不幸，今天看起来，还是很有趣的。

以上诸端，便是五行思想在春秋时代几点可考的重大演进。此外，五味、五色、五声诸名目，也已时有所见：

天有六气，降生五味，发为五色，征为五声，淫生六疾。(《左传·昭公元年》医和曰)

天地之经，而民实则之。则天之明，因地之性，生其六气，用其五行。气为五味，发为五色，章为五声。淫则昏乱，民失其性，是故为礼以奉之。(《左传·昭公二十五年》子大叔曰)

所谓五味，当系《洪范》的水咸、火苦、木酸、金辛、土甘。所谓五色，《左传》有"黄，中之色也"(《左传·昭公十二年》)；《逸周书·作雒》更有东青、南赤、西白、北骊、中黄的明确体系，不辨是否后来思想篡入。至于五声，自是宫、商、角、徵、羽。这一些，都尚难确定它们在春秋时代便已如后来那样被分属于五材，尽管已经有了个别实例和趋势。

进入战国以后，五行体系逐渐膨胀，并逐渐和阴阳思想、八卦思想融合，我们且留待最后一节再谈。

三

“三王不同龟，四夷各异卜”(《史记·自序》)。龟卜起于殷商，并导致了五行文化，已如上节所述。与龟卜并行了一个时期，最终又代替了龟卜的筮占即八卦，起于何地何时，前人却有不同看法。有从易卦的卦爻辞证明它源于卜辞的；亦有谓《易》之为易，表明它是简易的龟卜的。而传统的说法则是：

> 易之举也，其于中古乎？作易者，其有忧患乎？……
>
> 易之兴也，其当殷之末世，周之盛德邪？当文王与纣之事邪？(《易·系辞下》)

这里还只是一种揣度的口气，到了司马迁，便把它肯定了下来：

> 昔西伯拘羑里，演《周易》。(《史记·自序》)

这个《易》起于周的说法，大概是可信的。我们从《左传》上可以找到一些证据。《庄公二十二年》载：陈公子敬仲之少也，“周史有以《周易》见陈侯者，陈侯使筮之”。查敬仲约生于桓公六年，即公元前706年，陈国地处中原，斯时斯地，尚待周史传入，始知《周易》，可见陈本无《易》而《易》为周典。又，昭公二年，韩宣子使于鲁，“观书于大史氏，见《易》象与鲁《春秋》，曰：‘周礼尽在鲁矣’”。这不是一句平常的应酬话，它反映出，在大国晋的使臣眼中，《易》亦被视为周礼的象征。

此外，据统计，《左传》所记筮事及引《易》者，凡十九条[①]：计周人二，鲁人五，晋人六，卫人二，郑人一，齐人一，秦人二。其鲁晋卫郑，俱为周之姬姓宗室，频繁用《易》，自不待言；齐为周之旧姻，秦袭周之旧地，所以也沿袭了周人文化。

这些记载，足可证明，《易》起于周的说法，应该是可信的。

现在我们要提一个更进一步的问题：这个初起的易卦，是什么样子呢？前人说“伏羲画八卦”，说“太极生两仪，两仪生四象，四象生八卦”，说来说去，都以为易卦起先就像后来这个样子，由— --错综组成。因而阴阳观念，一开始便蕴含于八卦之中乃至太极与无极之中。如此等等，似成定论。

其实事情有大谬不然者。早在宋代，麻城发现了六件铜器，其一被称作中方鼎的铭文末尾，有二字（《啸堂集古录》卷上）。宋人释为“赫”字，虽说十分勉强，但亦别无更好的解释。后来类似的奇字慢慢出土多了，如中斿父鼎有、堇伯簋有、召卣有、效父彝有（《三代吉金文存》卷三、卷六、卷十二及《怀米山房吉金图》卷上），特别是解放后在丰镐、近年来在周原等地陆续发现有类似的符号契刻在卜骨卜甲乃至骨镞上或陶器上，其数量之多，据张政烺统计，先后已达六十二个，[②]这就使人不能再对这种奇字保持沉默或予以轻视了。

郭沫若在20世纪30年代以这些符号为“族徽”[③]，唐兰在50年

① 据顾栋高《春秋大事表》卷四七，另补昭公二十九年晋太史蔡墨说《乾》卦一条，哀公十七年卫侯占梦一条。

② 见张政烺：《试释周初青铜器铭中的易卦》，载《考古学报》1980年第4期。

③ 见郭沫若：《两周金文辞大系考释》。

代认为是“一种已经遗失的中国古代文字”[①]，张政烺在70年代证明其为周初的易卦。譬如积薪，后来居上。张先生的解释，比较更能令人相信。原来那些符号，本是一些数目字的重叠。以上引的六个符号为例，依次为七八六六六六，八七六六六六、七五八、八五一、六一八六一一、五八六。三个数的，是易卦的所谓“单卦”，六个数的，谓之“重卦”。[②]

我愿稍事续貂的是，以文献记载来印证，这种符号的名字，或许便叫“六峜”。盖《管子·轻重戊》有云：虙戏作造六峜，以迎阴阳；……周人之王，循六峜，合阴阳，而天下化之。“峜”和“峜”当是一字之讹，其字音义，前人猜测颇多。[③] 从虙戏作造、周人循之、迎合阴阳诸语来看，六峜显然就是周初易卦的那种符号，后来称之为六爻者。“爻”取蓍草交互之象，“峜”则取象于那种数字符号本身。

现在我们从《易经》上见到的卦爻，以— --表示，它们本是奇数与偶数的代号，是经过一番烦琐筮占后得出来的表数符号。按照《易·系辞上》所说的筮法，占者以五十根蓍草反复通过“分二”“挂一”“揲四”“归奇”等演变，“凡十有八变而成卦”，即每爻需通过三变。三变的结果，并不直接得出—或--来，而是得出或九或八或七或六等四种奇偶数，其九或七，记为—爻，八或六，记为--爻。如此自下而上，六爻皆出，便成一卦。

---

① 见唐兰：《在甲骨金文中所见的一种已经遗失的中国古代文字》，载《考古学报》1957年第2期。

② 详见张政烺：《试释周初青铜器铭中的易卦》，载《考古学报》1980年第4期。

③ 洪颐煊《管子义证》释为“法”字；庄述祖疑为“政”字；俞樾《诸子平议》定为“计”字；何如璋《管子析疑》疑为“气”字；张佩纶《管子学》谓“六峜”乃“八卦”或“六爻”之误；唐兰以为“旋”，谓六旋即六圜，疑六爻古或画为六圜。（据郭沫若等《管子集校》）又，方以智引杨升庵、王若谷说，谓六峜为“六计，如周髀算法乎”（据胡渭《易图明辨》）。

这样复杂的筮法，自非一朝一夕所能发明，而应有着自己的形成过程。周初易卦所示六个任意数的重叠，当是筮法演进中的一个阶段。虽然我们也许永远无法知道这些数字得出的方法，但是我们现在也还无法对于彼时彼地彼种显然有意识的刻画，做出其他更佳解释。就目前说，周初卦画的发现，至少已给文化史研究者提供如下一些启示：

龟卜是殷人文化。卦画契刻于龟甲，形象地表现了殷、周文化的接触；而它在周原之出土，证实了周人是迁居岐山之南以后开始臣商并吸收殷人文化的。《诗经》上说：

> 古公亶父，来朝走马。率西水浒，至于岐下。爰及姜女，聿来胥宇。
>
> 周原膴膴，堇荼如饴。爰始爰谋，爰契我龟。曰止曰时，筑室于兹。（《诗经·大雅·绵》）

“至于岐下”“爰契我龟”，可以帮助我们假定周原卜甲的年代。但我们更关心的是，古公亶父及其子孙曾否将五行思想同龟卜方法一齐接受下来？因为如前所证，五行同龟卜，是密切相关的。

从已发表的周原卜辞来看，其中似乎并无五行痕迹。相反，我们在卜甲上，倒是看到了早期八卦符号，即在殷人的卜占工具上看到了周人的筮占符号，这也可以看作两种系统的文化接触时的“洋为中用”。

前面说过，殷人的五行体系是以五方观念为基础的；而五方观念之得以形成，又有以我为中心的事实和自觉为前提。《礼记·曲礼下》说：“天子祭天地，祭四方”“诸侯方祀”。这虽说是周人之礼，但唯天子具有祭天地与四方的资格，则是据有天下四方的政治资格的表现，殷墟甲骨已有无数例证。而诸侯只能“方祀”，即祭自己所在的相对于天子的方位。周人居岐，“肇国在西土”（《尚书·酒诰》），自称“小邦”“方伯”，人称“西伯”，因而他只能祭西方，并祭祀殷人先王①，以符合自己服事于殷的身份。

这就是说，五方观念，首先是一种政治观念，是领有天下的事实之观念表现。周人当时可以接受龟卜方法，却绝不敢接受也绝难以形成五方观念。

一直到武王时的《大丰毁》铭文中，我们还见到武王除了“衣祀于王丕显考文王”外，还要“祚相”“祚唐”，即祭奉殷人先王相土和成汤。此外，更耐人寻味的一句话是：“王凡三方。”据郭沫若考释：“凡假为风，讽也，告也。三方，东南北也；周人在西，故此仅言三方。”②其说甚是。此器盖做于克殷以前，或甫克殷后而观念未及变更之时，其时，“诸侯叛殷会周者八百诸侯”（《史记·殷本纪》）。诸侯八百，东南西北自应具备，但中土还在殷人手里，周人还僻处西隅，因之还形不成“四方”“五方”观念。再往后，“普天之下，莫非王土”的事实出现，周器中即再无“三方”之词了。所以，在周原时，周人虽接受了卜占方法，却接受不来五行思想。

更能引起我们兴趣的另一事实是，周原卜甲中不仅不曾有五行思想，而且，也没有阴阳思想。这是一项极为重要的文化史上的新发现。

---

① 周原甲骨 H11：1，癸巳，彝文武帝乙宗，贞，王其邵祭成唐。
周原甲骨 H11：84，贞，王其衤奉又大甲。
是周王祭祀殷先王帝乙、成汤与太甲之证。

② 郭沫若：《两周金文辞大系考释》上册。

历来都把八卦与阴阳相提并论，所谓"《易》以道阴阳"(《庄子·天下》)，今人亦常说《易》的精华唯在于道及了阴阳对立变化之理。以此来描述阴阳已与八卦融合以后的情况则可，若说八卦的原始，它与阴阳本是无涉的。

前人亦有如此提出问题的。如梁启超在《阴阳五行说之来历》中列举了《诗》《书》《易》三经所有含"阴""阳"字样之文句以后说："最奇者，《易经》一书，庄子所谓'《易》以道阴阳者'，卦辞、爻辞中仅有此'中孚九二'之一条单举一阴字，《彖》《象》两传中，刚柔、内外、上下、大小等对待名词，几于无卦不有；独阴阳二字，仅于此两卦各一见(按：指《乾》《坤》初九象辞)，可谓大奇。"①李镜池在《易传思想的历史发展》中说："'《易》以道阴阳'，当是在阴阳说流行之时即战国中晚期之间为易学家所采用的。……春秋时的易筮，还没有以阴阳来说解的。"②

前人说这些话的时候，周原卜甲还未出土，周初易卦还未被确认，— --符号尚被当作固有属性，固着在八卦身上。当他们仅从文献记录中隐约看出阴阳与八卦并非与生俱来的现象时，总难免吞吞吐吐，欲说还休。现在周原卜甲向我们证明，易象本为六老，并无阴阳。虽然我们也许永远无法证实，这六老在筮史的脑袋中，是否将换算成— --符号，但它们终究并未在成卦时表示出来的事实，已足够说明，原始的八卦，并不着意于、也难以启发出阴阳、刚柔等等对立思想。它，另有自己的意蕴。

这个意蕴，应该就在六数重叠现象之中去寻求。重叠的六个数，后称六爻者，据说是文王囚羑里时所益；原先只有三爻。事实如何，

---

① 见顾颉刚编著：《古史辨》第五册。
② 李镜池：《易传思想的历史发展》，见氏著《周易探源》，中华书局 1978 年版。

无从可否。但周初卦画确有三数重叠者，如前引之中斿父鼎铭，已非特例。

按三之为数，颇有几分奥秘。三点成一面，三径成一圆，作为数学公式来表示，可能很晚，而在生产与生活的实践中，在陶器时代便已作为经验积淀于人类大脑中了。以三的倍数和分数构建的乐律体系，其形成理论的时间当然也很晚，但由此生成的乐曲的和谐，却通过能够审美的耳朵，很早便提示了人们对三的关注。① 所以《史记·律书》说："数始于一，终于十，成于三。"古希腊毕达哥拉斯学派也说："我们称二为'双'，不为'全'；说到三我们才说全。"②为什么数成于三？为什么说到三我们才说全？这里我们姑且不谈抽象的哲理，仅从求神问卜以决疑释惑的角度来看，三是去从不定、取舍待判时出现的决定者，是促成多数的神奇的一个数。所谓"三占从二"，只有三次贞问才能决出可以放心的多数来。仅从这个意义上，也可悟出数成于三、三为数之全的道理来。许多占卜都以三次为限，易卦最先也是三叠，都是这个道理。

三画或三数重叠，便有了上中下三个位。六峜或六爻，则有两个上中下。这叫"卦位"。以前说《易》的书，很多是从卦位做文章的；外加上各卦各爻的卦爻辞和由之悟出来的所谓"卦象""卦德"，遂推演出一大套玄之又玄的哲理来。

现代一些用新方法研究《周易》的学者，又一反传统羁绊，宣称卦爻辞只不过是一些零碎的民间歌谣和历史故事的简单排列，说不上有什么中心思想。

这两种说法，给我们探寻《周易》思想带来了顾虑，我们应该尊重

---

① 详见本书《说"参"》一文。
② 据黑格尔《哲学史讲演录》第一卷。

前人的成果，我们又不能重蹈前人的覆辙。平实而论，在以卦位、卦象、卦德、互体、卦变等为务的旧说中，固多“一失其原，巧愈弥甚”（王弼《周易略例·明象》）之处，但卦位是排除不掉的，因为它同八卦与生俱来。只要有两个数上下重叠，便发生了位的区别，何况更有三个数呢？而所谓卦象，必待— --出现以后，卦德必待任意附会引申互体、卦变之流，更是附会引申不足以圆通之后的弥缝穿凿。所以以“尽黜象数”见称的王弼，在他的《易》注中，只能黜去卦象、卦德、互体、卦变，却无法不常依卦位为说。至于今人把《易》经从天上拉回人间，确然建了一大奇勋，但也不能忽视，那些历史故事、民间歌谣、社会生活和自然知识的断片，并非信手拈来、随意填入各卦各爻的。编纂者有一种思想需要表现，尽管他还无力做到在六十四卦三百八十四爻中处处表现编纂思想，像后来的仿《易》者扬雄之流那样，但他还是尽力做了。明确点说，他是利用卦位来做的。例如：

《咸》卦初六：咸其拇
六二：咸其腓
九三：咸其股
九五：咸其脢
上六：咸其辅颊舌

《艮》卦初六：艮其趾
六二：艮其腓
九三：艮其限（腰）
六四：艮其身
六五：艮其辅
上九：敦（额）艮

咸和艮在这里作何讲解，我们可以不去纠缠。且看两卦的爻辞，从初到上，按照人体器官的部位，从脚到头，井然有序，表现出一种渐进的思想。又如：

《乾》卦初九：潜龙

九二：见龙在田

九四：或跃在渊

九五：飞龙在天

上九：亢龙

《渐》卦初六：鸿渐于干(涯)

六二：鸿渐于磐

九三：鸿渐于陆

六四：鸿渐于木

九五：鸿渐于陵

上九：鸿渐于陆(阿，大陵也)

两卦取象于龙与鸿的飞腾，自低而高，有条不紊，[1]也是利用了卦位的顺序。

再看《大过》卦：

初六：藉用白茅，无咎。

九二：枯杨生稊，老夫得其女妻，无不利。

九三：栋桡，凶。

九四：栋隆，吉。有它，吝。

九五：枯杨生华，老妇得其士夫，无咎无誉。

上六：过涉灭顶，凶，无咎。

这里的初与上、二与五、三与四，分别对仗，两两为偶，十分整齐。《乾》卦亦然：

初九：潜龙，勿用。

九二：见龙在田，利见大人。

---

① 参考李镜池：《周易的编纂和编者的思想》，见氏著《周易探源》。

九三：君子终日乾乾，夕惕若，厉，无咎。

九四：或跃在渊，无咎。

九五：飞龙在天，利见大人。

上九：亢龙，有悔。

格式与《大过》卦几乎一律，说明二者都非出于偶然。李镜池说这些形式反映出编纂者对卦爻辞的材料“有意识地作了艺术加工”①，论艺术，的确是够艺术的。但恐非仅仅是艺术而已，这种编排，显然是在利用卦位，贯彻着某种哲学思想。

《易·系辞下》在谈论六爻的功用时曾指出：“六爻相杂，唯其时物也。其初难知，其上易知，本末也；初辞拟之，卒成之终。若夫杂物撰德，辨是与非，则非其中爻不备。噫！亦要存亡吉凶，则居可知矣。”又说：“二多誉，四多惧”“三多凶，五多功”，即二、五两爻在多半情况下是吉利的，而三、四两爻则多半不吉。根据上列《大过》及《乾》卦以及其他许多卦的情况看，这些话不无道理。从卦位说，二、五两爻分居下卦与上卦之中，称中爻；三、四两爻则分别为下卦的上爻和上卦的下爻。二之所以多誉，五之所以多功，四之所以多惧，三之所以多凶，中爻之所以能辨是与非，在编纂者的思想里，当认定凡事以处中为吉，而中间者的状态，又足以代表全体面貌之故。

这个尚中思想，是易卦之以三数重叠为形的根本思想。盖一数作为开始，独立自在；二数则构成对峙；两数之间再加一数，对峙便由之渗透、调和，而组成一个统一体，即所谓的数之“成”与“全”。从筮占的目的来说，一数只表示一种休咎，两数便有了选择，而第三数是

① 李镜池：《周易的编纂和编者的思想》，见氏著《周易探源》。

形成多数、指示去从的决定者。所以这中间一爻，地位十分重要，它可以被看作介于二者之间的中介，也可以被看作是超乎二者之外的中立，还可以被看作是驾乎二者之上的中正，是给僵持的双方带来新的生机的中和力量。《大过》九二曰"枯杨生稊"，九五曰"枯杨生华"，《乾》九二、九五均言"利见大人"，难道不是这种思想的表现么？

当然这里有一点需待辨明：何以见得这第三者便是中爻，而不是上爻？这便涉及"三"和"中"的关系问题。简单说来，三之作为数的成或全，并非在于它所处序列上的地位，而在于它"成""全"了一二的关系，它使对立得以统一，使两端由之接近，并因此，在它的自身中，也吸收、包含了一二的对立特性。例如，儒家常以天地人并举。从次序说，"人"处第三；但从内在关系看，人则介于天地之间。天地是对立的，天地与人却不对立，它们与人合一，而且通过人的中介，天与地也调和了，统一了。这便是许多民族都崇尚三、而周人的崇三却以尚中而独具特色之秘密所在。[①]

这样的寄形于三数重叠之中的尚中思想，便是《周易》的根本思想。它主要通过卦位来表现，有时候，也在爻辞中直接说出来，那就是"中行"这个术语。

六十四卦的爻辞中，曾五次出现过"中行"字样：

《泰》九二：朋亡，得尚于中行。

《复》六四：中行独复。

《益》六三：有孚，中行，告公用圭。

《益》六四：中行，告公从。利用为依迁国。

① 详见《说"参"》一文。

《夬》九五：苋陆夬夬，中行，无咎。

旧注以卦位解释，谓“中行”指该爻的位置处在种种状态的中间。郭沫若则以故事说爻辞，谓中行为人名，“就是春秋时晋国的荀林父”①。旧注于《泰》《夬》两卦可以说通，郭说于《益》卦两爻似属可行；至于其他三条，二者皆有滞碍。我猜想，“中行”应是《周易》编纂者明白表示的尚中思想，而且，特别是针对着五行而来。

如前所述，殷人龟卜文化的一个重要思想是以五方为基础的五行，而周人八卦文化则产生出尚中观念。周人接受殷人文化以后，经历着容忍与冲突诸阶段。其容忍的表现，如以龟甲契刻卦画、卜筮并用之类；而冲突，则发生于思想特质的深处。龟卜尚五，八卦尚中，所尚不同，冲突是起。现行卦爻辞的编定，乃在殷周之际，即周人已深知殷人文化以后。卦爻辞中，我们不仅见不到五行痕迹，反而见到了以中为行的“中行”字样。这个多次出现的“中行”，既然别无更妥帖的解释，不妨看作是尚中对尚五的抵制、挑战，故意用“中行”去排斥“五行”为宜。

说是抵制、挑战与排斥，只是在一个特定时期内，即两个系统的不同文化进入冲突阶段的一种姿态。其实五行与中行，并非如冰炭之不能相容。五也有自己的中。待到两种文化接触更深，便能发现互相间的特质上的共同。那时候，五行与中行，也就融为一体了。

四

前计《左传》所载十九条筮事，全部属西方或周人文化范围，绝无

① 郭沫若：《周易之制作时代》，见氏著《青铜时代》，人民出版社 1954 年版。

宋人和楚与吴越的记录。这一现象绝非偶然，值得我们仔细玩味。宋为殷后，有龟卜传统可循，不难理解；而当时已成大国的楚与吴越，即南方各族，是用什么法术与神灵交通，又形成了何种文化的呢？

司马迁说过："蛮夷氐羌，虽无君臣之序，亦有决疑之卜。或以金石，或以草木，国不同俗。"(《史记·龟策列传》)可惜司马迁未曾具体记下他们决疑的办法，至少未能记下像楚与吴越这样曾一度称霸的大国的卜法，实在是一大憾事。

西汉人赵煜撰《吴越春秋》，记吴越宫廷决疑，皆依时日为占：有螣蛇、青龙之语，天一、胜先诸神，其术盖为六壬。据粗略统计，国内至今已先后出土六壬占具栻盘近十件，多为汉代遗物，未见有先秦踪迹。据此，人们似乎有理由怀疑，赵煜是否系以汉人占法推及于吴越，而有了《吴越春秋》中那些神机妙算般的六壬记录？

另外，《史记·日者列传》记日者司马季主之言有曰："越王勾践放文王八卦，以破敌国霸天下。"似越国亦通行易卦然。但"放"有依、效二义，"放文王八卦"云云，可能是依照八卦筮法，也可能是依照八卦而另出花样，比如栻盘之类。究竟如何，亦难详知。

至于楚人决疑方法，人们常爱引据的，有《离骚》"索琼茅以莛篿兮，命灵氛为予占之"句。王逸注云："琼茅，灵草也，筳，小折竹也；楚人名结草折竹以卜曰篿。"《后汉书·方术传》注引《楚辞》注云："挺，八段竹也。"《文选》注云："筳，竹算也。"又，柳宗元《天对》有"折篿剡筳，午施旁竖"句。是筳与篿，当为以竹制成的占具。只是占法如何，上引各书皆无明文，更勿论其法所蕴含的观念为何了。

此外，在《左传》中，我们也可找到楚人决疑的一点线索。《左传·哀公十七年》载：

秋七月，(楚惠)王与叶公(子高)枚卜子良以为令尹。沈尹朱曰："吉，过于其志。"

这个线索，就是"枚卜"。何谓枚卜？杜预注曰："不斥言所卜以令龟。"按，斥，指也。不斥言所卜，究其是不斥言所卜之事，还是不斥言所卜之人，抑或二者俱不斥言，凭空而卜？杜预未曾细说，我们也不清楚他的根据所在。在马国翰辑的《归藏》中，我们倒是碰到不少条枚卜的实例：

昔夏后启筮乘飞龙而登于天，而枚占于皋陶。陶曰：吉。

昔舜筮登天为神，枚占有黄。龙神曰：不吉。

武王伐纣，枚占耆老。耆老曰：吉。

昔鲧筮注洪水，而枚占大明。曰：不吉，有初无后。

昔者桀筮伐唐，而枚占荧惑。曰：不吉，不利出征，惟利安处；彼为狸，我为鼠，勿用作事，恐伤其父。

其外，《初学记》《太平御览》尚有枚占故事三条。这些材料足够表明，枚卜或枚占，应该是一种特殊的占卜方法，杜预所谓之"不斥言"云云，显系妄测。

按，枚之为物，或指树干(《诗经·大雅·旱麓》："施于条枚")，或指马鞭(《左传·襄公十八年》："以枚数阖")，或指士卒所衔之禁声器具(《周礼·衔枚氏》："军旅田役，令衔枚")。《说文》："枚，干也。可为杖。"则马鞭与衔枚，均系"干"之引申义。

据此，《离骚》所咏之"筳篿"，注者所谓的"小折竹""八段竹""竹算"，洗去它的文学粉饰，还原为占卜用语，应该就是"枚"；而"命灵氛为予占之”，正就是进行枚卜或枚占。这样，楚人屈原以筳篿为占，楚王与叶公枚卜，都可得到合理解释了。《晋书·郭璞传赞》赞他“洞晓龟枚”，便是精通龟卜与枚卜的意思。

枚在后世变名为珓、筊、教、杯珓，盖因形而名。宋人程大昌《演繁露》云：

> 后世问卜于神，有器名杯珓者，以两蚌壳投空掷地，观其俯仰以断休咎。自有此制后，后人不专用蛤壳矣，或以竹，或以木，略斲削使如蛤形，而中分为二，有俯有仰，故亦名杯珓。

其术仍以故楚地区为盛。韩愈《谒衡岳庙遂宿岳寺题门楼》诗云：

> 庙令老人识神意，睢盱侦伺能鞠躬。
> 手持杯珓导我掷，云此最吉余难同。

梁人宋懔《荆楚岁时记》亦谓：

> 秋社，拟教于神，以占来岁丰俭。（注曰：教以桐为之，形如小蛤。言“教”，教令也。其掷法以半俯半仰为吉者也。）

珓凡二枚，半俯半仰，也就是一俯一仰。宋人叶梦得《石林燕语》卷一记：

> 太祖皇帝微时，尝被酒入南京（按：河南归德）高辛庙，香案有竹杯筊，因取以占己之名位，以一俯一仰为圣筊。自小校而上，

> 至节度使，一一掷之，皆不应。忽曰："过是则为天子乎?"一掷而得圣筊。

观此可知，掷筊的次数不定，以"应"为止；而所谓"应"，即出现"圣筊"，它表示了神灵对相应祷词的答应。赵匡胤先占问自己能否当到小校，掷筊不应；依次问至节度使，一一掷之皆不应；最后乘酒兴斗胆问了一句，一掷而应。

这个记载多半是赵匡胤当了皇帝以后附会出来的，真假与否，对本文的关系不大。重要的是，它将枚卜的占法说得很清楚，而枚卜之在楚地流行，本有自己的历史渊源。《左传》不见楚人易筮，于此亦涣然冰释。

枚卜流行楚地，以一俯一仰为圣筊，使人很自然联想到楚人老子的"万物负阴而抱阳"，联想到阴阳思想和它的最先倡导者道家。

"阴""阳"二字，起源甚早。甲骨文已见"阳"字，金文又有"阴阳"连用。如《曩伯子盨》铭曰："曩伯子庭父，作其征盨。其阴其阳，以征以行。"(《商周金文录遗》)《敔毁》铭曰："南淮夷迁殳，内伐溟昴、参泉、裕敏、阴阳洛。"(《双剑誃吉金文选》)这时的"阴阳"，乃至《诗经》中的"既景乃冈，相其阴阳"(《大雅·公刘》)，都只简单地保持着造字时的原始意义，即"阳"为日光洒射，"阴"为日光洒射之否定。《曩伯子盨》的"其阴其阳"，可以今译为"不管白天黑夜"；《公刘》的"相其阴阳"，则是观察日影的向背；《敔毁》的"阴阳洛"，或为地名，完全没有其他深奥意义。

大概从西周末年以后，阴阳开始被想象为"气"，与风雨晦明一起，被认为是天之六气。一切自然现象正常与否，常从阴阳中去探寻解释：

(周幽王三年地震)伯阳父曰：周将亡矣。夫天地之气，不失其序。若过其序，民乱之也。阳伏而不能出，阴迫而不能蒸，于是有地震。今三川实震，是阳失其所而镇阴也。(《国语·周语上》)

(鲁僖公十六年，六鹢退飞过宋都)周内史叔兴聘于宋，宋襄公问焉曰：是何祥也？吉凶焉在？……(叔兴)退而告人曰：君失问，是阴阳之事，非吉凶所生也。(《左传·僖公十六年》)

(鲁昭公二十一年秋七月日食)公问于梓慎曰：是何物也？祸福何为？对曰：……阳不克也，故常为水。(《左传·昭公二十一年》)

(鲁昭公二十四年夏五月日食)梓慎曰：将水。昭子曰：旱也，日过分而阳犹不克，克必甚，能无旱乎？(《左传·昭公二十四年》)

这里是以阴阳为天地之气来解释自然的四条实例。虽然这种解释还带有很大的任意性，如同一日食，可有“将水”“将旱”两种结论，但它摈除了神意，从自然自身去寻求自然异常的原因，无疑是一条通向科学之路。而四条实例的时间顺序表明，掌握阴阳知识的人，越来越将自然灾异与人事祸福脱钩，不仰君王之鼻息，则尤为难能可贵。

整个春秋时代，阴阳二气，都是在这种“科学的”意义上使用的：春无冰，由于“阴不堪阳”(《左传·襄公二十八年》)；人有寒疾，由于“阴淫(过盛也)”，有热疾，由于“阳淫”(《左传·昭公元年》)；大雨雹，由于夏有“伏阴”(《左传·昭公四年》)，等等。所以这个阴阳二气，实际上就是我们今天仍在说的“天气”，或者精确点说，是天气中的根本要素，即《庄子》所谓的“阴阳者，气之大者也”(《庄子·则阳》)。

当然，像这样地对地震、日食、水旱、风雹乃至流行时疫，都用同一个阴阳来解释，未免过于笼统，它比不加解释几乎没有多大长进。正如包治百病的药方，百病必然都治不好，能够回答一切的方程，必然一切方程都不能回答一样。一位西方科学家说过：如果千变万化的大自然都从那一个方程中涌现出来，那么，我们对这千变万化的掌握，同过去仍然一样遥远和模糊。从科学的意义上来要求，对阴阳理论作这类评论，可算不为苛刻。但如果当作一种哲学思辨来看，价值便将不同得多。从哲学上说，阴阳学说着眼于捕捉事物的内在矛盾，并把宇宙间的一切，视为有机的统一整体，如此去建立世界观，实不失为一个良好的开端。

阴阳学说往后的发展，仿佛先天注定了的一样，正好不是沿着实验的、分析的道路，最后构成严密的科学理论；而是以面向自然为特色，越来越抽象，越来越概括，以至最后完全成了一种先验的世界图式。其在先秦，首先是由道家学派来促成的。

从战国时代的《老子》书中，我们第一次读到了“天气”意义以外的阴阳字样，那就是“万物负阴而抱阳，冲气以为和”。它说万物也有阴阳，万物都是阴阳之和。这个阴阳，当然不是日光洒射与否的原始意义，也不简单就是“六气”之二，它已经成了一种属性，一种原力，一种使万物得以成为“物”而又分为“万”的根源。

至于万物为什么会负抱阴阳，又如何负抱的，《老子》文约，没有更多说明。在道家学派的另一经典《庄子》中，我们可以找到进一步论证。

《庄子》认为宇宙之中，形之最大者为天地，气之最大者为阴阳（《庄子·则阳》）。“大明之上”是“至阳之原”，“窈冥之门”是“至阴之原”（《庄子·在宥》）。“阴阳相照相盖相治，四时相代相生相杀”，而有万物（《庄子·则阳》）。人亦“受气于阴阳”（《庄子·秋水》），“阴阳于人，不翅于父母”（《庄子·大宗师》）。正由于此，人体内部作为一个小宇宙，也有阴阳二气，为人应该“静而与阴同德，动而与阳同波”（《庄子·天道》），不以生死得失撄心。如果因得而大喜，则“邪毗于阳”，因失而大怒，则“邪毗于阴”（《庄子·在宥》），都将使“阴阳之气有沴”（《庄子·大宗师》），都会发生“阴阳之患”（《庄子·人间世》），那叫作“寇莫大于阴阳，无所逃于天地之间。非阴阳贼之，心则使之也”（《庄子·庚桑楚》）。因此，最佳的精神状态，应该是“非阴非阳，处于天地之间；直且为人，将反于宗”（《庄子·知北游》）。

所谓“反于宗”，即返本归真，回到个人的童真状态，人类的原始状态，或天地初辟的混沌状态。那个状态或时代，是“非阴非阳”也就是亦阴亦阳的，或者叫“和”的：

> 古之人在混芒之中，与一世而得淡漠焉。当是时也，阴阳和静，鬼神不扰，四时得节，万物不伤，群生不夭，人虽有知，无所用之，此之谓至一。（《庄子·缮性》）

必须指出，这个“和”，与儒家的中和之“和”大不一样。儒家是由二进到三，以三来中和二；道家则是由二返回一，以一来泯灭二。儒家追求新一，所谓“吾其为东周乎”（《论语·阳货》）；道家向往“至一”，所谓“和光同尘”“如婴儿之未孩”（《老子》）。儒家的思想来源是八卦的尚中，道家的思想来源是枚卜的阴阳。两家是大不一样的。

道家的阴阳哲学在《楚辞》中以诗的语言出现：

> 阴阳三合，何本何化？（《楚辞·天问》）

这是阴阳化生万物的思想。而

高飞兮安翔，

乘清气兮御阴阳。(《九歌·大司命》)

则与《庄子》的“乘乎云气而养乎阴阳”(《庄子·天运》)、“乘天地之正而御六气之辩”(《庄子·逍遥游》)如出一辙。至于

一阴一阳兮，

众莫知兮余所为。(《九歌·大司命》)

更是《庄子》中追求的那种“阴阳和静”的境界；或者也可以说，这就是枚卜所念念有词投空掷地以求的一俯一仰的圣筊。

阴阳哲学自枚卜宗教而形成的轨迹，由此能否窥见一斑呢？

传统说法多把阴阳等同于八卦，相信阴阳为西方周人的思想。前节已证明，八卦最初并不以阴阳表示，卦爻辞中亦无阴阳观念；现在我们还可进一步指出，以发扬周人文化为天职的儒家，是缄口不谈阴阳的。

《论语》《孟子》二书中，除了用如日光有无的原始义之阴阳一二处外，完全不见作为天地之气的意义，更勿论推及于万物和人伦了。孔孟时代，用阴阳解释自然的学说已很流行了，他们当然不会不知道，大概目之为“怪力乱神”之列吧，所以终篇不见提及。甚至在战国后期的《荀子》书中，也仅仅在六气的意义上使用阴阳。如果阴阳为周文化的固有思想，我们将如何解释以继承和发扬周文化为天职的儒家却不谈此道的现象呢？

在儒家经典中，唯一的例外是《易经》。《易》之十传的写成年代，于此无须详辨，总归它们都在八卦已以— --符号表示以后而作，当

绝无疑问。所谓圣人“观变于阴阳而立卦”(《易·说卦》),显然必须待卦画以一 --表示,而一 --又被附会为阴阳之后,才有可能说得出来。而“阳卦多阴,阴卦多阳”“阳一君而二民,阴二君而一民”(《易·系辞》),更是将一 --引申为男女、君臣以后的观念。他如“一阴一阳之谓道”“阴阳不测之谓神”(《易·系辞》),从思想深度来看,应该更后,因为它已视阴阳为宇宙律,比之《老子》的“万物负阴而抱阳”还更上一层楼了。而这一切思想,不仅为《易经》本文所没有,也为以《易》通神的周人文化所阙如,甚至还是《易传》之外的一切儒家经典所罕言。因此,我们只好说,《易传》的阴阳思想,是外加于《易》的,而这个外加,正好表现了西方的周人文化和南方的楚人文化在某个时机的融合。在下一节中,我们将会看到,这种融合是怎样实现的。

五

五行、中行和阴阳,同各自有关的原始宗教形式相关,发生于东方、西方和南方。在时间上,固或有参差,但相距不为太久;在空间上,虽各据一方,终难免发生接触。

不同系统的文化发生接触,通常多经历容忍、冲突与融合这样三个辩证发展的阶段,即肯定、否定与否定之否定的阶段。因为不同系统的文化,不论其来源与特质如何不同,既是作为人们生活方式的一种表现,总有某些共同之点。彼此乍一接触时,往往比较容易看到表面的共同,而互相容忍。龟卜传入周原,虽有卜具卜法尤其是所含观念之不同,但其为贞问神灵以决疑窦,则是共同的,所以周人也乐于采用。1950 年发掘安阳殷墟,在四盘磨村西区发现一块卜骨,上面刻有"六崟"符号三个[1]，则又是殷人习用周人易卦的例证。枚卜为南方楚人文化，但殷墟卜辞中曾见"癸巳，卜复枚"(《殷粹》1060)的记载，周原卜骨亦有"王以我枚单咒，勿卜"[2]的字句，足见不同文化初接触时的容忍，尚不是单方面的，而往往是互相的。

但不同系统文化终究是不同的，待到接触稍深，实质性的不同逐渐发现，冲突便随之而起。周人卜兆何以不用五，春秋宋、楚何以不用《易》，大概都是冲突的象征。可惜文献不足，今天已难言其究竟了。

人类是不会轻易放弃已经获得的东西的，尤其不会放弃其中的合理成分。因而，文化上的冲突，既不会导致同归于尽的惨境，也难得见一个彻底灭绝另一个。通常的情况，多是伴随冲突或在冲突以后发生以较先进或较深厚文化为主的融合，而出来新的文化。后世如此，先世尤盛。

周人代殷而王，为八卦文化的推行带来了有利条件。但源远流长的五行文化，颇有先入为主的优势。阴阳文化崇尚自然，也算得上得天独厚。因之这三大文化的融合，便形成了一幅色彩缤纷的画图。再加上周之各诸侯国文化政策不尽相同，或"疆以周索"，或"疆以戎索"(《左传·定公四年》)，或"因其俗，简其礼"(《史记·齐太公世家》)，或"变其俗，革其礼"(《史记·鲁周公世家》)，因而各国文化发展的趋势甚不一致，更使得三大文化的融合过程，跌宕起伏，姿态万千。

大体上，用阴阳来解说八卦，是融合过程中最易首先实现的一步。但即使这样，《左传》中的易筮，仍未见有以阴阳解说的。现在所知的以阴阳说《易》的最早记录，是魏襄王(公元前318—前296年)墓中的

---

① 郭宝钧：《一九五〇年春殷墟发掘报告》，载《中国考古学报》第5册。
② 佚号。拓片见《历史研究》1980年第1期。

竹书。杜预在谈到这批竹书时说：

> 《周易》上下篇与今正同，别有《阴阳说》，而无《彖》《象》《文言》《系辞》，疑于时仲尼造之于鲁，尚未播之于远国也。……又别有一卷，纯集疏《左氏传》卜筮事，上下次第及其文义，皆与《左传》同，名曰《师春》。(《左传注·后序》)

这个《阴阳说》虽未流传下来，但顾名思义，显系以阴阳解说易卦的书。其中有无《系辞》传中"一阴一阳之谓道""阴阳不测之谓神"等思想，或者今天的《系辞》传中已包括有《阴阳说》在内(《系辞》本非一篇完整文章，而系多篇拼成，前人早已看出)，虽不得而知，但它比《彖》《象》《文言》《系辞》各传都出现在先，则是可以肯定的。竹书的一有一无，既是历史事实，也符合文化发展的逻辑。杜预所谓"仲尼造之于鲁，尚未播之于远国"，属于传统偏见，也太低估了当时的传播速度，自不可轻易相信。比较合理的设想应该是：先是"六峜"将自己的奇偶数字简化为⚊ ⚋，因而定型为六十四卦，卦各有名，有卦辞及爻辞；由⚊ ⚋而发生所谓卦象。如《师春》所录之《左传》卜筮文义。进入战国以后，开始有人以阴阳说《易》，继而有人作《彖》《象》传以发挥《易》所固有的尚中观念。《系辞》成分较杂，它标志着阴阳、尚中已熔于一炉。而《说卦》中，则更容纳了五行思想：

> 帝出乎震("震，东方也")，齐乎巽("巽为木"，"东南也")，相见乎离("离为火"，"南方之卦也")，致役乎坤("坤为地")，说言乎兑("兑，正秋也")，战乎乾(乾"为金"，"西北之卦也")，劳乎坎("坎者，水也，正北方之卦也")成言乎艮("艮，东北之卦也")。

这便是将东南中西北五方、木火土金水五材分配于八卦的最初方案。所以《易》之十传，可以看作是以八卦文化为主的三大文化的一个总汇。

而成于齐国稷下学宫的《管子》，则别是一番情景。齐国由于太公行“因其俗，简其礼”的文化政策，周室正统思想相对薄弱，殷人五行观念保存较多，《管子》一书中，便有《幼官》《四时》《五行》《轻重己》诸篇是专门讨论五行的，并且已经基本上形成了一个无所不包的宇宙图式。[①] 为后来的《礼记·月令》、《吕氏春秋》十二纪、《淮南子·时则训》构筑好了牢固的基地。特别值得指出的是，他们在谈论五行时，已吸收了阴阳观念。如：

> 阴阳者，天地之大理也。四时者，阴阳之大经也。
>
> 阳为德，阴为刑，和为事。(《管子·四时》)

就是说，天地、四时、政教、人事，固然由五行图式排列妥当，而它们同时还服从阴阳的支配。一旦同时掌握了阴阳与五行两种奥义，则一切求神问卜，都将成为多余的事，而天下自然大治。这就是《管子·五行》篇中所谓的：

> 故通乎阳气，所以事天也，经纬日月，用之于民；通乎阴气，所以事地也，经纬星历，以视其离(列)。通若道(按：指阴阳之道)然后有行(按：谓再遵行五行)，然则神筮不灵，神龟不卜，黄帝泽参(?)，治之至也。

---

① 《幼官》有五方、五色、五味、五音、五气、五数、五虫、五兵，《四时》有五方、五辰、五时、五气、五材、五德、天干，《五行》有五时、五吏、五神、五色、五方、五材，《轻重己》只谈四时、四方、四色、四辰、四虫，但格局与谈五者全同。

以阴阳来结合五行，编排出《管子·幼官》等所谓“务时而寄政，作教而寄武，作祀而寄德”的月历，以求人行“合于天地之行”(《管子·四时》)，或者叫“人与天调”(《管子·五行》)，固不乏用虚构的联系掩盖、冒充真实的联系之处，但其中也确然包含了不少生产、生活的可贵经验，可供人们按时遵行。这比起过去那种每事必卜、大事必筮的办法来，确实是历史的一大进步。无怪乎《五行》篇要大呼“神筮不灵，神龟不卜”，认为天地的钥匙，都已握在自己手中，可以无往而不胜了。

我们今天看得很清楚，《管子》书中这几篇，不过是东方的五行文化和南方的阴阳文化结合后的产物而已。在战国时代文化大融合的乐章中，它还远远不是最后一曲，因为它还缺少点西方文化的旋律。

在《逸周书》中，我们发现了《管子》所缺的东西。《逸周书》以周人尚中思想为基地而又吸收了稷下学派之类的阴阳五行：

> 天道尚左，日月西移；地道尚右，水道东流；人道尚中，耳目役心。心有四佐，不和曰废；地有五行，不通曰恶；天有四时，不时曰凶。(《逸周书·武顺》)
>
> 三极：一、天有九列，别时阴阳；二、地有九州，别处五行；三、人有四佐，佐官维明。(《逸周书·成开》)

天地人并举，或以人与天地参的思想，是周人的传统思想。而认为天与阴阳有关、地与五行有关，便不是周人固有文化了。至于书中以周人的“人道尚中”为准，去推及于地之五行应该“通”，天之阴阳应该“时”，即相信五行与阴阳也是尚中的，那更不是五行、阴阳观念的原有内容，而成了三大文化的大融合了。

同《逸周书》之以中和要求于阴阳五行的思路相左，齐人邹衍将稷下学派的阴阳五行学说向着另外方向推进。

据史书记载，邹衍由于看到“有国者益淫侈，不能尚德”“乃深观阴阳消息而作怪迂之变，终始大圣之篇十余万言”（《史记·孟子荀卿列传》），终于“以阴阳主运显于诸侯”（《史记·封禅书》）。邹衍曾游学于稷下，他的“怪迂之变”“终始大圣”“阴阳主运”，显然也是接受自稷下学派的阴阳五行学说。不过他不像《逸周书》那样，用中和观念去解释它；也不停留在“务时而寄政”方面，只求每月每季的“人与天调”；特别是，他更一反常用的五行相生序列，将春秋时已见端倪的相胜关系系统化起来。于是，成为邹衍阴阳五行学说特色的是，他把阴阳五行主要用于解说朝代的发展，认为整个人类历史都是“合于天地之行”的；而这种发展，又被想象成依照五材相胜的关系，终而复始地循环。所谓：

> 邹子终始五德，从所不胜。土德后，木德继之，金德次之，火德次之，水德次之。（刘歆《七略》，据《文选》左思《魏都赋》李善注）
>
> 称引天地剖判以来，五德转移，治各有宜，而符应若兹。（《史记·孟子荀卿列传》）

用于历史并鼓吹相胜，其现实背景可能是为了服务于社会变革，[①]从五行思想本身的逻辑发展来说，它实在也是必然的一步。因为阴阳五行学说，不管它包含有多少牵强附会，总是对宇宙这个有机整体的一种在当时所能达到的、力求近似的解释。用之于解说历史，足以弥补到当时为止该学说多用于自然而忽略了的整整一个方面；而以相胜作为相生的补充，又能使该学说左右逢源，更为接近有着反馈功能

① 《汉书·严安传》引邹衍曰：“守一而不变者，未睹治之至也。”

的大自然这个封闭系统的本相。所以这一步，是必然的一步。在邹衍的时代，实现这一步的客观条件和主观条件，都已成熟了。

再从另外一个角度看，有了相胜作为相生的补充，使五行具备既相生又相胜的关系，实际上是使五行具有了中和的属性，其结果必将有利于中和思想和五行思想的融合。而这正好符合当时文化发展的总趋势。

所以，邹衍在先秦文化史上的作用，是值得认真注意的。可以说，三大文化发展到了邹衍时代，实际上已经完成了融合的一切准备工作。有人说邹衍是阴阳家（《汉书·艺文志》），有人说邹衍是儒家①，后来又有人说邹衍是道家②，看来都只各各看到了邹衍的一隅，而未见其大融合的全貌所致。

五行、八卦、阴阳三大文化的最终融合，是通过汉儒董仲舒之手完成的，差不多同时完成的中医理论体系，则是这一融合在自然科学上的表现。

此后的什么纳音、纳甲之使干支、五行、八卦相搭配，九宫十二神之与八卦、五行相呼应，都已属于支裔流亚，离开起源甚远，不属本文范围了，容俟诸来日。

（原载《中国社会科学》1984 年第 3 期）

① 《史记·孟子荀卿列传》谓邹衍学说“要其归，必止乎仁义节俭、君臣上下六亲之施”。
② 谢扶雅：《田骈和邹衍》，见《古史辨》第 5 册。

初读郭店楚简

企盼已久的荆门战国竹简，1998 年 4 月底正式出版面世了。[①]早从 1994 年起，有关这批竹简，便有许多传说，纷纷扬扬。足足等了四年，我们这些局外人，总算得以一瞻玉影，虽然还是无缘亲炙芳容，已经很是知足了。而且，四年的岁月，在我们固然急不可耐；对于沉睡了两千多年的竹简来说，只不过一瞬而已。所以，应该说，一切都是美妙的。纵有什么不能尽如人意的地方，比起竹简的出土来，全都微不足道了。

因为这批竹简，不仅要改写经学史和儒家学说史，而且要动摇中国学术思想的不少有关定论，使人耳目为之一新。我们应该尽快识别这批竹简的篇章文字，认清这批竹简的学术价值，万不可辜负这位远时(不是远方)客人的盛情到来。

一

据报道，竹简现存 804 片，13 000 多字，全部为学术著作。就数量来说，它在中国考古史上，还说不上是最多的。出土最多的一次，应推公元 279 年，晋咸宁五年，汲郡魏襄王冢的竹简。据《晋书》记载，那次“得竹简小篆古书十余万言”(《晋书·武帝纪》)，“竹书数十车”“大凡七十五篇”(《晋书·束皙传》)。令人感兴趣的是，这先后两批竹

① 荆门市博物馆编：《郭店楚墓竹简》，文物出版社 1998 年第 1 版，以下凡单注页码者均指此书。

简，虽然在出土时间上远隔千余年，在埋藏空间上相距千余里，仿佛马牛其风，全不相涉；但巧的是，二者入土的年代，却大体相当。我们知道，汲冢的魏襄王，卒于公元前296年；而郭店的这座楚墓，据考证，也“具有战国中期偏晚的特点，其下葬年代当在公元前4世纪中期至前3世纪初”[①]，或者更精确地说，“约当公元前300年”[②]。这一年代相近的事实，无疑会引起研究者的充分注意。

郭店现存竹简，经荆门市博物馆整理，分成十六篇。十六篇中，按传统的学术分类法，有两篇属于道家，其中一篇是《老子》；其余十四篇，属于儒家。而汲冢的书目则比较驳杂，据记录最细的《晋书·束皙传》所载，其七十五篇中，可与郭店相比的学术性著作，大概有《易经》以及说《易》、论《易》书共七篇，《国语》三篇，似《礼记》书三篇，全都属于儒家。

韩非曾说过，孔子死后，儒分为八。其实从大的思想路数来说，并没有那么多，也不可能有那么多派。起先孔子倡仁，对于人为什么能够仁这样的大问题，在孔子当时，不曾提出过，也提不出来。孔子死后，学生们在探索这个问题上，逐渐分走两条路：一条是向外寻找，一条是向内追求。向外找的追到宇宙本体，有所谓“一阴一阳之谓道，继之者性也，成之者善也”之说，认为人之能仁，有着宇宙论上的依据。向内求的追到心性深处，有所谓“恻隐之心人皆有之”“人之所以异于禽兽者几希”诸说，认为人之能仁，有其心性论上的依据。向外派重视《易经》《易传》，后来慢慢演变为荀学（荀子赞仲尼、子弓；子弓即传《易》的子弘）；向内派发明《五行》《六德》（郭店楚简篇名），不久遂直接形成为孟学。

汲冢书和郭店楚简，正好分属于这向外派和向内派，彼此互不兼

① 湖北省荆门市博物馆：《荆门郭店一号楚墓》，载《文物》1997年第7期。
② 崔仁义：《荆门楚墓出土的竹简老子初探》，载《荆门社会科学》1997年第5期。

容，却正好处在同一年代，实在是很有意思的事。充分重视这一事实，无疑会给儒家学说史的研究带来新的趣味。

二

郭店楚简的大部分内容，是今人从未见过的，它将激起学界的兴奋，自是意料中事。人们不易想到的是，我们所熟知的一些成句，在竹简中，竟然也有惊人之笔，足以改变相沿成习的观念。

譬如“民可使由之，不可使知之”这一句老话，曾使许多人头疼过，因为它和孔子“有教无类”的思想不合，和“庶、富、教”的纲领也矛盾。有人曾曲为之解，把它读成“民可，使由之；不可，使知之”，以成全孔老夫子的名声，终因难以服人而无济于事。现在郭店楚简一出，这个难题倒解决了。

简中有好几处文字与此有关，最清楚的一处这样说：“民可使道之，而不可使智之。民可道也，而不可强也。”（第174页）“道之”就是“导之”，也就是教之，这是没有问题的。“不可使智之”同位于“不可强也”，也就是“不可勉强也”，这在文句中也清清楚楚，应毋庸议。需要稍加说明的只是，“智”之为德，在儒家学说中，本来便是有着限制的。第163页上说“不欺弗智，信之至也”，“智”与“欺”并列，与“信”反对，这样的智，就是我们通常所谓的小聪明，“其为德也，可不慎欤”！孟子也曾这样说过：“所恶于智者，为其凿也。如智者若禹之行水也，则无恶于智矣。禹之行水也，行其所无事也。如智者亦行其所无事，则智亦大矣。”（《孟子·离娄下》）凿者穿凿附会，把自己意见强加于人之谓。可见，不可使智之，说白了，就是不可强加于人。再好的主张，也只能在人民的理解中慢慢推行，强加过去，好事也会变成坏事的。第167页上有一段话说得好：

> 智(知)而比即(次)，则民谷(欲)其智(知)之述(遂)也；福(富)而贫贱，则民欲其福(富)之大也；贵而能让，则民谷(欲)其贵之上也。反此道也，民必因此厚[1]也以复之，可不慎乎？

“比次”就是按部就班的意思。智而能按部就班，老百姓便希望你的智得到贯彻；一如你贵而能让，老百姓便希望你步步高升一样。如果反此道也，老百姓就要“复之”了！可不慎乎？

三

儒家学说一向被讥为统治阶层的符咒、王道三纲的理窟。平心而论，汉以后的现象也许的确如此，但早期阶段，譬如竹简所在的战国时代，却颇有不同。

简中现有被拟名为《六德》的一篇，谈的是夫妇、父子、君臣的关系，以及其各自应有的德行。这三大关系，乃人类及其社会所不可或缺的根本关系，虽洒脱如庄子者，也曾说过“子之爱亲命也，臣之事君义也，无所逃于天地之间”这样的话。至于主张尚法而不尚贤的韩非，说得就更干脆了：“臣事君，子事父，妻事夫，三者顺则天下治，三者逆则天下乱，此天下之常道也。”(《韩非子·忠孝》)韩非所谓的顺逆，也就是以谁为纲的意思，后来汉代人的三纲说，不过把它说得更简明一些罢了。

楚简里也谈到了这三大关系，却有着重大不同。首先是次序上

---

① 《释文》定此字为“厚”，无解，且与前后诸“厚”字笔法皆异，恐非是。

的不一样。楚简先列夫妇后叙君臣，这种由自然而社会的顺序，或者叫先“门内”后“门外”的顺序[①]，包含着儒家特有的重血缘、重生生和本末先后的观念，是很值得玩味的；其次是要求上的不一样。楚简对三大关系六个方面，都提出了对等的要求：不仅要求妇德，而且要求夫德；不仅要求子德，而且要求父德；不仅要求臣德，而且要求君德。这也是儒家的传统，孔子所谓的“君君、臣臣、父父、子子”，正是这个在道德面前人人平等的意思。

最为惹人注意的是简中提出的处理这三大关系发生矛盾时的原则，叫作“为父绝君，不为君绝父；为□弟绝妻，不为妻绝□弟；为宗族□朋友，不为朋友□宗族”（第188页）。这是一个自然主义、帝力何有的原则。“为父绝君”这句话，不由得让人想起孟子那个有名的破草鞋故事：有个学生叫桃应的，设了一道难题问孟子：“舜为天子，皋陶为士，瞽瞍杀人，则如之何？”（皋陶是有名的大法官，瞽瞍是帝舜的父亲）孟子说：把瞽瞍抓起来。学生又问：“然则舜如之何？”孟子的妙答是：“舜视弃天下犹弃敝蹝也。窃负而逃，遵海滨而处，终身䜣然，乐而忘天下。”（《孟子·尽心上》）好一个窃负而逃！好一个为父绝君！困扰着后儒两千年的忠孝如何两全的苦恼，原来曾是很容易便能解开的。

尤有进者，竹简还提出，绝君不一定必得为父，不为父也可绝君。因为它认为，君臣是一种朋友关系，一种互相选择的关系，所谓“友，君臣之道也”（第209页），“君臣、朋友，其择者也”（第197页）。如果对君有所“不悦，可去也”，如果君有“不义而加诸己，弗受也”（第209页）。这种自由主义的思想，固然有着战国时代那种朝秦暮楚、楚材晋用，或者叫作此处不留爷，自有留爷处的政治背景，但也切勿忽视其中洋

① 见第181、188页谈门内之治、门外之治。按，门内外之治的说法亦见于今本《礼记·丧服四制》。

溢着的儒家那种以德抗位的倔强精神。

四

据说这批竹简数经盗扰，出土时已散乱残损，能拼合成目前的样子，释读到可以理解的地步，确实应该感谢整理者的勤劳，佩服他们的智慧。他们的业绩，将和这批竹简一样，永远彪炳于史册。

但是，正如整理者所说，原来简册的面貌已绝难恢复，现有的成果还有待改进。我读了两遍以后，便发现一些与传世文献相同相通的地方，由于未曾互勘，遂时有不识、误读、错接等情况发生，有待更正。例如：

1.《语丛三》第 50、51 简，很明显同于《论语·述而》的“子曰：志于道，据于德，依于仁，游于艺”。注释未能注出相同者，释文也就未能识出简上的“据”字和“依”字。

2.《性自命出》第 34、35 简，现在的释文是：

> 喜斯慆，慆斯奋，奋斯咏，咏斯猷，猷斯迮。迮，喜之终也。愠斯忧，忧斯戁，戁(34)斯戁，戁斯宷，宷斯通。通，愠之终也(35)。

这一段文字，和《礼记·檀弓下》子游谈礼道的一段话很相似，子游说：

> 人喜则斯陶，陶斯咏，咏斯犹，犹斯舞，舞斯愠，愠斯戚，戚斯叹，叹斯辟，辟斯踊矣。品节斯，斯之谓礼。

子游这段话，历来很费解。因为它本是回答“丧之踊”的，却从“人之喜”谈起，一环一环，最后到了悲之极的踊。虽说乐极可以生悲，但谈丧之踊(号啕顿足)，于情于理，似乎并无从喜谈起的必要。加上版本不同，句子互有差异，所以一直没人能弄清楚这段话的准确意思。

现在好了，我们把文献和文物合起来看，真正看到了一副合则双美的情景：竹简上不认识的字，马上全都可以认识了；文献中不好懂的意思，顿时也就豁然贯通了。它们的底本，大概是这样的：

> 喜斯陶，陶斯奋，奋斯咏，咏斯猷(摇)，猷(摇)斯舞。舞，喜之终也。
>
> 愠斯忧，忧斯戚，戚斯叹，叹斯抚，抚斯踊。踊，愠之终也。

“舞”字在竹简从亡从辵，正是“無”字下面加两足。“抚”字在竹简从亡从木，亦即“手”旁加“無”。抚，拊心也，《礼记》孔疏曰：“抚心为辟，跳跃为踊。男踊女辟，是哀痛之至极也。”其他的“戚”字、“叹”字、“踊”字，参照文献，很自然便都能认出了。

3.《六德》第30、31简交接处，释文这样说：

> 门内之治纫掩义，门外之治义斩纫。(注释：“纫”当读为“仁”)

查竹简他处“仁”字，一律从身从心，此处应无例外，不该写成“纫”。搜索枯肠，终于想出，这段话，也与一段文献相同；找到文献，真相遂大白起来。那是在《礼记·丧服四制》上：

> 门内之治，恩掩义；门外之治，义断恩。

这本来是谈丧服异制之理的一段话，门内指宗族，门外谓朝廷；恩和义的关系，就是亲和尊的关系。“恩”字写为“纫”，音近使然也。

4.《语丛一》第77简至82简，谈亲与尊的关系，有“尊而不亲”“亲而不尊”字样，很容易使人记起《礼记·表记》上的类似语句。那里有这样的说法：

厚于仁者薄于义，亲而不尊；厚于义者薄于仁，尊而不亲。

以这条文献为拐杖，来排比竹简，则第77简应下接第82简，再接第79简，其状如：

□□□□于义亲而(77)不尊厚于义薄于仁(82)尊而不亲(79)

第77简上端实缺四字，不是释文所示的三个空。补足以后，即可通读：

厚于仁，薄于义，亲而不尊；厚于义，薄于仁，尊而不亲。

5.《老子》甲第1简，释文和注释确定读为：

绝智弃辩，民利百倍。绝巧弃利，盗贼亡有。绝伪弃诈，民复孝慈。三言以(1)

这几句在帛书本和传世本上都作“绝圣弃知，民利百倍。绝仁弃义，民复孝慈。绝巧弃利，盗贼无有”。简文和帛书不同的那一句，“绝伪弃诈”中，“伪”字从为从心，定成“伪”字应无问题。伪即后来荀子所谓的“文理隆盛”，即人为，即为。竹简《语丛一》第55、56简说“为孝，此非孝也；为弟，此非弟也，不可为也”，也就是这里“绝伪……民复孝慈”的意思。只是注释把“弃”后那个不认识的字定为“诈”字，于理似有未可。从道理说，诈乃恶行，非伪可比，不待言弃而必弃者也。从字形看，该字虎头且声，《说文》读昨何切，现在下面加意符“心”，表示心态，似乎可以释为“作”字。作，存心造作也，与“伪”字义近。为孝作慈，非真孝慈，故需弃绝之。

6.《老子》丙第1、2、3简，与现存传世本的十七、十八章相当。其中涉及“安”字凡四处，释文将它们读为：

> 信不足，安(1)有不信。……
>
> 故大(2)道废，安有仁义。六亲不和，安有孝慈。邦家昏□，安有正臣(3)。

传世本中，有的以“焉”字代“安”字(如傅奕本)，有的则没有“安”字也没有“焉”字(如王弼注本)。按，“焉”字如果读在句尾，用作语末助词，那只是表示某种语气，没有什么实质意义。如果读在句首，用作连接词，则有“乃”“则”义；用作疑问词，更有“何”义，与“安”字同。至于“安”字用在句首，就只有疑问的意思。

简文中多处出现“安”字，多用作语末助词，与“焉”字通，整理者都曾逐一括号注明。现在《老子》丙本的“安”字被保持原貌，而且断在句首，读者读起来，多半会把老子的意思理解成：“大道都已废了，哪里还会有什么仁义呢？”

而这和老子的原意，恐怕正好相反了。

（原载《历史研究》1998年第4期）

忧乐圆融

——中国的人文精神

中庸之为德也，其至矣乎？民鲜久矣！

——孔子

有一位学者指出，中国文化的深层特质在于“忧患意识”；另一位学者声言，中国文化是“乐感文化”。一忧一乐，两个几乎全然不同的学说，分别于 1962 年和 1985 年先后推出，在中国文化研究的圈子里，都发生了强烈影响。

千百年来，人们一直在试图寻找一个简明的概念，来概括显然具有自己鲜明特色的中国文化。起先用的是“仁心”，是“中道”；尔后有了和西方对比的机会，又改用“静的文化”（钟天纬）、“道的文化”（薛福成）、“精神文化”（梁启超）、“孝的文化”（钱穆）等之类，去和被想象为西方文化特征的“动的文化”“器的文化”“物质文化”“爱的文化”相区别。所有这些，都可算作是从文化的意识层面或心理层面来辨认中国文化的。也有从文化的器物层面着眼，称中国文化为农耕文化的；或以文化的制度层面为主，称中国文化为家庭本位的专制文化的。更有从一元进化论的观点出发，统称中国文化为封建文化或中世纪文化的。

凡此种种，如果不计它们赋予的或由之引申的价值含义的话，似乎都能或浅或深地捉住了中国文化的某些特质，给人们的认识以一定导向。它们彼此虽也互有差别，但这些差别仿佛只不过在概念的大小宽窄或主从本末之间，因而大家还是相容的、互补的，或者说，是并行不悖的。

没料到继之而起的两种新说，一主“忧”，一主“乐”，其两极对峙的状况，除了在“五四”前后那些纯价值判断的文章中所可仅见外，此外任何对中国文化作整体研究的地方，都还难得碰到。

于是，分析一下这一对都已颇具影响的学说，无疑是一件饶有趣味的事。

万一通过分析而竟然多少接触到了中国文化的特质，那时，对于中国文化如何现代化的伟大历史课题，岂不也算在尽一点绵力么?!

一

“忧患意识”说是徐复观先生于1962年在《中国人性论史》中提出的；翌年，牟宗三先生在《中国哲学的特质》讲演中曾予阐释。

他们认为，中国的人文精神躁动于殷周之际，其基本动力便是忧患意识。此前之“尚鬼”的殷人，沉浸在原始的恐怖与绝望气氛中，总是感到人类过分渺小，一凭外在的神鬼为自己做决定，因而人的行动脱离了自己意志主动或理智导引，没有道德可言。周人革掉殷人的命，成为胜利者，并未表现出趾高气扬的架势，相反，从商革夏命和周革殷命的历史嬗变中，发现了吉凶成败与当事者行为有密切关系，及当事者在行为上应负的责任，从而形成了所谓的“忧患意识”(取词于《易·系辞下》:“易之兴也，其当殷之末世、周之盛德耶?”“作易者其有忧患乎?”)。这是某种欲以己力突破困难而尚未突破时的心理状态，或者说是一种坚强的意志和奋发的精神，是人对自己行为的谨慎与努力。因而这是一种道德意识，是人确立其主体性之始，它引起人自身的发现，人自身的把握以及人自身的升进，与形成耶、佛二教的恐怖意识和苦业意识决然不同。忧患意识在周初表现为“敬”，此后则融入于“礼”，尔后更升进为“仁”。从表面看来，人是通过“敬”等工夫而肯定自己的；本质地说，实乃天命、天道通过“敬”等工夫而步步下贯，贯注到人的身上，作为人的本体，成为人的“真实的主体性”。他们相信，基于忧患意识为基础的心性之学，不仅是儒家思想的基本品格，也是中国文化的基础，是孔、孟、老、庄以至宋明理学乃至中国化了以后的佛学的一条大纲维之所在①

“乐感文化”说是李泽厚先生于1985年春在一次题为“中国的智慧”讲演中提出的，收录在《中国古代思想史论》中，后来在《华夏美学》中又有所发挥。而这一说法的理论前提，早在他1980年的《孔子再评价》中，便已形成了。

其说认为，由于氏族宗法血亲传统遗风的强固力量及长期延续，以及以农业家庭小生产为基础的社会生活和社会结构的牢固保持，决定了中国文化具有一种“实践理性”或“实用理性”的倾向或特征。它曾被孔子概括在仁学的模式中，后来慢慢由思想理论积淀并转化为心理结构，内容积淀为形式，成为汉民族的一种无意识的集体原型现象。这种由文化转变来的心理结构，被称之为“文化心理结构”，或人的心理本体，虽历经阶级的分野与时代的变迁，它却保有其某种形式结构的稳定性。实用理性引导人们对人生和世界持肯定和执着态度，为生命和生活而积极活动，并在这种活动中保持人际的和谐、人与自然的和谐；既不使情感越出人际界限而狂暴倾泻，在消灭欲望的痛苦折磨中追求灵魂的超升，也不使理智越出经验界限而自由翱翔，

① 见徐复观《中国人性论史》(先秦篇)第二章、《中国哲学的特质》第二、三讲及《徐复观文录(二)·中国文化复兴的若干观念问题》。

于抽象思辨的概念体系中探索无限的奥秘；而只求在现实的世俗生活中取得精神的平宁和幸福，即在人世快乐中求得超越，在此生有限中去得到无限。这种极端重视感性心理和自然生命的人生观念和生活信仰，是知与行统一、体与用不二、灵与肉融合的审美境界，表现出中国文化是一种不同于西方的乐感文化。据说这个所谓“乐”，还不只是心理的情感原则，而且是伦理学、世界观、宇宙论的基石。它在中国哲学中，是天人合一的成果和表现，是以身心与宇宙自然合一为依归的最大快乐的人生极致，是巨大深厚无可抵挡的乐观力量，是人的心理本体，那个最后的实在①。

二

乍一看去，以“忧”“乐”二义统领中国文化，其势当如水火，绝无相容余地。但稍加寻绎，却可看出，两说偏又颇多共同之处。

首先，二者都表现出强烈的文化认同感。众所周知，中国之由古代社会向现代社会蜕变，是在剧烈的外部原因干扰下发生的。时代变迁引起的震撼，将“适应外来的文化”与“认同自己的传统”二端，尖锐而鲜明地摆在每一个中国人尤其是知识分子面前，并随二者的不同拼合而形成几条可供选择的前进道路。时至 20 世纪下半叶，随着局势的剧变，情况益加复杂起来。即以这里讨论的“忧”“乐”二说为例，它们明显都是想以文化认同为主的办法，在今天和过去之间构建某种理想的承续关系，以度过时代冲击的震荡，为自己的灵魂和民族的命运定立方位。当然，二说的社会背景大不相同，视角也颇有歧

① 见李泽厚《中国古代思想史论》(人民出版社 1985 年版)中的《孔子再评价》《中国的智慧》《华夏美学》。

异，从而立论遂扬镳分道，但其对于自己所属文化的挚爱和信心，或他们在文化认同上，却几乎难分轩轾。

因此，第二，毫不奇怪，二者都以儒家思想为母体，由之引出一个原则，来说明整个中国文化的属性。这样做也确有它的道理，因为无论就先后还是就主从说，儒家思想在全部中国文化中，都占据着无比优越的地位，其施于其他各家和整个民族文化的影响，无疑是巨大的。儒家思想的某种心态，因此规定了整个中国文化的特质，是完全可能的。尽管二说已有见仁见智之不同，但它们全都认准了以原始儒家思想作为主要出发点，则是可以信赖的。

当然，如果有人埋怨两家很少理会非儒思想在中国文化特质之形成中留下作用，特别像道家那样深邃且曾煊赫而绵延的思想，这种埋怨也不无道理。

第三，“忧”“乐”二说都强调中国文化之非宗教性，并以各自的方式证明它的人文性。“忧”说区分恐怖意识与忧患意识在心理上的不同，证明二者分别造就了国外的否定人生的种种宗教与中国的肯定人生的人文文化；“乐”说则从实用理性与思辨理性以及反理性的区别着手，证明中国人较少去空想地追求精神天国，虽幻想成仙或求神拜佛，都还只是为了现实地保持或追求世间的幸福与快乐。当然否认中国文化为宗教不等于否认它具有超越的理念或超越的境界，二说都极力证明这种超越的存在。“忧”说认为，天命或天道是超越的，天降命于人或天道贯注于人身时，又内在于人而成为人性，使人有道德属性。人通过基于忧患意识而起的道德实践即尽人之性，便可以领悟到天命或天道的存在，体验到道德自我（不同于生理的、心理的乃至思考的自我）的存在，而到达超越的境界。这便是性与天命的贯通，天与人的合一。与这种降命和尽性不同，“乐”说更重视审美的直觉。它认为，超越、无限之类不在别处，即在当下的现实和人际关系之中，在“工商耕稼”“伦常日用”之中，甚至就是“伦常日用”本身。这种“即实在处得超越，在人世间获道体”的禅意甚浓的办法，说白了，就是“在人生快乐中求得超越”，对人生抱现实而乐观的态度。而由于宇宙本体也被认定为乐的（“生生”“天行健”），于是乐观的人生态度也即是主观心理上的天人合一。在追求天人合一上，“忧”“乐”二说又殊途同归了。

三

当然，“忧”“乐”二说相互不同之处，比起它们的相同来，要更加明显而且重要。无此则它们将无以共存，无此则无以见中国文化之博大精深：所谓“横看成岭侧成峰”者是也。

首先，“忧患意识”说所欲寻求的，是中国文化的基本动力。正是这个动力的推动，在殷周之际有了人文精神之跃动，尔后得有各大思想流派之次第出现以及中华文明之悠久辉煌；今天，它则预示着中国人文精神之重建，并将焕发其普照世界之光。这个基本动力，不是别的，便是“忧患意识”。正如中国哲学的传统习惯那样，这个动力不仅是“能”，更被视为“质”，所以“忧患意识”有时也被说成是人类精神，或者叫理想主义者才有的悲悯之情，一种宇宙的悲情。

“乐感文化”说所要探讨的是汉民族的文化心理结构，或曰民族性、国民性。它不是心理学所研究的一般心理结构，而是积淀有文化传统于其中的那个心理结构，更精确点说，是由文化传统积淀而成的心理结构，是人格化了的文化传统，或民族的文化性格。据说这个结构或性格以原始氏族传统为基础，成形于孔子与儒家的塑造，作用于悠久的历史，并在今天的现实中存在。研究它在适应现代生活中的不足和裕如，将有助于改进和发展我们民族的智慧，有助于主动去创造历史。

就这样，一个说动力，一个谈性格；一个指功能，一个是结构，二者之不同乃至对反，是一目了然的。而且，此动力（忧），又完全不是此性格（乐）之运用；此结构（乐），也完全不是此功能（忧）之所体。二者同属对于中国文化之运思，不意南辕北辙而如此！

其次，“忧患意识”的内涵不管怎样界定，总之它是一种“意识”。意识，按通常的非佛学的了解，是指所察觉的心理状态，尤其是指对心理状态的自觉。所谓忧患意识，又不只是对忧患的知觉或他觉，而是知其为忧患遂因应生起来一种意志，或当前虽无忧患存在亦能存有此种意志（居安思危）的那样一种觉识。它意味着力求克服种种困难，力求实现某种理想，并深知自己行为的关系与责任之所在。并且，按照他们的规定，此种“忧患并非如杞人忧天之无聊，更非如患得患失之庸俗”“所忧的不是财货权势的未足，而是德之不修与学之未讲”。就是说，忧患意识其实乃是对于仁心或善性的某种自觉。因而，忧患意识只能是知识精英所具有的意识。苏东坡有诗云：“人生识字忧患始”“开卷惝恍令人愁”，便已道出其中三昧了。

与此相映成趣的是，“乐感文化”所表示的文化心理结构，据作者说，是全民族性的，它是汉民族的一种无意识的集体原型现象。这也就是说，足以用来标志中国文化之类型的，不是任何一种意识，而应该是无意识；当然也不是哪位个人的无意识，而是全民族的集体无意识。从而，它便不止于为民族的某些人例如知识精英所专有，而是普存于民族的每一成员心理之中。所谓“集体无意识”，据发明者荣格（C. G. Jung）说，是指同一种族的人们在心理上先天具备的、由进化和遗传积淀而成的、利于个体适应其即将进入的那个社会的诸心灵意象（virtual images）。这些意象是一种无内容的形式，是一种倾向或可能性，可以分门别类为种种原型（archetypes）。有人将这一套啰唆的说法简化为四个字，叫作“种族记忆”。

这样说来，与“忧患意识”作为一种具有明确内容的、自觉的意识相反，“乐感文化”不能被理解为“欢乐意识”或“快乐意识”。它不是意识，而是无意识；它不具现实的内容，而只是可能的形式；它不是精英们的自觉，而不过是种种“百姓日用而不知”的心态罢了。

由此，第三，“忧患意识”说认为忧患意识本身已具有“最高的道德价值”，且能引申出种种道德信念来，而成为中国哲学与文化重道德性的总根源。而这种道德心灵，如一切道德心灵一样，乃是人生与世界之主。未经道德心灵照耀之生活与世界，只是一堆偶然的存在者，必待道德心灵肯定认可其为当存在，并自觉地求其应存在，然后其存在始为必然的存在，真实的存在。换句话说，美与真，如未通过善之自觉认可，仍不过是些浮游无根、飘忽不定之灵气而已，唯善为大，是它赋予了生活和世界以和谐、秩序、真实。

“乐感文化”说则超越诸如此类的道德灵光，更以审美的态度观照人生和宇宙。它认为，道德境界固然是人生的一大境界，道德性固然是中国文化的一大特色，但中国人并不岸然地止步于“应该如何”的宗教追求。中国人更惯于快慰地把握现在，乐观地眺望未来，在感性生活中积淀着理性精神，于人生快乐中获得神志超越。因而，审美境界是中国人生的最高境界，审美主题是中国哲学与文化的最高标的。而“乐感”，这一为审美所必备的心态，则是中国人的心理本体所在。

四

同是研究一个对象，而有“忧”“乐”二说之如此不同，不能不使我们首先想到的是为说者之际遇的重大差异。栖身海外的徐复观，早就有"花果飘零"之叹，而成熟于大陆的李泽厚，却欣逢"开放改革"之春。一叹一欣，投射于观照对象，其所感所觉，自会仁智互见。何况，二人得以塑成自我的学养与个性，又复大不相同也难得相同哩！

本文在此不拟评论二说的曲直长短，也不打算就前两节所已罗列的同异作过多分析，而只想借助于所已提出的"忧患"与"乐感"二者，作为文化的心理因素，看看它们如何表现了并影响了中国文化的特性，从而指出二说的偏颇，希望得到一个更如实的看法，请同好者公鉴。

"忧患意识"说认为，正是由于对忧患的自觉，引出了中国哲学的道德性和中国文化的人文性。此事始于殷周之际，成于孔孟之手，波及各家各派，蔓延至历朝历代。被举来作证的主要有《易·系辞》的三段话和周诰、《论》《孟》中的一些章节。

其实忧患意识作为一种心态，在中国文化中，未必始于殷周之际"周文王与殷纣间的微妙而困难的处境"[①]。早在此前的《盘庚》中盘庚决定迁都时对百姓的训诫中便有："今予将试以汝迁，安定厥邦。汝不忧朕心之攸困，乃咸大不宣(和)乃心……汝不谋长(远虑)，以思乃灾，汝诞(大)勸(助长)忧。"这里在斥责百姓不为安邦定国而怀忧，以至大大助长了殷王的忧国忧民之忧。这当然是忧患意识。并且从语气看，这种意识不属盘庚所专有，也为百姓所应有。所以下文又曰："呜呼！今予告汝不易(迁都计划不变)。永敬(警)大恤(忧)，无胥(相)绝远。"这个时间，早于殷周之际至少二百年。再往前三百年，在《汤誓》里可以读到："今尔有众汝曰：'我后不恤我众，舍我穑事而割正(讨伐)

① 徐复观著：《中国人性论史》(先秦篇)，台湾商务书馆 1990 年版，第 21 页。

夏。'"商民因将伐夏而埋怨成汤不忧民众，显然是以"我后"本应有忧民"穑事"的意识为预设前提。《汤誓》成篇的时间虽不可确指，不像《盘庚》那样已有公论，但也绝非空穴来风，恐无疑问。殷人固然尚鬼，宗教意识浓烈而普遍，但对吉凶祸福与人之深谋远虑的关系，岂能了无认识？上列引文足以证明，殷人也可以而且确已具有忧患意识了。限定中国文化的"基本动力"始于文武周公，见于《易·系辞》，莫非囿于道统观念所使然？

忧患意识确实大成于孔孟。孔子忧"德之不修，学之不讲，闻义不能徙，不善不能改"，孟子更说"君子有终身之忧"。无论从内容的深度上还是要求的强度上看，儒家都将忧患的情感和理智大大突出，作为学说的基本，悬为做人的鹄的，这是毫无疑问的。这一点，也可以从儒家的反对者方面反证出来。老子所说的"绝学无忧"，庄子所说的"彼仁人何其多忧也"，便都是当时人对愁容骑士——儒者的批评。老庄当然都知道儒家所忧的并非区区小事和私事，而是现实世界与他们那理想世界之差距及其如何缩短和消灭的头等大事。但在老庄眼里，儒家的价值追求和价值焦虑，实在毫无价值，无异于忧鹤胫之长，患凫胫之短，都是些违反自然之情的杞人之忧，"仲尼语之以为博"的那些"仁人之所忧"，不过是不知海洋之阔的河伯式的自恋之辞而已（《庄子·秋水》）。老庄自视，比孔孟豁达之多，直不可以道里计。

"忧"说作者当然也熟知老庄的这些言论，懂得反证的逻辑威力，但他们轻轻放过了。其所以如此，盖由于他们欲以"忧患意识"织成一面恢恢之网，作为"一条大纲维之所在"，将一切中国文化包括道家悉数网罗无余。这种一元论的办法，做起来当然会很费力的。所以当我们读到他们所谓的"先秦道家，也是想从深刻的忧患中，超脱出来，以求得人生的安顿”[①]时，便很难循着所指引的道家也在大纲维之中的思路前进，相反要超脱出来，承认道家为反忧患意识者。想来其他读者也会这样做的。因为既已明言道家在忧患之外安顿人生，还有何忧患意识可言呢！

还需指出的有，忧患意识在儒家思想体系中，最具特色的，恐怕不在于身居“困难的处境”时，“自己担当起问题的责任”，如徐复观所强调的那样，而在于一种居安思危的理性精神。据记载，当真的陷入困难的处境时，如孔子畏于匡、颜回居陋巷那样，儒者倒会显出一副乐天知命的神情，达观起来，而找不到此时此地有任何自己应该担当的责任。相反在并不困难的处境，在相当顺利的时光，才是忧患意识大行其道的场合。所谓安而不忘危，存而不忘亡，治而不忘乱，得而不忘丧。这些所不忘的危忘乱丧，便是“忧患”；而能不忘，便是“意识”，对忧患的意识。而在安存治得的顺境中，具有忧患意识，便是一种理性精神，一种基于对人生和宇宙的透彻了解、并为理想之实现而动心忍性的智慧，或者说，是融合了工具理性和价值理性于一身的理性精神。诗云：“如临深渊，如履薄冰”，要点全在一个“如”字上。未临深渊而如临，未履薄冰而如履，这才叫忧患意识；真的临深而履薄了，斯时需要的便不再是忧患意识，而恰恰是它的对立面——临危不惧、履险如夷、乐以忘忧之类的理智、情感和意志了。因为按照儒家的辩证法，忧患之作为真正的忧患，或忧患的本体，并不在忧患者之中，倒是在它的对立面，在安乐者之中。一旦安于所安，乐于所乐，真正的忧患便开始了，临近了。所谓死于安乐，所谓阴不在阳之对，而在阳之内者是也。

---

① 徐复观《中国人性论史》(先秦篇)，第 327 页。

“忧患意识”说者放过了儒家思想的这一精髓，放过了自律之忧而强调他律之忧，买椟还珠，殊为可惜。联系到他们的花果飘零之感，他们的蔽于危而不知安的处境，人们还是能够体谅的。

与此相连，为说者对于儒家明确宣布而且一再重复的“仁者不忧”“君子不忧不惧”之类乐感的言论，全然不予理会，也就没有什么奇怪了。而对“乐”的把握和品味，分别物欲之乐和心情之乐、感性之乐和理性之乐，独乐和共乐、先天下之乐和后天下之乐，以及探讨乐对人身与人生的活力作用，及由之助成的生活的种种情趣、种种方式，倒的的确确也是儒家思想和中国文化的重大特征，中国人文主义的重要内涵。正是由于对这一个侧面的特别关注，有了李泽厚的“乐感文化”说。

五

李泽厚从他的“人类学本体论哲学”“儒学的实用理性”体系中，提出一个“乐感文化”命题来，为的就是要同“忧患意识”说以及流行的西方文化乃“罪感文化”之说相颉颃。作者说：“因为西方文化被称为‘罪感文化’，于是有人以‘耻感文化’或‘忧患意识’来相对照以概括中国文化。我以为这仍不免模拟‘罪感’之意，不如用‘乐感文化’为更恰当。”[①]这里说到“对照”和“模拟”，其意以为，因“罪感”而生“耻感”“忧患”之说，是出于模拟，而不成对照，不如改用“乐感”，方能恰当概括中国文化，并标示其与西方文化的根本对立。

前提是中西文化的对立。此论由来久矣，眼下尚有势力。说句

① 李泽厚：《中国古代思想史论》，第 311 页。

公道话，"耻感"与"忧患"，本意也有表示中西文化对立在内。据他们说，耻感文化靠外部的约束力(社会的评判)来行善，而罪感文化靠内部的服罪心(良知的启发)来行善，[①]这便是对立。他们还说，罪感文化是从人生的负面入手，引向对自己存在的彻底否定；而忧患意识则从人生的正面入手，在自己的真正主体中肯定自己，这也是对立。[②]

当然如果从更高一层俯视，我们确然也可以看到，耻辱、忧患、罪悔，尽管或有外部内部推动、正面负面入手之别，无论如何，它们都是负值的或消极的人类情感，用纯中国的术语来说，它们都属"阴"，则是没有疑义的。与之相反，快乐或乐感，属于"阳"的一方。在这个意义上并以此为限，李泽厚认定他们在模拟而非对照，因而模糊了中西文化之根本对立，也有他的道理的。

但是这样就必须先推敲那个前提：用二分法来剖分东西或中西文化，视之为对立的两极，到底有多大真理性？

我们知道，近代以来，中国学人一直是这样做的，本文开篇曾约略举过一些。如果说彼时之二分中西，还由于观察之浮泛，难免隔靴之苦的话，那么，随着西学之更深东渐，西人固有之绝对二元的观点和二分东西文化的结论，慢慢也左右着我们学者的眼和手，并以之与中国的实践相结合，写出许多视中西文化如水火的著作来。[③]"忧患意识"说强调自己与"罪感文化"说的对立，"乐感文化"说又认为它们无别而自己别居于对立地位，也可以说是西人二元观点与二元方法的一种运用。

---

① 见本尼迪克特《菊与刀》第十章。这种西方优越感的说法，在中国虽偶有人信服(如《中国文化的"深层结构"》)，在日本已大大地引起了他们的"耻感"，斥之为皮相之见(参汤浅泰雄《东洋文化の深层》，第80—88页所引各说)。

② 牟宗三著：《中国哲学的特质》第三讲，上海古籍出版社2008年版。

③ 钱穆先生晚年论中国文化与中国学术的著作最为典型。

值得庆幸的是，近年来，随着人类认识的又一步深入，以及随着西方中心主义的式微，二分法颇呈春去也之势，多元法正在崛起。儒家的三分法，佛学的一心三观，慢慢被回忆起并被相信为更能提供给人以复杂世界的近似画面。波普尔的“世界 3”理论的出现，应该并非偶然。

当然这需要解释。我所理解和主张的三分法，并非如二分法将世界及其各个领域统统一分为二的绝对手法那样，将一切都分为三份，像黑格尔的得意之笔所陈(黑氏的体系，仍然是二元的)，而是想要指出，二分法错在对世界作了静化的处理，将一切都固化为对立的两极，未看到彼此间双向的互动作用。所谓三分法，在承认两极是真实的同时，更指出由于两极的互动，在两极之间，必有一种或种种兼具两极性质的色调(也可以说是不具两极性质的色调)的中间实在。从静态的二分观点来看，它们常被看成是不稳定的乃至不真实的，有时叫作动摇的、暂存的、折衷的、妥协的，以及诸如此类的种种否定性规定。但是不管怎样贬低它，它仍然存在着，而且是真实的。在许多场合，最具生命力的，或代表统一体性质的，恰恰正是这些中间部分，因为它们兼有两极的长处，避免或补正了两极的短处，而且往往为数最多。从一个事物的全局来说，对立两极得以共存于一体，正由于两极都具有相成性，即互相吸引、互相容忍、互相依赖、互相过渡、互相包含其对立成分于自身之中的属性。在简单事物中，这些成分有似于两极间的第三者；在复杂事物中，这些成分便外化为实在的第三者，成为两极的黏合剂和缓冲剂，直至成为整个事物的统一代表。在中国学术中，从思辨上对这一切分析得最精的是佛学的种种中观说和三观说，从实践上对这一切强调得最有力的是儒学的中庸之道。

用三分观点看世界文化，文化便未必如惯于以二分法看世界的西方人想象的或所见的幻象那样，壁垒分明或水火难容。纵然二分者自己爱好偏激常自居于一端，或时而从一个极端跃向另一极端；而具有三分传统和中庸之道的中国文化，却不愿使自己僻处一隅，放弃大本之中与达道之和而不由，除非它尚无从认识到两端的存在。因此，简单地认为中国文化必处处于西方文化势若泾渭，西方是动的、中国必是静的，西方是物质的、中国必是精神的，西方是定量的、中国必是定性的，西方是开放的、中国必是封闭的，西方尚分析、中国必尚综合，西方尚理智、中国必尚直觉，西方尚现实、中国必尚空灵，西方尚变异、中国必尚转化，西方尚空间的权力与向外伸展、中国必尚时间的生长与自我绵延，以及如此等等，都只有形式上的对称趣味，充其量也只是局部的静观，而未必捉住了双方尤其是中国文化的特性。如果进而拿这种格局去处置中国文化，用不是人文必反人文、不是罪感必是乐感之类的二分法来裁割，由于中国文化素以时中圆融为鹄的，便更将捉襟见肘、险象丛生。

所以，当"乐感文化"说蓄意与"忧患意识"说相对峙，实际是和对峙者相一致即自居于一端时，它便不得不极力回避中国文化中许多明若观火的谈忧抒愤的思想和情采，一如"忧患意识"说之绕开谈乐养怡那样，使自己置身于宽广的中国文化大道之一侧，侧身前进。及至势不得已之时，又禁不住向对方招手，引忧患意识作为同路人，如谈礼乐传统之非酒神型时①，谈华夏美学中的人道精神时②。可见，蔽于乐而不知忧，也是难办的。

---

① 李泽厚著：《华夏美学》，人民出版社 1989 年版，第 26 页。
② 同上书，第 45—48 页。

六

忧乐本是共存共荣的，共存共荣于人身和人生之中。按儒家的分类法，人身有欲、情、性之不同(参见《孟子·尽心上》"广土众民"章)，"欲"是逐物外驰的，"性"是循理内含的，"情"则介乎二者之间，是欲之据理收敛，性之感物而动。儒家在孔子时代，主要探讨的便是情，所谓爱人知人，亲亲尊尊，立人达人，都是围绕或发端于一个情字，或其外在化成的人际关系。低于情的欲，子所罕言；高于情的性，弟子也不可得而闻。到了孟子方大谈其性，那是因为学术发展了，而且别的学派都在谈性，逼得他也不得不谈之故。不过孟子把性落实为"心"，而心统性情，所以他那些"恻隐之心""羞恶之心""辞让之心""是非之心"，虽说是善性，是人之异于禽兽之性，也可以说是情，是人之待人乃至待物的基本感情。

人有种种情，而有一情必有另一情与之相待，如喜与怒、爱与憎。忧与乐也是一对情，只是自佛典定七情为喜怒哀乐爱恶欲以后，乐与忧的对立，似鲜为人注意。其在先秦，乐与忧，本属一对，如孔子说自己能"乐以忘忧"，孟子说人们常"生于忧患而死于安乐"，《易·乾·文言》有"乐则行之，忧则违之"之类皆是。乐与忧既为一对感情，在人生中，就有它的合理性与必要性。因此，按儒家的哲学，在人生态度上便不应扬此抑彼，畸轻畸重，只乐不忧，或是忧非乐，也不会言不及义，不对忧乐进行他们的理性主义的说明与规定。

儒家将忧分为两类：一为外感的，因困难挫折而遭致的忧，亦即物欲或难满足之忧；一为内发的，欲实现理想而生起的忧，亦即善性力图扩充之忧。前者如在陈绝粮，如箪食瓢饮，这类外忧，是平常人心目中的忧，也是君子作平淡想时的忧。但当君子自觉其为君子时，或能达性命之情时，这一类的忧便不足为忧或不复为忧；所以有“仁者不忧”“君子不忧不惧”“乐以忘忧”等否拒和排除忧的说法和办法。因为这类外忧都是“命”的安排，是“莫之致而至者”，自己无可奈其何也无所负其责，因而也就无需动其情、用其忧，既来之，则安之，视同天理自然。不仅此也，既然这类外忧乃命的安排，“有性焉，君子不谓命也”，何不据性之善秉，视外忧为“天将降大任”的征兆，化外忧为成贤希圣的动力？一念及此，乐之唯恐不及，更何忧之有！

君子所真正当忧的，是内忧，不妨叫自寻烦恼。如“德之不修，学之不讲，闻义不能徙，不善不能改”（《论语·述而》），如“舜人也，我亦人也；舜为法于天下，可传于后世，我犹未免为乡人也”（《孟子·离娄下》），以及先天下之忧而忧，思出民于水火而登衽席之忧，总之是种种内圣外王之忧。这类内忧，觉之则有，迷之则无，是良心善性之见于感情者，也是为学修身之结果，是君子之所以为君子的情感所在。

简而言之，前者是物质的忧，起于欲，后者是精神的忧，生于性；前者是外感的忧，非我所致，后者是内发的忧，乃我所求。物质上的不足谓之“贫”，精神所追求者谓之“道”，“君子忧道不忧贫”（《论语·卫灵公》）。外感的忧叫作“患”，应该不动乎心，内发的忧才是“忧”，必须念兹在兹，所谓“君子有终身之忧，无一朝之患”者是也。这就是儒家的“忧”论。

必须附带提及的是，除了物质的与精神的忧外，儒家也谈到了制度的忧，即“不顺于父母”（《孟子·万章上》）和“人皆有兄弟，我独亡”（《论语·颜渊》）的宗法之忧。像一切关于制度的具体主张都缺乏普遍性意义一样，这些宗法之忧的言论也无大价值。暂且放过了。

儒家将乐也分为两类：一为感性的乐，近于欲；一为理性的乐，偏于性。儒家不是禁欲主义者，不排斥悦耳愉目、佚体赏心之乐，但要求节制，因为它对人有损（“损者三乐”），不仁者久耽则乱（“不仁者不可长处乐”）；而且，这种乐不宜独享，应该与民同乐（《孟子·梁惠王上》），因为这样做了的结果，百姓既可得到实惠，君子也以此使原来的感性之乐上升到理性，这叫作“君子乐得其道，小人乐得其欲”（《礼记·乐记》）。

儒家所津津乐道的，是理性的快乐。谁都知道《论语》是以乐开篇的。学而时习之悦，有朋远来之乐，人不知而不愠，便都是理性之乐。《孟子》有所谓君子的三乐，其“父母俱在、兄弟无故”，即后来称之为天伦之乐者，是宗法制度所规范的乐，没有多少普遍意义。最要紧的是“仰不愧于天，俯不怍于人”之乐，或者叫“反身而诚”之乐。所谓不愧、不怍，也就是诚，或者叫实实在在。为什么会有实实在在的感觉，那是因为“万物皆备于我”，也就是体悟到自己已经与道合一、与天地同体了。这种超越之乐，自然无以复加，虽朝得而夕死，亦无憾恨。这便是他们的极乐世界。这种乐当然也不应独享，但又不是凡民可得与共，所以要“得天下英才而教育之”，那也是一乐，为同登乐土而服务的乐。

进而言之，这种得道之乐，也正就是那念念不忘的修德之忧。因为道体至大，德无止境，修德的开始便已意味着在得道，得道再深也不保证修德可以暂停。修德与得道，都是工夫，也都是境界。向过去的自己看，现在已得道，向未来的自己看，现在正修德，忧国忧民之心也正就是反身而诚之情。泰州学派人物说得好：“君子终身忧之也；是其忧也，乃所以为其乐也。”（《明儒学案》卷三十二）此中忧乐合一之妙，非寻常之小忧小乐两相对峙可比，也非未亲身实践者可得玩味的。

理性的快乐还可以化解那些因物质匮乏或困难处境而引起的外感之忧，即化解那些应该称作“贫”和“患”的忧。“一箪食，一瓢饮，在陋巷”，在常人看来，是一种忧，甚至是不堪之忧，但对颜回来说，它不过是“贫”，安贫便是乐道，乐道始能安贫，既已万物皆备于我，何在乎一箪一瓢？孔子畏于匡，陷入困境，在常人看来，也是一种忧，是性命攸关之忧，但孔子看出这不过是外来的“患”，能够由之悟到“天之未丧斯文也”，立即便得乐天之乐，而且此乐便在此忧之中，甚至即是此忧本身。

这种即忧即乐、化忧为乐的体悟，这种高扬理性之乐的原则，便是宋儒所孜孜以求的“孔颜乐处”①。

七

不料儒家这种自寻其忧、自得其乐的理性主义的忧乐观，却遭到了另一家更为超脱的道家学派的迎头痛击。

道家主张任自然②。他们相信，万物的大小久暂、人生的祸福寿夭、言论的是非美恶，原是自然如此的状态，“性”即如此，“天”使其然，“道”在其中。人类无须妄逞自己的聪明才智，去将它们分别彼此；也不必卖弄自己的廉价感情，倾泻无端的哀乐喜怒；当然也就不致为此而趋吉避凶、劝善惩恶，闹得天下嚣嚣了。他们主张，应有的人生态度，就是还自然以自然，听其自然，齐万物，一死生，泯是非，等美恶，寄世以容身，乘物而游心。这叫作乐天，叫作返性，叫作得道，到达这种境界的人，便叫作真人——真正的人，真实的人。

---

① 王通以“迹”说忧，以“心”说乐，尚未达一间，见《中说》卷五《问易篇》。

② 道家所谓的“自然”，不是我们今天通常所理解的 nature，即种种未着人力的、隐含着有待人力去认识之、利用之、征服之的客观实体，而是“自己如此”“本来样子”，不容干涉的意思。

因此，在道家看来，儒家那种戒惧敬慎，“见善如不及，见不善如探汤”的修己工夫，那种栖栖遑遑，“思天下有饥者，犹己饥之也”的悯人态度，以及“知其不可而为之”“死去犹能作鬼雄”的苦斗精神，固然是不知天道而自讨苦吃，不自量力而忧有应得。即使像孔子那种三月不知肉味的闻《韶》之乐，颜回那种安贫乐道的陋巷之乐，孟子那种“王天下不与存焉”的君子三乐，究其实也是一忧，因为他们都还有所待、有所求、有所用，都还不曾忘身、不能无己、不知事天，被外在之物和外驰之心牵着鼻子奔波！因此，与儒家自我感觉良好的“仁者不忧”的断语正好相反，道家对儒家的批评便十分轻蔑：“彼仁人何其多忧也！”(《庄子·骈拇》)道家批评儒家多忧，并不证明它自己“少年不识愁滋味”，恰恰相反，而是因为它已然“识尽愁滋味”了！跟悬着理想抱着希望担着风险尝着挫折即所谓“长怀千岁忧”的儒家不同，道家对于变革世界的前景和世界变革的现实，早就绝望和失望了。它不再忧愁，因为它已“识尽”也就是看透了天地间的一切，包括看透了忧愁本身。在他们看来，天地万物、人事盛衰本来都是自然的，忧愁之起起于自以为是的人用其心智于自然，也就是说，起于有知识，因此对策是“绝学无忧”(《老子》十九章)。“人生识字忧患始”云云，也可看作是对道家忧愁说的发挥。

“绝学无忧”和孔子的“学而时习之不亦说乎”形成鲜明对照。这当然并不证明老子和苏东坡之流不学无术，谁都知道他们都是饱学之士，也不能简单看作他们反对学习，须知他们反对的是“知”而不“识”、“智”而不“慧”，是学习未曾学到底，学到家；或者说，他们反对的是“小知”状态。“小知间间”(《庄子·齐物论》)，见木而不见林，知物而不知道。唯知道者，才了然于万物都是自己如此，都应是它本来的样子，才不致以自己或人类作中心为标准，去追逐种种事功的与道德的目的，而酿成无穷无尽的患得患失的忧愁，这叫作“大知闲闲”(《庄子·齐物论》)，如闲云野鹤，悠哉游哉。

根据同样的道理，大知或得道的人不止于无忧，也没有通常意义上的得之则喜的乐。这种“心不忧乐”的境界，据说便是道家心目中的“至乐”状态(《庄子·至乐》)。这是绝不同于声色犬马的世俗之乐和思辨谈说的世雅之乐的乐，它是自事其心的快乐，是物物而不物于物的快乐，是独与天地精神相往来的快乐，因而是最大的快乐。在这个意义上，道家不仅不反对乐，而且大谈其乐，大享其乐，是最大的乐观主义者。有名的濠梁之上的辩论，不是以乐为题的么！庄子见鲦鱼出游从容，而知鱼之乐。这是因为鲦鱼自得其得、心无忧乐，而庄子又能以物观物的结果。惠施以人观物、以己观人，既不能知鱼之乐，也不能懂庄子之乐，于是引发了一番大辩论，也给后人留下了玩味无穷的濠上之思。

人们往往批评道家式的乐观主义为阿Q精神，那多少有点误解和冤枉。阿Q有阿Q的主义，即追求精神上的胜利；而道家的乐观，并不为了胜利或由于胜利，而只是观其自然。因为在道家看来，胜利并没有什么快乐，它仍是某种逐物驰心，是心情失去平衡未得自然而受累于物的倒悬状态。而且，胜利意味着对手失败，以及自己过去曾经失败和将来可能失败，这种“誉尧而非桀”的是此非彼的无休止的纠缠，远不如“两忘而闭其所誉”(《庄子·外物》)来得干净和宁静。因此，道家的乐观是对胜利心的“胜利”，是藐视胜利、超越胜败和一切功利的“胜利”，与“老子当年比你阔多了”之类，完全不可同日而语。人们将二者等量齐观，毋宁说是把道家看高了，因为它连阿Q那点好胜心也都没有；当然更恰当地说，是把道家看低了，因为它已奔逸绝尘，抵达超越境界，批评者不免瞠乎后矣。

道家的乐观与阿Q式胜利迥异，却同它的对立者儒家有着相通之处。因为儒家认为人是社会的存在，人的社会性便是“自然”。理性快乐来自对人的善性即社会性即“自然”的体悟，即是任自然的结果乃至任自然本身。道家认为人是生命的存在，人的自然性的实现，包括它在遭遇的既定的社会条件（在道家眼里，这也是自然）下的尽其可能地实现，便是快乐，便是任自然的结果乃至任自然本身。虽然儒道两家对人的理解根本歧异，但在快乐在于任自然这一点上，他们相通了。

所以，人们常谈“颜氏之儒”与道家的渊源关系，这不仅因为颜回在《论语》中有安贫乐道的记录，因为《庄子》至少在十一篇里谈到了颜回，其“心斋”“坐忘”两节已完全成了道家的“真人”。最根本的，恐怕在于，箪食瓢饮的颜回，与隐几丧我的庄周之间，有一种异时皆然的必然关系。庄周就是战国时代的颜回，颜回正是春秋时代的庄周。孔颜的理性之乐的情趣，到庄周手里已发挥成了一套乐天主义的哲学。从此以后，人们在习惯上便以庄子的道家思想作为中国文化的乐观的代表；而儒家的乐感流入道家去发扬光大，剩下的忧患意识，便特别引人注目了。

八

西汉以来，儒道两家思想轮番地、混合地、谐和地在中国文化中起着主导作用，后来更熔化了外来的佛学于一炉，成就了中国文化的新的统一体。而其精神，或可即以“忧乐”二字给以概括。

所谓“忧”，展现为如临如履、奋发图强、致君尧舜、取义成仁之类的积极入世态度；而所谓“乐”，则包含有啜菽饮水、白首松云、虚与委蛇、遂性率真之类的逍遥自得情怀。

这两种精神，由于各种条件的凑合，有时分别统领了两个不同时代的文化风貌，如西汉的雄浑与魏晋的清远。由于人物性格和身世的差异，有时又常常分别代表着不同人士的神韵情采，如杜甫之沉郁与李白的飘逸，范仲淹的“进亦忧，退亦忧”与金圣叹的“好快刀”[①]。甚至同一个人，在一个时期里会意气风发，受“忧”的精神鼓舞，而“猛志固常在”，志在四方；到另个时期里又超然物外，本“乐”的精神为怀，而“悠然见南山”，采菊东篱。以致诗人常兴“懊恼人心不如石，少时东去复西来”之叹。也有人在政治领域里兢兢业业，在艺术天地中则云淡风轻，不同空间发挥不同风格。或者在忧中作乐，高唱“人生不满百，何不秉烛游”；或者因乐而生忧，由兰亭盛会感一死生、齐彭殇之虚妄。如此种种，不一而足。由此想到，作为史学家的徐复观以“忧患意识”概括中国文化精髓；而作为美学家的李泽厚却从传统中抽绎出个“乐感文化”来，是否也有点受到了所事文化领域的反作用。抑“君子所性”各异，“虽大行不加，虽穷居不损”而有以致之欤？

以上种种忧乐杂陈的状况，不能归结为我们的文化传统不具完整的性格，或人们的个性常是双重的、分裂的；相反，它们恰好表明了中国文化同时兼备这两种精神，即由儒家思想流传下来的忧患精神和由道家思想流传下来的怡乐精神。

这两种精神的理想结合，便构成了中国人的理想的人格。所谓“穷则独善其身，达则兼善天下”，所谓“帝乡明日到，犹自梦渔樵”，所谓“以出世的精神，干入世的事业”(朱光潜)，两千多年来的人格设计方案，大都如此。而在这方面说得最为深入浅出的，大概要推孔子的

① 传说金圣叹含笑受刑，身首分离时，犹呼“好快刀”。

自白:“发愤忘食,乐以忘忧,不知老之将至”(《论语·述而》)了。第一句“发愤忘食”是忧,第二句“乐以忘忧”是乐;至于这第三句,既可以说是由“忘食”而引发来忘年的伏枥之志,也可以说是由“忘忧”而不觉岁月匆匆之自得之情;或者,此志此情已浑成一心,可以从其所欲而无往不适。此志乃修德所养,亦得道表现,因而忧即是乐;而此情乃得道之貌,即修德结果,因而乐即是忧。如果再进一步推敲,“不知老之将至”中,还有从忘食忘忧而到达忘我的意思,那么在此境界中,便又无忧无乐可言,进入“高峰体验”(peak experiences,马斯洛)之中,自己与世界同一而无特定情感了。

当然完整地做到这一切,绝非易事,那将是“尽性”了,“唯天下至诚为能尽其性”,通常都只是做到了某一方面,即所谓“致曲”(《中庸》)。不过若“曲能有诚”,则虽非至诚,也就可以了。孔子说的“殷有三仁焉”,便是如此。其“比干谏而死”,属于忘食的忧派;“微子去之”,属于忘忧的乐派;“箕子为之奴”,谏而不纳,装傻卖呆,不死不去,动机和效果都介乎两派之间,当然他们离高峰体验都还有很大一截路程。

孔子的自白和对三仁的称许,经过孟子的条理化,形成了规整的人格范型。孟子称伊尹为“圣之任者”,因为他能以天下为己任。“思天下之民,匹夫匹妇有不与被尧舜之泽者,若己推而内之沟中”,那是标准的忧国忧民的情操。其称伯夷为“圣之清者”,因为他洁身自好,“非其君不事,非其民不使”,“纣之时,居北海之滨,以待天下之清”,是一位乐天知命的逍遥派。称柳下惠为“圣之和者”,因为他“不羞污君,不辞小官”,三次免职也不离父母之邦,高高兴兴地同别人混在一起,和光同尘,是一位亦忧亦乐派。这三位,随其性之所秉与境之所遇,各个具现了人生态度的一个方面,都足以为百世师,因而都是圣人。不过有所执必有所失,伊尹嫉恶如仇,甚至不怕担流放大甲(殷王)的骂名,弄不好将成为“篡”(《孟子·尽心上》)。伯夷不事王侯,高尚其事,但独善其身,不免流于“隘”(《孟子·公孙丑上》)。柳下惠随遇而安,固未丧失原则,但容易变成玩世不恭(《孟子·公孙丑上》)。所以三人虽都是圣人之行,却都不及孔子能集三人之大成,而成为“圣之时者”。所谓“时”,是进退、出处、远近、迟速,都能因其所宜而为之,不拘于一曲,不名于一德,无所不备,无所不可,金声玉振,渊渊其渊,圣而不可知之谓。这是统摄忧乐而又超越忧乐的境界。

孟子归纳的这一人格系列,充分显现了中国式辩证法的神采。它不同于古希腊辩证法的两极对峙,也有别于黑格尔辩证法的正反加合;它不是来自对自然界以及对人和自然界的关系的静态直观,而是建基于对宇宙中最为复杂的现象——人文现象的透辟理解。因而,它能更全面、更深刻、更细腻地反映着客观法则,为人的智慧升华架设了天梯。

所以不是偶然的,在庄子谈到人格类型时,我们也看到了任、清、和、时的影子。不同的是,庄子将它们放在一个人身上,作为德的不同显现,更强调到达最高境界的人的“神”气而已。在《应帝王》篇中,有一位壶子,能显四种相,其一是“地文”或“杜德机”,属寂而不动之相(参成玄英疏),相当于孟子的“圣之清”;其次是“天壤”或“善者机”,属动而不寂之相,相当于“圣之任”;再次是“太冲莫胜(朕)”或“衡气机”,属动寂平和之相,相当于“圣之和”;最后也是最高的相叫“未始出吾宗”或“圆机”(据《盗跖》),是一种无相之相,无机之机,它动寂双遣,本迹两忘,相当于“圣之时”。读者想已注意到,庄子所列次序有一项与孟子不同,即第一和第二作了颠倒。这一点不同寻常,它恰好表明了儒道两家的兴趣所归和重点所在,儒家重入世,即任即忧;道家重出世或游世,即德即乐。各人将自己所重放在第一,这一似非偶然的颠倒，告白了一个后来已成公论的差别，是值得认真注意的。

在《庄子·齐物论》中，这个方法或对境界的看法，又运用以齐一物之彼此与论之是非，即整个客观世界与主观世界，而有所谓“物无非彼、物无非是(此)”的现象界(“地文”)，有所谓“方生方死、方死方生”之动态界，它意味着现象的否定(“天壤”)，以及“彼亦一是非、此亦一是非”的折中平衡(“太冲莫朕”)，和最终的“果且有彼是乎哉”的客主双遣乃至“果且无彼是乎哉”的对双遣之遣，随说随扫，想入“非非”，这最高的境界，称作“得其环中”(“圆机”)。

正由于中国文化中不乏此种精到的辩证传统，所以后来佛学传来的某些纯思辨东西，便不难被吸纳被融化了。佛学有所谓四门诀——无门、有门、亦有亦无门、非有非无门，与孟子的四圣、庄子的四相，完全是一个套子。天台宗的中观于“假”(实际)、“空”(真际)之外，将“中”分为“隔历之中”与“圆融之中”，或“但中”与“不但中”。其隔历之中(但中)谓中在有无或假空之外，绝待而有；圆融之中(不但中)谓假空中本一法之异名，即假即空即中。这两种“中”的不同，也就是孟子的“和”与“时”的不同，庄子的“太冲莫朕”与“环中”的不同。而所谓假与空，则不过是“任”与“清”、“天壤”与“地文”的佛学说法而已。而这一切，又都可以化约为阴和阳或忧和乐，归之于阴阳的统一和忧乐的圆融。

圆融既被推为儒道各自学说的最后一言和人格的最高境界，于是两家虽仍存有偏忧偏乐的差异乃至对立，恰好成了检验他们的学说能否贯彻到底和考验他们的人格能否臻于至上的试金之石。所以，他们走了“仇必和而解”的光明大道，互相圆融起来建成中国文化的独特传统，而将偏至旁行者及其彼此的坚决斗争到底视为末流了。

圆融也成为一种优势，使得中国文化能顺利迎接外来的佛学，不因它的迷狂和辨析而盲从和自馁，相反却以圆融去容纳和包涵，论证和充实，并终于汇成了源远流长的、雄峙东方的忧乐圆融的中国人文精神。

这是一种“精神”，不同于意识和集体无意识。精神是受到称道和景仰的集体意识，它代表着这个集体并培育着这个集体，凝聚着这个集体也传承着这个集体。它不是先验的，既不先于这个集体的经验而为人的本性或天道所固有，也不先于每个个人经验而由这个集体的族类所积淀。它源于生活并塑造着生活，来自历史也构成着历史，保存在传统文化之中并流衍而为文化传统。它既有内容也有形式，既有结构也发生功能，既受精英所仰止也为百姓所追求，并且达到圆融的状态。

这个人文精神作为文化传统，铸就了我们民族的基本性格，它在各个不同时代有其不同的变异，呈现为不同的时代精神。但在近代以前，变化是不大的。时至今日，它正迎接着新的挑战。我们相信，正是圆融本身，可以促使它不拘泥于一曲，不止于故步，不扬彼抑此，不厚古薄今；可以保证它取长补短而不崇洋媚外，革故鼎新而不妄自菲薄，适应时代而不数典忘祖，认同自己而不唯我独尊。

我们久已有了这种精神，我们应该敬重这种精神，我们正在发扬这种精神。

（原载《二十一世纪》1991年8月号，总第6期）

三极：中国人的智慧

人是智慧的动物。虽然许多动物的许多本能足以使人佩服得五体投地，而人类的基于理性的智慧，却决非任何动物的任何本能所可比拟。

智慧是人的一种能力，但不是天生的本能。它是人的一种见识，但不是简简单单的意见或知识。智慧是在意见和知识基础上升华出来的对于事事物物的本真的洞见。中国古代一位大哲学家庄子，曾将人们认知外物的活动分为“以俗观之”“以物观之”和“以道观之”这样三种立场或角度(见《庄子・秋水》)。所谓以俗观之是指从常人的主观角度去认知，其结果只能形成常识性的意见；以物观之是指从事物的客观角度去认知，结果能以形成系统性的知识；以道观之则是从宇宙本原的高度来透视，从事物的内在本质来剖析，其能力是为智慧力，其结果便谓之智慧。因之这位大哲学家奉劝众人：“无听之以耳，而听之以心；无听之以心，而听之以气”，因为“耳止于听，心止于符”，就是说，感官只能形成感性认识，心官只能形成理性认识，“气也者，虚而待物者也，唯道集虚”，只有用聚集了道的气也就是智慧去认识世界，方能得到最高的悟性认识(见《庄子・人间世》)。西方哲学家如康德、黑格尔，都曾将认识分为诸如此类的三等；佛家谈知识和智慧关系的“转识成智”说，天台宗说空、假、中三谛圆融，也有类似的观点，我们就不细说了。

智慧可以积累和传递，首先是在民族内部积累和传递，所以各个民族都有各自传承各自风格的智慧。当我们说“中国人的智慧”时，指的是千万年来生息在这片中华大地上的人群所养成的智慧，特别是指具有它自己特色的那样一些智慧。这些智慧，如果细数起来，可以胪列若干条目；但是概括起来，或者说捉住根本，剥取核心，也可一言以蔽。当然，像许多文化现象一样，这些所谓是中国人的智慧，并不意味着它乃中国人所专有、非其他民族可得染指的什么秘宝；而只是因为，由于种种条件的凑合，这样的智慧，在中华文化体系之中无处不在，并且得到了最完满的表现，以至成了解读中华文化的密码，成了中华文化的标志。

这个智慧，名曰“三极”。

一

在进行学究式的探讨以前，我想先介绍一种儿童游戏，让我们回到孩提时代，从人生开始处开始，开始我们的愉快的智慧之旅。

有一种儿童猜拳游戏，好像尚无正式名字，姑且叫作“石头—剪刀—布”吧。游戏者任意出拳作石头(握拳)、剪刀(伸展食指中指)、布(张掌)状，石头胜剪刀，剪刀胜布，布胜石头；三者循环追逐，轮流制胜，没有绝对霸主，也没有绝对弱民，大家都有同等机会得胜，也都有同等机会不幸丧生，以此形成一个和谐协调平衡安定的局面。世界上好多民族都有这种游戏。在日本，叫作石拳；在美国、西欧一些国家，也有流传。与之类似的，还有以拇指、食指、小指互相争胜者。中国一些农村的玩法是，以拇指代表土地爷，食指代表拐杖，小指代表毛虫。土地爷胜拐杖，拐杖胜毛虫，毛虫胜土地爷。日本人则称之为蛇拳(じゃんけん)，谓拇指代表青蛙，食指代表蛇，小指代表蜒蚰(limax)。青蛙胜蜒蚰，蜒蚰胜蛇，蛇胜青蛙。[1]

这种游戏，究竟是由某一地区发明出来然后传播开去的，还是许多民族各自独立发明的？那是民俗学和比较文化学的专门课题，这里可以暂置勿论。我们现在比较感兴趣的是，这种游戏，是对客观事实的真实摹写呢，还是主观观念的图解说明？或者说，它是自然系统的艺术再现呢，还是哲学智慧的普及传布？

我不知道是否已经有人提出过这个问题，甚或已经有人解决了这个问题。我现在能够有把握的是，这种游戏的最早文字表现形式，也许是全人类中最早的文字表现形式，见于中国的一部古老图书中。让我们先来看看那段文字记录是怎么说的，也许有助于对游戏性质的理解和认识。

这部古书的名字叫《关尹子》，全书共有九章，分别名为《一宇》《二柱》《三极》《四符》《五鉴》《六匕》《七釜》《八筹》《九药》。像许多中国古书一样，这也是一部难以精确判定年代和作者的书籍。从名义上说，它的作者叫关尹，年代在春秋末，看来不甚可靠。可以确信的是，至少在西汉时期，它便已经存在了。书的第三章《三极》中，有一段话这样说：

蝍蛆食蛇，蛇食蛙，蛙食蝍蛆，互相食也。

故事的主人公是三种小动物，蝍蛆通称蜈蚣。蛇食青蛙、青蛙食蜈蚣的事，人所常见。至于蝍蛆食蛇，似乎难以想象，可是在《庄子·齐物论》和《淮南子·说林训》中，竟都有所记载。《庄子》中说："蝍且甘

① 参见[日]永田久：《历と占いの科学》第九章，日本新潮社，1982。

带”，蝍且就是蝍蛆，甘读如“啖”，带就是蛇。《淮南子》中说：“腾蛇游雾而殆于蝍蛆。”谓巨蛇虽能腾云驾雾，却栽在小小的蝍蛆手里。此外在《本草》这部医药书“蜈蚣”条的注释中，则有更为详细的说法云：“（蜈蚣）一名蝍蛆，其性能制蛇，见大蛇便缘而啖其脑。”这些说法有无事实根据，很难轻易可否。但生物界有所谓生态平衡的现象，谓一定的生物群落和生态系统中的各种对立因素，能够通过相互制约、相互转化和补偿交换等作用，来营造和维持一个相对稳定的平衡状态，则是众所周知的事实。其中各种天敌相互克制的趣闻，也常为人们所乐道。由此推想，蝍蛆、蛇和蛙的循环圈，纵然不像书本上说的那样简单明了，不像游戏中玩的那样简洁明快，但如果说它是对生态平衡现象的一种艺术概括和科学普及，还是不致大错的。

现在我们要问的是：人们何以要概括出这么一套玩艺来，难道仅仅是一种劳作之余的游戏？人们之能以概括出这么一套玩艺来，有无什么哲学思辨方面的助力？而这么一套玩艺终以游戏形式普及于世，是否又大大启发了人们的智慧？中国文化在这些方面，有无什么特殊的机制或贡献？这些，都是我们很感兴趣的课题。

二

在上述那本古书里，这个蛇、蛙、蜈蚣“互相食也”的记事，被放在叫作《三极》的一章里，看来当非偶然。尽管那部书的章题出于故弄玄虚的动机，从一安排到九，多数无可索解，而“三极”一题的涵义，还是相当明白的。

三极就是三元，三个对等的元素或本原，特别常指宇宙的根源。在《易经》和《逸周书》这两部中国最早的哲学书和历史书中，便已有

“三极”这个词，其内容是“天、地、人”（见《易经·系辞上》《逸周书·成开》），有时也叫“三才”或“三材”，谓组成宇宙的三种材料。现在《关尹子》中推出的三极，却是三种“互相食也”的小动物，它们当然无法与天、地、人相比，照实说，只能叫作“三虫”。而作者竟也谓之为三极者，看来当是因为此三虫在其小小的系统内，倒也确实是三种对等的元素，从而可以当作一种寓言、一种形象、一种“科普”图画，以影射和代表自然系统中存在着的互相制约的因素或力量，乃至被认为是宇宙根源的因素或力量。因此我们可以认定，三虫的格局之被强调，远远不是出于游戏的目的，而是有着更深的理性动机的。

这样，我们事实上已经涉及了两种三极：三虫和三才。仔细分析一下这两种三极，我们将会看到，天、地、人或蝍、蛇、蛙三者，虽然在其组合中都各据一极，形成鼎立的状态，但其极间的关系，或者说其组合的格，却很不相同。前面说过，那三种小动物，处在一种互相追逐循环制约的关系中，并由之构成生态的平衡系统。而天、地、人这三极之间的关系，照古代中国人的理解，则几乎正好相反，它们不仅彼此从不克制，而且是在尽力相互补足，以形成所谓“天人合一”的局面。这个天人合一中的“天”，指的是大自然，包括天和地。天、地、人三者合一，用今天的话来说，就是人和自然交朋友，用互敬的而非互克的办法，来创造一个和谐的平衡的可持续发展的生态环境。在古代中国，这又叫作“参赞化育”。当时的人相信，天的功能是“化”即化生，地的功能是“育”即养育，人的功能是“赞”即赞助，三者各尽其能而融为一体，是为“参”（见《礼记·中庸》）。在如此组成的参赞化育关系中，人类不仅通过适应天地的本性而实现了自己的本性，积极地完成了自己，而且更以此使自己参加到了大自然中，与天地同长共久。至于天和地，也由于人的参赞，而实现并完成了自己的化育本性。

由此可见，三才的如此合一关系，和三虫的那种相克关系，其性质是完全不同的，它们分别组成了三极的不同的格。下面我们还会看到，除此两格以外，三极之间尚有许多别的格，其景象是非常热闹的。不过现在，我们不能不暂时打住，回到我们的智慧主题上去，看看这些三极，与中国人的智慧，到底有些什么关系。

三

先看天、地、人的合一。中国战国后期，有一位十分重视人的主观能动作用的思想家，姓荀名况，人称荀子。他在谈到天、地、人的关系时，曾经这样说：

> 天有其时，地有其财，人有其治，夫是之谓能参。舍其所以参，而愿其所参，则惑矣！

这是荀子在《天论》里面说过的一段话，概括了天、地、人合一的事实与智慧。其所谓的“能参”，是说天、地、人所具有的、足以使三者参合为一的能力，即天的时能、地的财能、人的治能，也就是前面说过的天能化、地能育、人能赞。这是一些客观存在着的“能”。人们正确地认识了这些能，便能运用它来实现天、地、人的参合，实现天人合一，形成一个和谐协调的可持续发展的生态环境。反之，如果不能认识这些客观能力，不知道运用它们去实现天人参合，则叫作“舍其所以参”。舍其所以参者必然不能实现“所参”，即形不成参合的局面，收不到参合的效果，天地的功能将因而隐没不彰，人类的功能也萎顿而无可实施。如果舍其所以参者还在妄想得其所参，是谓“惑”，即天大的愚蠢。只有知道用其所以参因而得其所参者，方才是智慧和智慧的显现。

荀子用“惑”和“不惑”来评价人对三才的认知与参与，意味着关于天人合一的知识，可以转化为人的某种智慧，某种在天地之间如何安身立命的智慧。荀子和他所属的儒家学派，都非常强调这种积极参与的智慧，对后世留下了深刻的影响。

十分有趣的是，对于同一个天、地、人三极的事实，在另外一些古代中国人那里，却形成另外一套认识，转化为另外一种智慧。我这里指的是道家学派。

道家始祖老子在他的著作中说：

> 天长地久，天地所以能长且久者，以其不自生，故能长生。是以圣人后其身而身先，外其身而身存；以其无私，故能成其私。

老子这里谈的也是天、地、人三才。天能长，地能久，人怎么样？人既已与天地相鼎立，自也应该长且久。可惜并没有人能够与天地共长久。那是为什么？

若是按照前面荀子的思路，将会认为，人之所以未能长久者，乃由于人类自己没有发挥好自己的功能，以及没有利用好天地的功能，以致不能在长久方面与天地相参。而老子的看法恰好相反。他认为，“天地所以能长且久者，以其不自生”，言外之意是，人之所以不能长且久者，以其自生！什么叫作不自生？那不是说天地没有自己的能参或所以参，没有化育的功能；也不是说天地不去发挥自己的功能，不来参与自然的生息，不以其所以参成其所参；而只是说，天地在发挥自己那无可比拟的巨大功能时，不自见、不自是、不自伐、不自矜，就是说不自以为得计，故而能够长且久。人类方面的情况则有点复杂：人中的圣人，知道效法天地，后其身、外其身、无其私，因而能够与天地共长久，不自生而长生。人中的凡人，只图一味先其身、存其身、有其私，自生其生，结果反而事与愿违，无一得以长生。

老子对天、地、人三极的如此看法，像他的整个哲学一样，是在以逆向思维的方法，昭示人们以阴柔的智慧。这是一种与前述的主张积极参与同等重要的智慧，二者虽有阴阳之别，却无轩轾之分，而是各有自己的适用范围，并且正好以此相互补足，相得益彰。

天、地、人三极所启发于人者，大抵如此。蝍、蛇、蛙三极的格局与此不同，其智慧阈也因之有别，下面我们试以实例说明。

中国大史学家司马迁在写到汉高祖得天下时，曾经发表过如下一通议论：

> 夏之政忠。忠之敝，小人以野，故殷人承之以敬。敬之敝，小人以鬼，故周人承之以文。文之敝，小人以僿，故救僿莫若以忠。三王之道若循环，终而复始。
>
> 周秦之间，可谓文敝矣。秦政不改，反酷刑法，岂不缪乎？故汉兴，承敝易变，使人不倦，得天统矣。（《史记·高祖本纪·太史公曰》）

“夏之政忠”，忠的意思是敦厚；“小人以野”，野的意思是拙朴。殷时“小人以鬼”，鬼的意思是迷信。“周人承之以文”，文的意思是文明；“小人以僿”，僿的意思是华而不实。在司马迁看来，夏、商、周三代的政治方略和社会风气，各有自己的长处，从而也就各有自己的短处。下一代在有意识地补救或克服上一代的短处时，总是不经意地又铸成了自己的短处，有待更下一代来解救。如此循环不已，终而复始，是为历史。他认为，时至周代末年，文敝已深，秦皇不以忠来解救，反而酷其刑法，是以二世而亡。汉兴易变，以忠救文，人既不倦，复得天统，所以能够拨乱反正，长治久安。

司马迁的这个三王之道若循环的历史观里，很清楚地隐约着三虫相逐的影子，是明眼人所一望可知的。本来在司马迁以前，比较流行的是五德史观和三统史观，前者取五行相胜说，认为黄帝得土德；夏禹得木德，木胜土；商汤得金德，金胜木；周文王得火德，火胜金；秦皇得水德，水胜火；代秦者汉，复为土德。三统说则相信，不同的王朝承受不同的天统之气，呈现为黑、白、赤三统，前后继续，轮流坐庄，彼此只有先后次序，没有生克关系。司马迁的三王之道历史观，在理论形式上，显然是对这两种史观的综合，而且应该说，是对这两种史观的优点的综合。五德史观的优点是相信后王胜过前王，肯定历史的前进性和革命性；三统史观的优点在于肯定三极而不是五极，因为三已是全，是肯定、否定、否定之否定的完整过程(以后还要详细论证这一点)。司马迁之能以综合此前两种史观的优点而提出自己的三王之道说，除了他对历史的洞见外，难道没有三虫游戏背后的智慧在作用吗？

四

以上谈的三虫、三才乃至三王，无论它们是互克而循环，或者是互参而相成，所出场的都是三个实实在在的实体。下面我们将说另外一种格局，由两个实体和一个虚体所组成的三极关系。仍然从一个故事开始：

吕太公望封于齐，周公旦封于鲁，二君者甚相善也。相谓曰

“何以治国”？太公望曰“尊贤上功。”周公旦曰“亲亲上恩。”太公望曰：“鲁自此削矣！”周公旦曰：“鲁虽削，有齐者亦必非吕氏也！”其后，齐日以大，至于霸，二十四世而田成子有齐国；鲁日以削，至于仅存，三十四世而亡。（《吕氏春秋·长见》）

这则周初的故事，在别的书里亦有传说，想来也许未必真有其事，但它所依托的两种治国方略，或者说两种相反的政治思想——“上功”与“上恩”，在当时曾确实存在着，其在齐鲁两国的政治实践中，也确有畸轻畸重之别。讲故事人的态度很清楚，他认为，历史已经摆明，这两种方略都未得到善终：齐以尊贤上功而强大，但终于被田氏篡夺，因为它不知亲亲，失去了宗室的护卫；鲁以亲亲上恩而削弱，勉强活着而已，因为它不知上功，不可能进步和发展。出路何在呢？故事中虽未明说，答案已是跃然纸上，呼之欲出的了，那就是走第三条道路。

一个有趣的重复是，以第三条道路为出路，在今天竟又成了时髦。近年来，英国工党、法国社会党、德国社会民主党纷纷当选执政；1998年9月，英国首相布莱尔更去美国和总统克林顿会谈，谈论他们打算在共产主义和资本主义之间走出一条第三条道路的谋略。作为这些现象灵魂的，是伦敦经济政治学院院长安东尼·吉登斯所写的《超越左和右》(Beyond Left and Right)等宣传第三条道路的著作。这个超越左和右，在古代中国，叫作“执其两端，用其中于民”，简称“执两用中”，它是三极智慧的又一种格局。

这种格局的最大特点是不容易一眼便能看出三个极，首先引起注意的常是所谓的“两”，即对立着的两个方面，譬如南和北、昼和夜、夫和妇、君和臣，等等，总而言之是阴和阳。这两个方面，既互相反对，又互相依赖；既不能相容，又不能相离，或者叫作既对立又同一。

齐国的尊贤上功和鲁国的亲亲上恩,也是这样的两个方面。

"以俗观之"或"听之以耳"的人,多爱偏执其中的一个方面,是此非彼,甚或尽力推而至极端,党同伐异。"以物观之"或"听之以心"的人,看出有此一面必然有彼一面,相信两面都有其同等的存在机会和权利。只有"以道观之"或"听之以气"的人,能从两面中看出一个第三者来,看出有个绝对的"一"存在于相对的"两"之中。这个第三者的一,它非此非彼,中立不倚,亦此亦彼,两全其美。由于它的亦此亦彼,因而可以看成是对两的包(包涵);而由于它的非此非彼,所以也可看成是对两的超(超越)。无论是包还是超,其为执两而得的用中,转知识而成为智慧,则是一致的。

譬如,亲亲与尊贤,这是对立的两,两种治国方略。鲁执亲亲,齐执尊贤,都是执一之偏;执一遂使两偏的长处和短处得到尽情发挥,以致后来者知所鉴戒,而综合两长规避两短,采取两包而用其中的向度。《礼记·中庸》说:"仁者人也,亲亲为大;义者宜也,尊贤为大。"便是这种既存亲亲又倡尊贤的两包用中策略。

又如,英国首相布莱尔 1998 年在纽约大学宣扬他的第三条道路说,它"超越了专注于国家控制、高税收和生产商利益的老式的左翼理论,又超越了主张狭隘的个人主义和市场能解决一切问题的新式的右翼放任主义的理论",便是从否定方面来执两用中,主张既不如此又不如彼,或超越左和右而得其第三极的实例。

这样的第三极,在现实生活中,看上去往往像是晚于对立两端而后发生者。仿佛总得先有齐的尊贤、鲁的亲亲,然后才能有《中庸》的仁义双修;先有右翼理论和左翼理论,然后才会有布莱尔的第三条道路。就历史来说,好像也的确呈现为这样的次序。但这只是就其呈现来说而已。如果以道观之,则应该说,在太公望与周公旦提出尊贤与亲亲的同一时刻，在那两端对立架势形成的同时，一个包涵上功与上恩的第三极，作为对立之两的真理，作为相对之两的绝对，也就随之产生而且存在了，只不过不可感知，因而虽贤明如太公周公者，都未曾觉察罢了。右翼道路、左翼道路和第三条道路的情况，亦复如此。这个第三极，也许待到一定时候，在各种条件的促成下，将因其合理而成为现实，成为可感知的实在，那时候，它也就由绝对变为相对，变为相对之两的一个方面，而另有新的绝对者，存在于其中了。

为能说清楚这样的三极关系，我们不妨再就身边每日发生的琐事中，拈一实例。例如市场交易。卖方和买方，形成交易中的两极。卖主为图获得更多利润，往往报出一个高于市场价格的高价；买主为图节省自己资金，往往还回一个低于市场价格的低价。这时候，双方各执其一偏，以尽可能的极端姿态出现，形成极度紧张的局面。后来的常规是，双方逐步退让，终于在彼此都能接受的价位上达成协议，和谐融洽，交易完成。

在这场交易中，人所共见的出场者，只有买方和卖方，是他们在作为交易的两极，登台表演，斗角勾心。但是专门研究交易行为的经济学家们看得更深刻，他们常爱说，在这场交易中，还有一只“看不见的手”！正是由于这只手的存在和操纵，这场交易方才得以最终完成。我们现在可以接着经济学家的话头往下说，这只“看不见的手”正是交易活动中的第三极。它既非买主，亦非卖主，它超越买和卖，但却与买卖行为同在；它既代表买主的利益，又代表卖主的利益，从而使得一切买卖能以健康进行。它是交易三极中的绝对者；至于买方和卖方，都只不过相对而存在。它不可感知，但却无所不在；到了条件具备时，它便人格化为经纪人，在市场中大摇大摆起来。

与这只“看不见的手”相映成趣的，还有所谓“看不见的脚”。故事出在战国时期的名家论辩中。那时候，中国有一批酷爱认识论和逻辑学的学者，即后人称之为名家者，喜欢提些很怪的问题同别人辩论，其中有一题叫作“鸡三足”，说的是，鸡有两只脚，左脚和右脚；可是当我们说鸡有“脚”的时候，所指的却既不是这左脚，也不是那右脚，而是指的涵盖两只脚的抽象意义上的脚，一只看不见的脚。于是，鸡有三只脚。

其实，不仅交易场里有看不见的手，鸡鸭身上有看不见的脚，举凡一切有对立存在的时间和地方，都必然有存在于对立之中的看不见的第三者。善于发现和运用这常人所不见的、足以综合对立双方长处、摒弃双方短处第三者，便是智慧之所在。

五

不同于上述交易场和鸡身上的二实加一虚，还有一种三极的格局，是由二虚一实所构成。我们且来先听一位和尚的议论：

> 老僧三十年前未参禅时，见山是山，见水是水。及至后来，亲见知识，有个入处，见山不是山，见水不是水。而今得个休息处，依前见山只是山，见水只是水。（《五灯会元》卷十七）

这是一桩有名的禅宗公案，叫作三番山水，说话的人是惟信禅师。这里实际上存在的只有一极，即一处山水。由于“老僧”认识能力的深化，三个时期中得出三种不同深度的认识结果，于是看到三种不同的山水。第一时期，未参禅时，见到的是具体的山水现象；第二时期，有个入处，即能够深知事物的理蕴了，所知的是抽象的山水本质；第三时期，大彻大悟，知道抽象原在具体中，从抽象再上升到具体，所见的依旧是先前的山水，不过已是现象和本质合一的具体了。这里的三种认识能力，也就是我们开头所说的庄子所谓的以俗观、以物观和以道观。这里的三种认识成果，也就是康德、黑格尔们所说的感性认识、知性认识和理性认识（或感性、理性、悟性）；佛家们所说的俗谛、真谛和中谛；如果换成通俗的称呼，就叫作意见、知识和智慧。

必须着重强调的是，这里实际上存在着的只有一处山水，即大家都能见到的常识意义上的山水。那第二种山水，抽象的山水，本质的山水，知性的山水，地质学家所谓的喀斯特地貌的山，化学家所谓的氢二氧一的水，或佛家所谓的"所以为山即所以为水"的山水，并不单独自在，它就在常识的山水之中，是对常识山水的一种觉知。至于第三种山水，既具体又抽象的山水，理性或悟性的山水，亦非另有一处洞天，它不在别处，就在前两种山水之中，只是一般人多未曾认识到它的存在罢了。从这个意义上说，这一处常人可见所见的山水，竟涵有三处山水。这个一，是涵三之一。

同时还须注意的是，这个为一所涵的三，不是平铺直叙简单连续着的三，而是处在对立和对立统一的关系中。其中，第一时期的山水如果谓之正，第二时期的山水便是反，第三时期则成为合。第一时期的山水如果叫作阳，第二时期的便叫作阴，第三时期的则叫作太极。一二两个时期的对象和成果，是相反的，也是相成的；第三时期则是一二的统一和综合，有两则有一。这一点，有点像前面说到的超和包，只是超和包时的三极乃二实加一虚，而此时的一以涵三的三极，是一实加二虚，有此不同而已。

涵三为一的说法发端于汉代人的宇宙生成论，始见于《汉书·律历志》：

太极元气，函三为一。极、中也。元、始也。行于十二辰，始动于子；参之，于丑得三；又参之，于寅得九；又参之，于卯得二十七……又参之，于亥得十七万七千一百四十七(按：即3的12—1次方)。此阴阳合德，气钟于子，化生万物者也。

故孳萌于子……引达于寅……振美于辰……该阂于亥……

这是一幅汉代人的宇宙生化象数图。它设想，宇宙生成的过程历经十二站，即子、丑、寅、卯、辰、巳、午、未、申、酉、戌、亥十二辰。元气每过一站，便扩大三倍，同时显出一个与辰名谐音的万物生发之象(孳萌于子、引达于寅，该阂于亥等)。元气如此由子至亥，万物如此由孳至该，便是宇宙大化生成的情景。如果要问元气何以能够三倍三倍地向前扩展，那仅仅是因为，元气本来就是涵三为一的，条件成熟了它便释放出来而已。

这种三即一、一即三的三极格局，显然不止于山水和元气而已，稍稍思索一下便能悟出，任一事物都是这样的一个三极，都可分解为三极，都是具体和抽象所合成的具象。老子说“万物负阴而抱阳，冲气以为和”，黑格尔说“某物就是否定之否定”“一切事物都是一个三段论式”，也都是这样的意思。佛教天台宗创始人智顗创三谛圆融说，认为每一认识对象都有空、假、中三个面相，三谛说不过是从三方面诠显一法，即观照、诠释事物的角度不同而已。所以一切诸法皆具三谛，一三三一，在中国思想史上留下深刻影响。以致后来李白的名诗《月下独酌》似乎也存有这样的哲学思辨，诗曰：

花间一壶酒，独酌无相亲；
举杯邀明月，对影成三人。

诗人和自己的影子构成正反两面，明月超乎其上，也是一种一实二虚涵三为一的场面。

说到这里，大概已经看得出，能将事物看成是三极的一，和将事物仅仅看成死板的一，哪一个是在闪烁着智慧之光了。

六

所谓将事物看成死板的一，就好比说“山就是山”“福就是福”，不知道事物本是相当复杂而且变动不居的，不知道真实的一竟是涵三之一。对此，中国有许多警策性的故事，以破除人们浅显平直的认识，激励人们的智慧，听起来都是很有趣的。下面试举一例：

> 近塞上之人有善术者，马无故亡而入胡。人皆吊之。其父曰：“此何遽不为福乎？”居数月，其马将胡骏马而归。人皆贺之。其父曰：“此何遽不能为祸乎？”家富马良，其子好骑，堕而折其髀。人皆吊之。其父曰：“此何遽不为福乎？”居一年，胡人大入塞，丁壮者引弦而战，近塞之人，死者十九，此独以跛之故，父子相保。故福之为祸，祸之为福，化不可极，深不可测也。（《淮南子·人间训》）

这是有名的塞翁失马寓言，通常用来说明祸福转化之深不可测，其实也是将事物看成死板之一或涵三之一的妙喻。请看：塞翁失马，人皆吊之，这是“祸就是祸”“一就是一”式的认识；塞翁得马，人皆贺之，又是“福就是福”“二就是二”式的认识。这都是些现象上的认识，是“以俗观之”和“听之以耳”者的粗浅意见。只有能够在知其为福的同时，更知其为祸，且知道如何提防其实现转福为祸，即知道此一非死板的一，乃涵三（福、祸、福祸）之一者，方可称得上是有智慧，方能立于不败之地。

这种智慧也被概括为“居安思危”或“知雄守雌”之类的格言，以提示人们切勿死于安乐。盖当生活平安或时局安定的时候，一般都容易忘乎所以，安其所安，认为安就是安，安只是安，将手中的“一”（安）看成死板的一，抽象的一。唯有智者知道，任何一个真实的一，都是涵三之一，都内含着自己的对立者和趋向对立的冲动。因而，安固然是安，但也正是此安，使人耽乐消沉，趋于危殆，故而此安即是危。只有认清这种危险，提防这种危险，方能守住已得的安。所以，以安为安者，反而不得其安；只有安而不忘其危，才是居安之道。

研究中国文化的人，喜欢把居安思危看作是典型的“忧患意识”，看作是这个中华文化深层特质的典型例证。这样说也未尝不可，只不过要注意，忧患意识并非中华文化的全部特质，中华文化并非终日泡在愁眉苦脸之中。它所要求的“思危”，只施行于“居安”之时，是尚未“忧患”之时的“意识”。一旦危险真的临头了，真的临深而又履薄了，那时候，需要思虑的倒已不再是危殆，需要“意识”的也将不再是“忧患”，反而换成为危殆和忧患的对立者——怡乐了。所谓临危不惧、履险如夷、见危授命、乐天知命等，便是所要求于危殆之时的理智、情感和意志。这就是说，正像不能认为“安就是安”“安只是安”一样，“危”也是涵三之一，也不应以死板抽象对待之，不能认为“危就是危”“危只是危”，而应看到危中之机，促成转危为安。这样，居安而防其转危，临危则促其转安，安危同为涵三之一，运用时或防或促，都成智慧，此所谓运用之妙，存乎一心也。

居安思危也被称作“持满之道”，也就是保持胜利永远不败之道。

这个道，曾被形象地比拟为一种储水的容器，并将道中之理寄托到孔子名下。请看下列故事：

> 孔子观于周庙而有欹器焉，孔子问守庙者曰："此为何器？"对曰："盖为右坐之器。"孔子曰："吾闻右坐之器，满则覆，虚则欹，中则正，有之乎？"对曰："然。"孔子使子路取水而试之，满则覆，中则正，虚则欹。孔子喟然叹曰："呜呼！恶(乌)有满而不覆者哉！"子路曰："敢问持满有道乎？"孔子曰："持满之道，挹(抑)而损之。"子路曰："损之有道乎？"孔子曰："高而能下，满而能虚，富而能俭，贵而能卑，智而能愚，勇而能怯，辩而能讷，博而能浅，明而能暗：是谓损而不极。能行此道，唯至德者及之。《易》曰：'不损而益之，故损；自损而终，故益。'"(《说苑·敬慎》，又见《荀子·宥坐》)

欹器是一种储水的陶罐。它无水则欹(倾斜)，满水则覆，水最适中则正。人们时常置之座右，以为修身鉴戒，因为它将居安思危的哲理形象化了，而且几乎是量化了。

欹器表明"满则覆"，这正就是我们前面说的，安其所安，反而成危之象。而所谓的"持满之道，抑而损之"，则意味着居安在于思危，有将居安思危智慧予以量化的味道。至于究竟损到多少为好？文中说，"损而不极"，不极就是不要达到极点，因为物极则反矣，不极反而是最大的极。所以这种自我抑损，看上去是损，其实是益，这就叫"自损而终，故益"。

欹器的一体三态，告诫人们满则招损，谦乃受益，宜其成为右座之器。而在它的背后深处，成为灵魂的，则是那个闪光的三极之道。

七

从涵三为一很容易联想到宗教学说上的三位一体。佛学有所谓一体三宝,认为佛、法无二,和合为僧,佛和法的神妙都体现于僧身。三宝之中,只有僧体是实,这个真实的一,便是涵三之一。天主教与基督教有所谓三位一体,三位指圣父、圣子、圣灵(或圣神),三位之中,唯圣子为实,圣子是涵三之一,他反映了人们所需要的理性(圣灵)、爱(圣父)以及把理性与爱合在一起,成为完整的人(圣子)的愿望。伊斯兰教和道教,也有大体类似的说法。

中国唐代德宗年间立《大秦景教流行中国碑》,曾将“三位一体”译为“三一”。这个“三一”,在中国上古文化中,本来指“天一、地一、太一”(见《史记·封禅书》),是对天神地祇和宇宙原始的笼统称谓。其所谓的“一”,有原始、至上、绝对的意思。

不过既然这个“一”乃表示原始至上和绝对,照理说就不该有三个,而只能是一个;只有当此“一”唯一,才谈得上原始至上和绝对,岂有三个绝对同时并存之理?这个问题,在“三位一体”“一体三宝”名目中,虽然说的都是“一体”,其实也同样存在,因为它们都承认“一”有三个位格。

为能中肯地回答这个难题,我们需要引进一些数的观念。

在《史记·律书》中,关于数,有这么一个说法:“数始于一,终于十,成于三。”众所周知,人有十指,因而形成了十进位的观念。数目从一开始,逢十进位,这叫作“数始于一,终于十”。从一到十的十个基数中,每个数都是等值等量的同等单位,除了名字不同外,彼此没有其他差别。这是常识,是每个人从孩提时代便被告知的第一批知识。但是《史记·律书》所说的“始于、终于”特别是“成于”，仿佛有着简单累计以外的意义，从而数一、数十特别是数三，仿佛有着与其他数目不同的特殊属性，此中有何道理？

原来，对于十个基数，如果仅仅视为十个并立的个体，彼此互不相关，各不相属，那是一种看法，一种常识的看法。如果将它们视同一个整体，一个增长的过程，甚至是一个机体，那么便会有另外的理解。现在《史记》说“数始于一，终于十”，至少已是将十个基数看成一个有始有终的完整过程了；而“成于三”一句，则包含着更深刻的内容。

请看，基本数序从一开始。由一前进一步，是为二。从一到二，乍看上去只是量的简单增加，其实不然，它还是数之从奇到偶、从单到双、从无对到有对的根本变换。这样，数一和数二，就其性质来说，便成为对立；并且正是以此对立，分别代表着数的不同属性；而正是由于有了一有了二，数的性质方才得到完整表现。只不过，这里所谓的完整表现，还是由一和二来分别担当的，一旦更进一步到了数三，情况又来了个根本变换。那时节，数一数二都被包含在数三之中，而且正是它们两者合成而为一个数三。因而数一数二所分别代表着的数的属性，便由数三来独立承担，数一数二所形成的对立，则在数三中得到统一，由一到二所发生的变化，则经过由二到三的变化而得到中和。这样一来，如果我们命一为正，那么二就是反，三则是合；命一为肯定，二便是否定，三则是否定之否定。如果我们认为一是原始是至上是绝对，那么这时我们便会看出，那种原始至上和绝对，还只是抽象的名义上的，它必待与二结合而成为三，才是一个具体的充实地完成了的原始至上和绝对。这便是数之所以“成于三”的道理。

这也就是“三一”“三位一体”“一体三宝”等名目之所以要以一涵三、以三为一的道理。

除此而外，人们对于三的特殊感情，也许还有着社会历史上的原因，至少在中国和某些民族如此。姑且试说如下。

每个人都有自己的名字和姓氏。名字代表自己这个个体，姓氏表示自己的血缘关系；名字是任意取的，姓氏一般承袭自父亲。文明的历史表明，在中国，本来只有少数几个姓氏，随着人口的不断繁衍，姓氏也逐步扩充起来。一个常用的扩充办法是，以祖父的名字作为孙辈一族的姓氏。例如春秋时代鲁国的名臣柳下惠，真名叫展禽(姓展名禽，柳下是他的封邑，惠是谥号)，他的姓氏，就是他的先人(展无骇)据彼祖父名字(公子展)得来的。这个办法今天看来有点奇怪，在当时却很自然，因为它的背后隐藏有一种古老的社会习俗。那个习俗，也许正是我们现在所谈的中国人智慧的生活源泉。

这种古老的习俗，在古代中国人的家族祭祀活动中，也留下有很深的痕迹。据说祭祀时，要安排一个人端坐祭台后面，穿戴死者生前服饰，扮演死者受祭。这个人，叫作“尸”。按礼制规定，“尸必以孙，孙幼则使人抱之，无孙则取于同姓可也”(《礼记·曾子问》)。请注意，不是儿子代表父亲受祭，而是孙子登台扮演祖父。至于祭台下面进行祭拜的人，据说分成两行排列，也不是儿子同父亲分列一行，而是孙子和祖父分列一行。这种祭祀礼仪上的规定，同上述扩充姓氏的办法，都在向我们透露，祖孙之间，显然有着某种特殊的关系。

这种祖孙亲密的习俗和关系，大概源于对偶婚以前的群婚制。

人类学家摩尔根(Lewis Henry Morgan，1818—1881)在其名著《古代社会》中，向文明世界介绍了澳大利亚的卡米拉罗依(Camilaroi)人的群婚婚组制度。据说，他们将成员按性别分成四对婚组，某一男性婚组只能与某一女性婚组通婚，所生子女则划入与父母相异的他一婚组。其名称与关系为：

男性　1. 伊排　　　　女性　① 伊帕塔

　　　2. 孔博　　　　　　　② 布依

　　　3. 慕里　　　　　　　③ 玛塔

　　　4. 库比　　　　　　　④ 卡波塔

男性婚组 1 与女性婚组①为兄妹或姐弟，其他各同数婚组亦然。男性 1 只能与女性④通婚，所生子女为 3 和③；男性 2 只能与女性③通婚，所生子女为 4 和④；男性 3 只能与女性②通婚，所生子女为 1 和①；男性 4 只能与女性①通婚，所生子女为 2 和②。

现在我们以 1④通婚每代生育一子一女为例，看看其五世的情况：

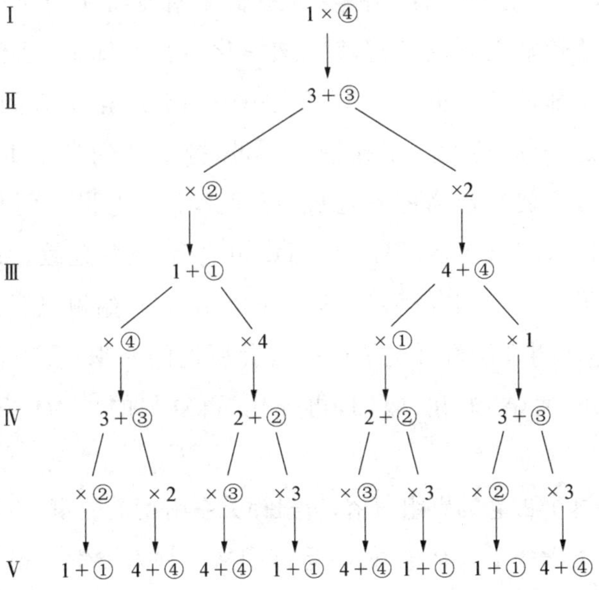

图例：Ⅰ、Ⅱ世系

Ⅰ④婚级

× 婚配　↓ 衍生　+ 同胞

从这幅五代世系表中可以看出，卡米拉罗依人的第一代婚配关系1④，在第二代外化为异己的子女3和③；子女在异于父母兄妹的唯一婚组2或②中通婚；生出的第三代，又回归为本来的亦即其祖父母所属的婚组1④，当然在量上扩大了；第三代作为表兄妹或表姐弟又得通婚；第四代又复外化；第五代又复回归。以后各代，依此类推。这种婚配制度的最大特点是父母和子女互为异己的婚组，而祖孙却同属一个类型。这便是上述的孙辈可以用祖父名字作为自己姓氏的实实在在的根源，也是何以由孙子来代表祖父受祭而不是由儿子来代表父亲的明明白白的原因。

稍嫌遗憾的是，到目前为止，在中国尚未能找到这种婚制的明确记录。但是中国有一种与世系制度相辅而在的所谓昭穆制度，应该就是婚组制度的遗迹或文明化。我们知道，任何一个家族，其世系都可按一世、二世、三世……的顺序排下去的，譬如孔家，孔丘是一世，他的儿子孔鲤是二世，孙子孔伋是三世，曾孙孔白是四世，到现在台湾的孔德成，已是第七十七世。而与此并行的昭穆制度，却只有昭、穆二元，自始祖之后，交替延续。请仍以孔家为例：孔丘是始祖，统领昭穆，故不落昭穆；自始祖以后，父为昭，子为穆，穆再生昭，昭再生穆……这种所谓的昭穆，看来也正就是前表所列的通婚、外化、复归，再外化、再复归的更为简明的表达方式。

我讲这个古老的婚组习俗，讲祖孙关系密切的故事，不是想要得出什么人类学的重大结论，而只是试图从这种人类学的现象来找寻中国人重视数三的原因。我觉得，上述的现象，似乎便是产生重三观念的坚实生活基础，生活在这种习俗和关系中的人群，很习惯地便会对于数目三产生特殊的偏爱和崇敬。

亚里士多德说："所有的哲学家都以对立作为第一原则。"[1]中国哲学家则似乎不愿停留在不稳定的对立上，而总是更进一步，找到包含对立、超越对立、制约对立、代表对立的和谐，也就是在一、二之后找到三，以作为第一原则。这大概便是中国人的智慧所在。

（原收入《季羡林与二十世纪中国学术》，北京大学出版社 2001 年）

① 亚里士多德：《形而上学》第十四卷第一章，第 289 页。

继往开来：中华文明的传统

黄帝与混沌

——中华文明的起点

司马迁写《史记》从黄帝开始，定下了中华文明由此发端的基调。在他以前和以后，虽有种种长短不一、或迟或早的起源说，都动摇不了司马氏说法的权威性。直至今日，在有关中华文明的许多其他大的方面和小的论点上，我们每以捐弃陈说为能事，独于“我们都是炎黄子孙”这一点，引为骄傲。足见黄帝说之影响深远了。

只是今天似乎很少有人注意到，当年司马迁定这个调子时，是颇为踌躇的。他一则说：“百家言黄帝，其文不雅驯，荐绅先生难言之。”再则说：“非好学深思，心知其意，固难为浅见寡闻道也。”三则说：“余并论次，择其言尤雅者，故著为本纪书首。”这就是说，他所见到的有关黄帝的资料中，有不少是他说不出口、也不能对一般人说的内容，现在所写出来的，是严格选择了的。或者说，关于黄帝，他有难言之苦和难言之隐。

现在我们从《史记》上看到的黄帝，是一位标准的圣君形象。用它来平章百姓、协和万邦，是绰绰有余了，可是根据它来了解中华阐述历史，难免浑浑不清。因为我们不知道司马先生都隐瞒掉哪一些，其中有一些恐怕已再也看不到了。

但是我们比司马迁略占优势的是，我们知道历史发展的一般趋势，知道在司马迁所着意要建立的信史时代以前，有一个史话时代；再以前，有一个传说时代；再以前，有一个神话时代。像黄帝这样的大人物，总是历经了这样几个时代而一步步圣化成的。而且，我们没有什么“难言之”的话，至少对于黄帝是这样。所以，我们有可能提供一位比司马迁所提供的更为接近真实一点的黄帝形象。且试作如下：

人帝与天帝

在司马迁以前，至少有两位黄帝。一位是人帝，一位是天帝。说人帝的，如《逸周书·尝麦》：

> 王若曰：……昔天之初，诞作二后，乃设建典，命赤帝分正二卿，命蚩尤宇于少昊，以临四方，司□□上天未成之庆。蚩尤乃逐帝，争于涿鹿之河，九隅无遗。赤帝大慑，乃说于黄帝，执蚩尤，杀之于中冀。以甲兵释怒，用大正顺天思序，纪于大帝。

又如《大戴礼记·五帝德》：

> 孔子曰：黄帝，少典之子也，曰轩辕。生而神灵，弱而能言，幼而慧齐，长而敦敏，成而聪明。治五气，设五量，抚万民，度四方。教熊罴貔貅豹虎以与赤帝战于阪泉之野，三战然后得行其志……

这些是司马迁写《五帝本纪》的一部分根据，在《史记》中留有很清楚的痕迹。它们应该属于“其言雅驯”的了，可是后来还是有人指责司马先生取舍不当，说：“轩辕固圣帝也，何至日寻干戈，习用军旅？”(梁玉绳《史记志疑》)仅此一端，也可想见写史之不易。如果只是“藏之名山”，倒还罢了，要是还想“副在京师，俟后世圣人君子”，那就得准备接受别的时代、别的价值观念的挞伐。尽管作者本人早已作古，得免检讨之苦，也很难说是一件愉快的事。

至于连司马迁也认为“不雅驯”而被“难言”掉的，大概多属于作为天帝之黄帝的资料，它们可能比“雅驯”的多得多。且以我们尚可及见的来举例，例如《韩非子·十过》所载：

> 师旷曰：……昔者黄帝合鬼神于泰山之上，驾象车而六蛟龙，毕方并辖，蚩尤居前，风伯进扫，雨师洒道，虎狼在前，鬼神在后，腾蛇伏地，凤皇覆上，大合鬼神，作为清角。

又如《楚辞·远游》里“不可攀缘”的轩辕，《山海经》中能生白马、生白犬的黄帝等。

这两位黄帝，或一位黄帝的两副面貌，在司马迁所见的前人书里，也有兼收并蓄而不觉矛盾的，如《吕氏春秋》：

> 中央土，其日戊己，其帝黄帝，其神后土。（《吕氏春秋·季夏纪》，又见于《礼记·月令》）

这是天帝黄帝。而同一书里另一些篇中则有：

> 黄帝言曰：声禁重，色禁重，衣禁重，香禁重，味禁重，室禁重。（《吕氏春秋·去私》）
>
> 黄帝立四面（以求贤）。（《吕氏春秋·本味》）

这类言之凿凿的地方，显然又在把黄帝当作一位人帝来赞颂。

这种人神并举的办法，其实司马迁也悄悄用了。在《史记·五帝本纪》中，他认定黄帝是人；而在《封禅书》里，却记有好几条黄帝为神为仙的故事，如“秦灵公作吴阳上畤，祭黄帝”，以及因黄帝登仙而引出汉武帝闹封禅等；又如在《太史公自序》里，他时而说“余述历黄帝以来至太初而讫”，时而又说“卒述陶唐以来至于麟止”（再勉强缀上一句“自黄帝始”）。如此分述人神、游移不定的笔调，似可见出他在处理黄帝资料时的复杂心情。

我们相信，这些现象的存在，不是出于《吕氏春秋》编者或《史记》作者的疏忽和寡断，而是反映了在《吕氏春秋》这样的史话和《史记》这样的信史出现以前，我们的主人公黄帝，已然饱经沧桑，阅历了两个漫长的时代——神话时代和传说时代，留下了许多难以磨灭的或神或人、亦人亦神的足迹了。

神话与传说

神话是什么？在不久前那个外来的征服自然论和土生的斗争哲学论成为意识形态的年代里，神话曾被认为是以幻想形式表现出来的人类征服世界的斗争。其实，事情恐怕并不这样简单。

征服和斗争是晚起的动作和观念，至少也是具有这种观念的后人对祖宗的一种奉承。在远古时代，人类大概并没有什么征服的意识，而只是千方百计去顺应环境，所谓“顺乎天而应乎人”，在顺应中逐渐积累着对自然对自己的看法，不断改善着顺应的方式。换句话说，人类最初既不以一切非人为异己，也不知道自己是什么万物之灵，在那个人类还没能学会分别的时候，天和地、人和物、牝和牡、死和生，一切都还笼而统之，浑然一体，无彼无此，难解难分。而第一批神话，便是这种精神状态的结晶。《山海经》上那些什么人面鸟翼马、一臂三面人之类怪物以及可以由之升天降地的灵山、孤阴独阳的女子国、丈夫国等，大概便是此时的产品。尔后，人类慢慢有了自觉，社会慢慢有了分化，各种表现自觉、表示分化的神话便产生出来，如族源神话、英雄神话。等到分化而出现尊卑，尊卑而酿成争斗，天神神话、帝王神话乃随之酿成和出现。

神话是远古社会的社会意识。举凡我们今天用自然科学、社会科学、人文科学和哲学来表达和理解的客观现象和主观精神，那时一律以神话来表现。稍有不同的是，神话没有版权的纠纷，它不是哪一个人的作品，而是由某一或某些群体的集体智慧创成；神话依靠口耳流传和承续，因而有版本的差别。而流传和承续，又正是它形成的唯一方式，这于是给后人了解神话带来不少麻烦。

神话时代不知经过多少千年，人类文明演进为传说时代。传说时代标志着人的更大自觉，自觉到人是世界的中心。所以传说的主角多是出场或不出场的人，更具人性也更像人样的人，譬如：

> 宰我问于孔子曰："昔者予闻诸荣伊，言黄帝三百年。请问黄帝者，人邪？抑非人邪？何以至于三百年乎？"孔子曰："予，禹、汤、文、武、周公可胜观邪！夫黄帝尚矣，女何以为先生难言之。"宰我曰："上世之传，隐微之说，卒业之辨，暗忽之章，非君子之道也；则予之问也固矣。"(《大戴礼记·五帝德》)

说黄帝活了三百岁，或者是统治了三百年，这就属于传说，即所谓的"上世之传，隐微之说"。经验证明这是不可能的，所以宰我有"人邪非人邪”之问。而另一则也是有关黄帝故事的问法，便与此不同。

子贡问孔子曰：“古者黄帝四面，信乎？”（《太平御览》卷七九引《尸子》）

这里问“信乎”，不提人不人的事，因为这事实在太神了，而上一问的三百年，则立足于黄帝是人。这就见出神话和传说之别。“黄帝四面”属于神话，尽管神话也还是远古人的人话，但那时的人还未曾把人和非人区别开来。“黄帝三百年”属于传说，传说中的人理应符合人的标准，尽管圣王不免应有圣相，如尧眉八彩、舜目重瞳、禹耳参漏、文王四乳之类，但总不能过于离谱，因为此时人对自己，已有相当的自觉，理性越来越多也越被重视了。

随着理性化程度的进一步加深，社会秩序的维持越来越求助于理性，历史传说也慢慢更具有理性色彩，或者被予以理性地改造，于是出来史话。上述黄帝三百年的传说被改造的例子，最为典型。紧接着那段宰我谈传说的话以后，这样写道：

孔子曰：“黄帝……生而民得其利百年，死而民畏其神百年，亡而民用其数百年，故曰三百年。”①

一个三百年分成三个一百年，理性的成分加大，便显得顺理成章了。令人生疑的传说，由此变成了有理可讲的史话，至于此理的真假，那又另当别论。

---

① 又见《说文系传》第三十三：“黄帝，圣人之真也。民利其教百年而死，人畏其神百年而亡，人由其教百年而移：故曰黄帝三百年。”

有些神话也常直接被改造成史话，“黄帝四面”就是一个好例子。紧接着上引的子贡问孔子以后，孔子是这样答复的：

> 黄帝取合己者四人，使治四方，不计而耦，不约而成，此之谓四面。

四面孔怪物变成圣人向四方派出代表，神话于是变成了史话。同是对这一神话的改造，《吕氏春秋》里则说黄帝派人四出访贤，立以为佐，斯谓“黄帝立四面”。在马王堆帛书里，更有第三种改造法，其《十六经·立命》说：

> 昔者黄宗质始好信，作自为象，方四面，傅一心。四达自中，前参后参，左参右参，践立履参，是以能为天下宗。

黄宗就是黄帝。“作自为象”就是“设象以为民纪”，在宫门外的象阙（亦称魏阙、两观）上挂一幅像，来晓谕百姓（《国语·齐语》，参见《周礼·大宰》）。这种设像以教的传说，特别是五帝设像的传说，当时很普遍，譬如纬书上就有“三皇无文，五帝画像”（《孝经援神契》）及“三皇设言民不违，五帝画像世顺机”（《春秋元命苞》）之说。只是五帝画像怎么个画法，总是语焉不详。帛书《十六经》把“四面”的神话和“画像”的传说结合起来，说黄帝所设的像四方都有面孔，表示他“四达自中”，以此演成一则“践位履参，是以能为天下宗”的史话。无疑，这是一种相当理性地处理史料的办法，比上两法似乎更为顺理得多。

还有一例更能说明问题：

季康子问于孔子曰："旧闻五帝之名，而不知其实，请问何谓？"孔子曰："昔丘也闻诸老聃，天有五行，木、金、火、水及土，分时化育，以成万物，其神谓之五帝。古之王者易代改号，取法五行，五行更王，终始相生，亦象其义也。故其生而为明王者，死而配五行。"(《孔子家语》)

一下子把包括黄帝在内的五帝神话和传说都解决了。五天帝在这里不再是活灵活现的超人，而只不过是五行的神，而这个所谓的神又并不是鬼神之神，只是不可言状的作用，或者叫天理流行。五人帝更完全是人，不过生能取法五行、死乃得配五行而已。神话和传说，至此完全理性化了。

黄帝与混沌

沿着上述的路数前进，很自然就会出现司马迁《五帝本纪》中的黄帝，以及我们今天"炎黄子孙"心目中所崇敬的黄帝。这是不待赘言的，也是人所共知的。

对于有打破砂锅癖好和刨根问底根性的人来说，更有兴趣的也许是反其道而行之，倒转回去，探究一下作为天帝的黄帝，是否还有自己的蓝本。因为我们已经知道，天帝神话并非最早的神话，从而，天帝黄帝也许会有前身。

前人已经证明，黄帝就是皇帝，皇帝即是上帝。它不止于像后来所传的那样，同尧舜等并列为五人帝一员，也不止于和青帝、赤帝等比肩为五天帝一尊。它早先本是至高无上、统管天庭的上帝(参见《古史辨》第七册上编、中编考证)。《墨子·贵义》篇里就曾说过："帝以甲乙杀青龙于东方，以丙丁杀赤龙于南方，以庚辛杀白龙于西方，以壬癸杀黑龙于北方。”在这个五方天帝说的雏形中，四色龙正是后来的四方帝，主角“帝”也正是后来黄帝的前身。这一点，《孙子》的“黄帝之所以胜四帝也”（《行军》）和《蒋子·万机论》的“黄帝之初，养性爱民，不好战伐，而四帝各以方色称号，交共谋之”诸记载，都可佐证。

但上帝与下帝对应，是下帝在天上的投影和护法，因而也不可能是最早的，不会早于人间出现较集中的首领以前。我们应该继续往前寻找，看看更早的黄帝，是什么样子：

> 南海之帝为倏，北海之帝为忽，中央之帝为浑沌。倏与忽时相遇于浑沌之地，浑沌待之甚善。倏与忽谋报浑沌之德，曰：“人皆有七窍，以视听食息，此独无有，尝试凿之。”日凿一窍，七日而浑沌死。（《庄子·应帝王》）

这里的南海帝、北海帝和中央帝，有人之情，无人之形，较之上述的能征善战的诸帝，理应更早一些。他们的奇怪名字，或亦足标志其古老性。只是“倏”“忽”这样的名号，为他处所不见，也许是庄子生造的。“浑沌”二字，倒是所在多有，但它与中央之帝，能有什么内在的关系？

按“浑沌”又写作“混沌”（班固《白虎通》）、“浑敦”（《山海经》《左传》）、“混屯”（应劭《风俗通义》）、“混沦”（郭璞《江赋》）、“浑沦”（《易纬乾凿度》）、“浑潡”（段成式《酉阳杂俎》）、“浑噋”（程大昌《演繁露》）、“倱伅”（《集韵》）、“浑仑”（《说文通训定声》）等，有圆浑、质朴、敦厚、纯粹、温纯、昏懵、混浊、无分、元始等含义。庄周先生“寓言十九”，读他的书不能太当真。中央之帝为浑沌，也许只表示他所设想的宇宙生成的一个阶段，更大的可能是意味着他所标榜的主观精神的一种状态。如果是这样，这则寓言只需当作哲理去理解便了。

可是事情常有似是而非者。庄子还有另外一条写作守则叫“重言十七”，即借重长老之言来宣传自己的主张。他这个“中央之帝为浑沌”，便不简单是寓言，它还保存了一条有关黄帝的古老神话，比我们以上所见都更加原始的神话。

此神话具见于《山海经》：

> 天山……有神焉，其状如黄囊，赤如丹火，六足四翼，浑敦无面目，是识歌舞，实为帝江也。（《西山经》）

这位浑敦的大神帝江，在另外一则传说中，也出现过：

> 昔帝鸿氏有不才子，掩义隐贼，好行凶德，丑类恶物，顽嚚不友，是与比周。天下之民，谓之浑敦。（《左传·文公十八年》）

浑敦当然即是浑沌，遗憾的是没有直说他是中央之帝，而另有帝号曰“江”“鸿”。帝江和帝鸿，注经者（贾逵、郑玄、杜预、毕沅等）都断定为一人，因为“江”“鸿”原本同音（《说文》：“鸿，从鸟，江声”）。按鸿亦写作“澒，澒蒙鸿洞，皆谓未有天地之时的混沌状态”（见《淮南子·精神训》），也都是“浑敦”的音变。不同的是，《西山经》的帝江浑敦，就其圆浑之形而言；《左传》的帝鸿浑敦，就其昏懵之性而言罢了。但待到《神异经》里，这两种叙述法就合一了：

> 昆仑西有兽焉，其状如犬，长毛四足，似熊而无爪，有目而不见，行不开，有两耳而不闻，有人知往（？），有腹无五脏，有肠，直而

不旋，食物径过。人有德行，而往牴触之；有凶德，则往依凭之。天使其然，名曰浑沌。(《西荒经》)

形性合一了，名字也对，稍感不足的是没有帝号；即使有了，也肯定不会是中央之帝。因为中央的称号，乃比较而言，显然要晚出。起先，他们只会有自己的私名；尔后，在比较中有中央与四方之分；更后，因五行观念之普及，乃有黄帝、赤帝之类。

我们且先来看帝江或帝鸿，看看它是否中央之帝或黄帝的原名。《左传》在谈帝鸿氏时，是放在少昊氏前面，而少昊氏又排在颛顼前面。根据当时的传说谱系，帝鸿所在的序位，正是颛顼的祖父黄帝的位置，而且，这三代人的顺序，也正是神话五天帝中后三位(黄帝、少昊、颛顼)的次序。所以，历来注疏家都说帝鸿就是黄帝。按我们这里找出来的神话记录，还应该强调一句，黄帝就是浑敦、浑沌。

帝鸿浑敦就是黄帝，同《神异经》上怪兽浑沌住在昆仑的说法，也能接榫。因为各书多认为，黄帝是住在昆仑的：

昆仑之虚，黄帝之所休。(《庄子·至乐》)

昆仑之丘，实惟帝之下都。(《山海经·西山经》)

吉日辛酉，天子升于昆仑之丘，以观黄帝之宫。(《穆天子传》)

从怪兽的住址和黄帝的住址，似乎可以推定怪兽浑沌的尊号，也正是黄帝！

因此，可以相信，庄子说中央之帝为浑沌，也就是黄帝为浑沌。这一法说，不纯粹是哲理，也不简单是寓言，它还是一则古老的神话。

浑脱与鸱夷

在后人听起来，说黄帝是混沌，当然以为是大不敬。但在神话时代，这并无亵渎之意。昆仑山在《山海经》里是神山，名字也是叫“混沌”，甚至很可能便是从黄帝那儿来的。即使到文明时代，周人称颂祖考，也喜欢用混沌。据郭沫若考释，大克鼎、师望鼎、虢叔钟等铭文中的“𡨦屯亡敃”，就是浑沌无闷，谓“浑厚敦笃无忧无虑也”；井人钟有“贲屯用鲁”，郭说“‘贲屯’乃叠韵联绵字，当即‘浑沌’之古语”[①]。后来道家沿袭了这种观念，老子曾用“混兮其若浊”“敦兮其若朴”，以喻得道的状态；至于庄子，以混沌说大道的地方更多。这些是今人也都熟知的。其实儒家也提倡混沌，如《中庸》说君子之道云：

> 君子之道，暗然而日章……淡而不厌，简而文，温而理。

这个“温”，就是混沌(参见《说文通训定声》)；温而理，就是大智若愚，虽混沌却有条理，不察察为明的样子。“夫子温良恭俭让以得之”的“温”，也是这种难得糊涂的混沌境界。据说曹操还曾特意选用混沌的人为侍中，事见殷芸《小说》：

> 孙邕醇粹有素，魏武帝初置侍中，举者不中选，遂下令曰：“吾侍中欲得浑沌；浑沌氏古之贤人也。”于是臣下方悟，遂举邕，帝大悦。(见于程大昌《演繁露》卷二转引《释稗》所引)

① 参见郭沫若：《两周金文辞大系考释》，第81页。

可惜后来知道混沌为美德的人并不多，所以绝大多数释金文的书，都将“㝵屯”释为“得纯”，大概是已先有一个混沌乃贬义词的想法从中作梗。郭沫若在《两周金文辞大系》初版中，也曾沿用这一解释。其实，从字形看，“㝵”字作（虢叔旅钟）、（井人钟）、（大克鼎），并不从贝从手，与“得”字无涉。汉时隶定为“罤”、为“昆”、为“贲”，遂有“鳏”“鲲”古字通用之说（见《尔雅·释鱼》疏、《诗经》“其鱼鲂鳏”郑笺），“鳏，昆也”之释（见《释名·释亲属》），以及“龟三足曰贲”之名（《尔雅·释鱼》）。我们得见金文，可证三字压根儿就是一字。明人王应电《同文备考》径谓（）乃古文“混”字（据《通雅·释诂》引），与郭沫若谓“㝵屯”为“浑沌”如出一辙，也同样锐敏，是值得钦佩的。

好了，烦琐的文字纠缠就此打住，现在我们已知黄帝是混沌了，那么，可否大胆再问一句：混沌又是什么呢？

答案曰：混沌就是陕甘间人横渡黄河时常用的牛皮筏子，它的雅名叫鸱夷，混沌是它的俗名。

请看李心衡《金川琐记》所记：

> 甘肃邻近黄河之西宁一带，多浑脱。盖取羊皮去骨肉制出，轻浮水面，骑渡乱流。李太仆开先《塞上曲》有“不用轻帆并短棹，浑脱飞渡只须臾”之句。但可渡一人，且下体不免沾濡。

黎士宏《仁恕堂笔记》也有：

> 秦巩间人，割牛羊去其首，剜肉空中为皮袋，大者受一石，小者受二三斗，俗曰混沌，即古之鸱夷。

“浑脱”是方言土音，唐代有浑脱帽、浑脱舞，都取义于混沌。方以智《通雅》谓：“鞑靼以杀小牛羊为浑脱。曰浑脱舞者，亦蕃语也。中国浑脱盖活脱之转。草名活兑，音活脱，即通脱木(按：即通草)，言其灵通活脱也。”方氏把“浑脱”指为蕃语，解为活脱和通草，都错了。“浑脱”“混沌”，本是汉语，是牛皮筏子，由来已久，有书为证。我们不必怀疑这种交通工具的名字是后取的，像胎儿衣胞取雅号曰“混沌衣”、雏鸡壳皮曰“混沌池”那样(见《本草》)。对照一下前引的《山海经》的天山之神，一切便释然了。

那位居住在天山、活动在英水的大神被称作帝江，乃是尊称；他的私名，就叫浑脱或混沌、浑敦；他的真相，正是牛皮渡筏。你看他，“状如黄囊”(按：“黄囊”疑“革囊”之误)，吹气足也；“赤如丹火”，牛毛色也；“六足”，颈尾四肢紧缚也；“四翼”，四蹄高举也；“浑敦无面目”，首已去也；“是识(嗜?)歌舞”，横渡时引吭高歌、既济后雀跃抃舞也。

以物为神，称革囊为帝，不合后来正规宗教的教义，但在神话时代、拜物时代，则很寻常。《易·系辞》说：“精气为物。”“物”(古作“勿”)的音与义，都与“魅”(又作“鬽”)一样。在古人看来，天地及其之间之物，都是有精气的，它们和自己一样，也有生命有灵性[①]。名革囊为帝江，视若神明，原很自然。何况，牛皮筏子在滔滔大河上，确实也颇为神气，要想渡河，非向此物顶礼膜拜莫办哩！

这一论断，从上引的周彝铭文“𦥑屯”上，也可得到证实“𦥑”字，师望鼎和虢叔钟作，井人钟作，大克鼎作；或从贝从尾省，或从人从贝。所从的贝，好像是贝，其实不是贝，正是充气的革囊！从尾省，言其质，从人，像其用也。此字应该就是“昆”字。牛皮渡筏以

① 参见印顺：《中国古代民族神话与文化之研究》，印顺文教委员会1975年。

形用得名为昆，其呼为“浑脱”“混沌”者，叠韵以长言之也。

革囊雅名“鸱夷”，见于《国语·吴语》：“吴王赐伍子胥死，复取其尸，盛以鸱夷，投之于江。后此数年，范蠡胜吴后，携西施浮海而去，自号曰鸱夷子皮；据说孔子还曾荐之于田成子门下。”（见《史记·货殖列传》《墨子·非儒》）说者多谓“夷”应作“鹎”，即鹈鹕，颔下有囊；“鸱”即鹞鹰，性贪而行速。“浑脱”定名“鸱夷”，盖取快囊之意，或云“鸱夷为壶名”（《通雅·释诂》）。

查唐人刘恂《岭表录异》有：“蠵蠵，俗谓之兹夷，乃山龟之巨者，人立其背，可负而行。”（刘恂《岭表录异》卷下“蠵蠵”条。又，郭璞《尔雅》注有：“灵龟即今觜蠵龟，一名灵蠵”）则“鸱夷”或取音于“兹夷”，仿南人称巨龟之例。盖浑脱形如巨龟，功在渡河，吴越人遂因以为名欤？

天鼋与轩辕

黄帝又称轩辕氏。为什么？说法很多。

> 黄帝，少典之子也，曰轩辕。（《大戴礼记·五帝德》）
>
> 黄帝者，少典之子，姓公孙，名曰轩辕。（《史记·五帝本纪》）
>
> 黄帝名轩。（《太平御览》卷七九引《河图握拒》《孝经钩命诀》等）
>
> 黄帝生于天水，在上邦城东七十里轩辕谷。（《水经·渭水注》引姚瞻云）
>
> 黄帝生于寿丘，长于姬水，因以为姓。居轩辕之丘，因以为名，又以为号。（《史记·五帝本纪》索隐引皇甫谧云）
>
> 轩辕，黄帝号也。始作车服，天下号之为轩辕氏也。（《楚辞·远游》王逸注）

真叫言人人殊，莫衷一是。读完以上四节文字，再看这些说法，恐怕已难轻信。我们不会鉴于后世有姓轩辕的，猜想他们是以祖名为氏，断定黄帝名曰轩辕；也不致由于现在仍有地名轩辕的，兴地灵人杰之思，认为那是黄帝故乡；当然更不可能在穿衣戴帽、乘车坐轿之际，相信使我们免于裸身之窘跋涉之劳的，竟然功在某一位先圣，而他以此博得“轩辕氏”的尊称。我们不去这样想，正如我们并不相信在陕西省黄陵县的桥山下，真有黄帝的遗骸一样。因为这一切，显然都是后起的，缘景仰与追思而生。司马迁当年便已慨乎言之了。

那么轩辕究竟是怎么一回事？除上列各说外，郭沫若有一个说法，他在《殷彝中图形文字之一解》中认为：

> 其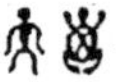字余则以为当读“天黿”，盖古之轩辕氏也。余近证得古十二岁名本即黄道周天之十二宫，寅之摄提格为大角，其次为卯之单阏当于轩辕（西方之狮子座），单阏一称天黿，是则轩辕、单阏均天黿之音变也。轩辕不必即黄帝，盖古有此氏姓，迄周初犹存而后已消灭，故后人遂附益之以为黄帝耳。（《金文丛考》之《金文所无考·七》略同）

郭氏当时主张中国古天文学来自巴比伦，谓狮子座 α，即中国之轩辕十四者，“在巴则称为 Sarrn，此则与单阏之音极近”，“轩辕乃单阏之音转”（《释干支》）。此说终无响应者。惟勿论巴比伦，单就“轩辕”为“天黿”之音变看，虽也有人斥为“尤无实证”①，却确系卓识。

其实证就在于：

① 杨宽：《中国上古史导论》第五篇，上海人民出版社。

"天鼋"二字，在金文为族徽，常见于铭文首尾。作为族徽，这两个字，殷周非族人或即依形读作"天鼋"，族人乃更依音雅化之为"轩辕"。这个族徽，视其形，实为乘皮囊渡河状。前引大克鼎之，便是它的简化体。在大克鼎，""字与"屯"相连而为"昆屯"，以示一种德行，在早于此的族徽中，它则保有图腾的形象，以示自己之所从来。

只是郭沫若说"轩辕不必即黄帝""后人附益之以为黄帝耳"，尚待商榷。后人确常附益，但何以甘冒天下之大不韪，偏偏把黄帝附益到上，从本文前述各端可以看出，其实这里本无什么附益。作为族号，即天鼋即轩辕；作为神物，即革囊即浑敦即帝江；而帝江作为人名，即帝鸿即黄帝。因此，轩辕即黄帝。

有熊与有夏

黄帝亦号有熊，传说是有熊国君少典的次子；有熊，据说即后来河南新郑县(《史记·五帝本纪》三家注)。此说大约起自汉代，先秦文献无所见。汉人当亦非信口开河，而是按往旧造说，有着传说的或文字的根据。

我们现在综观各说，也有许多根据，足以揣测有熊或即有夏，黄帝神话和鲧禹神话同出一源，或者本是一套神话，因不同的现实要求，演变成两个英雄系统了。

鲧禹治水的故事，众所周知。鲧因治水失败而被杀，死后怎样，传世的说法不一：

> 鲧死三年不腐，剖之以吴刀，化为黄龙。(《归藏·启筮》)

昔尧殛鲧于羽山，其神化为黄熊，以入羽渊。（《左传·昭公七年》）（释文曰：“‘熊’亦作‘能’，如字，一音奴来反，三足鳖也。”）

鲧之羽山，化为黄熊，入于羽渊。“熊”音乃来反，下三点为三足也。束皙《发蒙纪》云：“鳖三足曰熊。”（《史记·夏本纪》正义）

这里的“龙”“熊”“能”“熊”，当是一个物名的讹变。据说禹也与这种动物有关：

禹治鸿水，通轘辕山，化为熊。（《汉书·武帝纪》师古注引《淮南子》，又见于《绎史》卷一二引《随巢子》）

考虑到鲧名从鱼以及禹和禹子启在传说中都是剖坼而生，可以推定夏人相信其先祖出于卵生的水族[①]。据此，则鲧死后所化的，也应该是水族，即熊或能；至于“龙”，当是“能”的音变，而“熊”无疑是“能”的形变。

鲧死化为三足鳖的熊，熊在自然界中并不存在；鲧名一作“鲧”，鲧，昆也（《尔雅·释名》）。因此可以设想，鲧，当即是罘，或或，亦即是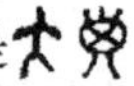，是神化了的渡河革囊；鲧死所化的熊，也正是此物。这一推断，还有一个很重要的根据，即《天问》的“鸱龟曳衔，鲧何听焉”。

《天问》于问天十一事后，接着问的便是鲧禹治水的事。鲧之治水，被认为是听从了鸱龟的谋略。鸱龟是什么？就是前已说到的可负人而行的蠵蠵龟，也就是俗称的兹夷；南人用它来称呼西北人称之为浑脱的革囊，见诸文献则成了鸱夷。鲧化为熊的传说和鲧听从鸱

① 参见闻一多：《天问疏证》，三联书店 1980 年版。

龟的传说，是相通的，都表明他是族的英雄。禹化为熊，亦应作如是观；他所通的那个轘辕山，很大的可能就是轩辕山。

另外，我们知道，夏族人以参星为族星。“初昏参中”被《夏小正》定为正月的指示星象，参星在《夏小正》中四次被提到，历记其见伏与晨昏中天的月份，斯为夏人授时星象无疑。参星一名实沈，实沈的意思不可解，要之或与水有关。参星相当于猎户座，其状如巨龟；龟首位置有三颗小星，为觜宿，一名觜觿。觜觿，显然就是搬上天的觜觿。觜觿只有三颗，所以鲧所化的熊，也只好是三足，倒是很有趣的。

继鲧的禹，靠应龙的帮助取得治水胜利。《天问》说：“应龙何画？河海何历？”注者说，应龙是有翼的龙，禹治洪水时，应龙以尾画地，导水所注当决者，因而治之也。这位帮禹治水的应龙，据说在黄帝战蚩尤时，也帮了大忙：

> 蚩尤作兵伐黄帝，黄帝乃令应龙攻之冀州之野。应龙畜水，蚩尤清风伯雨师，纵大风雨。（《山海经·大荒北经》）
>
> 黄帝使应龙杀蚩尤于凶黎之谷。（《史记·五帝本纪》索隐引皇甫谧《帝王世纪》）

应龙原形为何物，今已不可详考。但透过应龙可以看见禹和黄帝有关系，是肯定的。闻一多已发现，“传说中禹事多与黄帝相混”[①]，并举有五事为证，惜未及应龙事。我以为，应龙是一重大线索，通过它可以设想黄帝战蚩尤的故事，也正是鲧禹治水的故事，是治水故

① 闻一多：《天问疏证》，第38页。

事的政治化![1]

黄帝战蚩尤的神话，说法颇多。真正保有原始神话意味的，大概推《大荒北经》所记。那里说，皇帝先派应龙攻蚩尤，“应龙蓄水”，蚩尤纵大风雨，未胜；又派天女魃止雨，雨止，遂杀蚩尤。应龙和魃因之都没能再回天宫，从此人间乃常有涝旱之灾。

“应龙畜水”一句，颇为费解。所以《史记·五帝本纪》正义在引用《山海经》时，干脆把它删去；《帝王世纪》说应龙杀蚩尤，也不说用的什么战术。其实这一句十分重要。有了它方可看出，应龙和魃之战蚩尤，用的是两种不同的乃至对立的战术。应龙蓄水，蚩尤则纵大风雨，使之蓄不胜蓄，所以不能胜。女魃反其道而行之，用止雨法，遂杀蚩尤。

我们只要能暂时忘记一下正史中黄帝战蚩尤故事的政治色彩，想一想《山海经》的这一说法，是否会发现，所谓战蚩尤，其实是战洪水？蚩尤呼风唤雨，应龙蓄水以求胜，这不是治水传说中的鲧窃息壤、堙卑增高，或者更像是筑堤壅防么？女魃所施的反蓄水的止雨法，那就是和壅防不同的疏泄了。夏禹传说常与黄帝传说相混，其根本的原因，大概正在于此。

《山海经·海内经》说：“黄帝生骆明，骆明生白马，白马是为鲧。”《礼记·祭法》说：“夏后氏禘黄帝而郊鲧，祖颛顼而宗禹。”都肯定鲧禹为黄帝一系。仔细分析神话的结果，似乎更应肯定，他们不只是一系，而且根本是一人，是一个神话的不同演变。

---

① 鲧禹治水故事，本亦集大成产物。先是有共工为水害的神话，“共”就是“洪”，共工或曰与高辛争为帝(《淮南子·原道训》)，或曰与神农(《雕玉集》引《淮南子》)，或曰与祝融(司马贞补《史记·三皇本纪》)，或曰与女娲(《路史·太昊纪》)，或曰与颛顼(《淮南子·天文训》及同书《兵略训》《史记·律书》)，或曰与禹(《荀子·成相》)。这说明，洪水为害和被治的事几乎无代无之。这些故事终于塑造出一位大禹来。

古史辨派已证明：禹是西周中期起来的，尧舜是春秋后期起来的，黄帝之起更后。禹和洪水传说有关，所以得到商周的共同尊敬；尧舜之起显然是为的驾乎禹上，所以有禹父为尧臣并被杀之说（鲧究竟被尧杀还是被舜杀，《左传》已说不清楚）。黄帝之起，又为着驾乎尧舜而上之，实际上是要恢复禹的权威。所以，禹的故事乃翻新成黄帝的故事，政治色彩更浓，神话气味更少，因为时代毕竟进步了。

混蛋与馄饨

写罢以上各节与正史有关的严肃辨正后，犹有余勇，再写两条轻松的，一条有关混沌的性，一条有关混沌的形。

前面各节考黄帝是混沌，多就混沌其形言；若问其性，则经书上面写得很清楚，浑敦是一位"不才子"，好行凶德，丑类恶物，是与比周。[①] 浑沌有凶德，在《神异经》中也是标明着的（见前引）。

凶德的浑敦和圣德的黄帝，差距实在太大了。仅仅根据这一点，便可推翻前面谓黄帝即混沌的一切考证。

但是且慢。首先应该弄清楚，黄帝的圣德和才智，本非天成，而是后来一层层加上去的；[②]此前，黄帝的传说，似乎颇多缙绅先生难言之处。即以我们今天仍可见到的为例，就有：

> 宓牺神农，教而不诛，黄帝尧舜，诛而不怒。（《战国策·赵策》）
>
> 黄帝不能致德，与蚩尤战于涿鹿之野，流血百里。（《庄子·盗跖》）

① 见前引《左传·文公十八年》。注经者多认为，此浑敦与《尧典》的四凶之一驩兜为同一人。

② 参见齐思和：《黄帝之制器故事》，载《古史辨》第七册中编。

神农既殁，以强胜弱，以众暴寡，故黄帝内行刀锯，外用甲兵。(《商君书·画策》)

黄帝行道，而炎帝不听，故战涿鹿之野，血流漂杵。(《贾子新书·制不定》)

如此等等。在这些非儒、反儒和亦儒的书里，黄帝确是颇为凶狠的。此外一定还有许多我们已看不到的说法。只是这些凶德，由于为尊者讳的缘故，不便在黄帝名义下声张，而都保留在浑敦或驩兜原名下罢了。于是乎，浑敦、驩兜，以其凶德，慢慢由其发音演变而为后来口语中的“混蛋”。这一点，章太炎已注意到了：

《左传》浑敦，杜解为不开通之貌。《庄子·应帝王》篇“中央之帝为浑沌”，无七窍，亦此义也。今音转谓人不开通者为“昏蜑”。(《新方言·释言》)

“昏蜑”当亦为“混蛋”。太炎先生大儒口嫩，尚以其“不雅驯”而“难言之”也。唯昏蜑就不开通言，重在混沌之形；混蛋就无德行言，重在混沌之性。同为浑敦，侧面不同耳。

“昏蜑”与“糊涂”“鹘突”“囫囵”“鹘沦”等同义亦同源，后者常见于宋人笔记与语录，更变化为俳优口中的“葫芦提”(元曲中常有)，亦有谐作“鹘鹭蹄”者：

钱穆父尹开封，剖决无滞，东坡朝次誉为霹雳手。穆父曰：敢云霹雳手，且免鹘鹭蹄。即俳优以为鹘突者也。鹘突者，胡涂之反也。(程大昌《演繁露》引《师友谈记》)

由此，可以想见创世神话中的葫芦，或亦与混沌同源：浑沦—葫芦—槃瓠—盘古，走的是民俗学的道路，混(沌)—(帝)鸿—黄(帝)，走的是历史学的道路。《淮南子·说林训》中，有“黄帝生阴阳”之说，此阴阳指男女二性，为黄帝制器故事中的特例，注者皆不解其所以。如果相信混沌就是葫芦，则黄帝生阴阳，也就是葫芦里剖出一对男女来的故事而已，何不解之有？汉代以后，民俗被历史化，盘古慢慢挤进历史，方才出现了“自从盘古开天地，三皇五帝到如今”的套套。但神话和民俗自有其不可磨灭的魅力，直至宋代，犹时有指盘古为浑沌氏的论调，如罗泌《路史》：

> 浑沌氏是为浑敦。后有浑氏、沌氏、屯氏，若至于所谓盘古氏，异矣。
>
> (注)盘古氏亦曰浑敦氏。罗隐有“浑敦氏施化”之说，谓盘古也。

《路史》之注，题为罗泌的儿子罗苹作，识者或疑为罗泌自注。不管怎样，宋代还有盘古即浑敦之说，是肯定的。而唐人罗隐之浑敦施化说，则见于其文集卷七“蒙叟遗意”条：

> 上帝既剖混沌氏，以支节为山岳，以肠胃为江河。一旦，虑其掀然而兴，则下无生类矣；于是孕铜铁于山泽，滓鱼盐于江湖，俾后人攻取之，且将以苦混沌之灵，而致其必不起矣。呜呼！混沌氏则不起，而人力惮焉。

以肢体肠胃为山河的故事，秦汉间人指为盘古氏。这里则说成混沌氏，而且仿佛是上帝对他的惩罚，尤其是“以苦混沌之灵”的做法，使人联想起“混沌”转音为“混蛋”，大概也正是上帝的旨意吧。

“混沌”的多种写法，皆取其浑然之意，依音为之，原无定格。唯食品中的馄饨，值得一谈。戴埴《鼠璞》卷上“馄饨”条曰：

> 《续释常谈》引《资暇录》云：馄饨以象浑沌，不正书“混沌”，从食，不载故事。《事物纪原》并无此物件。《唐逸史》载：李宗回客知人饮馔，将同谒华阴令，客曰：与公吃五般馄饨，及见果然。《酉阳杂俎》云：今衣冠家（名食）有萧家馄饨，漉去汤肥，可以瀹茗。是旧有此名。《本草》载：艾叶疗一切鬼气，炒作馄饨，吞三五枚，以饭压之。取混沌之义信矣。俱从食边何耶？

又方以智《通雅》三九《饮食》有云：

> “馄饨”，本“浑沌”之转，“鹘突”亦“混沌”之转。程大昌言：“馄饨出于浑氏、屯氏。”智按乃“混沌”之转。……《梦华录》有“餶飿菜”。《指南》引《名物考》有骨董美，烧树根为榾柮。……凡“浑沌”“馄饨”“糊涂”“鹘突”“榾柮”，皆声转。

戴埴谓“馄饨以象浑沌”，大概不是指它无七窍，而乃指革囊言。盖宋时军中犹多有浑脱，为济渡之备也。[①] 戴氏引《酉阳杂俎》知旧有此名，何不悟唐人“长孙无忌以乌羊毛为浑脱毡帽，人多效之，谓之赵公浑脱”（见《资治通鉴·唐纪二十五》，胡三省注）者，亦以其形似革囊故也。

---

① 见《续资治通鉴》宋神宗元丰四年，又《栾城集·请户部复三司诸案劄子》：“河北道顷岁为羊浑脱，动以千计。”

方以智但以音同声转谈，似已不辨馄饨、馉饳各为何物矣。盖馄饨、馉饳，于音声虽同出一源，于食品却分为二色。《酉阳杂俎》紧接“萧家馄饨”条后，别立“韩约能造冷胡突”（段成式《酉阳杂俎》卷七《酒食》）条，《东京梦华录》亦分述“馄饨店”与“馉饳儿”（孟元老《东京梦华录》卷四《食店》），是馄饨与馉饳（胡突）判然不同之证。馄饨，形似革囊者；馉饳或胡突，浑然一片者也。

余　论

庄子曰：道在屎溺，每下愈况。黄帝之与中华文化，亦可作如是观。从神而圣之的上帝、天帝、人帝，到民生日用的毡帽、食品、骂人的污言秽语，处处都有黄帝的影子。而贯穿于其中的谁也想不到，竟是黄河波涛上的一具革囊。

作完这篇小文之后，我不会从此不再相信我们民族的历史上，曾经有过一个黄帝时代，那样一个中华文明开端的时代。黄帝作为这个时代的象征，具有不可动摇、不容替代的地位。他过去以其影响凝聚了偌大的中华民族，今后，他仍将成为我们民族团结的力量源泉。这是毫无疑问的。

在作这篇小文之前，我已怀疑黄帝其人的真实存在，现在可以说，疑团散尽了，我看到的，是一片混沌。对于混沌，人们有权充分发挥想象力，把它想象成自己所想象的任何真实。

无论从宇宙的生成来说，还是从哲学的架构来说，混沌都是真正的出发点。任何学科、任何文明难道不也都是这样？自然科学近年来的最新成就，更在证明混沌是宇宙中无规律的规律、非秩序的秩序、不明晰的明晰，是迫使形而上学思维脑袋投降的无上“神力”。[1] 中华文明从黄帝开始，也就是从混沌开始，岂非一个最美妙也最深刻的意象么！

在西方，宇宙是神创成的，有各种司火、司谷、司药、司婚姻、司艺术、司战争等司一切人事的神，更有一位总而统之的上帝。在中国，创造这一切的是伟人：伏羲氏、神农氏、燧人氏、有巢氏，如此等等；总而统之并兼拾遗补阙的，就是黄帝。西方的宇宙是神创成的，而神是人创造的。创造中国宇宙的伟人呢？他们是否也是被创造者？西方神的真正作用不在其创造了宇宙，而在于能使人的心灵得到净化、安慰乃至鼓舞；能使文化得以承续，民族因以团结。今后若干世纪内，仍会是这样。中国的伟人及其总代表——黄帝，作用亦复如此，并由于他们的非神性，今后定能延伸更长的时间。

〔后记〕 稿成之后，迟迟不曾出手。一则是想不起哪儿发表最宜，再则也由于心里老是打鼓。想当年顾颉刚先生说大禹是条虫，闹得四面楚歌；现而今我以比顾先生更小的学力，提出一个比大禹更大的课题，其结果不想可知。

荀子在谈求雨、卜筮时说过，此类活动，“君子以为文，百姓以为神”。这个“以为文”大概有两层意思：一是以它们为民情风俗；一是以它们为教化手段，即所谓的“神道设教”。后世的君子分化成为官者与为学者，于是“以为文”的这两层内容遂分别由两部分君子来提倡，而有了如18世纪英国史学家吉朋(Gibbon)所概括的现象：众人视各教皆真，哲人视各教皆妄，官人视各教皆有用(据《管锥编·周易五》)。

---

① 日本东京大学于1990年举办题为“混沌”的讲座，凡十二讲，由文理工农医各学部教授主讲，并出版专集。

多少年来，黄帝被推为“人文初祖”，祭扫不绝，大体也属于“君子以为文，百姓以为神”之类。明乎此，则知所取舍矣。

（原载《国故新知：中国传统文化的再诠释》，北京大学出版社1993年版）

论传统

现在大家都承认有个“文化热”，学术界的各个领域都比较关心文化问题。这实际上就是如何解决传统和现代化的关系问题。我们现在实现现代化，在中国这样一个有几千年文明的古国中要实现崭新的现代化社会和国家，如何来摆好传统和现代关系，是一个非常现实的问题。

在谈这个问题以前，我想最简单地说三点前提观点：

第一，现代化不等于西方化。

我们搞现代化，不等于把我们国家搞成西方式的国家。这是我想说的一点。这一点也许有人不同意，但我坚持这个观念，因为西方化是一种现代化，而不是现代化的必由之路。现代化首先发生在西方国家，并且给全世界做出了现代化的一种样本，这就造成了一种错觉：好像现代化就是西方化。这是我想先声明的一点。至于为什么，那就是专门的一篇文章，专门的一篇报告了。我只想说，西方式的那种现代化，是在西方传统下面的一种工业化，体现它们传统的一种现代化。不能不看到西方式的那种工业化、西方式的现代化跟它们传统的关系。如果看不到这种关系，认为它们是一个普遍适用的、可以随便拿来的，那么一定要犯错误，这是第一点。

第二，传统不等于封建遗毒。

传统里面有封建遗毒，或者说有很多，但是封建遗毒是封建遗毒，传统是传统，不能画等号。这个问题说起来是一个非常麻烦的问题，因为我们习惯上把传统看成绝对坏的东西，特别是“文化大革命”

这十年，人们往往认为这是中国传统的大暴露。我想说明一点，“文化大革命”不能简单归结为中国传统的大暴露。因为一些社会主义国家，都有这样那样的“文化大革命”，都有过自己那种样式的类似“文化大革命”的“文化大革命”。此中原因，可能有一部分在封建遗毒里面，更多的部分却不在封建遗毒里面。这是我想说的第二点，不能把传统和封建遗毒等同起来。

第三，当前的中国不等于封建传统非常浓厚的中国。

生活中，我们会碰到各种各样头痛的问题，一碰到头痛的问题，就容易想到这是封建主义，那是封建主义。可是我觉得，从总体上来评价，不能认为当代中国是封建传统非常浓厚的中国。如果反过来说，近一百年来，中国恰恰是封建传统破坏得最厉害的国家，这个说法也可以成立。同学们如果有兴趣研究各国的现状，会看到，在许多国家里面，包括最发达的国家中，他们的传统往往保留得最多。日本不用说，大家都同意。美国，一共二百年的历史，但它的确保留了二百年的传统。英国、法国都是这样。恰恰在中国，近百年来是传统破坏得最多的国家。我说得有点危言耸听，大家也许会说，你说的跟我们的想法不太一致。我也没有办法在今天的报告里面论证这个问题，我想作为我自己考虑问题的一个前提，同意不同意大家姑且作为一个前提来听。

下面我就来谈传统，谈正文。

一

先谈第一个问题：20 世纪以来世界上发展观念的一些变化，由 20 世纪以来世界发展的现实所引起的人们发展观念的变化。

大概由于17—19世纪三百年资本主义的发展史，以及近一百年来自然科学的发展，在19世纪后半期到20世纪初，人们形成了一个看法，就是所谓发展是前进的、合规律的、深入的过程。大家搞医学，当然知道达尔文的“生物进化论”，“生物进化论”对社会科学有很大的影响，社会发展也被说成像生物界一样，是由于物竞天择，适者生存，带来了整个社会向前发展，而这个发展是有规律可循的，由低级向高级，由简单到复杂，由原始社会向共产主义社会发展。这个发展的道路和它典型的样板，那就是西方。西方的社会模式，就是人类社会发展的模式，包括马克思主义在内，一直是这样看。因此，我们一直以为，如果抓住这个发展规律的话，那么关于社会的科学，关于历史的科学，就可以像生物科学一样精确而可以计算。根据这样一些观念，人们把社会发展作了各种各样的区分，马克思是作五种形态的区分，其他一些人类学家、社会学家、历史学家是作了各种各样的区分，譬如说：从野蛮时代到蒙昧时代，到文明时代，这是很有名的摩尔根的区分法。从神权时代到英雄时代，到人权时代，这是很有名的维科的区分法，等等。

总而言之，从19世纪后半期到20世纪初，人们对发展基本上是这样一个看法。根据这种看法，资本主义以前，属于宗教统治，属于英雄时代，迷信和权威支配一切；到了文艺复兴、启蒙运动，人们走出黑暗，进入了一个科学的、理性的时代。“启蒙”(enlightenment)这个词，就是大放光明、豁然开朗的意思。这是一个传统的、影响非常广泛的关于发展的观念。19世纪至20世纪初，发展的事实仿佛也是这样，所以人们自然得出这样一个观念。

归到我们今天的题目上面就是：他们一直认为“传统”和“现代”这两个概念是绝对对立的东西。要想现代化，就必须彻底否定传统；

要想维护传统，就不可能现代化。为什么？因为现代是建立在科学理性上面的，而传统是建立在迷信和权威上面的。在很长时期里面，人们一直是这样想，一直是这样看，一直是这样叙述历史。中世纪就是黑暗，就是迷信；文艺复兴以后，吹进一线曙光；启蒙运动后，人们理性得到发扬，个性得到解放，自由得到追求等。虽然这当中也不乏一些作者产生怀疑：中世纪难道就是这样黑暗吗？文艺复兴难道跟中世纪就没有关系吗？或是绝对否定的关系，没有联系和继承吗？虽然有这样那样的疑问，但总体上可以说是刚才描绘的那样一幅图画。

第一次世界大战以后，人们的观念动摇了。第一次世界大战是对科学、对工业文明的非常严峻的考验。科学和工业文明原来是可以大规模地屠杀人类自己的。科学进步了，道德怎样呢？道德是不是落后了？科学进步了，艺术是怎样？艺术是不是退步了？所以当时就有人写了一本非常有名的书，叫《西方的没落》。后来中国人，譬如说梁启超到西方去，回来写了《欧游心影录》，赞同了这个观点，认为西方的物质文明是非常昌盛的，但精神文明值得怀疑了。也就是说对西方式的发展，他们提出了疑问。

但是不久，这个问题在东方，在中国被否决了，因为中国发生了五四运动。五四运动提出了一系列新的问题，我们下面要说到。尽管说第一次世界大战后，有人怀疑西方世界没落的说法，但是没有成为“气候”。因为资本主义的文明，资本主义的发展，工业化的前程，科学技术的进步，仍然给人带来财富，带来幸福，带来生活的满足和丰裕。可是在这基础上来了第二次世界大战，第二次世界大战之后，出现了非常新的事实，这就是世界分裂了，在东方国家出现了自己的工业化道路。于是在西方人面前提出一个问题，是不是过去那种一元化的社会发展模式要重新考虑。特别加上西方自己的科学文化和工业发展所带来的一些麻烦,迫使西方人自己首先放弃了以西方为中心的观念。他们开始考虑社会发展可能是多元的,各个不同国家、不同地区、不同民族的文化传统是否应该重新对待,各种不同文化是否具有不同类型。

西方的社会学家、文化学家,他们面对这样的事实提出许多看法。我想着重介绍两个:一个是关于文化类型的学说。一位美国学者叫本尼迪克特(Ruth Benedict),有人翻译成潘乃德。她认为文化可以由类型来划分,整个人类文化不是一个模式,不同民族尤其是主要民族的文化各成一个不同的类型。按照这个观念,像中国文化当然是不容否认的一种类型,它不同于西欧地中海的由希腊文明所产生出的那样一些文化。这不同文化类型学说意味着什么呢?就是它承认在不同国家、不同地区、不同民族中有自己不同的传统;也就是说,同一种解决社会问题的方式,在不同的国家,不一定都适用。这个看法最早是由最现实的需要产生出来的。当时,美国要占领日本,在日本投降前,就开始研究如何占领,除政治的、经济的、军事的方面之外,又找了文化学家。本尼迪克特从文化类型角度提出,占领日本不能用占领德国的办法。德国这种文化类型,西方人对它非常了解,可以彻底打垮他们,重新改组,分而治之,很简单。但是对日本完全不能用这个办法,如果对日本用同一个办法,那一定非常糟糕,如果把天皇制度废除了,那么整个日本就不可能占领。她认为日本文化可以用"菊与刀"来象征,菊是崇尚自然,军刀则有效忠和果敢等等意义。事实证明她的意见是对的,也就证明了文化类型理论是真实的。

另外一个在文化学上的重要学说是德国学者雅斯贝尔斯(Karl Jaspers)提出的"轴心时代"学说。他说在公元前1000年到公元前200

年，是人类史上的轴心时代，当时在许多古老国家中出现了空前的哲人时代。他说那个时候，在世界上至少有四个大的古老文明国家，以色列、希腊、中国和印度，出现过许许多多大的思想家，他们共同考虑超越的问题。以色列考虑上帝，认为一切都是由上帝安排的；希腊人认为一切最后都是有规律的，一切都是由“逻各斯”在那里安排、指挥；印度认为是一个“梵”，就是空、无、灭；中国认为有个“道”。他说这个时代四个大的文明古地区，都考虑这样同一个问题，而这些问题的考虑，对后来整个人类文明发展起了决定性的作用。后来各种文明是这种考虑的一个延伸、剖析、融合、发展和变化。因此，他说，抓住这个轴心时代，就可以帮助我们认识后来两三千年的人类历史、人类文化。这个学说提出是在20世纪50年代，开始时没得到很多人注意，到了60年代，东亚地区工业的飞跃，引起人们的重视。东亚地区工业的发展，有一点点不同于西方的模式，当然用机器、用现代技术，这一方面没有区别，但如何去用机器，如何去组织经营管理，确实不太一样，它有很多观念上的、人际关系上的不同。这种不同向人们指出：东亚工业文明后面是不是有一个由“轴心时代”所决定的影响呢？中国的这种文明，考虑人生理想的文明，着重研究人和人的关系，而不是着重人和自然关系的这样一种文明，是不是在东亚地区，在经济管理上起了一些作用？技术、科学是西方发明的，因为西方着重研究人和自然的关系，研究自然背后的“逻各斯”；而如何运用科技，东方是不是会有自己的办法，自己的道路？在60年代、70年代，这个问题在世界上得到广泛重视。所以到了70年代，或者说60年代后期，正当我们搞“文化大革命”的时候，世界上有一个非常普遍的、对传统再认识的研究，这个研究从我们眼皮底下溜走了，我们当时的兴奋点不在那儿。

在那十年里，西方学者纷纷提出对传统的研究，他们把人们对传统的态度归纳为三个时期：开头一个时期是我们刚才所说的，把传统和现代对立起来的时期，认为传统就是“恶”，就是绝对起阻碍作用。到了60年代，人们开始承认传统是不是会不可避免地残存在生活中，就是说你想彻底否定，却否定不掉，它不可避免地残存，既然残存，就会发生作用。再往后，大概到70年代时，就开始有些文章正面承认传统在发展和进步当中可能起作用，它可能而且一定会被融会到现实当中去，传统跟现代要融合起来，而且在发展过程中要形成一个新的整体。他们提出这个问题的时候，我们正在搞“文化大革命”，不太知道这些事情。现在西方正在继续研究传统和现代的问题。我们对传统和现代的关心，看来还暂时接不到西方这个茬上面去。那么谈第二个问题，谈我们自己，20世纪以来中国自己在传统、现代问题上是怎样进行摸索，有所变化，有所发展的。

二

第二个问题：20世纪以来中国文化观念的变化。

首先值得注意的是“五四”时代。应该肯定：“五四”是时代的“火车头”，是一个历史突变时代，是一个由旧的轨道向新的轨道运转的时代。这个时代大家都很熟悉，科学和理性是人们审判一切的根据，一切都拿到科学和理性面前来重新估价。胡适当年写文章，说五四新思潮的意义是什么呢？就是“重新估价一切”。重新估价当然用科学和理性，当时甚至到了这种程度，认为任何东西如果不能在科学上得到解释、得到证明的话，那就没有任何价值。所以在1923年至1924年，中国爆发了一场叫作“科学和人生观”的论战，认为人生观、人的理想、人的价值、人的道德，一切人的观念，都必须用科学来解释，如果不能解释，就不能成立。当时这个观念占了上风，是主要的、正统的、取胜的观念。今天我们看来当然非常奇怪，但在当时的确是这样，科学的大旗举得非常高。这是第一个。第二，民主的大旗也举得非常高。民主里面当然包括人权、自由。人权问题，成为自己解放自己的唯一手段，发展到极端就是无政府主义。

后来，来了马克思主义，把社会经济、阶级斗争加进来，说阶级斗争是社会解放自己的手段，要求个人解放必先求得社会解放，因此又发展到马克思主义和无政府主义的论战，最后是马克思主义胜利。这是“五四”的积极贡献。

但是应该指出一点，就是“五四”时期，确实是一种“全盘西化”思想的胜利，是欧洲中心主义思想的胜利。刚才那两个科学和民主的大旗，都是在西方化的口号下出现的，都是把西方作为人类唯一的前途和代表来了解的。这反映在中国的思想家里面，当时就有人，譬如说钱玄同，他是当时非常有名的“五四”健将，他说中国的汉字应废除，如果汉字不废除，孔夫子就打不倒，中国社会就不能进步。他的确是这样说的，最后把自己的姓也给废除了，取名“疑古玄同”。胡适提出全盘西化的口号，说“中国一切不如人”，不如人就是不如西方，不但科学技术不如人，不但政治制度不如人，而且道德不如人，文学不如人，音乐不如人，艺术不如人，乃至身体也不如人，叫作“百事不如人”，结论就是“全盘西化”。

这与我们今天要讲的题目有什么关系呢？那就是说，当时不管是激进派、保守派，都认为传统和现代是不可两立、不共戴天的。要传统就没有现代化，要现代化就必须彻底否定传统，这是当时非常通行的观念；或者说，当时对文化的认识就停留在这样一个限度以内。

文化是什么呢？文化的唯一特性就是它的时代性。因为社会按一个模式往前发展，一条道路往前发展，他走了三步我走了两步，那么我比他落后一个时代，文化的不同就是时代的不同，当时的许多著作都是这样说。譬如瞿秋白，他是中国共产党的理论家，说东西文化上的差异，实际不过是时间上的差异，而不是实质上的差异，这是革命派。保守派也是这样看，反对现代化的那些人，也是认为传统与现代是不可两立的，也是认为文化只是时间上的差异。譬如钱穆说：中国的文化是一种青年时代的文化，因为中国讲究“孝”。讲究“孝”的一定是年轻的、孩子还不能脱离父母的时候形成的观念，因此这种文化是青年的文化。西方的文化是壮年的文化，因为它讲究“爱”。“爱”是成年以后的事，是壮年的文化。印度的文化讲究“慈”，因此是老年文化，老年人慈悲为怀。他认为世界的这三大文化恰恰反映了三大时代，而中国文化最有前途，青年时代嘛。因此他认为文化的差别就是时代的差别。这是反对搞革命的人的看法。主张搞革命的人就认为中国的文化是一种农业文化，西方的文化是一种工业文化；中国的文化是一种封建的文化，西方的文化是一种资本的文化。总而言之，只有时代的差异。

因为只看到时代上的差异，传统问题就被排斥在视线以外。传统是什么呢？只有承认文化有不同的类型，或主要文化有不同的类型，才能承认传统有存在的价值。如果不同意这一点，传统就是坏事，所谓传统者，就意味着过去，意味着保守。在“五四”时代大体上形成这个观念。后来到了“文化大革命”，这个问题实际上又重新提出来。“文化大革命”的实质是什么呢？这个问题现在还没有很好地总结，大家可以从各个角度去说。我从传统和现代化这个角度来说，我想提出这样一个看法，所谓“文化大革命”，就是用不断革命、不断现代化来彻底砸烂传统，就是用现代化来砸烂传统的一次革命，这是“文化大革命”。我是从一个视角，不是全面地总结，恐怕现在谁也没有能力去全面总结“文化大革命”。它是用不断革命，也就是不断使这个社会现代化来彻底砸烂传统的一个革命。这是说它的主观意图上是这样，或者说口号上是这样。简单说是破字当头的一个革命，就是说它认为“立”的问题、现代化的问题、革命化的问题已经非常心中有数了，已经非常成熟了，我们现在的任务是彻底砸烂传统。因此叫作“大革命”，叫作“破四旧”，叫作“彻底和传统决裂”。它没有更多地提如何现代化的问题，在“文化大革命”中没有提到如何如何现代化的问题，它认为现代化问题已经非常成熟了，我们的社会制度、经济管理形式都已经是世界上最先进的，都差不多可以“跑步进入共产主义”了。那么剩下的事就是彻底“破”，“文化大革命”重点放在“破”上。当然大家都看得清楚，它实际上是用传统中最消极的东西，把它当作最现代化的东西，譬如说“君权至上”，这是中国文化的传统，这是传统中最糟糕的东西。譬如“大一统”观念，这也是中国传统，这传统中有好的，有坏的。譬如说“平均主义”“禁欲主义”，用这样一些传统中消极的东西来当作现代化的东西，去破除与这些传统不相适合的那些传统。因此往往破坏了传统中的那些积极的东西。

现在我们在搞四个现代化。从传统与现代的关系角度来看，如果“文化大革命”着眼点是放在“破”，那么，要实现四个现代化，我们就要“立”。今天没有提“破”，没有把“破”什么的问题当作一个问题来对待，或者说，没有把如何看待传统的问题当作一个问题来对待。假如说，“文化大革命”主要着眼于传统的不好，那么四个现代化就是着眼于现代的好。我想不至于引起一种错觉，说我把“文化大革命”和四个现代化各打五十大板。我是说四个现代化主要立四个东西，立工业现代化、农业现代化、国防现代化、科学技术现代化，把着眼点放在这里。如何对待传统问题，四个现代化的口号里面，纲领里面没有着重谈。因为我们觉得这些问题仿佛已经解决了，就好像“文化大革命”当中觉得那个“立”的问题已经解决了一样。结果呢，我们就没有很好地对待传统问题，传统中某些不好的东西就得到膨胀，一膨胀就引起了一种逆反，这种逆反就又表现为一些青年人要彻底砸烂传统，说传统早就应该“后继无人”。这都说明人们对传统和现代都缺少一点自觉，或者说都没有一个科学的了解和认识。

因此，20 世纪以来，假如我们简单地考察一下五四运动、“文化大革命”和今天的四个现代化，我们会得出一个什么结论呢？我觉得当前我们应该非常慎重地、非常理性地、非常冷静地来研究一下什么叫现代化，什么叫传统，传统和现代化的关系到底怎么样。“五四”是以反传统为特色的，但早就有人指出，“五四”是以传统的精神反传统，它利用了传统的积极一面去进行了反传统的斗争。譬如说中国传统中有一种积极的入世精神，“五四”时代假如没有一批志士仁人有入世精神的话，便不可能有五四运动。他们得了那些西方的知识，马上就拿来运用到中国社会当中去，这也表明中国没有为知识而知识的传统，中国传统是“经世致用”，要“知行合一”，这才有了五四运动。当然这也有一个弱点，就是知识本身还没搞透，外国文艺复兴是怎么回事没有搞透，启蒙运动是怎么回事没有搞透，马上就把那个精神拿来用在我们这儿。再如，中国缺少宗教这样一个传统，这是比较而言的。尽管中国有许许多多的宗教，传来的佛教、基督教、伊斯兰教，自己土生土长的道教，但是，所有的宗教在中国社会、中国思想上的地位，大家都知道，跟中东国家，乃至于西方欧洲的国家都不一样。我们的宗教观念是比较薄弱的，这是一个好传统，缺少宗教束缚的传统。有这种传统，迷信的态度就少得多，所以很早就有人主张不以孔子的是非为是非，缺少迷信观念，是五四运动能取得成功的一个好传统，正是由于对孔子不迷信，所以才有“打倒孔家店”的五四运动。当然，“文化大革命”中迷信的程度很高了，这个问题下面再说，它又掺杂了许多别的东西。

反传统的“五四”，实际上没有跳出传统；砸烂传统的“文化大革命”，恰恰发扬了许多坏传统；建设有中国特色的现代化，其特色又主要是要考虑我们的传统。因此，我们现在到了对传统进行一个认真的、自觉的、理性的研究，而不是情感的、情绪的研究的时候了。

三

第三个问题：到底什么叫传统？这是非常难谈的事。前面两个问题谈世界的背景、中国的背景有很多实事，很多历史，下面谈什么叫传统，就比较麻烦，因为比较抽象，这是第一；第二，许多地方我也说不清楚，因为至今我们对这个问题的研究还非常差。现在我尽可能地谈。我想如果把传统谈清楚了，那么对于我们了解传统和现代化，对于我们了解中国的传统文化，对于在座的中医研究者，也许都有启发作用。

什么叫传统，我还没有办法下个定义，我只好从周围，从四面转着来谈，如果能谈好的话，大家有这么一个模模糊糊的概念就算了。

先谈一个传统和现代的关系问题。刚才我谈到了历史上，无论在中国在外国，不管是 19 世纪，还是 20 世纪初，人们一直把传统与现代当作两个不相容的、互相排斥的概念来理解，认为这是两个绝对对立的概念。“五四”时代，激进派认为要保留传统，就不可能现代化，为了现代化必须砸烂传统；保守派认为你要是搞现代化，我们的传统就没有了，那么我们这个国家就不成其为国家，我们的民族就要沦亡，总之，有了现代化就没有了传统。这两派都把传统与现代化对立起来，这是中国。西方也是这样，他们认为中世纪是绝对的黑暗，资本主义来了以后是绝对的光明，因此，传统就是迷信和权威，而现代就是科学和理性。现在我想把传统从另外一个角度来理解，简单说，不要把它当作一个时间的范畴来看。传统当然是历史上形成的东西，但是我想只把时间作为一个背景来看，那样便可看到，所谓传统，是从历史上得到的，并经过选择的这样一种东西。也就是说，并不是历史上发生的一切都是传统，有些东西很快就死亡了，有些东西过了一个阶段后就死亡了，没有传下来，被我们选择掉了，或者没被我们选择来，这个我就不叫它传统。过去它曾经传了二百年，在这二百年里是传统；后来的一千八百年，譬如说它没有了，被排斥了，被筛选掉了，历史的选择、人们的选择把它给选掉了，这就不成为传统。因此，传统就是立足于今天来讲，是历史上得到的并经过选择的东西。也就是说，那能够传到今天的，能够传到现代的这些东西，当然，好的坏的都会传下来的，泥沙俱下，鱼龙混杂。人并没有聪明到那样一个程度，说我只选好的。社会非常复杂，人们的需要非常多样，好坏的标准也在变化，可能把许许多多坏的也选下来了，那也叫传统。总之，可能选择一些好的，也可能选择一些坏的，也可能选择一些不好也不坏的中性的东西。既然这样的话，既然是从过去传到现在，那么，必然也就影响着将来。因为未来就是现在的发展。如果是考虑时间的因素的话，那么传统实际上包括时间的全部，就是说：过去发生了，然后经过选择传到现在，而且影响着未来的那些东西。简单说，传统不简简单单是个遗产，而是遗产又被投入再生产了。不把传统简单当作时间范畴来看，这是第一点。

第二点：什么叫传统？传统就是各种文化类型里面的基本核心，或核心精神。打个比方，语言里面的那个语法部分吧，大概相当于“传统”，那个语汇部分，我们不叫它传统，它是一些素材，一些材料。简单地说，任何一个民族的所谓民族精神，可以理解为是这个民族文化的传统。它比较抽象，不是具体的一种制度、一件文物、一种学说。一种制度、一件文物、一种学说是传统文化，它里面所共同具有的那引起抽象的东西，我们叫它文化传统。它包含什么呢？行为模式、思维方式、生活情趣、价值观念等，这些抽象的、精神性的东西，人们在做的时候，往往不假思索，就那样说，那样想，就那样去判断了，那些东西是一个传统。这样做，做得比较舒服，这样做，看得比较顺眼，这样做容易被大家接受，这样想是很方便，是很自然，这些文化心理状态，构成了传统。每一个人有许多特殊的倾向，而每一个民族却有些共同的行为模式，共同的思维方式，共同的生活情趣，共同的价值观念，这些是这个民族的文化传统。小孩喜欢问大人，为什么这样，为什么那样，为什么见人要笑一笑，为什么走时要说“再见”等，小孩发问的这些天真的问题，往往是大人不假思索就那么做了，他根本不觉得那样就怎样，他根本连这个“不觉得”也没有。那些个“为什么”，那些个小孩觉得很奇怪的东西，恰恰便是传统。当然这小孩渐渐耳濡目染，他最后也混入这之中去，也传到他头上了，他也拉入这个传统之中了。这些东西如果借用心理学术语来说的话，叫作“似本能”，有点像本能。有人说这叫文化心理积淀，它不是生物性的东西，但是也不是没有生物基础的东西。当然它的发挥，它的表现，它的发展须在一定的社会文化环境当中才有可能。这个社会文化环境创造了人，它以传统创造人，而这个传统下的人也非常适应这个社会文化环境。有的心理学家喜欢用“第二天性”“似本能”这个概念，我不知道文化学上应该怎么说,我倾向于把传统作这样一些了解:它是一种潜意识,一种内在思想定式,一种定向发展的倾向。

随便说一件事情,也许能说得具体一点,五星红旗,这是一个非常庄严的象征,我不是开玩笑地来说,我是当一个科学问题来说的。五星红旗,大家想过没有,跟五行观念有没有关系?大家是搞中医的。我想这与五行观念绝对有关系,但是我也绝对相信,发明五星红旗图案的人,他不是从五行观念出发的。他说中间大星代表中国共产党,四颗小星代表四个阶级,当时有四个阶级,民族资产阶级、小资产阶级、农民阶级、工人阶级,四颗星围绕着一个中国共产党,因此五星红旗定为国旗。但是,我怎么看,怎么跟五行观念有关系。我觉得在中国人里面,中国民族文化心理状态里面,有那么一个定式,有那么一个潜意识,有那么一个集体的无意识。他看了这个就非常舒服,这个说来话长了,大家搞中医的都知道,五行观念从民间到了上层,到了上层又深入到民间,这样反反复复,最后几乎形成了我们中国人考虑问题的一个模式。五星红旗以前,有北洋政府的旗子叫红黄蓝白黑,也是五条,当然这与五行观念的联系更紧密了,大家都知道五方是东西南北中了,东西南北中的五种颜色恰恰是蓝白红黑黄。五星红旗就稍微抽象一点,大红底子,带有革命的色彩,这不是我们的传统,它跟苏联国旗有某种程度相近,好多社会主义国家的旗帜都基本上是星和红色。但是,恰恰是中国的旗帜是五颗星,我是非常相信这与中国人的文化心理状态有关系。大家可以讨论,可以不同意,但是我觉得这是传统,这里边有民族精神。如果这个例子能够成立的话,我想可以帮助大家来考虑,文化传统就是这样一种精神,就是一种这样无形的东西,在这个民族成员中起作用的东西。

假如传统是这个,塑造出的每一个人都是这样的,在这下面还有没有自由呢？还有没有个性呢？还有没有我的选择呢？下面要谈传统和自由的问题。

传统既然是一个定式，是人们思维、行为、生活情趣的规范，一个无声的因素，一个潜意识的东西，是不是影响人自由思考、自由行动，影响个性的存在？这当然是我们非常关心的问题。我觉得，也不能把传统和自由绝对对立起来：要自由就不要传统，要传统就不能自由。我想传统和自由不是绝对对立的关系。应该说，传统给了人一定的规范，这个规范使人得以行动自由，是行动自由的一个基地，一个基础；相反，如果一切传统都没有，这个人好像是绝对自由了，那么他也是绝对不自由了，他就会手足无所措，不知道该怎样，不知如何是好。举个最简单的例子，譬如说，凡是文明的人类都要穿衣服，这是最普遍的传统。这个传统可以说是给人最大的自由，而不是给人最大的约束。穿衣服，你说多啰唆呀，但是你不穿试试看。冬天不穿，当然冷了，夏天不穿，你就走不出去，无法见人，你怕别人，别人也怕你，弄得大家都不自由，把整个社会弄得没有秩序了。一切传统都是这样，它给人各种各样的规范。当然这规范可能使得你向善，或者使得你向恶；使得你向前，或者使得你向后；使得你快步走，或者使得你慢步走。那是传统本身的问题，要分析。但是传统的确给人一个行动的基地，没有它，往往会有一种失重感。譬如说，前几年，"文化大革命"之后，由于某些信仰的危机，的确在一些人当中，或在整个社会当中有一种失重感，有一种真空感。许多道德观念、理论观念被动摇。曾经是传统的被动摇，而新的传统又没建立起来，这个时候仿佛处在一种真空状态，不知道该怎么办。一些青年失足，都跟道德真空有关，至少在他个人头脑里面，没有依据了，他就最不自由。如果整个社会都这样，那么这个社会就有一个大动荡。所以我们说传统和自由不是一个对立的关系。

当然，也不能把传统和自由等同起来，说唯有传统才能带来自由，也不能这样理解，因为传统究竟是一个历史上得来的东西，而不是从未来得来的。因此，它就是惰性、保守性，这是传统的一个特点、一个属性，因此它会阻碍向前发展。在这个意义上，它可能使得你要想跨一步时，感到不自由，所以，不能把传统和自由等同，也不能把传统和自由绝对对立。我想这样理解传统和自由就比较全面一点。

下面再谈谈传统的内容。我不想谈得很具体，不想把中国文化传统举出几大点来，我想还是一般地谈。首先可以考虑的是大传统和小传统。各个民族文化都有所谓大传统和小传统。这个问题在中国文化里面是很早就发现了，很早就有了概括，我们叫作“雅”和“俗”，又称“雅文化”和“俗文化”。而西方呢，说老实话，发现得非常晚。大概到20世纪，1953年和1956年，才有人正式地在理论上提出大小传统的问题。什么叫“大传统”，什么叫“小传统”呢？一个社会有上层文化，有下层文化，有精英文化和民间文化，有在知识分子和统治阶级当中流行和传播的一种文化，在基本群众当中流行和传播的一种文化。这两种文化不完全一样，也不完全同步，它有很多内容和形式上的不同，用中国话来说，有雅俗之分，在西方叫作大传统、小传统。但是，这两种文化之间有一种交流的关系，大传统文化通过各种渠道渗透到民间来，民间的文化又通过各种渠道升华为上层文化。这样的一个现象，在中国非常早就发现，至少在——譬如说孔夫子时候，《论语》就提出这个问题。《论语》上有“雅言”，更远的《诗经》上，分“风”“雅”“颂”。“风”是采访和收集来的民间文化，民间诗歌；“雅”和“颂”就是上层文化，统治阶级的诗歌。俗和雅在那个时候就分出来了。到孔子的时候，就把这种上下文化的关系说得很清楚了。孔子说："先进于礼乐，野人也；后进于礼乐，君子也。"先走到礼乐里面的是"野人"，是民间的人，他们在人际关系上的一些准则，被提炼、被升华，就会成为上层的礼乐。他又说"礼失而求诸野"，上层的礼仪如果失掉了，到哪儿去找呢？到下层去找。某种礼仪，某种规范，某种风俗在上层文化已经没有了，在民间还往往可以看到残余形态。这两段话，一个是下层文化被升华为上层文化，一个是上层文化会渗透到下层。这上下关系在孔子那里说得很好。后来在历代的政策里面，都规定有"采风观俗"，做官的应随时随地到民间采访一些歌谣。干什么呢，采风可以"观俗"，可以看到民间的风俗习惯，可以看到民间对上层的讽刺，那个"风"就是后来的"讽"。民间有各种各样的谚语，各种各样的歌谣，各种各样的故事，往往是他们对统治政策的一种反映，是歌颂呀，是批评呀，是反对呀，是诅咒呀，要采上来看看。民间文化常常由此升华上去。然后还有一个文化政策，叫作"礼乐教化"，用礼乐来教民成俗，把上层文化输入到下层去，来移风易俗。一个采风，一个移风。移风只把上层文化移到下面去，渗透到下面去，来改变下面的风俗，让下面的风俗按照上面的意图发展。这里面的什么阶级关系、阶级作用，我们不去说它，我们只说上下的交流、渗透之间的关系。两种文化传统，传统中的大传统、小传统，在中国早就发现了。

这个事情，西方比较晚，因为西欧文化有一个较特殊的现象，差不多在文艺复兴之前，上层文化是用拉丁文来表达的，而拉丁文只在学校中进行传授，民间都用方言，这种方言与拉丁文简直没有关系，或很少有关系。它们的官方的、正统的大文化与民间的文化有一种很隔膜的关系，所以他们很少或者很晚才能看到两种文化之间的关系，而实际上这两种文化之间的关系也的确比较隔膜。中国文化当然也有文言，但研究中国文化的人都知道，中国文言与白话的关系，绝不像拉丁文与西方方言的关系。到现在为止，许多文言还仍然在我们口语中被采用、流行。这是大传统和小传统的问题。

下面我还想谈一谈政统和道统。政统和道统的问题，实际上就是一个社会里面，一个国家里面，一个民族里面，规定人们的行为和思想的两个方面的规范。政统更多地涉及人们的行为，道统更多地涉及思想。政统是政治和法律方面的一套东西，道统是伦理道德和人们思想意识方面的一套东西。政统和道统的关系一直是传统里面很重要的问题。在西方有所谓政教合一，而中国呢，政统和道统，基本上是两个分离的，两个各自独立的传统，有合一的时候，但是很少，基本上处在互相牵制的状态之中。政统和道统牵制的状态，应该说是很好的一个状态，是维持社会进步的一个好状态。西方的政教合一状态与我们关系不大，我们没有那个背景，除去西藏有这种情况外，在广大的中原地区，基本上是政教分离的。

在中国，政统是比较发达的，它可以分为君统、官统、吏统，这是一个非常复杂的体系。从秦始皇统一中国以后，这三套"统"一直在发展，发展到非常高的程度。君统，在中国封建社会里建立在武力上面，没有任何理性的根据，君权神授，带有独占性。它以君主个人的大私为天下的大公，但在实行中不免受官僚制度的种种制约。

官统这个系统在中国是比较科学的。中国官僚系统在过去有各种各样的规定，带有理性成分，在某种意义上是牵制君统、牵制君主的一个机构。在名义上，它不是君主的私臣，因而不免与君权冲突。当然它也有各种各样的弊病。但是，从世界角度来看，中国的官僚系统还是比较科学的，因为它是通过科举考试组成的，特别是隋唐以后，隋唐以前是通过推荐。推荐也好，科举也好，那个制度在开始还是非常严密的。

官统下面是吏统。吏统是比较黑暗的一种势力。官与吏要区别开来，官要调来调去，而吏是不动的，它负责很具体的事务，掌握当地很具体的情况，很容易与地方势力勾结起来，造成社会上很多黑幕。

中国更值得注意的是道统。过去有人认为，道统是儒家的传统，其实没这么简单。除儒家传统以外，道家传统也加入道统里面了，当然构成中国传统思想的主要成分是儒家，但是也有道家的成分。道统中有许多不好的东西，但也有好东西。譬如说儒家思想，在"五四"时候遭到"打倒孔家店"的围剿，其中旗手之一是胡适，当时他就有过一首诗，大家不太注意。他说：

> 知其不可而为之，亦不知老之将至；识得这个真孔丘，一部《论语》都可弃。

在《论语》中他找到两句话，一个叫"知其不可而为之"，一个叫"亦不知老之将至"，这两句话是孔子用来勉励自己的，也是后来儒家用来勉励人们的一个非常积极的、非常现实的入世精神。人要关心现实，为理想而奋斗，明知其不可，如果你认为是合乎正义的话。知其不可还是要干，干到不知老之将至的程度。这是多么积极进取的精神。当然也有许许多多坏的传统，无视个性的传统，是道统里面不光彩的一面。

但是有一点，历来中国的道统，都企图用道统里面好的东西去限制政统，知识分子(包括官员和不做官的思想家)要发挥自己的作用和力量去干预政治。在道统里面，知识分子和王侯的关系是师承关系，先生和学生的关系；在政统里面可以是君臣的关系。这是中国传统里面非常好的传统：谁掌握真理，谁当先生。在政治秩序上，可以你是君，我是臣，我是服从你的；可是在真理面前，它假定先生总是传道的，先生掌握真理，先生在前，所以说在真理面前你得听我的。这就给整个政治秩序带来一种理性的希望。至于实行得怎么样，各个朝代不一样，结果也不完全一样。因为那个政统也一直想行使自己的力量，它一直想干预这个道统，一直想让道统为政治服务，认为一切学术都要为它的政治服务。政统干预道统，道统干预政统，这种互相牵制、互相干预的关系，应该说是一个非常好的模式。这种模式假如是一种传统的话，这个传统大概值得发扬，值得保留。

下面还有正统和异端的问题。谈到传统的内容，必然要考虑到正统和非正统。这个异端，不仅有政统上的，而且也有道统上的。政统上有异端，譬如这里有个大皇帝，然后在偏远地区又有一个小皇帝，搞了一个地方割据。或是国家分裂了，有三个国家，或者许多个国家等，大家都认为我是正统，你是非正统。道统上更是这样，认为我是正统，你是异端邪说等。这里面我想说明一点：并非一切异端都是革命力量，也并非一切异端都是不革命力量，这要具体分析。因为有一个时期，我们曾有这个思想，认为凡是一切异端都是革命的，好像凡是反对统治、反对中央集权就是革命的，其实不一定。到底异端是不是要比正统更好一些呢？什么时候，什么地方，什么状况，要具体分析。譬如说佛教传到中国，佛教对于中国的传统思想来说就是异端，很难说这异端比中国传统思想就更好多少，其中有好的成分，如佛学中有些好的东西，也很难说它就一定不好，等等。关于正统和异端的问题，必须具体分析。

四

最后想说一说传统的变迁和转化问题。

假如传统是我们从历史上得到的，并经过选择的，那么如果我们想彻底砸烂传统，彻底否定传统，我想是不可能的。假如用我们刚才那个五星红旗的例子来说，大家就可以理解这个意思，你如果想否定传统，可能就等于否定这个民族。要让这个传统消亡，你就只好让这个民族消亡，至少让这个民族的文化消亡。历史上不是没有这个事实的，好多古老民族的文化化为乌有，慢慢地那个民族也就没有了。我们不想让中华民族没有了，就不能提彻底否定中国文化传统。

至于如何来转化传统，我想谈一个要点，就是不可能纯粹依靠外力来转化传统。大家学医当然都知道，要使得身体健康，一个有机体不可能纯粹靠外力，必须通过有机体内部因素起作用。特别是中医，非常注意这一点，要引起机体内部因素的增长和消失，来使得机体健康。所以说靠内部力量，靠传统的积极面和消极面的斗争，来解决传统转化的问题。外力只能起一个刺激的作用，起一个参照的作用。

谈到参照，这里还想谈一点的是：比较跟评价。我们去比较这样一个文化传统与那样一个文化传统，这需要一个参照系。一个东西没有办法比较，比较者至少指两个东西或两个以上。一个东西没有办法自己与自己比，没有一面镜子，你永远不知道自己是什么样子。比较者，就是找一个东西为参照系。至于评价，是另外一个问题，评价的依据不在比较者当中。不能说他有这个，我没有，因此我就不好，很难这样说。不能从比较当中简单得出评价的结论来。因为在一个民族传统中可能是常态的，到另一个民族传统当中去看它，可能是变态。譬如说，某个民族的人见到高贵的客人要伸舌头，那是一种礼节，表示诚惶诚恐。假如在我们这里这样做，便是失礼，别人以为你有神经病。他们的常态在我们这里成了变态。从这种参照中可能得出比较的结论来，不能得出价值判断，不能得出谁更好，谁更坏。评价要依靠另外一个角度，实践的角度，用实践来评价这个传统到底是好是坏，这样一个传统对于你的进一步发展是促进了，还是促退了。比较与评价，这两个要区别一下，这个区别非常重要。因为我觉得在我们平常谈论、交往当中，特别是对外交往当中，有一个现象值得注意，即人们往往用国外西方的什么现象来否定我们的什么东西。譬如说他们用刀叉吃饭，我们用筷子吃饭，那意思是觉得我们的筷子就很不卫生，他们的刀叉就很文明。这个我看不一定，筷子也可以很卫生嘛，分食制不就完了，很简单嘛。西方人觉得你这筷子是非常灵巧的，他们认为中国人非常巧，只用两只筷子就可以代替许多家伙。那么你为什么就一定在这个比较当中认为筷子这个传统不好呢？

最近我看到一位美国华人的一篇文章，谈到人类文明起源，他提出个论点，认为中国文明是人类文明的常态，而西方文明是个变态。这个结论成立不成立，不去管它，他的确从另外一面给我们提出一个考虑问题的方法，就是：我们不要再在拿中国文明和西方文明比较时，老是觉得自己不足。这里面的确有一个政治上的担心，就是民族自尊心的问题。一个民族失去自尊，就是这个民族灭亡的开始！当然一个民族永远自高自大，这个民族也会灭亡。恰如其分地用自己的实践来判断自己文化的价值，我觉得是合理的标准。不是要去肯定我们传统的一切东西，也不是否定传统的一切东西，对传统文化从实践当中来评价，这是使得我们如何来解决传统的创造性转化的一个根本要点。举例来说：大一统是中国的一个政治传统，它起过很好的作用，能产生一种内聚力，有利于社会的均衡发展；但如果膨胀起来，也不得了。随便说吧，比如你到北京火车站去赶火车，你就会觉得拥挤异常。为什么呢？有许许多多原因，至少有一个原因与大一统有关系。就是每一个省的省会，每天都有一班火车开到北京，为什么要这样呢？这纯粹是政治大一统的惯性在起作用，而没有从经济上考虑，没有从人和自然的关系来考虑。对于诸如此类的大一统思想带来的一些莫名其妙的弊病，似乎我们还不自觉。

再举一个人治法治的例子。中国历来是人治，人存政举，人亡政息，有很多缺点。西方是法治，法治走到极端，也成了非理性的东西。前些天在晚报上看到一条消息，说西班牙有一个邮递员，由于误投了信件，有许多邮件该投没投，烧掉了，结果判刑，判了多少年？判了有期徒刑三十八万四千九百一十年，这叫作法治主义的恶性膨胀，在中国是绝对不会发生的。中国传统中不是没有法治，而是讲究天理、国法、人情三者并用，衡量罪行也好，调解纠纷也好，都必须考虑这三个因素。这样绝对不会出来三十八万多年有期徒刑的案例。当然到现在为止我们的民法、刑法都还不健全，这是传统所致。但纯法治的传统也有它的毛病。所以我想凡是传统都要进行分析，要有一种自觉的态度和认识，然后才能促进传统的创造性的转化。

关于传统的问题，我想就谈这一些，谢谢大家！

（1986 年 12 月 24 日在北京中医学院的演讲，庞驼据录音整理）

传统与现代化

无论从理论的探讨还是从实践的运行上来说，实行现代化，首先要碰到的难题，也许会是如何对待传统的问题。譬如我们要建设一个现代化的北京城，怎样处理旧的传统的北京城，便是首先要回答的课题。而怎样在实践中处理传统，又有赖于如何从理论上认识传统。

在很长的时间里，我们习惯于用绝对对立的方法来考虑事理与处理问题。譬如说，认定不拆除旧的传统的北京城，便不能建设新的现代的北京城，这叫作不破不立。旧的北京城拆除了，现在有不少人又在追悔，发现北京不成其为“北京”了。虽然它的现代化程度确已大大提高，但人们心中总是留下那么一些无法抹除的遗憾。

造成这种遗憾的原因之一，便是我们未能认清传统与现代化的意义，未能认清并正确处理好传统与现代化的关系。

从发展的眼光看，传统与现代化无疑是对立的：传统是过去的现代化，是今天的古代化，因之，传统是一种惰性的力量，一种保守的力量，是现代化的阻力，是包袱。

但是，发展不仅是决裂，还是连续。同样从发展的观点看，现代又是从古代演化而来，也只能从古代演化而来。因之传统与现代化又是同一的：传统给现代化准备了基地，现代化的速度与高度，无不这样那样地依赖于传统的成就。从这个角度来看，又可以说传统是现代化的助力，是财富。

许多同志不愿同意这后一个说法。他们对现状不满足，渴求现代化，认为一切坏的东西都来自传统，传统只是丑恶，因而疾呼反传统,认为只有彻底铲除旧传统,痛痛快快,甩开膀子,才能实现现代化。传统的内容并不是单一的。我们不能一提传统只想到禁锢、特权、散漫、阿Q精神……而不想到淑世、豁达、坚韧、抗争精神……正如不能一提旧北京城只想到粪桶、水沟、陋巷、煤球炉子……还应想到城墙、湖泊、牌楼、四合院……一样。

而且,传统的这些正负方面,或者说它的优点与缺点,还不是分别盛放在两个箱子里,像我们用二分法分析了的这样。它们本来浑然一体,自成系统,优点掺和着缺点,负面牵连着正面,所以呈现这些缺点,正因为具备那些优点。当现代化的浪潮袭来之时,首先被冲刷到表层的,往往是它的那些显然不合时宜的东西。也就是说,用现代化的西方思潮作为一个外在的标准,很容易地便会发现我们的文化传统中,既没有它们那样的民主科学,也没有它们那样的国民性格。于是,彻底铲除传统的口号,全面变革文化的要求,从"五四"时代起,便成为风尚了。

如果传统真能彻底铲除,使我们的山河乃至人心,真能变成一张白纸,以便重画最新最美的图画,也未尝不是一件快事。只是,由谁来画呢?而且,能否真的变成白纸呢?更根本地说,又有无必要变成白纸呢?

从"五四"到今天,七十个年头即将过去了。我们若愿认真反思,似乎应该悟得出来:彻底铲除传统的想法,大概只是一个幻想,当时人们所以那样激动,本有他们的历史动因。至于传统之何以无法彻底铲除,只因为,传统不仅裸露为表面的物,还凝聚成种种制度与习俗,更深藏在人们的心理结构中。传统既已成为传统,自有它的内在价值,也有它的外在根据。作为传统,固然带有蚀痕斑斑的时代烙印,但也饱含根深叶茂的民族精神;而且,在其时代性的品格中,又潜存着永久性的因素，在其民族性的品格中，还包容着人类性的成分。如果只是着眼于易于过时的时代性，便会觉得快快更新为好；如果考虑到自成风格的民族性，又会难以拒绝它继续存在的权利。更不用说传统中蕴藏的那些永久性与人类性的内容了。即使万一不幸，我们这个民族消失了，传统中断了，我们传统中那些永久性、人类性的成分，也必将在整个人类的文化中传承下去，而不会沦为仅供后人凭吊的遗骸。这大概是可以断言的。

正如对于传统不能只作片面的、表面的理解一样，同样的，对于现代化，也有一个全面深入认识的问题。

现在大家多已认清，所谓现代化，绝不限于技术和设备方面的事，还有种种制度和管理的现代化，以及人的观念和品格的现代化。仅仅装备几台仪器和机器，并不等于生产就此现代化了；仅仅在服饰上和家用器皿上追求新颖，也不能保证生活因此而现代化了。因为现代化是一个复杂的网络，它涉及社会的各个方面，而且由表层深及里层，直至人的灵魂深处。在步骤上，也许不妨先从物的方面着手，但如果认为这就是一切，那不过是又一次洋务运动。其于现代化的了解，可谓流于肤浅了。

对现代化的又一肤浅了解是把西化当作现代化。现代化首先发生在西方。把现代化的历史趋势反映为全盘西化的主观要求，在一些特定的历史条件下（譬如“五四”时代和建国初期），是难以避免的。现在既已时过境迁，如仍坚信现代化就是西方化，或者不自觉地误信现代化就是西方化，而未曾想过西方的现代化，无论是资本主义的还是社会主义的现代化，都有着它们各自的民族特点，都是从它们各自固有文化中发生发展出来的；未曾分析过西方现代化的特殊性和普遍性——如果是这样，也许我们所追求的，恰恰正是不该移植的只有西方特殊意义的东西。而我们所忽视的，偏偏倒是应该学习的具有历史普遍意义的东西。如果是这样，到头来，我们所实现的，绝不会是现代化，而恐怕是一种没有殖民者的殖民地化。

因为，现代化有其所以现代化的真精神在，它应该是能够保证最多数人的最大民主，最多数人的最大自由，最有效的管理制度，最先进的科学技术，丰富的物质文化生活，高尚的道德礼俗。而这一切，又只能实现在各个民族的特殊形式中。就是说，所谓现代化，说到底，实质上是如何使传统现代化的问题。以传统为累赘而推倒另来，可以勉强行之于北京旧城，却无法用来对付整个民族。现代化必须以传统为基础，传统必须以现代化为目标——这就是我们的结论。

（原载 1986 年 2 月 10 日《北京日报》）

文化是什么

当前在国内及世界上，有关文化学的问题是一个非常热门的话题。我们国家落后的现状，促使大家去反思文化。要超越现在，要赶上世界，当前我们就面临着一个现代化的任务，它关系到民族的存亡。现代化作为一种世界性发展趋势和潮流，在各个不同的民族里边，带来不少问题。就我们国家来说，现代化和民族化如何结合，如何找到现代化和民族化的结合点，大概是我们当前经济、政治、文化各个领域里边所面临的最基本的问题，即所谓建设有中国特色的社会主义的问题。我们现在搞四个现代化，实际上就是要在现代化和民族化之间找到一个结合点。怎样使我们的民族达到现代化水平，这一问题当然不是从今天才开始提出，1978 年以前就提出来了。我今天不去谈经济上的现代化，工业、农业、科学的现代化，我想谈大家所关心的学术的问题，如何对待西方文化的问题。

由于种种原因，所谓现代化在许多国家都是跟西方文化的关系问题。这个问题在中国提出，到现在差不多快七十年了。今天，学术界提出的问题，正像许多文章指出，依然是重复五四运动提出的问题：到底是全盘西化呢？还是保存国粹呢？比较深入研究现状的人都会发现，"五四"提出的问题，现在仍然没有解决。如科学问题、民主问题，这是"五四"的两面旗帜、两个口号，到现在仍然存在这两方面的问题。过了七十年为什么问题仍然存在？怎样突破这种徘徊呢？"五四"期间提出的问题今天仍然被提出来，关于这一点，可以找出许多政治原因、经济原因，找出国内和国际的原因来。但我觉得还有一个原因，就是我们对文化的理论问题缺乏深入细致的研究。如果从文化的理论方面有所突破的话，会帮助我们重新反思“五四”时期提出的问题以及今后如何对待这些问题。当然解决理论问题不是唯一的方法，另外一个方法就是很好地总结一下历史经验，一是深入研究文化理论，抓住这两点都可能就“五四”时期提出的问题和今天我们继续提出的问题找到一些解决的办法。

我讲的这个文化理论问题，从1949年以后一直没有得到很好的研究。不仅文化学，社会学、心理学、人类学等人文科学在三十七年中也没得到很好的研究。为什么呢？因为我们有一个错觉，觉得我们有了历史唯物主义，或说有了马克思主义，就有了关于社会、关于历史的最基本的理论，有了一个一般的理论就可以解决具体问题。在指导思想上有这样一种认识，这三十七年里面关于文化学就没有研究，觉得历史唯物主义是可以解决一切问题的根本理论，社会学、人类学、心理学都是一些具体科学，有了历史唯物主义的指导，都可以迎刃而解。过了三十年，我们才发现事情不是这样，唯物史观可以作为一般的图像，但不能代替解决各门具体人文科学的许多问题；相反，在西方，马克思主义出现以后，我们所谓的资产阶级人文科学却把这些学科都向前推进发展了。当我们醒悟过来之后，发现差了一大截。关于文化学，实际上今天我们说不出什么东西来，目前的任务可能是大量地去翻译，就是引进，像经济界的对外开放的办法，去引进全套设备，去翻译大量的西方文化的知识理论，然后我们才能知道世界已经是什么样子，才能运用我们的经验来建立我们的文化学理论。目前，这个工作刚刚开始，现在有的出版社正在开始组织翻译出版这些书，给我们提供崭新的知识。因此我要讲文化是什么，内容是很贫乏的，因为我很少接触外国的书，只能简要地向大家介绍一下片断的想法。

文化的定义

我想讲三个问题：一个叫文化的定义，一个叫文化的属性，第三个叫文化的结构。这三点当然不能概括文化学的全部内容，只能表示一些文化学最基础的东西。文化学作为一门学问，从目前我们已经达到的认识来看，是从西方开始的；文化作为一门学问独立起来是19世纪的事情，它最早是同人类学共生的一门学科，而人类学在西方又是随着资本主义向全世界扩展而发展起来的。人类学、文化学被学术界认为是由英国人爱德华·泰勒（Edward Tylor，1832—1917）创始，他的重点是研究原始氏族或是落后民族。他或许是第一次提出了关于文化的、后来被认为是经典的定义。他认为文化是一种能力和习惯，包括知识、信仰、艺术、道德、法规以及所有作为社会成员所获得的种种能力和习惯。文化是一个整体，是一些能力和习惯，是后天获得的，不是先天具有的。人先天具有的东西叫本能。吃饭是本能，而怎样吃饭，吃什么饭这是文化，这是最简单的例子。这些能力和习惯的各个因素之间不是相互矛盾的，而是相互联系的、互相浸透着、互相结合着，形成一个整体，这个整体就叫文化。这是泰勒给文化下的一个被认为是经典的定义。这个定义，差不多所有的百科全书，各种各样的辞书，基本上都采用了。但是这个定义，不是文化的唯一定义，到目前为止，据说已有一百六十多个定义了，其中还不包括中国的文化定义，如果包括中国的，至少要有一百八十多个或者更多。我们不可能也没必要一个一个去分析这些定义，而做出我们自己的定义。根据这门学科的历史发展，或者说主要的流派的不同，来分别谈一下四五个定义，然后得出我们自己的看法，就足够了。

泰勒的文化定义，在相当长的时期里面，差不多整个19世纪都被人们接受着，因为它跟19世纪的文化背景密切吻合。这个定义的实质和要点，首先是唯心主义的，其次是进化论的，第三是欧洲中心主义的。人类的文化是一步一步地向前发展的，是19世纪整个科学知识所达到的认识。当时生物学界的达尔文的进化论领导了一切科学，认为事物，不仅是生物，而且整个天体，整个人类，当然包括人类的文化，都是一步一步由低级到高级、由简单到复杂的进化过程，而这个进化是按照一条单线向前发展的，或者说是一元的。就是说全世界的人都要按照一个图式，一种路线，由低向高往一个目标发展，大家熟悉的关于五种社会形态的理论，即历史唯物主义的理论，大体上也是这个时代产生的，也是这个背景下的文化理论。对于五种社会形态理论我们比较熟悉。泰勒的文化定义，基本上也是这个意思，即认为凡是人类都经过了从低级到高级、从野蛮到文明的时代。文明时代是什么呢？马克思、恩格斯说就是奴隶社会、封建社会、资本主义社会和共产主义社会，这里有着沿着一条线发展的客观规律，它独立于人们的意识之外。泰勒他们没有说得这样细，不从经济形态着眼，而是说什么哲学时代、民主时代之类。这样一种理性主义的东西，这样一个单线的进化论观点，背后有着一个东西就是欧洲中心主义。向哪里发展呢？哪里是人类发展的最高峰呢？当时他们认为是欧洲，欧洲文明是一切文化发展的顶端，其他文明则是低级的文明阶段。欧洲是一个价值标准，凡是符合的就叫文明，不符合的就叫野蛮。这是19世纪学术界的一个情景。这个思想与中世纪相比是一个很大的进步，但这个进步明显带着资本主义的色彩。当时资本主义正用商品打开全世界各个民族的大门，廉价的商品是他们摧毁中世纪一切堡垒的重炮，战无不胜、所向披靡，一切落后的东西都在这个商品面前被打垮。因此他们的经济加上他们的文化就很自然地被认为是顶峰，一切其他都是微不足道的，如果有什么足道的话，就在于向我这里发展。这样一种单线进化论的思想，实际上背后有一种欧洲中心论。

与文化的进化论观点相适应的，当时还有一种思想叫作文化的传播论。也是在上述历史背景下，一些人到处旅行，看到了各种各样的文明，各种各样的社会阶段，他们在世界上发现了好多共同的东西，居住在地球两边的人，有许多共同的习惯，共同的风俗，于是产生了和刚才讲的进化论稍微有点不一样的、在当时被认为是非常了不起的与进化论对立的一种思想，即文化的传播论。因为进化论假定每个民族都在自己的原地上面，从原点开始向前进化，等到发现不同民族有许多共同的东西以后，有人就提出一种疑问，是每个民族都在自己的原点上前进呢，还是说文化从一个地方、一个中心向四外扩散呢？文化是自己发生的，还是传播的？这种传播论的思想在当时学术界引起了极大的争论。传播论的思想，实际上还是上面所说的欧洲中心主义式的单线思想，它认为世界文明都起源于一个点，比如说两河流域，就是现在的中亚一带，文明起源于那个地方，然后向各个地方扩散。他们的说法有些是有事实根据的，有历史记录、有线索可查的，更多的则是臆断，凭空想象。比如他们认为中国在殷商时代有很发达的青铜器文化，被称为青铜时代，但他们认为东方的青铜器也是从两河流域传过来的，他们为此做了大量的考古学发掘，找出许多点来，然后把这些点连成线，这条线据说可以从两河一直到安阳。他们认为殷墟(现在河南安阳)这个地方没有铜，这样先进的青铜技术，一定是从别的地方传来的。实际上这是把欧洲中心主义进一步具体化了。

以上是文化的第一种定义，即19世纪的定义，一元论的定义，其中的各派别对中国的抗战以前的文化学，或“五四”以后的文化学都有影响。

第一次世界大战以后，在西方学术界出现了一个非常大的波动，表现为人们对科学、对自然科学的成就、对人类理性本身发生了怀疑。本来在资本主义凯歌进行的19世纪，人们非常相信人的理性，非常相信自然科学万能，但是第一次世界大战给人们提供了一个反思的机会，这时候人们不相信自己的理性了。人们提出这样的疑问：为什么一个理性的人，或有理性的人类，要用自己发明的科学来毁灭自己呢？到底人有没有理性？理性是不是可靠的？自然科学是不是用来造福人类的？自然科学带来的文明是否是唯一的文明？人对自然的价值是不是在人们征服自然界的过程中所体现出来的？第一次世界大战引出了这样一些问题，在学术界引起很大反响，于是文化学方面出现了一种跟19世纪理性主义针锋相对的经验主义的手法。在文化学的具体学派上，与刚才讲的进化论与传播论不同，出现了一种功能学派，代表人物是英国人马林诺夫斯基(Bronislaw Malinowski, 1884—1949)，他的书最近又重新印刷了，民间文艺出版社印刷了他的《巫术、科学、宗教与神话》这本小册子；他的《文化论》一书，现在也已重印。功能学派从文化功能的角度来解释文化。他们认为文化是工具，生活是主体，人为了维持自己的存在才发明了文化；文化之所以能够存在，就在于它能维持社会结构，维持人类生存；文化的价值在于它满足人的需要的功能；文化评判的标准，是看它能在多大程度上满足人的需要。游牧民族的帐篷，与农业民族的草房，你没办法说谁好，说谁坏。帐篷可以满足游牧民族的需要，草房可以满足农业民族的需要，它们在功能上相同。逐水草而居，拆了帐篷就走，帐篷对游牧民族是有价值的，它是草原文化。农业民族需要定居，种子撒在地里，要等着长出来，要收获，这就不能走，跟这样一种生活相适应，就要有一个固定的草房。这个茅舍跟帐篷你很难说哪个价值更大一些，两者都有价值，它们的价值就在于满足了人的一种需要，有一种功能。各种生活会提出各种各样适应于各种生活需要的文化来，而各种文化因素都完成了一种功能。

马林诺夫斯基的功能论，是为了反对传播论而提出来的。传播学派认为文化成就会向四处传播，但在经验主义的功能学派看来，每种文化都是为了满足自己的需要自己产生出来的。我们知道，在实际生活当中，有文化传播的事实和现象，而且有传播的可能和需要。为了解释传播现象，他们提出了一个整合的观念。“整合”是什么意思呢？按马林诺夫斯基的解释，传播来的东西一定要能够被我自己的文化整合，就是它能够合到我自己的文化里来，根据我自己的文化需要去吸收它，当然也去改造它。因此作为文化发生的根本仍然在功能。

无论是文化的进化论还是传播论、功能论，在研究文化方面，都专门研究少数民族，或他们所谓的野蛮民族。他们的文化学也好，人类学也好，是用欧洲人的眼睛去看别人的学科，至于他们自己，是理所当然不需要被研究的。他们只看到那些少数的、落后的、边远的、原始的民族，看到那里有一种不同于他们的文化和生活，所以他们的著作大体上是关于原始的、落后的、边远的少数民族的，是带着一种稀奇古怪的、猎奇的眼光去研究的，最早的文化学和人类学大都是这样的。到第二次世界大战后，事情发生了一些变化，这个时候人们开始研究各个民族的文化，出现了文化人类学派。这一学派研究所有民族的文化，或者说研究整个人类的文化，其代表人物或者说当时的重心基本上在美国。有一件非常有趣的事，很能说明这方面的情况。第二次世界大战时，美国人、英国人共同去反对德国人、日本人，产生了一些跟文化学有关的问题。当英美开辟西线战场的时候，很多美国兵开到了英国本土，这就出现了一个美国人和英国人相处的问题，我们常常以为，美国人跟英国人都是一种文化，其实不一样。当时美国兵在英国本土与英国人发生了各种各样的冲突，由于文化背景的不同，美国兵跟英国人有各种各样的矛盾。为了协同作战，当时动用了文化学家。让这些文化学家到美国兵里面去，跟美国人讲英国文化，介绍英国文化跟美国文化的不同，如怎样待人接物，男孩子是什么习惯，女孩子是什么习惯，这种做法生效甚大。更重要的是日本人快投降的时候，美国为了制定一种占领日本的政策，从政治到军事，做了许许多多的准备，其中有一项准备是文化上的准备。因为美国人非常担心，对于日本文化或所谓东方型的文化，他们非常隔膜。当时提出的问题是能否用占领德国的办法去占领日本。德国文化当然跟英美也不一样，但从大的方面来讲，它终归属于西方文化，所以美国人觉得德国还是容易了解的，比较好办，一下子把它占领，叫它投降，然后分了就行了。至于占领日本，在当时确实是一个较大的难题，所以就把这个问题交给文化学家来研究，其中一位代表人物叫本尼迪克特(Ruth Benedict, 1887—1948)。这位女文化学家为了解决这个问题，在美国的日本侨民里面（当时的日本侨民已经集中起来）以及在美国的日本战俘里面做了大量的调查，最后写了一本有名的书(当时不是书，是给政府的报告)，叫《菊花和宝剑》，现在译成《菊与刀》。这是分析日本文化心理学很有名的书。正如书名所提示的，她认为日本人有一种双重性格。书的结论说，日本的文化是一种耻感的文化。具体内容我们且不去管它了，对日本文化、性格有各种各样的分析，最重要的是，由此引出了一个政策思想，她说不能用占领德国的办法去占领日本，如果用占领德国的办法去占领日本，势必引起日本人的羞耻感，那么日本人可以战到最后一个人，可以集体自杀，最后得到的是一个空岛。她说，必须保持日本的天皇制度，然后才可以换得投降。她根据日本文化的特点，提出了占领日本的方案，这个方案跟当时许多政治家、军事家提出的方案是一致的，实际实行的也就是这种方案。我们现在当然看得很清楚，所谓盟军对待德国和日本是不一样的。对我们现在有意义的事情是，文化学家从文化的特性出发，提出了一个建议，这个建议被采纳了，并证明是成功的。本尼迪克特的一个重要理论是文化类型说。她认为文化是人们心理状态的符号化，像我们放电影一样，文化是人们的心理大量地投射到屏幕上，是放大了的人的心理。每一种文化都实现了人的一些潜力，控制了另一些潜力，并将某些潜力发展到了病态的程度。从而使潜力的表现形式合法化、制度化。简单地说，文化就是性格的表现。她把人类分成各种各样的性格类型，最有名的是酒神型和日神型。她说酒神型的人物整天处在一癫狂之中，要求超出一切规范，超出一切肉体，超出一切限制。而日神型的人却要求遵守一切规矩，在各种限制的范围之内活动。她的基本思想是认为人具有各种各样的内在潜力，这些潜力体现为各种各样的性格，而文化就是发展了一些性格，限制了一些性格，扼杀了一些性格，夸张了一些性格。由此就出现了不同的文化，这些文化可以规定为各种各样的类型。她的一部很有名的书就叫《文化类型》。本尼迪克特的关于文化类型、关于由人的性格来解释文化和定义文化的学说，第二次世界大战前后在美国领导了文化学的潮流。按照这样一种思想，文化实际上是多元的。刚才我们说泰勒认为文化是一元的，按照欧洲中心主义的思想，文化是一元的。而第二次世界大战以后，欧洲中心主义就破产了，这表现在承认文化是各个民族性格的符号化，因此文化是多元的，不是按单线向前发展，而是各自按照自己的性格向前发展。

再往后就是结构主义的学说。这种学说观察文化的角度跟刚才说的都不太一样。假如说在泰勒那里把文化当作一个纯客体，强调文化自己在发展，在进化，那么本尼迪克特主张文化是性格的表现，则把人的主体因素考虑在内。到了结构主义这里，跟刚才考虑问题方法不一样。结构主义的代表人物是法国的列维-施特劳斯（Claude Levi-Strauss，1908—2009）。他及其学派只处理文化因素之间的关系，认为文化是一个非常稳定的结构。文化里有各种因素，他们不去考虑这些因素跟人的关系，不去考虑这种因素本身有没有一个形而上的本体，而是去考虑这些文化因素之间，按照一个什么样的关系在组织起来。文化整体是如何复合而成的。按照这个思想，他们推出了一个结论：如果一种文化是很好地组织起来的话，则不同的结构都有同等的价值。他们不太考虑文化时代性的差异，不太考虑文化和人种、民族、社会生产的关系，纯粹去处理文化结构本身，以致认为原始文化与现代化具有同等价值。他们说，每一种文化都是由许多相同和不同的因素构成的，差别只是在某一种文化里某一个因素起主导作用。

从文化学作为一门学科到现在，在文化学的历史里面，大概有这样一些主要的学派。各个学派的人物都有自己的文化定义。这一些定义猛一看差不多，但实际上还是有差别的，刚才说的都是他们最实质的东西。这些文化定义都对中国有影响。在“五四”前后，抗战以前，中国一直有人在研究文化学，这些学派也就这样浸透到中国学问里边来了。中国目前尚很难形成自己的文化学。

目前，在西方以及中国，人们越来越重视人的主体作用。在这样一种情况下，如果我们对文化提出一个定义的话，我是倾向于结合人、结合主体来谈的。因此我倾向于这样一种说法，就是把文化定义为人的本质的展现和成因。这句话从字面上看有一点矛盾，有一点循环论证，文化是人的本质展现开来的，而人的本质又是由文化所形成的，但仅仅从字面上看是如此。

人的本质是自古以来人们谈论的话题，可以形成一种专门的学问，叫人论。关于人的理论研究，中国很少有人做，很少有人研究中国的人论。西方便不一样了，20 世纪以来，这个工作做得很多，关于人的本质有各种各样的定义，能够接受认同的定义，大概离不开劳动实践，需要这样一些要素。有人说人是政治的动物，有人说人是理性的动物，有人说人是社会的动物，这都是历史上有过的定义。但是如果单纯说人是理性的动物，就没有办法或不能很好地包括人的社会实践。如果只说人是社会的动物，就没办法把人和其他社会动物如蜂、蚁等区别开来。我是想把人的本质和理性与劳动实践和需要合理化等一套东西都结合起来考虑。我看人的本质应该是这样的，它在于人能通过劳动使得主体客体化，或说使得意识对象化，人在劳动中能够把自己的主体意识对象化为客体；同时人在劳动中又使客体主体化，使得对象符合自己的主观需要，对象意识化，意识对象化，两方面都只有在劳动中才能实现。人为什么要去劳动？就是为了创造一个符合自己需要的人的世界。这是人的本质的显现。人的本质是通过劳动，使得主体客体化，客体主体化，以此来创造一个符合自己的世界；人并且在这个活动当中，把自己塑造成了一个文化人。这样来理解人，比把人说成是一个理性的动物、社会的动物等说法要精确一点。

这里，我们谈到了劳动，劳动的实质就在于使客体主体化，主体客体化。谈到了劳动的目的，就在于创造一个人的世界。而这样做了的结果，就是在创造世界的过程中使人变成一个文化人。这样了解人的本质，也就同时了解了文化。文化是人类本质的展现和人的本质的成因，就是在这过程里面体现出来的。分析起来说，劳动是为了满足人的需要。则人的需要大概有这样三种：最简单的需要是生存的需要，人要吃饭，要睡觉，这是动物最简单的需要。吃饭要吃得好一点，睡觉要舒服一点，这是第二种需要，即享受的需要。一般认为人的需要就是这两种，实际上人最根本的需要是一种实现自我的需要，简单地说是实现的需要。人不仅生存，不仅享受，而且要实现，实现人之所以为人。因为如果仅仅是满足生存，人和动物没有区别；仅仅是为了享受，人和某些动物也没法区别。只有一种实现的需要，实现自己所具有的潜力的需要，才是人之所以为人的一个最本质的东西。拿体育来说，我们已经发展出这么多项目，达到这么高的水平。对于体育，你可以把它分解人要满足生存的需要，就要跑得快，跑快才可以抓到野兽，跑不快就打不到野兽，就生存不下去，这是最简单的，但不叫体育，不是我们现在意义上的体育。只是为了猎取食物而跑步，为获取食物而下水，不好说就是游泳，不好叫跳高，不好叫赛跑，那仅仅是为了满足生存的需要。生存需要满足以后，吃饱了以后，人可能会把打猎的动作提炼一下，这就变成简单的体育。为自我欣赏，特别是欣赏别人。古罗马有一个斗牛场，奴隶主欣赏奴隶斗牛。这是一种享乐，是享受的需要，但这个东西也很难说是我们今天意义上的体育。只是到了把体育当作发挥自己潜能的手段的时候，才真正有了体育。人具有一种弹跳的能力，人到底能跳多高呢？二米还是二点五米。只有到了发挥自己潜力、为体育而体育的时候，体育才成为展现人的本质的一种动作，才是实现人的潜力的一种动作。你不能说有个人跳二点五米是生存的需要，你可以说他跳了很高兴，是一种享受，满足了自己享受的需要，但运动员是很苦的，生理上享受大概也不多。他在那拼命往高处跳，破世界纪录，既不是为了抓树上的果子，也不是为了锻炼身体，得以长寿；他只是为了体育而体育或者说是为了证实人到底有多大潜能，到底能跳多高。一切文化实际上都是这样的。比如音乐，你听别人演奏音乐是一种享受，你自己演奏便是实现自我。因为每个人都有这方面的潜能，那么我具有多大的潜能呢？我不知道，我来实现它。这不是享乐，当然自己拉提琴自己也能高兴，也很快乐，但是这种快乐跟你去听别人拉提琴的享乐不一样，你自己拉提琴从中得到的快乐，是自己实现了一种潜能的快乐。这三种需要，每一种都创造出了文化。为了生存，人们要去获取生存资料，这是最原始的、最简单的文化。为了享乐，人们创造了各种条件，发明了各种形式，这当然也是文化。最高级、最本质、最根本的文化，大概是人为实现自己的潜能而创造出来的东西，这是文化的文化。其实我们仔细思考一下，到处都有这种例子。比如说你工作，工作有各种不同的态度。我是售货员，我只是为了混饭吃，不干就没钱，没钱就没饭吃。假如只是这样为了谋生，为了混饭吃，仅仅为了满足生存需要去当售货员，那么我的服务态度就好不了。如果这个售货员对这个工作本身有兴趣，而不仅是为了谋生的需要，售货不仅是他的职业，而且也是事业，他对这种事业就有一种责任感，就有一种乐趣，就进入一种享受的需要。更进一步，如果这个售货员，把售货与整个人类的发展、社会的生存内在地联系起来，那么他就会有一种历史的责任，一种社会的责任。不仅仅是一种事业，不仅仅是这个职业，而是整个历史的责任，人类的责任。到了这个时候，工作便成了一种自我实现，是实现人的潜能的一种活动。潜能可以体现为唱歌的潜能，可以体现为跳高的潜能，也可以体现为道德的潜能，你能意识到个人与整个人类、整个历史之间的这样一种关系，也是一种实现。所以有各种各样的实现，而由生存到享受到实现，大致体现了文化越来越深化的过程。实际上生存、享受、实现这三种东西都是人的需要，问题是有些人只看到第一种需要，有些人看到了第二种需要。希望大家都能看到第三种需要，这时人就是一个真正自由的人，一个真正完美的人，一个真正实现了人的价值的人。

在实现人的这三种本能需要的过程中，人把自己变成了一个文化人。而人之所以要对这三种需要这样区分，本身又是文化所造成的，是实现的需要所造成的。文化作为一个环境，反过来影响人的心理状态、人的认识水平。所以说文化是人的本质的展现和成因。

文化的属性

这是一个很抽象的问题。今天只讲文化的本质属性，即民族性和时代性。任何一种文化，都是一定时间内一定地域上的社会现象，因此我们可以从空间和时间上去看文化。从空间上看文化，可以看出它的民族性；从时间上看文化，可以看出它的时代性。

不管怎样给文化下定义，文化总不外是一定集团的人的性格、心理、生活经验的表现。就是说文化是民族的文化，这是起码的事实。不管什么文化总是一种民族文化。以农业为主的民族有一种文化，以畜牧业为主的民族有另一种文化。居住在温带还是寒带，高山或是海边，不同的地区会形成不同的文化。这就有了文化最基本的属性，即民族性。现在提一个比较讨厌的问题，即自然科学是不是文化？当然自然科学也是文化。那自然科学有没有民族性呢？这个问题回答起来就不简单了。很多人想到的是自然科学没有民族性，很难说有什么法国的数学和美国的数学，中国的物理学和德国的物理学，其实自然科学也有民族性，虽然它的民族性不如民族习惯、宗教信仰、文学艺术那样明显，那样浓厚，但它既是一种文化因素，就脱离不开民族性。我们当然不能说 2+2=4 这样简单的数学计算有民族性，而成体系性的数学就脱离不开民族的影响了。大家都承认，在中国古代，几何学不发达而代数学发达。为什么？有许多解释方法，但不管你怎样解释，这个现象是的确存在的。我有个法国朋友是数学家，他跟我说，数学家解题的风格各有不同，如果让我看一个数学家的解题，不告诉名字，从他推导的方式和过程里，我就能猜出这个人的性格来，这话给我留下了很深的印象。把他这话简化一下，可以说数学有个性，或说数学演算有个性，至少能得出这个结论来。由此去研究古代中国为什么代数发达，几何学不发达，也许不是无效劳动。数学尚且如此，那么别的学科就更好办了。比如医学，大家都承认中医显然有中华民族的特点，它跟中国古代的宇宙观、认识论乃至伦理学都有关。因此谁要说中医有民族性，大概是不会有人反对的。其他自然科学有没有民族性？西方有人研究这个问题。如李约瑟，他是研究中国科学技术史的。他从中国科学技术发展史和西方科学技术发展史里边，得出了肯定的结论。他举过机械学的例子，他说中国很早就发明了齿轮，他同时又发现了一个奇怪的现象：中国机械上的轮子总是平着放，而西方的轮子总是立着放，为什么？他没有解释。但他一再说这个现象，这个技术现象显然跟许多文化现象有关。再如西方的物理学，在 16 世纪以后，17、18、19 世纪很发达。很多人都说这跟西方的宗教有关，因为他们相信世界是上帝制造的，而上帝是万能的，一个万能的上帝创造了一个复杂的世界，这个世界绝不会是杂乱无章的，上帝一定会给它一个规律。探寻这个规律就成了物理学的重要课题和发展的动因。

看不到文化有民族性，是一切大民族主义的一个理论原因。例如欧洲中心主义和中国中心主义，便是想用一个民族的文化去取代一切民族的文化，或者说它企图以一种民族性去概括另外一切民族性。当然，这些大民族主义还有欧洲中心主义同资本主义的世界性胜利有关。现在我想强调一点，西方人在第二次世界大战前后，已经自己抛弃了欧洲中心主义了，而这个中心主义东方某些人头脑中仍然有，这是一个非常可悲的现象。当然我们现在不会同意那些最原始、最简单的欧洲中心主义的看法，比如中国的文字来自埃及，二十八宿来自进化论，五行来自希腊，阴阳学来自伊朗，《山海经》受印度影响之类。那些最简单、最原始的欧洲中心主义我们已经不会有了。但中国的现代化必须要以某一个西方国家为模式，这种思想却一直没得到很好的清算。我们在五六十年代一直是以苏联为模式，认为苏联实行的那一套都是我们应行的一套。那种做法实际上是欧洲中心主义的，后来没有了。现在是不是有一种别的形式？这是值得从理论上考虑一下的。如果我们不承认文化有民族性的话，那么什么欧洲中心主义，美洲中心主义，统统都不成问题！假如承认文化有民族性的话，当然就会想到欧美的文化，有欧美的民族性，不好原封不动地到处搬用。

从文化史方面来看，一切中心主义都跟当时那一个民族文化的繁荣有关，欧洲中心主义来源于欧洲资本主义的繁荣，我国历史上也有过中国中心主义。中国曾经有过她的繁荣时期，而中国文化根据当时的条件波及可能波及的地方，所以在某种情况下也留下了中国中心主义思想，这个思想一直到中国文化已经不太繁荣的时候，仍然作为一种观念保留下来，成为笑话。在清朝文化开始和西方文化接触的时候，我们采取不承认西方文化的态度，便是因为中国中心主义在起作用。

中国中心主义也是把一个民族的文化当作一切民族的文化。如在清初，我们认为，西方的那一套学问，都是中国传出去的，现在被认为是启蒙思想家的黄宗羲，被认为是开明皇帝的康熙，他们都认为西学源于中国，西法源于中法。后来严复、梁启超可谓接触西学，并有了许多西学知识的人，他们当初或出于策略上的考虑，或出于民族自尊，或受传统的中国中心主义影响，仍然在某些地方认为西方的许多学说是从中国传出去的。严复在他翻译的著作中就不止一次地说过，虽然他很推崇西方的学问，但我们中国人所得往往先于西方人那些东西。梁启超也说中国的周秦诸子都能说今天的西学。这是中国中心主义的一种表现和影响。按照钱锺书先生的概括，当时两种人出于两种情绪：一种人是抵制西方学问，认为西方学问没什么了不起，我们中国都有，而且你那里是我这里传过去的；一种是鼓励大家向西方学习的人，说他那个东西是从我们这里传过去的，现在你学他，实际上是学我们自己的东西。所以当时出于这两种考虑，出于抵制西学或提倡西学，都不免提倡中国中心主义。这种中国中心主义的说法，其危害性和欧洲中心主义不分上下。

民族性的问题，我就简单地说这些。总之，文化是有民族性的，我们不能用一个民族的性格代表一切民族，因此要防止中国中心主义和反对欧洲中心主义。

文化的另一个属性叫时代性。时代性的问题大家更容易接受，因为不管从理论还是从历史上看，有一个事实大家都承认，就是发展。发展的事实是一个普遍存在的事实。现在大家尽管在社会发展分期上有各种不同意见，尽管对发展的道路是一个还是几个有不同的争论，但发展本身我想是没有问题的。

既然是发展，就有一个时间的观念，用在文化上，就叫文化的时代性。文化到底分多少时代呢？有种种不同的说法，有人分神权时代、英雄时代、人权时代；或分成诗的时代、散文时代、哲学时代。中国的学者梁漱溟先生、钱穆先生，对整个人类文化也有自己的分法。梁先生说中国是节制意欲的文化，西方是满足意欲的文化，印度是否定意欲的文化。钱穆先生说中国文化是一种青年文化，因为中国提倡孝道；西方文化是一种壮年文化，提倡爱，爱欲是壮年人的情欲；印度是一种老年人文化，提倡慈。因此他说中国文化最有发展前途。这些分法可能有某些合理因素，但从整体上说却不符合历史发展。那么符合历史发展的分法是否用社会五种形态来分呢？看来又不是。因为我们很难用社会发展的五种形态归并出五种文化形态。过去认为有几种社会形态就有几种文化形态，现在看来还要重新去研究。

关于历史形态本身，是否有五种，也值得研究。如果整个人类并不是那五种形态的话，那么文化形态就更不是了。即使人类是那五种形态，文化是不是这五种形态还是一个问题。不管如何区分，文化具有时代性这一点，是没有争议的。我在这里想强调的一点是，在时代性里边，应该看到它的永恒性的因素。马克思谈到希腊奴隶社会的文明里面有很多东西是我们今天所不能企及的，古代的文化，里面有很多东西是后来永远达不到的，它并不随那个时代的消亡而消亡，在这个意义上它是永恒的。在文化的民族性里边，应该看到它有人类性的东西。假如每一种文化都是一种民族文化的话，那么在这些民族性的文化里面，或多或少含有人类性的因素，因此一个民族的文化才能被其他民族所吸取。这就是在特殊性里具有普遍性这一个原理的运用。承认民族性里面的人类性，时代性里面的永恒性，这样对文化的交流，对文化传统的批判，就有了理论上的根据。

跟文化的民族性和时代性有关的问题，当然是文化传统，这是问题的焦点，下面简单谈一下文化传统的问题。

文化传统是民族性、时代性的一个结合，或说是两者结合起来之后所必然发生的问题。因为所谓传统，是世代流传下来的一些观念、习俗，是能使人们的思想行动按照常规去进行的一些范式。传统为人的行动提供了一些根据，就是说一些过去的东西支配着现在，影响着未来。传统既然成为人们的意欲和观念，成为常规和范式保存下来，从定义上说，它跟人的自由就不是对立的。不能简单地理解成为自由就要反对传统，接受传统就不能自由。如穿衣服是一个传统，人必须穿衣服，你不能说为了自由就不要穿衣服，不穿衣服恰恰是最大的不自由。

了解传统要注意以下几点：

一是并非过去的一切都是传统；二是不能把自由跟传统对立起来。另外我们把传统仅仅当作客观存在的东西来了解还不够，必须加上主体方面、主观方面，传统不能独立于主体之外，每一个人都有自己选择传统的标准和角度，每一个人都有自己的视角，每个人都根据自己的视角，从自己心理结构出发，去确定哪个叫传统，哪个不叫传统，哪个是好传统，哪个是坏传统。因此传统还要跟主体的意识结合起来。人不能摆脱、消解自己的视角，无法摆脱自己认识问题的框架，也无法摆脱选择传统的角度。我觉得北京的牌楼是传统，有价值保存，你认为它不是传统，没有价值，应该拆除。每个人有每个人不同的看法。我想把这两个方面结合起来理解,既考虑到客观性观念和习俗流传的本身,又考虑到解释者、作为解释者的人。这样去了解传统比较全面一点。这样去理解传统,考虑到时间,考虑到它和人的主体的关系,对当前文化传统与现代化的关系问题,便会有一个深刻一点的、而不是仅仅停留在情绪上面的看法了。

文化的结构

现在时间差不多了,第三个问题只能简单谈谈了。好在我有一篇专门谈文化结构的文章,叫《文化结构与近代中国》,可以供大家参考。

这里我透露一下那篇文章的思维方法,我是用三分法去分析文化结构的。一个复杂的体系,复杂的事物,复杂的过程,用三分法分析,常能抓住要害。毛泽东同志最提倡一分为二,可他在许多地方就运用一分为三。他说:

> 除了沙漠,凡是有人群的地方,都有左、中、右。

如果简单地把人分为左、右,有些问题确实难解决。在最极端的时候,斗争最尖锐的时候,认识最幼稚的时候,一分为二的办法比较简单,比较方便。不是这样,就是那样。战场上你不是站在这边,就是站在那边,如果站在中间,两边都打你,因为斗争很尖锐。三岁孩子看戏,好人坏人也容易理解,那是因为认识幼稚。通常情况下,事情便不是这样简单了。毛泽东论持久战,他不说只有进攻和后退两个阶段,他说还有中间相持阶段,这个阶段反而很长。当然这中间阶段是不稳定的，要不断地向两极分化。它不稳定，但并不等于不存在，它正是以这种不稳定的形式存在着。

用一分为三的观点看文化结构，将会看出文化有物质的部分、心理的部分以及心物结合的部分。我们现在生活中有物质文明和精神文明，还应当有制度的文明，相当于心物结合的部分。物质文明是死的东西，精神文明是在每个人的心里，制度文明则是物化了的精神，在某种情况下更具有权威性。在文化的三个方面中，物的方面是最容易变化的，而心物结合的方面是最有权威的。从中国近代史的发展上，我们看到了这三方面的先后出现。大家都很熟悉的鸦片战争以来的历史过程，正是这个文化结构的逻辑展开的过程。或者说，在现代中国，对中国文化自身的改造，对西方文化的认识和接受，正是由表层到里层一步一步发展的。这种程序近几年似乎又重新表演了一遍。1979 年以后，从引进设备，到当前的体制改革和最近的精神文明或文化的讨论，就反映了从物的方面到心物结合、心理方面的进展。我们每个人都身在其中，能很好地了解这个过程。

关于文化理论要研究的问题很多，我今天只简单地说了一点 ABC，讲了一个一二三：一个定义，两种属性，三分结构。

（1986 年 12 月在中国文化书院的演讲，原载《中国文化书院讲演录》第四集《文化与未来》，三联书店 1991 年版。）

文化传统与传统文化

经过了一个多世纪的代价巨大的社会实验，中国人终于懂得了一个真理：未来的陷阱原来不是过去，倒是对过去的不屑一顾。就是说，为了走向未来，需要的不是同过去的一切彻底决裂，甚至将过去彻底砸烂；而应该妥善地利用过去，在过去这块既定的地基上构筑未来大厦。如果眼高于顶，只愿在白纸上描绘未来，那么，所走向的绝不会是真正的未来，而只能是过去的某些最糟糕的角落。

这里所要讨论的"过去"，当然不是纯时间的范畴。在社会、文化的意义上，"过去"主要指的是传统，即那个在以往的历史中形成的、铸造了过去、诞生了现在、孕育着未来的民族精神及其表现。

一个民族的传统无疑与其文化密不可分。离开了文化，无从寻觅和捉摸什么传统；没有了传统，也不成其为民族的文化。于是在许多著作中、文章中、报告中乃至政策性的文件中，常常看到"文化传统""传统文化"的字样。让人麻烦的是，这些概念，往往交叉使用，内容含糊，特别是当那些著作等向读者提出任务，要大家来批判、继承、发扬或弘扬传统的时候，更有无所适从、无技可施之感。因为，至少从字面上看来，文化传统与传统文化并不一样，如果进而追究内容，则差别之大，几乎可以跟蜜蜂和蜂蜜的差别媲美。

传统文化

传统文化的全称大概是传统的文化（traditional culture），落脚在文化，对应于当代文化和外来文化而谓，其内容当为历代存在过的种种物质的、制度的和精神的文化实体和文化意识。例如说民族服饰、生活习俗、古典诗文、忠孝观念之类，也就是通常所谓的文化遗产。

传统文化产生于过去，带有过去时代的烙印；传统文化创成于本民族祖先，带有自己民族的色彩。文化的时代性和民族性，在传统文化身上表现得最为鲜明。

各传统文化在其各自发生的当时，本系应运而生的，因而在历史上都起过积极作用。及至事过境迁，它们或者与时俱进，演化出新的内容与形式；或者抱残守缺，固化为明日的黄花和垢土。也有的播迁他邦，重振雄风，礼失而求之野；也有的生不逢辰，昙花一现，未老而先夭。但是，不管怎样，不管它们内容的深浅、作用的大小、时间的久暂、空间的广狭，只要它们存在过，它们便都是传统文化。

凡是存在过的，都曾经是合理的，分别在于理之正逆。凡是存在过的，都有其影响，问题在于影响的大小。因此，对后人来说，就有一个对传统文化进行分析、批判的任务，以明辨其时代风貌，以确认其历史地位，以受拒其余风影响。在我国，所谓的发掘抢救、整理厘清、批判继承、古为今用等那一套办法和方针，都是针对传统文化而言的；所有的吃人的礼教、东方的智慧等一大摞贬褒不一的议论，也多是围绕着传统文化而发。对此大家耳熟能详，无待赘述。现在需要仔细讨论的是文化传统。

文化传统

文化传统的全称大概是文化的传统（cultural tradition），落脚在传统。文化传统与传统文化不同，它不具有形的实体，不可抚摸，仿佛无所在;但它却无所不在,既在一切传统文化之中,也在一切现实文化之中,而且还在你我的灵魂之中。如果套用一下古老的说法,可以说,文化传统是形而上的道,传统文化是形而下的器。道在器中,器不离道。

文化传统是不死的民族魂,它产生于民族的历代生活,成长于民族的重复实践,形成民族的集体意识和集体无意识。简单说来,文化传统就是民族精神。

一个民族有一个民族的共同生活、共同语言,从而也就有共同的意识和无意识,或者叫共同心理状态。民族的每个成员,正是在这种共同生活中诞生、成长,通过这种语言来认识世界、体验生活、形成意识、表达愿望的。因而,生活对于他们就是一片园地,语言对于他们便是一种工具,大凡在这种生活里不存在的现象和愿望,由这种生活导不出的方式和方法,为这种语言未曾表达过的意念,用这种语言无法道出来的思想,自不会形成这一民族的共同心理。纵或民族的某个或某些成员有时会酿出某些独特的心理,也往往由于禁忌、孤立等社会力量的威慑,不是迅速销声匿迹,便是陷于孤芳自赏,而很难挤进民族的共同圈子里去,除非有了变化着的共同生活作后盾。唯有那些为这一民族生活所孕育、所熟悉、所崇尚的心理,始能时刻得到鼓励和提倡,包括社会的推崇和个人的向往,而互相激荡,其道大行,成为巨大的精神财富和物质力量。这样,日积月累,暑往寒来,文化传统于是乎形成。

所以,一般说来,文化传统是一种惰性力量。它范围着人们的思维方法,支配着人们的行为习俗,控制着人们的情感抒发,左右着人们的审美趣味,规定着人们的价值取向,悬置着人们的终极关怀(灵魂归宿)。个人的意志自由,在这里没有多少绝对意义,正像肉体超不出皮肤一样，个人意志超不出文化传统之外。但也正因如此，文化传统便成了一种无声的指令、凝聚的力量、集体的象征。没有文化传统，我们很难想象一个民族能够如何得以存在，一个社会能够如何不涣散，一个国家能够如何不崩解。

当然这并非说文化传统是不变的。因为时间在前进，生活在交替，经验在累积，知识在更新，传统中某些成分会变得无所可用而逐渐淡化以至衰亡，生活中某些新的因素会慢慢积淀，并经过筛选整合而成为传统的新成分。但是必须注意，文化传统的变化无论如何总是缓慢的、渐进的，不会发生一蹴而就的奇迹，虽在社会急剧变幻的革命时期也是如此。

当然这也并非说文化传统不会接受外部世界的影响，以变化自己的内容。不同民族不同文化只要存在，便可能有接触；只要有接触，便有交流；只要有交流，便有变化。但是，从接触到交流到变化，中间有着一系列复杂的过程。大体说来，两种不同文化（带着自己的文化传统）由于婚媾、交通、贸易、扩张、侵略等原因而接触而互播时，起先往往互相惊奇，彼此观望；尔后则互相攻讦，彼此拒斥；最后乃互相学习，彼此交流。而学习所取、交流所得，仍待经过自己文化传统这个“有机体”的咀嚼、消化和吸收，或者叫作整合，才会成为传统的一个新成分，带来传统的变化。这时候，反观其与原形的同异，虽未必面目全非，常难免橘枳之感。这是为历史和现实所已反复证明了并仍在证明着的。

不同的民族拥有不同的文化传统，其不同程度视生活的差异程度和发展阶段而定。不同文化传统之间可以进行比较，但很难做出绝对的价值判断，因为每个传统对于自己民族来说，都是自如的，因而也是合适的。不同民族之间，并无一个绝对标准，所谓的人类标准。形形色色的民族主义者将自己的传统吹嘘为人类的，强迫或诱使别人接受，是没有根据的，也难以奏效，除去证明他自己的无知或狂妄。民族内部某些成员鼓动大家效法外族传统，民族领袖规定人民遵循外族传统，都只能停留在宣传上或法令上，而难以深入人心，除非生活已经变化得有了接受的土壤。

就一个民族自己的文化传统来说，当然可以自我评价，一分为三，剖分出哪些成分为优，哪些成分为劣，哪些不优不劣。但这种剖分只有相对的意义，而且要借助于时代推出的新生活和新认识，以作为标准；否则，将是不可能的。因为对于自己的时代来说，既然形成而为传统，就有它的必要性。“一切现实的，都是合理的。”(黑格尔)

历史上有所谓文化危机、精神危机、信仰危机时代，那是说文化传统发生了问题。究其原因，或由于强烈的政治震撼，或由于深刻的社会变革，或由于风靡的文化干扰。其来源，主要来自共同体的内部，外部的刺激有时也起很大作用。危机的消除，有待于传统的重振和重组，任何武力的、政治的、经济的、宗教的强制措施最终都是无效的。而所谓重振和重组，绝不是全面复旧，无视政治、社会、文化上的新局面；也不是作茧自缚，排拒一切驰入舶来的新东西。这时需要的是冷静分析，分析传统中哪些成分变得无理了，现实中哪些因素是合理的。抛弃不合理的，传统方不致一足落网而全身受缚；接受合理的，传统始得与现实相安于无事。这叫作“一切合理的，都应该成为现实的”(恩格斯)。

是否有不受时代生活的局限、不被民族性格所约束的成分存在于某个或某些文化传统之中呢？就是说，在文化传统中，有无超越历史、超越民族的成分，非时代性非民族性的成分，或人类性的成分呢？应该承认，这种成分是有的。因为作为动物的人类，彼此是相同的；

作为人性的人类，存在和发展的样式也大体相似。因而，不同的人群在各自圈子里形成的传统，必然要有相同和相似的成分。这些成分，或适用于全人类，或适用于全历史，而成为民族传统中的超民族超历史者，这是不难理解的。值得注意的是，这些超越的成分，正以其超越，而失去了个性，不能成为民族性格的标志、时代精神的象征。真正代表各民族文化传统的，恰恰是那些专属于该民族、使其得以同他时代区别开来的那些基本成分；真正代表时代面貌的，恰恰是那些为该时代所专有、使其得以同他时代区别开来的那些基本成分。超越成分的存在，是不同民族能够相互理解的根据，是不同时代得以前后传承的基因。但民族之间要想真正理解，必须去理解那些不易理解、为各民族精神所独具的基本成分。所谓民族文化交流，所谓民族互相学习，都是就这点成分而言。时代之间如需加以比较，如需相互区别，也是要抓住各自的特殊成分方有可能。

体 与 用

文化改革上有所谓体与用问题，曾经争个不亦乐乎。照我理解，所谓体，应该就是文化传统，就是某一民族之所以成其为某一民族的那些品格、精神；而所谓用，则是这个体的功能、作用、外在表现，就是某一民族之用以显现其为某一民族的那些传统文化。当年严复强调的牛体不能有马用，在这个意义上，是对的。

但是如果由此得出结论，认为必先自己变幻为马体，然后始得用马之用，倒也又不尽然。因为用固赖体而现，无此体则无此用，但用既为外在表现，或既已表现在外，则人人得而见之，人人亦可得而法之，所谓“拿来”者是。牛固不能“有”马之用，牛却可以“用”马之用，这在今天已是不争的事实。从哲理上说,"有",和是、存在同义,乃本体上的事;"用",停在现象界。移花接木,甚至掐下花来插在头上,总是能办得到的。

但是如果由此又得出结论,认为一切拿来之用,都将如原封未动般地发挥其效用,却也又不尽然。因为,马用在这里终究是安在牛体上,牛体本身受用不受用,一来取决于用之为物,看它在原体上属于哪个层面。物质层面的,移用较易;制度层面的,移用较难,因为它要受体作相应的变化;精神层面的,移用更难,因为这往往触动受体的深层。二来取决于体之为物,要看此受体的开放性与承受力,以及它自身的发展阶段,它与受体的差异程度。

千言万语说到底,体是根本的决定力量,体是民族的魂。拿近代历史看,在日本,只能是和魂汉才或和魂洋才;在中国,只能是中体西用,把外来的东西中国化。和魂和中体,各自的发展阶段不一,开放性上亦有差异,故影响着接受新事物的速度和深度,但必得以自己的体为体,一切外来之用方能有所安顿,这一点上,彼此又是共同的。否则,再美的用,也只是出墙的红杏,可嗅而不可即;海上的楼市,可望而不可登也。

人们有埋怨自己民族的文化传统如何如何封闭保守加落后的,也有吹嘘它怎样怎样悠久辉煌加美妙的。不管怎样说,埋怨它,也只好面对现实,无法另换一个体,至少因为这是民族的共同体。某一个人也许能做到脱胎换骨、洗心革面,跳出三界外,彻底决裂于传统;整个民族却无法做到。吹嘘它,也无力阻止它与时俱进,随世界浪涛激荡,抛弃需要抛弃的东西,吸纳应当吸纳的东西。由于无法另换一个体,所以西体中用说是不着边际的。由于体在与时俱进,所以中西互为体用说是没有意义的。

值得讨论的倒是用对体的反作用，特别是拿来之用对拿者之体的反作用，比如说，西用对中体的反作用。鲁迅当年强调开放时曾奚落保守分子道：人吃了牛肉，绝不会因之变为牛。他忘了补充一句：人常“用”牛肉，身“体”的确会壮实起来。西用之与中体，亦可作如是观。一切有益之用，对于受体，都应作如是观。谁都知道，飞机、电信的引用，不仅方便了交往，而且也加快了生活节奏，开阔了眼界耳疆，改变了时空观念，冲垮了乌屏壁障。这些，已足以激起长期逗留在自然经济条件下所形成的文化传统的不安，而不得不作因应变化，更不用说那些制度性的、观念性的拿来之物所施加于体要求于体的变化了。

但是，反作用也只不过是反作用，第一性的决定作用者仍在体本身。这一点，前面已经反复说到了。

两个传统

民族有上层人士与下层平民之别，社会有剥削阶级与劳动群众之分，国家有统治集团与人民大众之殊，于是，研究者们不免要琢磨：文化是否也有两套传统？

列宁有过两种民族文化的说法，说每个民族都有一些民主主义和社会主义的文化成分，而占统治地位的则总是资产阶级文化。这是就文化而言的。就传统而言的，则有所谓大传统与小传统，或精英传统与民间传统的说法。

如果依此类推，还可以举出雅文化、俗文化，政统、道统，上帝的事、恺撒的事等提法。

所有这些分别确然是存在的。不注意它们将无从分析一个民族的纷繁复杂的文化面貌，无法理清民族文化的绵延演进的历史过程，也无力规划未来文化的灿烂前景。这大概应无争议。但所有这些分别都还不是我们这里所讨论的文化传统。

文化传统是全民族的，是民族之所以为该民族的气质、品格、精神、灵魂。它的成分可能很复杂，有土生土长的，有外部潜入的，有尘封蛛网的，有崭新锃亮的，但它并不因此而支离破碎，七拼八凑。因为它是整全，它能整合，各种成分经过整合而彼此相安，彼此相需，形成一个完整而和谐的统一体，一个独具特色的个性。

其土生土长的成分，就其显现而为文化看，在文明社会即存在着劳心劳力；统治被统治的社会里，常呈现出雅俗之分，并进而在衍化上各自承续，出现所谓的大小传统之别。但必须指出，这里所说的只是文化，只是传统文化，而不是传统，不是文化传统。就是说，这些分别只是民族精神在不同阶层的不同表现，还不是其所以表现的那个民族精神。在民族精神方面，二者是共同的，一源的。这一点，从雅俗文化之间、大小传统之间川流不息的交换、渗透，乃至有意识地进行的采风观俗、化民成俗之类的行动之所以必须和能够成功的事实，足可以得到证明。

其外部潜入的成分，本是经过筛选了的，否则将潜而不能入，入而不能居。用以选择的大筛，便是本民族固有的文化传统，包括它的价值取向和时代感、开放性。合则留，不合则拒，是这里的铁则，像一切有机体对待外物的原则一样。既已选入或接纳以后，这些成分虽不免仍带有“客家”的风采，但已然是新的大家庭的一员，便不可能独立寒秋，自成一系，与居停主分庭抗礼，形成独自的传统，而只会是入乡随俗，舍己从人，化为受体的有机部分。就是说，从这个角度来考察，两个传统的事，也是不会发生的。

有人喜欢说“五四”以后的中国形成了一种新传统：反传统的传统。此说在此至少有这样两点需从理论上讨论的内容：“五四”后的中国文化有两个传统，这个新传统是从外部传入的。

大家知道，“五四”时代有许许多多西洋新说蜂拥而来，其中不少说法和做法曾被广泛宣传，乃至付诸经验。宣传者、试验者无疑曾是爱国的、赤诚的，很多还是具有献身精神的。但是真正被中国文化接受的，为人民大众信服的，却为数寥寥。个中原因，可以举出许多，而文化传统的筛选，或许起着举足轻重的作用。中外好多学者分析过马克思主义能在中国安家的根据，也有人探讨过“五四”所以采取全面反传统手法的原因，结论都认为，其根据和原因，仍在中国的文化传统身上，是中国传统的思维方法、行为规范、价值观念和马克思、列宁主义有相通相容之处，是中国有把政和道、真和善捆在一起的传统，因而才有马克思主义的中国化，才有“五四”的全面反传统。这也就是说，“五四”引入的新说，都还不过是一些用，它们只因和中国文化传统能相容，被中国文化传统所承认、所接纳，从而附着于中国文化的“体”上，才得以掀起波澜，发生作用。否则，将只是一些动听好看而无所作用的天方夜谭而已。

因此，这也就是说，“五四”并未在中国造出新传统，“五四”以后也未形成新传统。“五四”以来所发生的，不过是老传统适应新世纪、翻出新花样而已。两个传统的事，本质上是不可能的。

财富和包袱

设想一下，如果某个民族没有自己的传统文化和文化传统，每一天都在从头开始去练习生存本领……其情景当然是不堪设想也不忍设想的。因之，称传统文化为祖宗的丰富遗产，说文化传统是我们的宝贵财富，应该是不为过分的。

但是如果忘记，传统是一种惰性的力量、保守的因素，它具有钳制人们思想、范围人们行动的本性，利于造成原地踏步的局面，也将出现某种不堪设想和不忍设想的后果。因之，说传统是民族沉重的负荷、社会前进的包袱，也是不为过分的。

既是财富，又是包袱。辩证地了解和掌握传统的这两重属性，运用它而不被其吞没，防止它而不拒之千里，是一大学问，是一种艺术，是人类发挥其主观能动作用的重要表现和广阔场所。

能理解这一点和做到这一点，看来并非易事。我们容易看到的，常常是与之相左的情况。比如说，一种人以为传统像服装，并认为服装以入时为美，而去追求时髦，日日新，又日新。这时，具有惰性的传统，只会被斥为阻碍趋时的包袱。另一种人以为传统象文物，文物唯古是尚，应该保护其斑驳陆离，切忌来刮垢磨光。这时，传统所不幸具有的惰性，倒又成了他们心目中的财富。

传统的确是财富，但财富不在它的惰性；传统也的确是包袱，但包袱也不因它非时装。传统不是可以逐气温而穿脱的外衣，甚至都不是可以因发育而定期蜕除的角质表皮。传统是内在物，是人体和虫体本身，精确点说，是人群共同体的品格和精神。它无法随手扔掉，难以彻底决裂，除非谁打算自戕或自焚。

但是传统也不是神赐的天生的，它原是人们共同生活的产物，必定也会随共同生活的变化而更新。抽刀断水水更流，谁要想拉住传统前进的脚步，阻挡传统文化的趋势，纵或得逞于一时，终将不止于徒劳无功而已，更往往要激起逆反心理，导致精神危机。这是有史可稽的。

那么人们是否只能坐享其成、静观其变呢？倒也又不是。

这里似乎用得上“创化论”。创化和进化的不同，主要在进化论认为变化是受动的、机械的，而创化论则认为进化是生命冲动的绵延，是创造性的。创化论能否解释生物和生命现象，还可以争下去，若借以解说与意志的人密切相关的文化传统，也许倒合适。传统随生活的进化而进化，但无论生活的进化还是传统的进化，都离不开人的意志，或者叫人的主观能动作用。在传统的进化上，被传统笼罩着的人们并非总是无能为力的。问题在于人们在多高多大的程度上认清了未来和过去，从而拿出什么样的对策，以及在多广多深的程度上动员了群众，一起来实行创造性的进化。

一味喊彻底决裂，已经公认为无济于事了；单纯提发扬弘扬，是否便能促进进步呢？至于那个熟悉的二分模式：批判其……继承其……，果否能保证批糟粕时不殃及精华、继精华时不夹带糟粕么？难道精华、糟粕是分装在两个匣子里、而不往往是一物的两面么？更勿论那二分法的牺牲品既非精华又非糟粕者的处境和下场了。

正是：剪不断(彻底决裂无济于事)，理还乱(精华糟粕纠缠不清)，是离愁(传统现代离合悲欢)；别是一番滋味，在心头！

(原载《中国社会科学季刊》1993年第3卷)

继承“五四”　超越“五四”

“五四”超越了自己的时代

近代中国在自己内部经世思想的躁动和外来西洋文明的冲击下，由封闭走向开放。从1861年正式宣布办理洋务起，中经1895年之公开要求变法和1911年之革命行动，到1915年起的五四新文化运动，前后不过五十五年。短短的半个世纪中，古老的中国完成了自己艰难的蜕变，发生了数千年未有之大变局，由古代社会变化成现代社会。虽然它的真正现代化工作，迄今仍在进行中，但大体说来，到五四新文化运动时，中国确已到达了“最后觉悟之最后觉悟”阶段（陈独秀），从物质到制度到思想，不再停留在古代了。

封闭的中国最大恶果是老子天下第一，华夏中心主义；它又返回来巩固着封闭体系。洋务运动从技艺方面开了一个缺口，承认夷人有长技可供师法，放松了历来的一元价值基准，相信自己并非事事天下第一，在中学之侧别有西学存焉。当然，西学的地位同中学仍然不足相提并论，前者不过末技而已，后者方是立国的本根，这就是有名的“中学为体，西学为用”论。这里有中学，有西学，似乎不再坚持华夏中心主义了，但却或为体，或为用，依旧是老子高人一等。

变法运动旨在变革技艺后边的国家体制，斯时适逢进化论思想在中国流传，于是中学西学一变而为旧学和新学。用新旧来称呼西中，这不仅仅是用时间性的概念来取代空间性的概念而已，它还标志着华夏中心主义濒临崩溃，因为“新”“旧”已非简单的时间概念，更包含有价值判断在里边。但是，源远流长的天下第一梦魇，在新旧对比时仍能做出文章来，“周虽旧邦，其命维新”，“新”制度虽属舶来之物，而“维新”却是我们的古旧家底。变法而冠以维新，仿佛便不失华夏中心的体面了。

辛亥革命不管怎么说总算一场社会制度与政治制度的大变革，是革故鼎新；但许多适逢其会的人，包括思想家如章太炎，却更愿称之为“光复”，是光复旧物的意思。

唯有五四新文化运动，敢于根本抛弃华夏中心主义，彻底砸烂自我封闭的思想体系。与前此之标榜中学西学、新学旧学不同，“五四”放眼于东洋文化与西洋文化，认为全部东洋文化（不仅中国的技艺、政体）较之西洋文化，都远远落后了一个时代：前者是农业的、宗法的社会的产物，后者则属于工业的、民主的时代；前者无可挽回地要进化为后者，否则整个民族都将不适于生存而淘汰。陈独秀说：“吾宁忍过去国粹之消亡，而不忍现在及将来之民族不适世界之生存而归消灭也”[①]，便是新文化运动的庄严而悲壮的宣言。

从师法西艺的洋务运动，到引入西政的变法和革命，花了三五十年时间；而从政治革命到敞开胸怀吸收西方精神的文化革命，仅仅隔了三五年的时间。无论从时间上说还是从实质上看，这都是一个飞跃，是“五四”人物充分发挥主体作用超越自己时代的一个飞跃。

从逻辑的和历史的发展说，中国走出中世纪的程序，继物质的、制度的变化之后，接着而来的必然是思想观念的变化；只有思想观念变化了，方能确保并加深物质和制度的变化。这是社会的必然和历史的必然。但是在必然性面前，每个人如何处置自己，却是自由的，

① 陈独秀：《敬告青年》，载《青年杂志》1卷1号。

有充分的选择余地。历史必然性并不直接支配个人或一切人的意志，意志是自由的。陈独秀在 1917 年 5 月曾说过，若就“吾国之恢复帝政、垂辫缠足、罢学校、复科举、一切布旧除新的事”征诸国民，难保“不为多数赞成”①。他的这个估计应该是可靠的。不仅一般国民离开历史必然性如此遥远，甚至社会精英分子如钱玄同者，29 岁以前，都“曾经做过八股策论”“曾经骂过康梁变法，曾经骂过辛亥革命”“曾经提倡保存国粹，写过黄帝纪元、孔子纪元，主张穿斜领古衣；做过古体字的怪文章；并且点过半部《文选》，在中学里讲过什么桐城义法”，直到 30 岁，1916 年，“洪宪纪元始如一个响霹雳震醒迷梦，始知国粹之万不可保存，粪之万不可不排泄”②，始知去皈依历史的必然性。当然还有更多站在新文化运动对面或侧面的人物，其中不乏在自己领域中做出杰出成绩的精英，但终其一生，他们不是逆历史潮流而动，便是随社会波涛浮沉，始终未能一叩历史必然性的大门。可见，人们不待认识了必然性以后方是自由的，他在选择自己的行为时也是自由的，前者是认识论上的自由，后者是伦理学上的自由。尽管“五四”人物多受科学主义影响而否认意志自由即伦理学上自由的存在，但实际上他们却是自由地选择了历史的必然性。他们的所作所为，既是客观历史发展的因果环节，也是主观意志活动的充分表现，用海德格尔学派的话来说，这叫作“自由的必然性”。就其有“必然性”言，“五四”人物做了历史该做的事情，顺应了自己的时代，为历史内趋力的实现提供了具体形式；而就其是“自由的”而言，“五四”人物却又选择了时人所反对做的事情，超越了自己的时代，为各自的人格实现尽到了最大可能。

---

① 陈独秀：《答李亨嘉》，载《新青年》3 卷 3 号。
② 陈独秀：《答陈大齐》，载《新青年》5 卷 6 号。

中国近代历史是必然要发生一次新文化运动的。但它的到来之如此迅速、如此勇猛、如此顽强，固然可以从袁、张复辟蠢动上找到一些反面解释，但其直接的解释，恐怕还是应该归到“五四”人物的素质上。“五四”人物这种善于把握历史脉搏、敢于直指神圣传统，逆流俗而奋进、以天下为己任的日新又新风范，值得千古景仰。

“五四”不能超越时代的自己

五四新文化运动的历史使命是进行一场心理革命，以完成洋务、变法以来的走出中世纪的全程，并为此后的物质方面、制度方面、思想方面的彻底现代化开辟更宽广的道路。“五四”完成了自己的使命，在自己力所能及的限度内。

在“五四”人物看来，现代化就是欧化或西化。到1929年胡适为《中国基督教年鉴》(英文)撰写《中国今日的文化冲突》一文时，仍将wholehearted modernization与wholesale westernization通用，声言自己即属于此“全心全意现代化”派或“全盘西化”派。这在当时是很自然的事。因为现代化兴起于西欧，当时只有西欧数国(美国作为独立了的西欧殖民国)进入了现代化。正像西文里将“瓷器”和“中国”用一个字来表示一样，中文的“现代化”，在当时就等同于“西化”。

对于民族主义者来说，特别是对于华夏中心主义思想未净的中国人来说，这一点在感情上是通不过的。但是“五四”人物当时绝无媚外或臣服的意思。因为他们相信，“今日欧美的物质文明，并非西学，乃是人类进化阶级上应有的新学”(吴稚晖)，指出“现在有一种大惊小怪的人，最怕说欧洲式，最怕说‘欧化’。其实将他国的文学艺术运到本国，绝不是被别国征服的意思；不过是经过了野蛮阶级蜕化出来的文明事物在欧洲先发现，所以便跳了一步，将他拿来，省却自己的许多气力。既然拿到本国，便是我的东西，没有什么欧化不欧化了”(周作人)。“五四”人物既已认定当时欧式现代化为人类进化阶段所应有而先有，所以他们便相信自己之输入欧化乃输入真理与正义，输入普罗米修斯之火，而理直气壮义无反顾了。所以他们说：“无论政治学术道德文章……一切都应该采用西洋的新法子，不必拿什么国粹、什么国情的鬼话来捣乱”(陈独秀)，“中华民国的一切政治、教育、文艺、科学，都该完全学人家的好样子”(钱玄同)，“中国文化源泉里，缺少美的、宗教的纯情感……我主张把耶稣崇高的、伟大的人格，和热烈的、深厚的情感，培养在我们的血里”(陈独秀)，“即使所崇拜的仍然是新偶像，也总比中国陈旧的好。……与其牺牲于瘟将军五道神，还不如牺牲于 Apollo”(鲁迅)。如此等等，就是所谓的全盘西化论；在他们自己心目中，也叫作全心全意现代化论。

“五四”人物主张欧化，除上述理由和说法外，还有一个根本的理由，即相信欧化可以烛照孔教之非，从而惊醒一再兴起的复辟迷梦。当时共和肇建不久，复辟危机随时存在。复辟虽不必依恃孔教，但尊孔必导致复辟，因为纲常名教与共和民主不两立而在也。此所谓“其(孔教)根本的伦理道路，适与欧化背道而驰，势难并行不悖”[①]。孔教宰制中国两千余年，诸子学说未能摇其根本，道教佛教不免遭其统摄，若“无西洋独立平等之人权说以相较，必无人能议孔教之非”[②]，此所以“五四”人物醉心欧化、置一切讥诮于不顾的根本原因。

当然，如果仅以欧化与孔教“背道而驰”，便据以“议孔教之非”，是难以成立的，因为人们也可反其道而行之，以孔教议欧化之非。此

---

① 陈独秀：《独秀答佩剑青年》，载《新青年》3 卷 1 号。
② 陈独秀：《宪法与礼教》，载《新青年》2 卷 3 号。

之谓“彼亦一是非，此亦一是非”。这里还需有更高的仲裁者出现。“五四”人物既然将欧化等于现代化，心中实已先设了一个标准，有了一个仲裁者，即时代坐标。以时代性来衡量欧化与孔教，其今古新旧，当然是一目了然的；而时代性如果被视为价值判断，今古新旧也就相等于是非优劣了。

进化论尤其是社会达尔文主义，正是以时代作为价值尺度的。而五四新文化运动的哲学基础之一，正是进化论及其社会化了的社会达尔文主义。

用进废退、优胜劣败、物竞天择、适者生存，形成了生物界由简单到复杂、由低级到高级的进化史。但生物界并无价值问题，所谓“简单、复杂”“低级、高级”，只是就机体构造而言；所谓“进、退”“优、劣”，只是就机体的演化和机体对环境的关系而言，这里只有时间上的序列，没有价值上的褒贬。

价值因社会的人和人的社会而生，当然社会也有时间的序列，因为每一高级物质运动形态都包含有较低形态的法则在内。时间和价值，在社会中形成极复杂的关系，并非如退化论者或进化论者所宣称的那样直截了当：越古越好或越今越好；而是千姿百态，扑朔迷离。《文明与野蛮》的著者罗伯特·路威早就举过许多实例，来证明“文明人”比“野蛮人”更野蛮，而“野蛮人”比“文明人”倒来得文明。那当不仅出自对西方没落的哀叹，或城里人追求蛮荒的情趣，而有不少实实在在的老实话。因为，时间在社会这一物质形态中，跟其在生物形态中不同，已经不是主要尺度了，当然更不是唯一尺度。

“五四”人物以西洋文化批评东洋文化，以欧化议孔教之非，其主要尺度，竟正是时间观念或时代观念。周作人在《新青年》5 卷 6 号(1918.12)上说：“对于中外这个问题，我们也只须抱定时代这一观念，不必再划出什么别的界限。”[①]他的潜台词是：中国的文明尚处在宗教时代和玄想时代，外国（主要指西欧）的文明已进入科学实证时代，时代不及，优劣自明[②]。

将人类智慧进化分别为神学时代、形而上学（玄想）时代和实证时代，谓其始重冥想，其次重玄思，最后重科学，本是实证主义创始人孔德的发明。此后摩尔根、斯宾塞、泰勒等人推崇其说，提出种种一元三分说，认为人类在心理方面既然一致，而生存环境又小异大同，故其社会必循相似的乃至全同的路径前进。各族文化既循同一种路线，则其不同阶段（一般分为三段）在次序上应是固定的，其进化应是逐步的，而人类文化的最高阶段，便是维多利亚黄金时代。这种一元的文化进化（历史路线）说，在19世纪后期和20世纪初，随着西方商品和文明一起风靡于世界各地。其更甚者，则相信各族文化既循同一路线，则其起源必然只有一处，而此“源”便在美索不达米亚或其左近，等等。这又叫文化一源说，或中华文化西来说。

西风压倒东风。一源说或西来说在中国曾经有人轻信，如刘师培在《攘书》中、章太炎在《訄书》中，都曾引征德拉克伯里（Terrien de Lacouperie），谓黄帝来自中亚，东逾葱岭，与九黎三苗战，等等。后来他们相继放弃此种怪论。文化（历史）一元说的命运则大不相同。“除了由于西方文明在物质方面的世界性胜利而产生的假象外，所谓‘历史一元’的错误概念还有三个来源：自我中心的错觉，东方不变论的错觉，以及认为进步是沿着一根直线发展的错觉。”[③]于是它所向披靡，在中国，成了“五四”人物的重要理论依据。加之后来得到唯物史观

① 周作人：《人的文学》，载《新青年》5卷6号。
② 《陈独秀复汤尔和》等文，载《新青年》4卷5号。
③ 汤因比：《历史研究》（上册）。

的社会经济形态学说的支持，所以一元的文化进化说及其唯物形式——一元论历史观，在中国思想理论界根深蒂固，经久不衰，前后相沿了差不多百年，至今未熄，在相当程度上妨碍着我们对“五四”人物的正确认识。

当然，进化论和文化一元说，在“五四”时代的中国还未失其先进的地位，今天我们仍应肯定它们在一定范围内的作用。“五四”人物信奉进化论，以一元说看待人类文化，视现代化同于欧化，这在当时是可能达到的最高认识。它们既是当时的时代风尚，也为反对中国现实中今不如昔的退化史观、借口特殊国情拒绝进入现代社会以及残存的华夏中心主义等旧习的斗争所需要。陈独秀说得好：“学说底输入都是跟着需要来的”“详论一种学说有没有输入我们社会底价值，应该看我们的社会有没有用它来救济弊害的需要”①。“五四”人物很好地回应了时代需要，超越了自己时代的所有人等，但是他们却不可能超越自己，超越受时代所制约所规范的自己。“五四”精神是批判精神，或“评判的态度”(胡适)。“五四”人物真的做到了“重新估定一切价值”，特别是传统的价值，但是他们却不可能重估自己。他们完成了历史所赋予所限定的使命，也留下了他们所不能完成的使命。这些未完的使命已加入新的使命，等待着我们去完成。

我们今天的使命

一个新兴阶级初登历史舞台之际，总是要通过其思想家大声疾呼，宣称过去一片黑暗，而今它为人类送来了光明，以表明自己存在

---

① 陈独秀：《学说与装饰品》，载《新青年》8卷2号。

的正义性。它对过去、特别是对它所直接斗争者的批判，颇与宗教对异教的批判相似。只有待到历史出现了这个阶级能进行自我批判的特定时机，方能多少准确地全面看待过去，而这种时机是不多见的，并且不易为人们抓住。[①] “五四”人物，无论其代表中国资产阶级者或无产阶级者，当时都是新兴阶级的代言人，都表现过这种争生存的欲望。陈独秀说：“中国、印度古来诸大冥想家，谣言造了几千年，梦话说了几千年，他们告诉我们的宇宙人生底知识，比起百余年的科学家来真是九牛之一毛，我们快醒了。”[②]便是这种大而疾的呼声之一。“五四”迄今的七十年中，出现过几次自我批判的时机，可惜都放过了。近年来出现的全民性的大反思，可以看作是一次深刻的自我批判运动，希望我们的政治家和思想家们，善于因势利导，不要停在“五四”的水平线上，当然更不容许回到“五四”以前，而要充分估计七十年来国际上的事态发展，认真总结七十年中国内的政治经济文化生活，全面看待七十年前古人的成败得失，为我们的人民规划出一条更自觉的前进道路来。

就文化理论而言，一元说的时代显然已经结束，多元说正起而代之。文化多元说的主将本尼迪克特在自己的《文化类型》中，宣称西方文明只是得力于某些偶然的历史条件而扩大了自己的影响；人们之将西方那种地域性的行为方式说成是人的普遍行为、将西方那些社会化了的习性说成是人的普遍本性的做法，其根源可以追溯到原始部落之否认异邦人为人的事实，其突出表现则在宗教之迫害异教徒中。[③] 这些话如果套用文化一元说的术语，那便是：文化一元说者

① 参见马克思《导言》，载《马克思恩格斯全集》第12卷及46卷(上)。

② 陈独秀：《答皆平》，载《新青年》9卷4号。

③ 参见本尼迪克特：《文化类型》第1章，商务印书馆1990年版。

表明自己尚处在冥想时代和玄想时代，尽管它总以此来笑骂别人。这当然是很难堪的。

文化多元说相信每一文化类型都有自己独一无二的价值，在实现人的潜力上同等有效，因而不承认现代文化与古代文化有高低之分。这种文化相对主义，其胚胎正在一元说的绝对主义之中，因为一元说否认现代文化的相对性，便给能指出其相对性的学说留下了空子，孕育出了文化相对主义。多元说的文化相对主义起来对抗一元说的文化绝对主义，固有其可爱之处和自己的道理，但未免又摆向另一极端，暴露出自己的另一种偏激。

任何文化都是相对的，也都有其绝对性，绝对就寓于相对之中。因为任何文化都不是自然物，而是人的创造物，是特定人群在特定生存条件下进行生存的表现，是这些人群的人类本质的对象化。唯其特定，所以相对；唯其表现生存和本质，所以具有绝对性。

从另外一个视角来看，文化既是特定人群在特定条件下的生存表现，也就是说任何文化都有自己发生和存在的历史时间和社会空间。超时间、超空间、超人群的文化是不存在的，也是不可思议的。文化一元说者捉住了文化必进行于一定时间中的事实，认定时代是文化的唯一指标；文化多元说者则捉住文化必存在于一定空间中的事实，认定类型是文化的不二参数，两者都只具有片面的真理。根据文化的特质，撷取二说的长处，应该说，由于不存在超时间的文化，所以规定了文化有时代性（并使其某些因素在某些条件下具有阶级性）；由于不存在超空间的文化，所以规定了文化有民族性。不言而喻，由时代性展现的文化的时代内容，是变动不居的，在社会历史的转折关头，甚至可以发生前后对立的变化，使同一文化类型分为截然不同的阶段；不同文化类型之间，也可比较出时代上的同异。由民族性展现的文化的民族内容，则相对稳定且多姿多彩，它使文化得以形成自己特有的思维方式、抒情方式、行为方式和价值取向以及文化诸因素的结构方式，即形成自己特有的类型。

变动不居的时代性内容中，寓有不变的永恒性成分，因此文化才可以积累，使后一时代胜过前一时代；特色各异的民族性内容中，寓有普遍的人类性成分，因此文化才可以传播，从这一民族到那一民族。

文化的时代性内容中，那些代表历史进步方向的内容，形成时代精神。文化的民族性内容中，那些表现民族生命力的内容，形成民族精神。时代精神对于更高的时代来说，可以成为时代局限性，民族精神对于其他民族文化来说，可以成为民族局限性，如果它们自我满足、自命不凡的话。更不用说那些非时代精神非民族精神之成为局限的可能了。

文化一元说长于发现文化的时代性，却无视文化的民族性，这对19世纪下半叶和20世纪初的西方学者说，是很自然的事。因为他们难以摆脱上引汤因比所说的那一个假象三个错觉，或存在着庄子所说的“拘于虚”“笃于时”和“束于教”(《庄子·秋水》)的困惑。但在他们，总归还可算是一件乐事。而于东方学者来说，服膺文化一元说，却有如吞下一只苦果。列文森(J. R. Levenson)说，中国知识分子在理智上向着未来，感情上仍留恋过去。实际上这是近代以来的中国知识分子被迫放弃华夏中心说去相信西方中心说，理解到文化有时代性却又处处感觉到文化有民族性的表现。在华夏中心说支配着中国知识分子头脑的时候，文化的时代性(虽然以退化论的形式出现)和民族性是统一的；相信了西方中心说即文化一元说以后，时代性(理智所追求的价值)与民族性(感情所系念的传统)发生了明显的分裂。这种理智与感情的矛盾，不能靠理智战胜感情这一通常的方式去解决，只能靠克服文化理论的片面性来消除。

“五四”人物之所以炽烈地反对传统，除去种种现实的需要而外，大概便有这种“靠理智战胜感情”的因素存在其中，心理学家一定能帮我们找出种种有趣的例证来。

本文只想指出，近代以来，传统由于被斥为和现代化绝对对立而被扔进了垃圾箱，并未得到认真的研究。

我们通常所谓的传统概念，严格说来，可以分解出两层意思，即“传统文化”和“文化传统”。传统文化指过去发生而今流传下来的种种具体文化现象。或是物质的，如一件器物；或是精神—物质的，如一项制度；或是精神的，如一种思想。它们或许只有欣赏价值和认识价值，或许仍在规范着今人的思想和行动，但无论怎样，传统文化已是明日黄花，是外在于今人的东西或力量了。文化传统则不然，它是内在于今人生活和心理中的习俗和定势，是支配整个民族的集体无意识；它体现为千百万人的知情意的表现方式和价值取向，人们却往往不觉其存在；它发生于过去，传承至现在，影响着未来，具有稳固的连续性；它是文化的民族母斑。

“五四”时代既不能分辨传统文化和文化传统这种显隐的不同，更常把传统与现代化简单对立起来：保守者误以为现代化便是要抛弃一切传统，而如丧考妣；激进者则坚信传统与现代化背道而驰，而放言决裂。只有具调和倾向的李大钊，提倡传统和现代、旧和新如车之两轮，鸟之两翼，缺一不可，互有短长（见《调和的法则》《新旧思潮之激战》等），而受到两面夹击。其实三者都不理解：所谓现代化非他，正是传统本身的现代化，现代化或由传统中生出（如西欧），或赖于传统的转化（如东方），绝非天外之物；而传统亦非一堆静物，它能孕育并分娩出现代社会（如西欧），或植入现代胚胎而诞生宁馨儿（如东方）。传统之与现代，不是机械的保存或决裂的关系，也不是化学的调和关系，而有更高级的社会法则存焉。激进者恨铁非钢，希望能一朝舍却一切旧物，又不知可以人为舍弃的只是外在于人的传统文化，难以割断而又影响深刻的还有内在于人的文化传统。至于可以舍弃者需要舍弃哪些、保留哪些，难以割断者应当如何去割、割到多深，也不是仅仅依据西方文化坐标便可草率划定的。“五四”人物反对纲常名教，是立下了历史功勋的，但由此波及汉字当废（钱玄同：“欲废孔学，不可不先废汉文”），便未免舍弃过多。“五四”人物大力提倡科学，今人皆身受其福，但由此论定中医当除，便缺少求是精神。“五四”人物改良文学艺术，是有口皆碑的，但由此诅咒京剧当死，便未免强加于人。“五四”人物推行公元公历，是利于中外交流的，但由此力主端午、中秋当禁，便有点情趣索然。凡此种种，都还属传统文化一层，至于涉及文化传统，也就是他们当时泛称之为国民性的，其笼统和激烈则更甚：“苟偷庸懦之国民”“卑劣无耻、退葸苟安、诡易圆滑之国民性”“爱和平尚安息雍容文雅之劣等民族”“半开化”“浅化”“野蛮不识字无经济能力之豚尾民族”“腐败堕落到人类普通资格之水平线以下”而可称之为“准狗”“准猪”的“我们中国人”，[①]等等，等等。如果真像他们说的这样，具有如此国民性或文化传统的民族，看来只有开除人籍之一途了。

“五四”人物在传统与现代化问题上的根本理论弱点，即在于他们误以西方人的行为方式为人的普遍行为，误以西方人的习性为人的普遍本性，用过去对待经书的态度去对待西方的学说，重新崇奉一套放之四海而皆准的真理。其实，这样的真理是不存在的。历史是

---

① 均见《新青年》。

漫长的，世界是复杂的，东西人民长期以来形成了各自介入世界的视角，可以互补之处绝不少于需要移入之处，并非总是“自己百事不如人”(胡适)也。

“五四”精神是批判精神，它将万古长青，值得我们今天以及更后的来者永远继承。只是继承“五四”精神需要以“五四”的精神来继承。“五四”打倒了传统偶像，我们绝不可再把“五四”崇奉为偶像传统，听不得半点不同意见。“五四”超越了前人，超越了时代，当然也会要求后人超越它所不曾超越的局限。① “五四”已经提出而未能完成的事业(如批判传统，实现民主，尊重科学)有待我们来继续，“五四”未能提出而有待我们继续的课题(如分析传统，研究现代化的模式)只有我们来促成。继承“五四”必须超越“五四”，超越“五四”正所以继承“五四”，这就是“五四”的批判精神。“五四”精神万岁！

(原载《历史研究》1989 年第 2 期)

---

① 维特根斯坦：假如某人仅仅超越了他的时代，时代总有一天会追上他(《文化和价值》)。

文化冲击与民族意识

宗教在中国历史和现实中都处在一种无足轻重的地位上。探寻宗教伦理与现代化关系这个韦伯的命题，从积极方面来理解，可以促使我们注重在经济之旁对社会发展起根本作用的伦理价值的意义。而这样做，对于理解和说明复杂的社会现象，当然是必要的。

中国伦理的主要内容不是宗教伦理，而是世俗伦理，即家族伦理及其扩大，所谓"亲亲而仁民，仁民而爱物"(孟子)，"民吾同胞，物吾与也"(张载)。它要求人们由小我超越为大我，由一己之私走向天下为公。

在这个差等和过程中，民族一环占据着中心地位，它承上启下并体现为多种形式：曾体现为"君"，而成为忠的偶像；体现为"华夷之辨"，而成为文明的象征；体现为"国家"、为"吾土吾民"，而诱发出保卫和赞颂的激情。当然，它也常被简单地等同于"种族"，局限了人们社会情操的升华。近代意义上的民族，是近代以来的事。在中国，也正从近代开始，随着西方文化冲击之突来，民族意识作为一种政治意识与伦理意识的混合物，呈现出千变万化的姿态，并给我们留下了广阔的思索空间。

首先我们可以追溯到明末清初。由于西方科技输入的反应，中华民族意识凝聚出一种"西学中源"说，在士大夫层中广泛存在。西学中源说有两种相反的社会含义：一是西学与中学并非格格不入，应该而且可能学得；一是西学不过窃中学之绪余，何足挂齿哉。它们分别由推广西学和拒绝西学的人士所宣导，终有清一代不曾或熄。

这两种含义对于中国走向现代化的实际运作，效果截然不同，但其背后共同隐藏着一个古老的华夏中心主义，动机可说一样。

华夏中心主义在漫长的历史中采取过多种形式，其历史作用也不可一概而论。最落后的形式和最保守的作用，大概无过于乾隆二十二年(1757年)宣布的闭关政策。政策制定人纵然能够找出一些现实的经济和政治根据，披上一件爱国主义的外衣，但绝无法掩饰其夜郎自大和“非我族类，其心必异”的狭隘种族论思想。由“西学中源”到“闭关政策”，反映了中西实力发展迟速的急剧变化，表现出华夏中心主义的进退失据，并规范着中国历史此后更为缓慢的步伐。

鸦片战争轰开了闭锁的天关，西欧中心主义向华夏中心主义发起了总攻击。除少数颟顸的顽固分子外，西方的坚船利炮，很自然地被当成是西方列强的强力所在，而首先赢得追求民族自强人士的崇拜。太平天国领袖曾经试图先行改朝换代，可惜缺乏必要的社会基础而失败了，大清帝国的中兴与中华民族的自强，于是便历史性地混合在一起，成为19世纪中叶华人民族意识的可能形式。

后来不断有人或认真地评论此时的“中体西用”主张为舍本逐末，或轻佻地指斥为顽固保守。其实从更广阔的文化背景来审视，中体西用的主张，实在是古旧包袱沉重的中国面对虎视狼顾的列强之当时所仅能实施的现实对策，也是民族知识由闭锁走向开放所必经的一环。可以看得出，这个政策虽仍坚持“中体”，睡眼蒙眬地以中兴大清帝国为职志，固守早已过时的社会制度和政治制度，但它毕竟不再以我为中心，不无清醒地看到自己的不足，为民族自强而采取“西用”“师夷之长技以制夷”。

以夷为师的说法，发展了中国固有的文化主义的民族观。在中国文化中，夷夏之别、汉胡之分常有以德不以地的用法，仿佛文明、野蛮之不同。洋务人士敢于提倡师夷，正含以“夷狄而知礼义则中国之”(康有为语)的办法看待西人之义。其中，容或残留礼失而求诸野的西学中源说之痕迹，但其基本方面，显然已是能者为师、文明即为中国、西海圣人与东海圣人心同理同的意思了。

师夷的目的在制夷。制夷的内容不是吞而食之，而是捍卫自己的民族独立与国家主权，这是中华的民族主义有别于西欧资产阶级民族主义的一大优良传统。而制夷以师夷为手段，子矛攻子盾，则闪烁着中国智慧的金色光芒。

只是师夷而限于师其“长技”，拽虎尾而图络虎首，其不能达制夷的目的，可说是注定了的。几经失败之后，终于来到了“变法维新”时期。

与洋务自强之限于技艺不同，维新运动是向以夷为师迈出的更大一步，它所师法的，不再是枝节之用，而是关系到国家本体的种种方面。应该说，这一步是非凡的一步，它在各个领域都划出了一个时代。从民族意识角度去分析，我们可以看出，洋务派虽不坚持华夏中心主义，但仍停在现存的君主制度面前，其民族观念未曾超出忠君的范围。而维新派则放眼于文化，从宇宙、伦理系统看待民族现象。在康有为的《大同书》中，可以读到，基于血缘差别而生的家庭和种族的界限，基于地域和权力之拥有而起的国家界限，都是应该而且必将消除的；唯一得以长存的，只有人类返其文明。这些说法中虽充满了许多空想或幻想，但读者仍不能不深深感到，它应该是人类解决自己纠纷的最高准则，也是以文化董理民族问题的古老思想之最高发展。

可是世界现实和这种崇高理想之间的沟壑毕竟太深太广了。西方殖民主义者们并无放松以强力推行经济扩张的雅量，满族统治者们更日益暴露出其失去维护中华民族自主与独立的资格，于是，义和团运动和辛亥革命乃相继发生。

义和团运动无疑是一场反对殖民主义之朴素的民族主义运动。其朴素性在于，整个运动始终未能超越情感而上升到理性阶段，参加者愤于局部的感受而缺乏历史的胸襟，对华夷之别只有自然的观察而不辨其文化奥义。因而，终于不免成为保守势力的盲动工具，亲痛仇快，演出近代历史上的一场大悲剧。

辛亥革命初起时的民族意识更为狭隘，因为它只强调汉胡不共戴天，一派种族主义色彩。满族统治推翻后，革命者意识到自己居于中华民族代表者的地位，乃有五族共和之论。此后，更发展为联合世界上一切以平等待我之民族。前后二进，充分表现出孙中山与时俱进的革命家气魄。

义和团和辛亥革命的发生，从历史全局来看，是对维新变法的改良主义之一种批判，表现出历史在前进；而从民族意识的侧面来说，却形成迂回的曲线。这种迂回的出现，有种种现实的理由，而一个不容忽视的历史理由或许是，维新派的文化大同的民族观，未免调门过高于事无补，自己招来了反对物象。

民族问题可以是理论问题，但它首先是一个现实问题；民族观念可以纳入伦理观念，但它不能脱离政治观念。康有为的大同世界，距离人间世界过于遥远了，现实政治亟待解决的是反抗殖民势力和清王朝统治之无力进行这种反抗。义和团运动和辛亥革命在民族意识方面与维新派拉开距离，正是要缩小大同理论与大异世界的距离。

义和团和辛亥革命的爆发年代之间，有所谓“国粹派”于文化领域内兴起。国粹思潮本为日本知识界对抗西化而生，流行于西元 19 世纪 80 年代；20 世纪第一个五年波及中国，章太炎、刘师培等人为主将。就中国情况而论，国粹派可视为社会上层的义和团，是狭隘民族主义在文化领域内的表现；同时他们往往还是辛亥革命的理论家，为种族革命呼风唤雨提供论证。辛亥后，孙中山的民族主义一进再进，而国粹思潮的社会作用则一退再退，终于成为复辟势力的旗帜，从而刺激出全面反对传统之新文化运动的诞生。

新文化运动倡导者没有直接发出民族主义的号召，相反地认为自己的民族万事不如别人。这一现象，不能简单理解为他们对于近代以来形成焦点的保种保国于衷无动，而应作更深入的分析。

陈独秀、胡适等人之无情地鞭挞国民心理，辛辣地攻击传统文化，一方面，本是基于对国粹思潮和复辟势力的对抗，故意和他们背道而驰；另一方面，则是继维新和辛亥的变革政治社会制度之后，追求现代化道路上"最后觉悟之最后觉悟"(陈独秀语)，即心理上的变革，以促斯民之彻底跳出宗法时代，自立于世界新兴民族之林。因而，可以说，他们具有一种理性的民族意识。

所以，并非偶然的，正是在新文化运动中，爆发了五四爱国运动。"五四"群众的民族觉醒，无疑受惠于新文化运动对民族根性的种种谴责。

新文化运动的最大不足，不在于有些评论者所指责的缺乏一般意义上的民族意识，而在于轻信了西欧中心主义所主张的文化一元论，缺乏着对文化的民族性之认识。

文化是时代的产物，不同民族在相同的社会发展阶段上，总是具有大致相同的时代精神和文化风貌；但同样真实的是，文化还是民族的标志，同一民族在不同的社会发展阶段上，总有自己前后一贯的民族精神和文化特征。就每一民族来说，时代精神表现在民族精神之中，民族精神表现在时代精神之中，二者互为表里。就各国文化来说，没有无民族性的纯时代性的文化，也没有无时代性的纯民族性的文化，二者互为体用。而且一个最简单的事实是，任何文化总是发生于一定的时间内，存在于一定的民族中。文化的时代性与民族性，作为文化的时空界限，是文化成为可感触的现象之最基本的社会属性。

兴起于资本主义凯歌行进中的西方文化学家们，震惊于历史的日新月异，社会的古今判分，很轻快达到了对于文化之时代性的认识。但是同时，他们难免“笃于时，拘于虚”(《庄子·秋水》)，受自己所处的时空局限，误以为当时的西方文化既是历史发展的极致，也是世界范围的定式，而鼓吹所谓文化一元论，漠视诸多民族文化的顽强存在，缺乏文化民族性的认识。

文化一元主义伴随着资本主义的廉价商品扩散到世界每一角落，也涌入中国的文化市场。身处时代蜕变关键时刻的新文化运动者们，对西方现代社会的锐进不已，多有亲身感受，对中国古老社会的腐朽衰颓更有切肤之痛；加之西风拂耳，于是便做出了中西差异乃是古今差异的绝对判断，相信全盘西化为挽救中华的不二法门，让文化的时代属性驱逐了民族属性的生存。

历史可以作证，中西文化的差异，有许多确系时代使然。中国必须抛弃陈旧的包袱，再也不能自我陶醉。奋起急追，力争赶上时代步伐，当是近代文化冲击送给我们的最好教材。但是历史同样可以证明，西方式的现代化，乃是整个西方文化的产物，其中各个民族又有自己独具的民族特色。要求文化类型迥然不同的中国无视自己特色，要全盘照抄照转，是否称得上明智的对策？这又是在文化冲击的面前，民族意识所应发展出的最高意识。

晚近的新文化运动者们一个个消逝了，但是他们留下的问题迄今仍未得到认真的解答。时代在前进，从西元 1972 年汤因比的论点，到 1993 年亨廷顿的看法，如何从理论上和实践上研究文化冲击及回应的民族性因素，从政治上和伦理上培养并发扬中华民族意识，迈向所谓中国人世纪的 21 世纪，该是我们面对时代所需认真解答的课题。

后 记

两年前的一个春天，我应邀到位于徐汇区永福路123号的上海教育出版社访问。永福路是一条横在淮海中路与复兴西路之间的小马路，闹中取静，一副真正的老上海腔调。走在这条马路上，每个大门每座洋房，似乎都可以向你叙说一个很有些年头的动人的故事。上海教育出版社临街有书店，店后有院，院中有楼，充满着书卷气。清茶香飘间，谈起他们社近期的出版选题，说正着手做一套学术名家的选集，庞朴先生在列，咨我可否承担编选。我因受庞朴先生之托，正在主编《庞朴全集》，相关资料已收集的差不多了，编一本选集，义不容辞，当即就答应下来。此后就有关选集的书名、内容、编排、篇幅等问题，都是与编辑储德天讨论决定的。储德天是一个有相当学术眼光，且责任心极强的年轻编辑，为了编选这本书，她读了不少庞朴先生的著作，令我吃惊和钦佩。书名《忧乐圆融——中国的人文精神》就是她的提议，我也认为极好。庞朴先生学术成就的面展较宽，不对先生学问有深入研究，断不能有此见解，于是就拍板了。

《忧乐圆融——中国的人文精神》是一篇庞朴先生研究和探寻中国人精神世界的宏文，最初发表在香港中文大学中国文化研究所出版的学术思想性综合刊物《二十一世纪》1991年8月号、总第6期上。千百年来，人们一直在试图寻找一个简明的概念，来概括具有鲜明特色的中国文化。曾有学者提出，中国文化的深层特质在于“忧患意识”；也有学者提出完全相反的观点，认为中国文化是“乐感文化”。“忧乐圆融”一词，是庞朴先生的创造，是他从哲学的意义上对中国人文精神的归纳总结。所谓“忧”，即忧患意识；所谓“乐”，庞朴先生指达观的生命态度；所谓“圆”，指包容天下的智慧；所谓“融”，即融会贯通的认知。庞朴先生认为，忧乐这两种精神，有时分别统领了两个不同时代的文化风貌，如西汉的雄浑与魏晋的清远；有时又分别代表着不同人士的神韵情采，如杜甫的沉郁与李白的飘逸。甚至同一个人如陶渊明，在一个时期里会意气风发，受“忧”的精神鼓舞，“猛志固常在”；而到另一个时期里又超然物外，本“乐”的精神为怀，“悠然见南山”。以上种种忧乐杂陈的状况，不能归结为我们的文化传统不具完整的性格，相反它们恰好表明了中国文化同时兼备这两种精神。在这方面说得最为深入浅出的，首先要推孔子所言“发愤忘食，乐以忘忧，不知老之将至”。第一句“发愤忘食”是忧；第二句“乐以忘忧”是乐；第三句从忘食忘忧而到达忘我的程度，便又无忧无乐可言，世界同一而无特定情感了。在中国的传统文化中，“忧乐圆融”把道德作为人生的最高价值取向，常怀“天下之忧”而追求“天下之乐”，这两种精神的理想地结合，便构成了中国人的理想人格。所谓“穷则独善其身，达则兼善天下”，这个人文精神在不同时代有不同的变异，呈现出不同的时代精神。但在近代以前，变化是不大的。时至今日，它正迎接着新的挑战。这个人文精神作为文化传统，铸就了我们民族的基本性格；并终于汇成了源远流长、雄峙东方的忧乐圆融的中国人文精神。

这本选集，选取了庞朴先生19篇论文，大都是20世纪八九十年代的所著。以内容约略分为三辑，第一辑为三生万物：中国文化的密码，这组文章从不同的方面阐述了庞朴先生一分为三的哲学观点。在一分为二、非此即彼哲学观一统天下的时代，提出一分为三，表现出来的不仅仅是庞朴先生的哲学创见，更是过人的学术勇气，做人的胆识和风骨。其中的《“中庸”平议》一篇，是我国改革开放以来学术界思想解放的开篇之作，对新时期思想文化春天的到来，起到了引领性的作用。

第二辑为天人合一：中国人的生命智慧。这组文章揭示了中国传统文化隐藏着的一些奥秘，突出表现了庞朴先生学术研究的不同寻常。《火历勾沉——一个遗失已久的古历之发现》是天文学与历史学的交叉研究，庞朴先生将埋没于历史尘埃之中的上古火历重新发掘出来，在学术界可谓石破天惊；《思孟五行考》利用出土文献，证实了早已失传的思孟五行为“仁义礼智圣”之说；《初读郭店楚简》极为有远见的指出，出土文献“不仅要改写经学史和儒家学说史，而且要动摇中国学术思想的不少有关定论”。庞朴先生对“文化大革命”及其后出土文献的研究有着重大的历史贡献，他对当今国内外都颇有影响的新学科简帛学的开创，有筚路蓝缕，以启山林之功。

第三辑为继往开来：中华文明的传统。这组文章中的《传统与现代化》《文化是什么》《继承“五四”超越“五四”》等篇，对中国传统文化进行了深入研究和反思，对八十年代的文化热，起到了重要的推动作用。那是一个学术界激情燃烧的岁月，庞朴先生为了中华文化的复兴，殚精竭虑，振臂呐喊。他的这些文章，大多是当时在全国各地大学里的讲演，对历经“文革”的那一代热血青年和学子来说，庞朴先生的讲演有着文化启蒙的作用，激发了一代人振兴中华的报国热情。

2020 年寒春，新冠疫情突袭神州大地，这是历史对我们这个多灾多难的民族又一次考验。大灾面前，中华民族举国上下，同仇敌忾，众志成城，该冲锋的冲锋向前，该居家的居家守望，以最短的时间、最小的代价，成功的遏制住灾魔。因为疫情，我经历了一个难忘的且至今还在延续的超级大寒假。居家避疫，利用看校样的机会，再次将《忧乐圆融——中国的人文精神》认真拜读，深切感受到庞朴先生用忧乐圆融来归纳中国的人文精神，真好，真是神来之笔。就我们国家战胜新冠肺炎疫情的过程而言，中华民族在大难面前所表现出来的勇气，克服困难的智慧，面对险情的担当，处乱不惊的从容，从每个个体，到整个民族，又一次证明了忧乐圆融是我们这个民族的魂，是我们这个民族的精神，是我们这个民族自立于世界民族之林而又引以为傲的资本。

是为记。

后学冯建国谨识

2020 年 5 月 8 日于济南山东大学新校

南院教工宿舍八号楼寓所